厦门老报刊广告

洪卜仁　陈茂盛 ◎ 主编

XIAMEN
LAOBAOKAN
GUANGGAO

图书在版编目(CIP)数据

厦门老报刊广告 / 洪卜仁，陈茂盛主编. —厦门 ：厦门大学出版社，2016.8
ISBN 978-7-5615-5831-7

Ⅰ. ①厦… Ⅱ. ①洪… ②陈… Ⅲ. ①报刊-广告-厦门市-民国-图集
Ⅳ. ①F713.8-64

中国版本图书馆 CIP 数据核字(2015)第 304263 号

出 版 人 蒋东明
责任编辑 薛鹏志
装帧设计 蒋卓群
责任印制 朱 楷

出版发行 厦门大学出版社
社　　址 厦门市软件园二期望海路 39 号
邮政编码 361008
总 编 办 0592-2182177 0592-2181406(传真)
营销中心 0592-2184458 0592-2181365
网　　址 http://www.xmupress.com
邮　　箱 xmupress@126.com
印　　刷 厦门集大印刷厂

开本 787mm×1092mm 1/16
印张 19
插页 2
字数 400 千字
印数 1～3 500 册
版次 2016 年 8 月第 1 版
印次 2016 年 8 月第 1 次印刷
定价 79.00 元

本书如有印装质量问题请直接寄承印厂调换

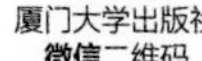
厦门大学出版社
微信二维码

厦门大学出版社
微博二维码

厦门老报刊广告
编　委　会

主编:洪卜仁　陈茂盛

编辑:叶建伟　李跃忠　陈慧颖

前　言

广告，需要广而告之，传播的区域越广越好，传播的受众越多越好。在报刊未出现之前，广告的载体多是实物、叫卖、招牌和幌子以及印刷品。像在厦门第九市场附近，早年有一酒肆，悬挂大字酒幌，该地遂以“大字酒巷”得名。据厦门市人民广播电台原副台长范寿春回忆，鼓浪屿未有报刊前，遗失启事、寻人启事，或戏院演出，均靠口头传播。有人丢了孩子，便雇人在街上敲锣寻人，大声报失：“厝边头尾，有人拾到查某（女）孩子没，姓陈名腰治，头棕尾（扎辫子），八仙桌高……报说的（提供线索的）赏1元，拾到的赏5元！”这些广告形式，可以想见其广告效应是多么的狭窄。

报刊出现后，上述形式的广告大多自然而然地转移到报刊上，而且由于报刊的大众传媒属性，更多的广告利用了这个传播范围更广，受众更多的载体。美国广告协会将广告定义为“付费的大众传播”。这个大众传播搭载到报刊这个大众传媒上，广告就跟随报刊的公信力、传播速度、传播范围迅速扩张。

中国近代意义上的报刊，诞生在国门被迫开放的之后。鸦片战争后，中国开始沦为半殖民地半封建社会，西方列强进入中国。外国商人为了推销产品，开始在中国创办商业报刊。如香港英文报《中国之友》等，刊登商品、行业等广告。1853年，香港出现第一份中文报《遐迩贯珍》，开始经营广告业务。1857年，中国人自己创办第一份中文商报《香港船头货价纸》，1858年更名为《香港中外新报》，该报以商情、船期等广告为主要内容。1914年第一次世界大战爆发，列强无暇东顾，中国民族工业获得发展，广告也随之进入发展时期，其中报刊广告达到一个辉煌的时刻。上海成为中国经济枢纽，报业也蓬勃发展。1919年，上海《申报》大量刊登广告，发行量增加到3万份，其广告占整个版面约50%。

1843年11月2日，厦门成为中国对外开放的五个通商口岸之一，其经济、社会发展，比上海、广州稍慢，但态势基本是一致的。设立通商口岸后，欧美传教士、商人纷至，厦门人因此较早地接触到西方的思潮和事物。如香港、上海、广州、宁波等地外国人创办的报刊《中外新报》《中外杂志》等，都在厦门可以见到。

厦门出版的报刊，肇始于外国人，起初多采用外文，后开始刊行中文。第一份报刊是1872年的《厦门航运报道》，1878年改为《厦门公报和航运报道》。从这张厦门第一张报刊的报名，我们就可知其报道内容，与1857年中国人自己创办的第一份中文商报《香港船头货价纸》相同，可以推定应该也是商情和船期。诸如船期这类内容，无论报馆收费与否，都可视为广告类中的公告。

随后，传教士先后在厦门又创办了《厦门新报》《厦门报》《鹭江报》等。《鹭江报》刊有广告，如光绪廿九年六月廿一日的"屈臣氏大药房，亚洲东方之最著也，只有香港一所，为屈首一指"。

《鹭江报》的广告经营，在厦门报史上是值得一提的。该报有报馆自己的广告，如"本馆告白"；也有公司或商行的广告，如"漳州金诚美丝线行"的广告；在专栏"闽峤琐闻"里刊登的一些公司的章程，其实也是广告。为了拉来更多的广告，报馆采取边际收费的办法，客户刊登次数越多，价格越低。按字收费的零星简短广告，"第一次每字取洋银五厘，第二至第七次三厘，第八次以上二厘半"；按行收费的成篇整版广告，"第一次每行取洋银一元，第二至第七次五角，全年每行洋银二元半"。实行这种收费办法，报馆很快就扭转了广告少、品种单调的状况。《鹭江报》还另用红、绿纸张加印整版广告专页，附带装入报册，类似今天报刊夹带的广告单"夹报"。《鹭江报》从1902年创刊，前后出版了四年之久，除后台有英国教会的支持外，广告收入也是强有力的支撑之一。

清末，厦门地方爱国人士和海外爱国华侨，出版了《博物日报》《鹭江日报》《福建日日新闻》《福建日报》《厦门日报》《南声日报》《漳泉日报》等，反映了要求发展工商业和提高国民素质的社会思潮。《厦门日报》开办初，实行赠报7天，赠刊广告一栏；7天之后报资按八折收取，广告按六折收费。该报的版数有时出到四开六版时，广告则在第一版、第四版，第六版还有本埠商情和广告等，广告占版比还是比较高的。辛亥革命后，厦门市面上相继出现《闽南报》《声应报》《民钟日报》《江声报》《厦声日报》《思明日报》等。这些报刊大都是对开四至八版不等，新闻占三分之一，论说文、散文占六分之一，剩下的都是广告，每天印数为三五百份。像《民钟日报》，第八版为"商情一览表"，刊发轮船进出口时间表、漳厦铁路时刻表和客票价目表。

1928 年起，厦门的新兴报刊不断涌现，到 1935 年达到极盛。如《厦门商报》《时潮日报》《道南日报》《天南日报》《厦门晚报》《厦门晨报》《中华日刊》等等，都在此一时期出现，份数均不超过 1500 份。1928 年至 1930 年，厦门小报一度盛行，如《厦门如是小报》《厦门小报》《厦门周报》《昌言》《鹭门》等，更是依赖广告生存。

1929 年爆发第一次资本主义世界经济危机，许多闽南籍华侨回国，投资工商业、房地产和报业。至 1935 年，《华侨日报》《厦门日报》《星光日报》相继创刊，与《江声报》竞争，版数增加到对开三大张 12 版。但厦门经济总量不大、人口总数不多，因而广告市场规模较小，各报争抢广告，各种打折优惠，利不及费，版面遂又减少。广告量以及广告收入与报刊版面数呈现正相关：广告越多，版面就多；广告越少，报纸就薄。像竞争力比较强的《江声报》，抗战之前的广告每期就有四版之多。

20 世纪二三十年代，厦门开始进入近现代化，如上所述，华侨回厦投资，开马路建工厂，民族工业发展，市政建设肇启，报刊创办，商业兴盛，广告特别是报刊广告也日益兴荣。厦门的报刊靠广告维持和发展，工商业也因为报刊广告的刊发，呈现欣欣向荣的局面。

1931 年至 1933 年，厦门十大商业营业额，绸布业排名第一，杂货业和参茸业分列第二、第三，当时厦门共有商店 5202 家。据 1936 年 7 月的商业调查统计(《厦门市政府公报》第 17 期，1936 年 8 月)，本市银行 15 家、钱业 84 家、典当业 51 家、成衣业 235 户、绸布业 98 户、金银首饰业 82 户、柴米薪炭业 342 户、拖鞋布鞋木屐业 84 家、糕饼业 133 户、糖果业 53 户、酒业 106 户、糖油面粉业 228 户、海产罐头干果京果业 222 户、酱油业 59 户、茶叶业 54 户、饮食店 268 户、菜馆业 55 户、旅社客栈茶楼业 271 户、香烟业 201 户、参行业 42 户。作为消费城市的厦门，工业当然无法与商业比拟。据《华侨日报》1936 年 4 月 23 日刊载的《本市工厂统计》，厦门仅有大同淘化罐头食品有限公司、福建硝皮厂、中华糖果饼干厂、福记制造机器厂等 20 家工厂。《厦门工商业大观》则记述当时厦门的工厂总数有 70 多家，其中纺织业 12 家、食品工业 21 家、公用事业 3 家、化工业 16 家、铁器制造业 16 家、造船业 6 家、轻工业 2 家。这份材料中的所谓“工厂”，其实多为手工作坊。

因此，这种经济结构反映在报刊广告上，自然是推销物质生活消费品的商业广告最多。不过，精神生活消费的广告，在当时的报刊上也有，尤以电影广告最引人注目。当时的电影院，除了印制电影说明书向观众介绍电影剧情外，还在报刊上大做预告。1927 年，由周文珠、王元龙等人合演的《透明的上海》将在厦门上映，电影院即在《厦声日报》上做了大幅广告："不日开映，先此布告。"当时的电影明星和制片人就已经懂得在报刊上做宣传造势活动，如 1929 年 10 月 28 日的《厦门小报》，在"小报的小报"专栏中，就介绍了旅美中国女明星黄柳霜主演的《仙童彼得潘》赴美"映照宣传"。这种跟今天报刊上娱乐新闻一模一样的造势手法，当然对报馆吸引电影广告是有促进作用的，电影院和电影公司自然会"投桃报李"。

不过，并非所有广告，报刊都来者不拒予以刊登。1934 年厦门特种公安局编印的《警政特刊》，就发布《厦门特种公安局管理广告规则》，要求"所有广告其文字图画均以纯正为主，激烈危险、猥亵伤俗、乖谬荒诞、诱惑煽动、欺骗蒙混，均在禁止之列"。厦门基督教青年会印行的《厦门青年》月刊，在其"招登各种营业广告"的公告中，就明确提出："本会视为不足宣传之广告，恕不招登。"

痛心的是，厦门工商业与厦门报业的好年景，终究在抗日战争爆发、厦门沦陷时戛然而止。厦门沦陷期间，民族工商业受到毁灭性的打击，报社关闭，市场一片萧条，报刊广告长期沉寂。直至厦门光复，工商业重兴，报馆重张，报刊广告才得以恢复。1945 年 8 月至 1946 年年底，厦门岛上有报社十几家，出现了"有街皆报，无巷不社"的现象。1946 年春，币值猛跌，物价暴涨，斗米万金，报刊广告收入追赶不及，关了开、开了关的报馆在这一年至 1948 年尤其多，厦门报业的发展随币值和经济形势起起落落。也有报社经济实力比较强劲的，广告经营稳步前进的，如《江声报》。该报 1945 年 12 月 21 日复刊至 1949 年厦门解放，发行量维持在近万份，广告经营相当发达，应付开支，还有赢利。

总而言之，从厦门报刊发轫至 1949 年的发展历程看，工商业和报刊以及广告包括报刊广告的关系，跳脱不出"一荣俱荣，一损俱损"的轨迹。这是经济规律使然，非人的意志为转移。

洪卜仁　陈茂盛
2016 年 6 月

目　录

一、工商实业

啓者香港捷成洋行之貨件現由本公司代理其中如 德國洋菁 各色顏料 時用什貨 新式疋頭 靡不件件皆備色色俱全且又價廉物美交接便當 諸君惠顧請到本公司面商毋任歡迎

厦門大史巷捷昌公司謹啓

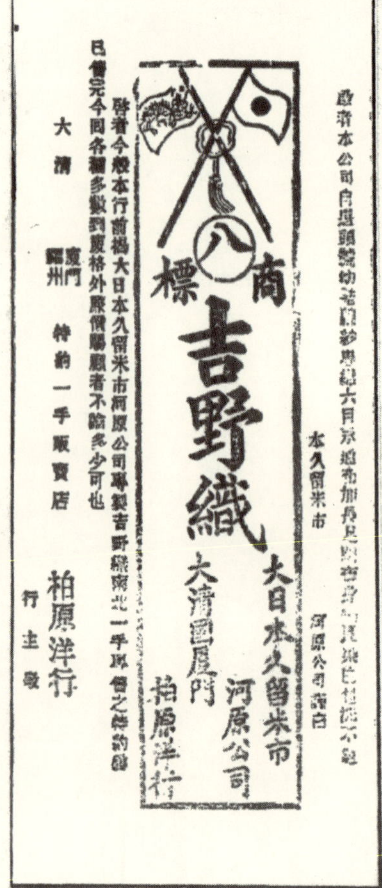

商標
八
吉野織
大日本久留米市
河原公司
大清國厦門
柏原洋行
本久留米市
河原公司謹白
啓者今般本行前揭大日本久留米市河原公司專製吉野織
已曾完今回各種多數到厦格外廉價賜顧者不論多少可也
大清 厦門 福州 特約一手販賣店
柏原洋行
行主敬

漳州金誠美絲線行

漳州東門金誠美絲線行自染正熟烏紘及各色絲線等貨迄今已久遠近馳名現又分設在厦門關帝廟邊竹仔街金發祥本號內發售並無分設別處士商賜顧請祈認明內標金麟記庶不致悞

金誠美主人謹啓

鷺江報 告白

漳州東門金誠美絲線行自染正熟烏紘及各色絲線等貨迄今已久遠近馳名現又分設在厦門關帝廟邊竹仔街金發祥本號內發售並無分設別處士商賜顧請祈認明內標金麟記庶不致悞金誠美主人謹啓

三十九册

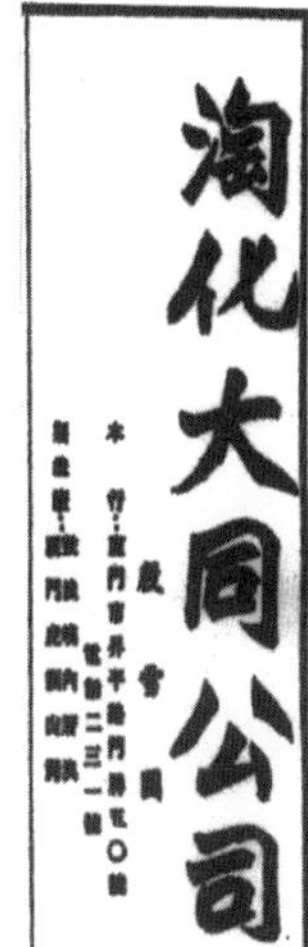

兆和罐頭食品股份有限公司

注意！

本公司的新出品

本公司醬油，早已名聞中外，娓娓皆知，目下罐頭亦已出世，品質新鮮，配製精良，欲飽口福，請嘗試之，大宗批發，無任歡迎。

製造廠 鼓浪嶼康泰垵 電話二一五五

總發行 廈門中山路 電話一一五四

光和罐頭食品股份有限公司

註冊 商標

製造廠 廈門鼓浪嶼 電話(鼓)二五五

總發行 廈門中山路 電話一一五四

本公司廣置新式機器延聘專門技師依照科學原理製造醬油醬料及各式罐頭食品有益人體極合衛生且所採原料確屬國產一切出品以壽星及和字兩牌為商標業蒙實業部核准註册復蒙財政部准許出口免稅倘荷各界惠顧無任歡迎當盡克己之道以謝盛意焉

有綫電報及無線電：掛號中文〇〇六八

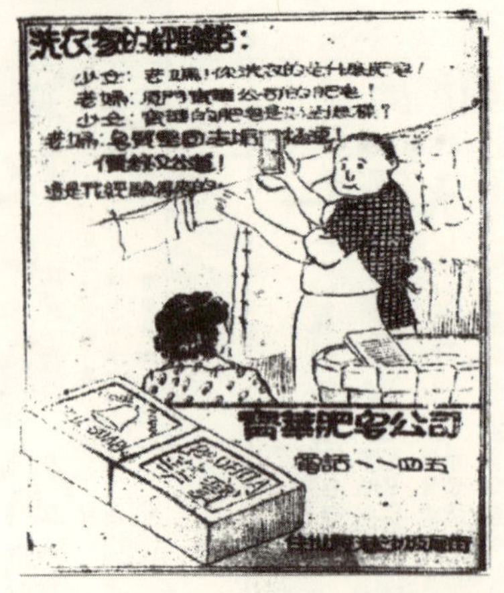

鼓浪嶼龍頭渡

永明肥皂公司

經理蔡永安

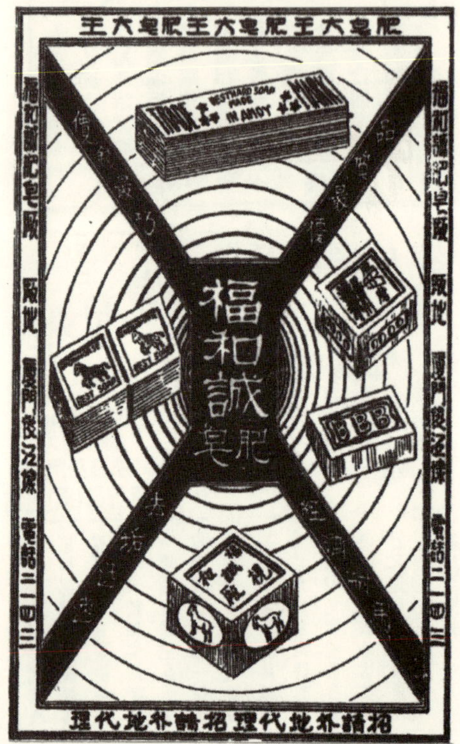

廈門

天利肥皂廠

TIEN LEE SOAP FACTORY

AMOY, CHINA

本廠開設福建廈門精製上等洗衣肥皂原料純潔品質優良行銷以來頗蒙各界稱許民國廿一年特向商標局註册以「天利肥皂」字樣爲商標他人不得冒混

廠址：福建廈門民族路十八號

廈門思明南路十四號

壹華賽華皂廠

完全國貨製造

鈴童嘜皂

鶴標皂條

出品精良　價格低廉

歡迎各埠代理

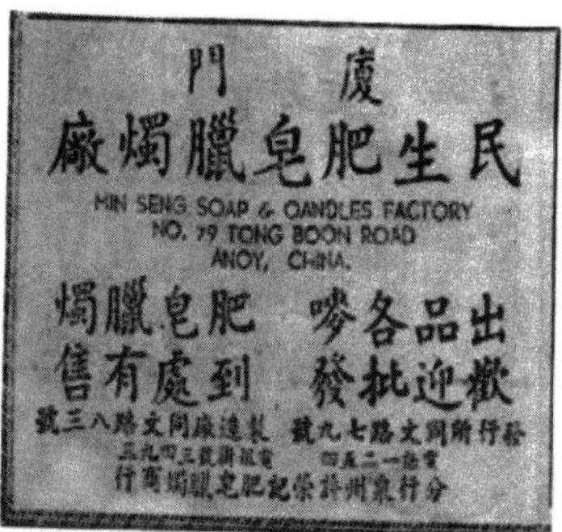

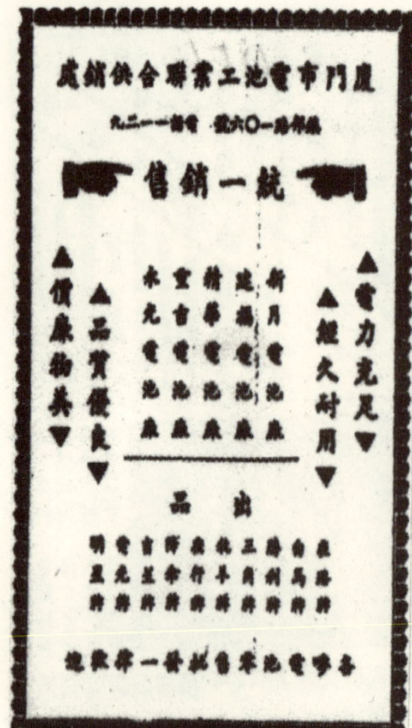

肥皂、臘灼 兼什貨

仁興肥皂臘灼製造廠

營業主 黃怡居

廈門市溪岸路四五號

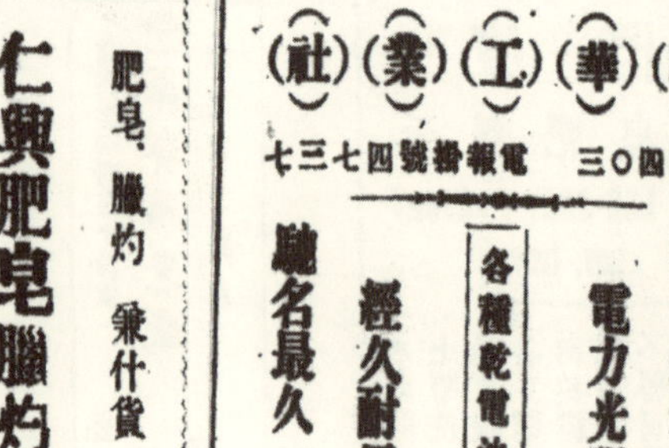

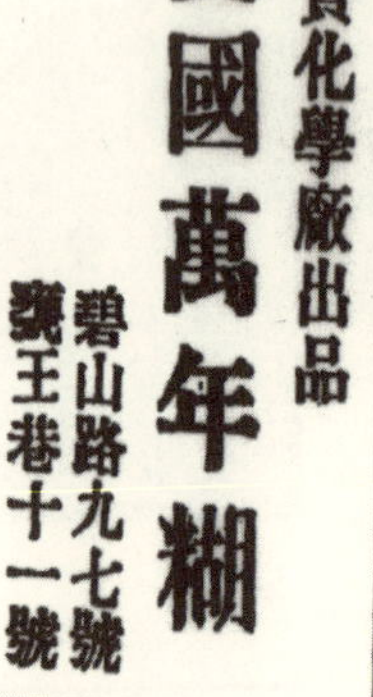

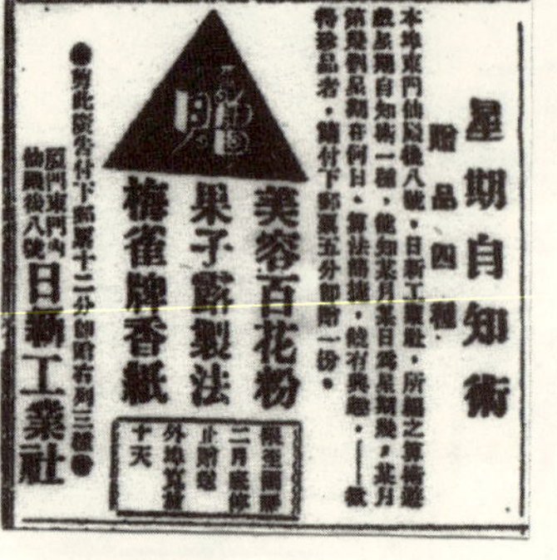

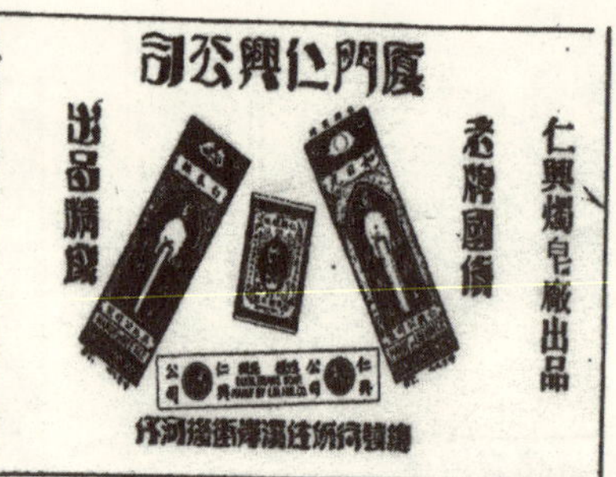

請用價廉物美的

國貨

雙球嘜化粧品

啓新各種肥皂

啓者敝社自出品「雙球嘜」化妝品以來頗蒙各界士女所贊許深爲感激然敝社爲應諸君雅用對於出品各貨莫不力求精美今將品名列下俾以有所擇用焉

生髮香油 花露香水 美髮香膠 爽身香粉

玫瑰香蜜 [illegible] 帝士香納 美髮香水

跳舞香粉 [illegible] 三美香水 巴黎香霜

凡士林 百花霜 士得光 玫瑰霜

[illegible] 白齒粉水 啓新肥皂

廈門大同路二五一號

啓新中國工業社謹啓

光明工業社

化學工業出品

完全國貨

本社[illegible]

◎本社出品◎

各種化粧品 橡皮輕氣球

完美辣醬

廠址：廈門公園西路四十一號

電話：一二四〇

經理 林篤仁

營業主任 陳振宗 仝啓

民生電機染織布廠

址在廈門美人宮電話一一〇一

鐵機牌

欲解決「衣」的問題

請注意選擇民生布廠出品

最優美之布料

民生布廠布料有左列優點

（一）「布身」民生廠實用最新式織布機織造故所出品皆勻滑幼緻平整悅目

（二）「染色」民生廠不惜工本特用實色染料能耐水洗日曬消黃 燥蝕亦不退色能保色澤鮮明

有此優點故人人樂用優級 各界士女賞許值本廠不敢自以為足更精益求精擴大規模添置織機以求供應謀發展實業以副

諸君提倡工業實業救國之至意 各埠布莊均有代售

民生

電機織廠布

▲新近出品各色秋冬衣料

▲美觀又便宜最合大衆化

民生嗶支呢 民生紋呢

民生西衣呢 民生紡呢

民生斜紋 民生柳條

批發定織—俱甚歡迎

廠址 禾祥街五十三號

美仁宮 一 電話一八六號

特別啓事

電話老牌真絲襪駐廈特約經理

改爲各號代理

本廠出品之各牌男女真絲襪新式跳舞襪及特種美術繡花襪等因品質優良定價低廉故行銷國內外莫不處處歡迎年來銷額激增雖一再擴充努力出貨仍有供不應求之勢甚爲抱歉廈地前由永康良號獨家經理各大寶號意欲熱心推銷者因格於合同故無從應命現永康成合同業已屆滿爲便利各界熱心提倡起見爰將獨家經理改爲各號代理藉使普遍茲有五〇五號新式黑尖跟及各色寶塔跟跳舞絲襪等新出品式樣新穎定價廉宜各界惠顧至所歡迎

上海西門大吉路林蔭路口

光明針織廠謹啓

◁上＝海▷

三友織造廠

本廠出品馬頭牌及汽車牌等男女線襪製造精良科學設計價格克已

廠址：上海藍淮鶴路一六五弄二七號

恭賀各界

新年進步

廈門市歸僑工業生產合作社

住址升平路四十七號

電報掛號〇二三四

電話二三四

織造毛巾、羅紗、布疋

廈門華僑實業社

廈門小學路四二號

電話一一六〇番

董事長 伍長勳

常務董事 白振聲

經理 丁子堯

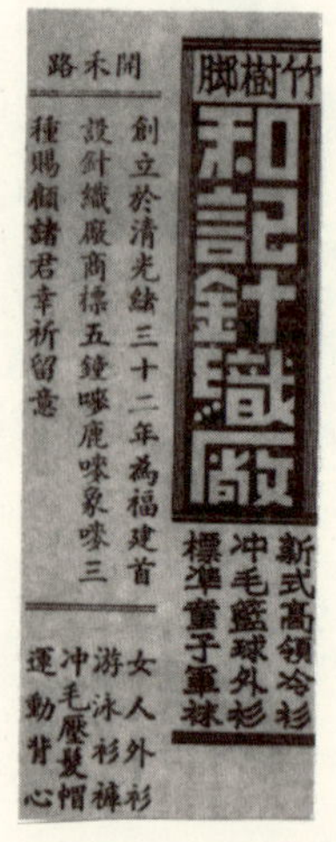

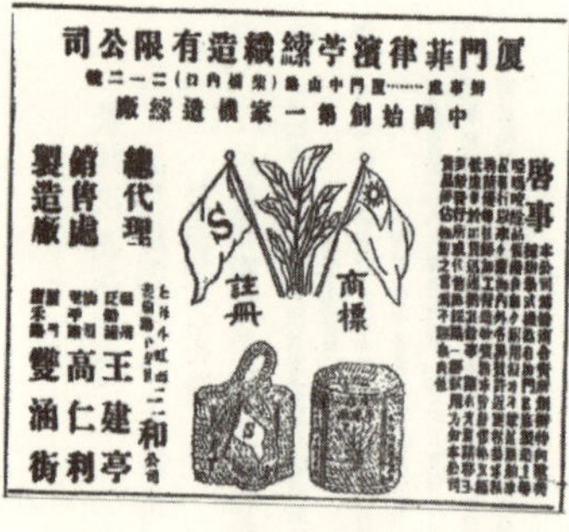

彩華春化學洗染總廠

廈門市中山路二二九號

分廠廈門大同路

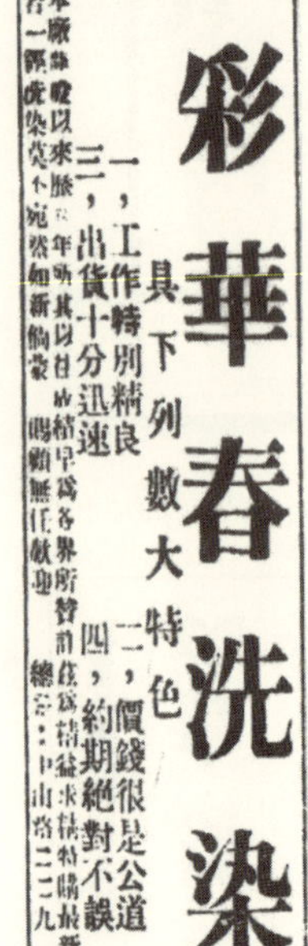

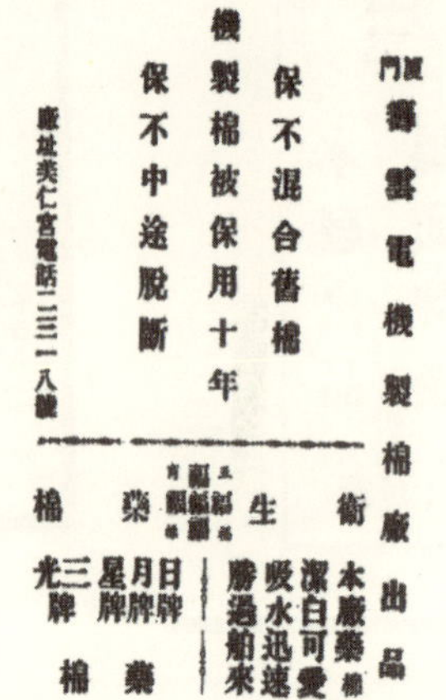

上海三星洗染廠

Dry Cleaning

廈門總廠 大同路門牌三四九

又分廠 中山路門牌二一三

泉州分廠 南大街

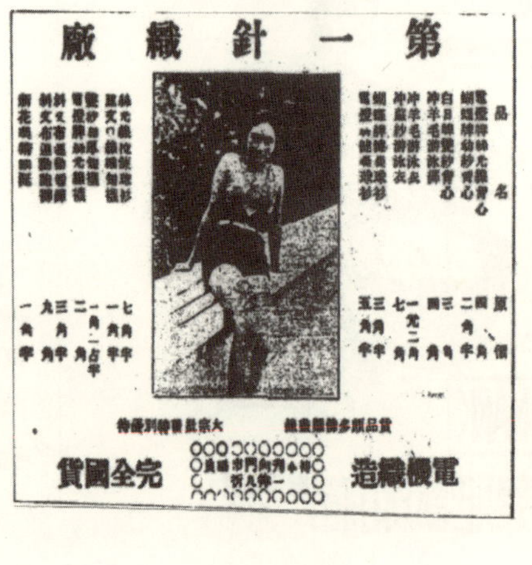

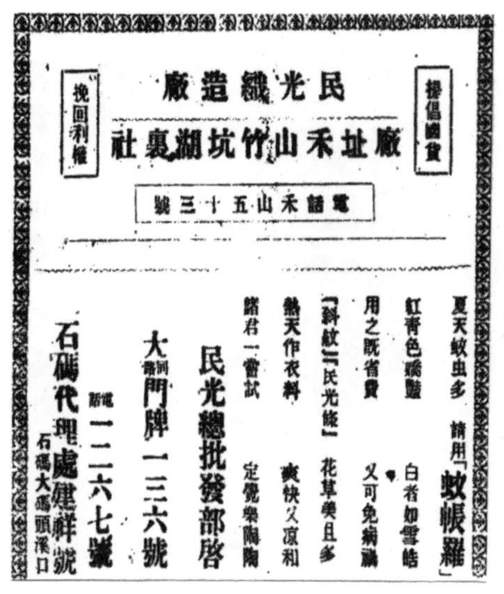

民光織造廠
廠址禾山竹坑湖裏社
提倡國貨
挽回利權
電話禾山五十三號
夏天蚊虫多　請用「蚊帳羅」
紅青色嬌豔　白者如雪皓
用之既省費　又可免病竊
「斜紋」「民光條」　花草美且多
熱天作衣料　爽快又涼和
諸君一嘗試　定覺樂陶陶
民光總批發部啓
大同路門牌一三六號
電話一二六七號
石碼代理處建祥號
石碼大碼頭溪口

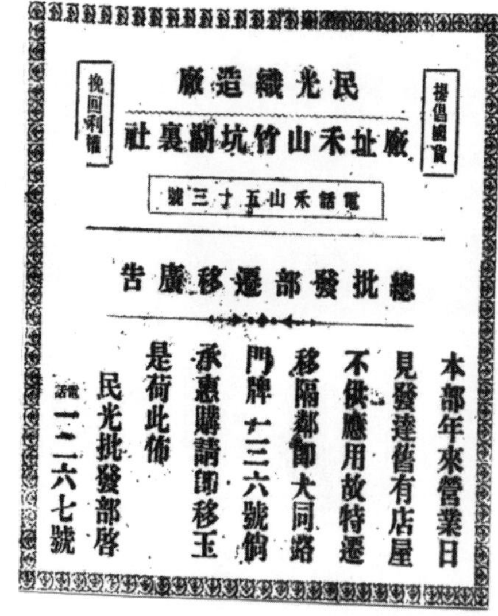

民光織造廠
廠址禾山竹坑湖裏社
提倡國貨
挽回利權
電話禾山五十三號
總批發部遷移廣告
本部年來營業日見發達舊有店屋不供應用故特遷移隔鄰即大同路門牌一三六號倘承惠賜請即移玉是荷此佈
民光批發部啓
電話一二六七號

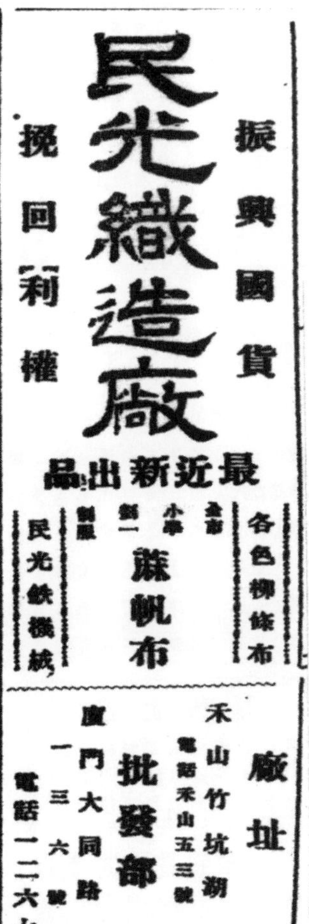

民光織造廠
振興國貨
挽回利權
最近新出品
各色柳條布
蘇帆布
民光鈄機械
廠址
禾山竹坑湖
電話禾山五三號
批發部
廈門大同路一三六號
電話一二六七

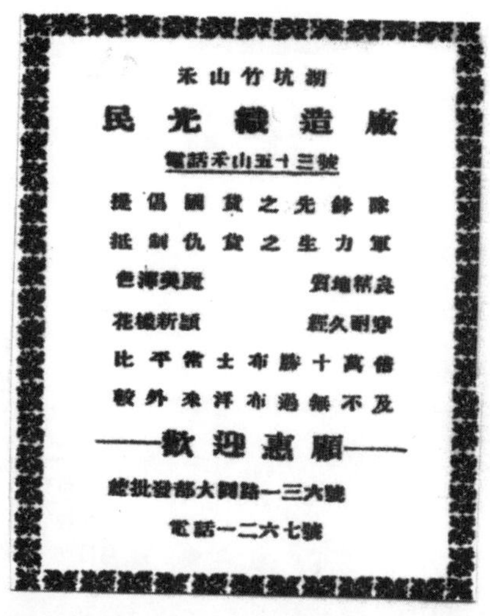

民光織造廠招收女工啓事

本廠近來營業，日見發達，所出貨品，深荷愛國人士，熱心採用，殊有供不應求之概，兹特添辦織机，安設電力，原有女工，未能足用，特再招收三十名，凡有志學習者，請到上列各處報名，此告

報名處一，廈禾路民行汽車行內廈門通報社。

二，大同路民光織造廠發行部。

三，禾山竹坑湖民光織造廠。

民光織造廠謹啓

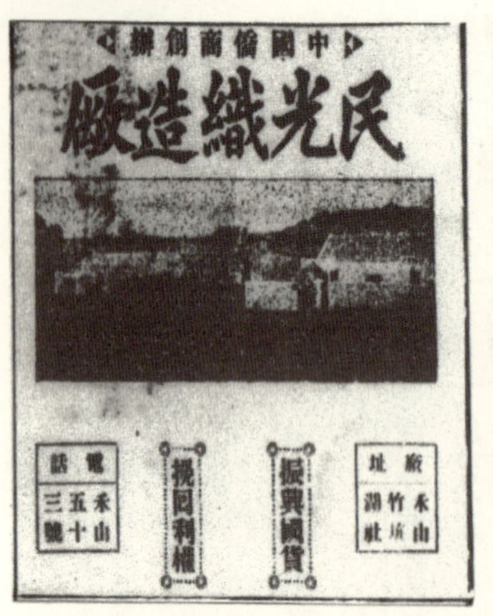

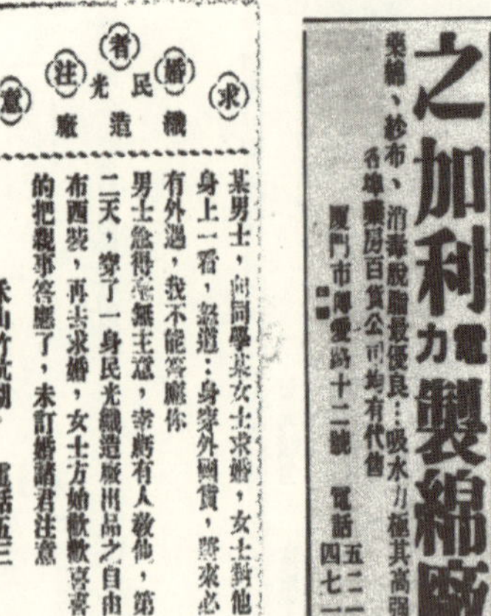

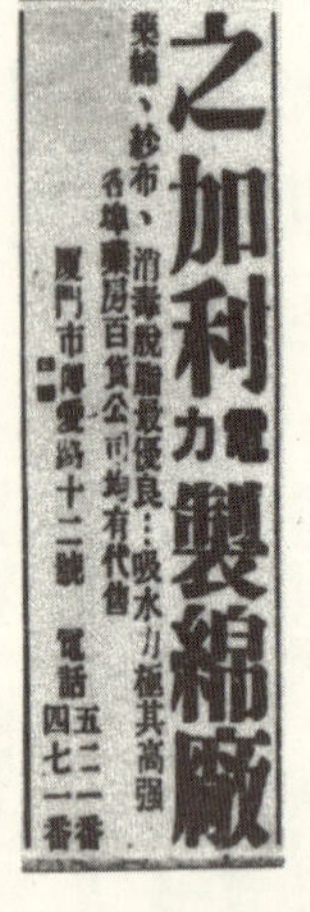

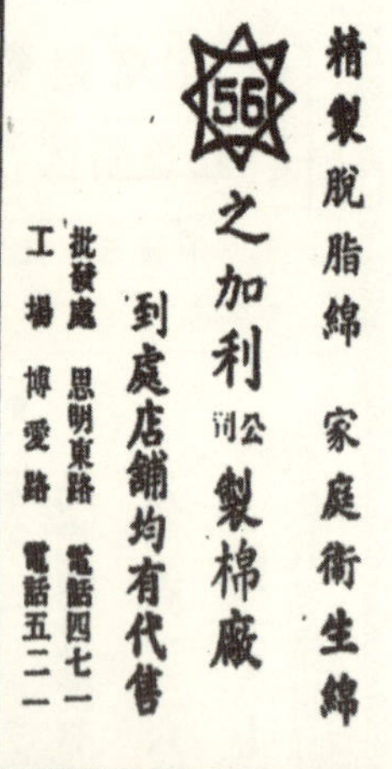

同工染織廠

出品種類

細斜紋 十字布 格子紡 條子紡 紋縐羅 條線呢 格線呢 素平紡 樹皮布 自由布 其他

廠址 廈門鼓浪嶼六十號

發行所 廈門同英綢布莊

公昌
鋼鐵工場
本場專門 修製機器 碼頭浮船 家私用具 設計精審 交件迅速
地址：思明北路一三四號

華南機器工場
本工場承裝修大小輪船等机器諸
尊光顧無任歡迎
工場：開元路三三一號 電話一一五三號

協隆機器工場
本工場承接大小機器工程
場址：開元路二〇九號

同化機器工場
製造及修理各種水陸機器工程
翻建及修理各型輪船各項零件
場址：鷺江道一四二號 電話一五四三號

正元合順記老鐵舖
本號出品 鋼質純良 刀剪利器 鋒銳無窮
斬截磋切 越用越强 取材配造 尤爲特長
雕督體式 件件玲瓏 歷史悠久 聲譽早揚
貨真價實 不是誇張 各界需要 包帮心腸
地址：開禾路門牌一一六號

士把那機器工場
本場承造：水陸大小機器電工程精修大小輪船蒸汽機內燃機及船上一切配件各種生產主機
場址：廈門大中路一四號

建成機器廠
担水巷二十九號
造修大小輪船
各種蒸汽鍋爐
設計生產主機
配製機器零件
工精價廉，請君光顧
無任歡迎

生福機器販賣部
廈門開元路門牌二八六號
附設工廠地址在廈門開禾路門牌一百十九號
生福機械製造廠
本廠專造各式碾殼機麥粉機土壠機製冰機研蔗榨糖機製材鋸木機油渣發動機石油發動機蒸氣气砧以及陸上工具大小機器代客設備安置

大興昌
鋼鐵工場
本場修製 家私用具 機件工程 安設水管 無不精巧 持久耐用
地址：水仙路二九號 電話：一八六六號

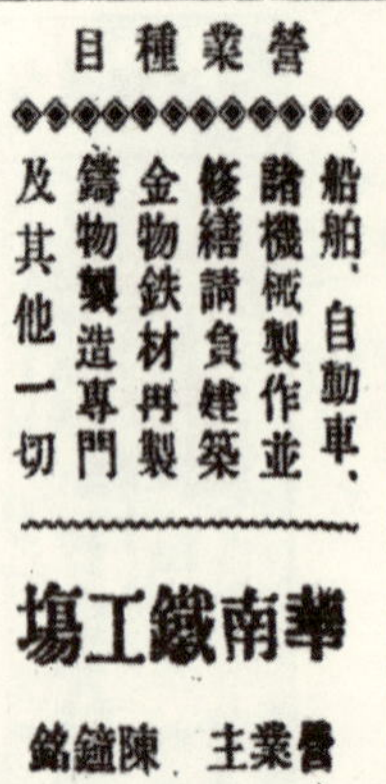

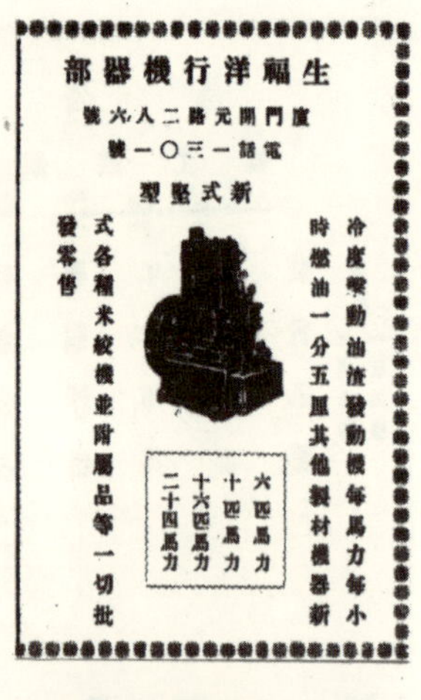

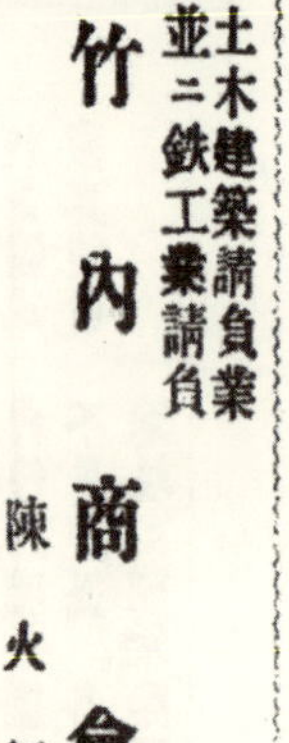

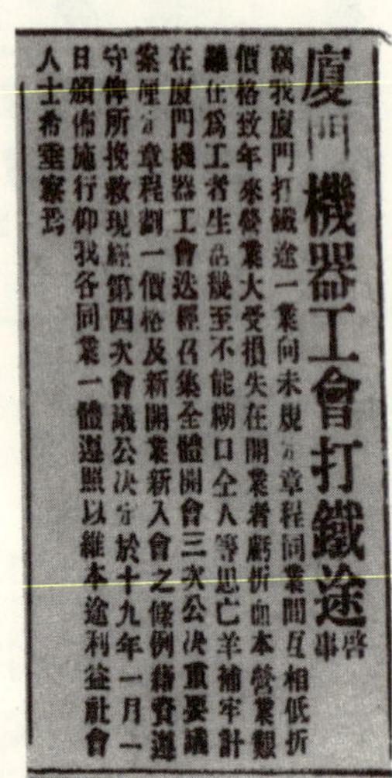

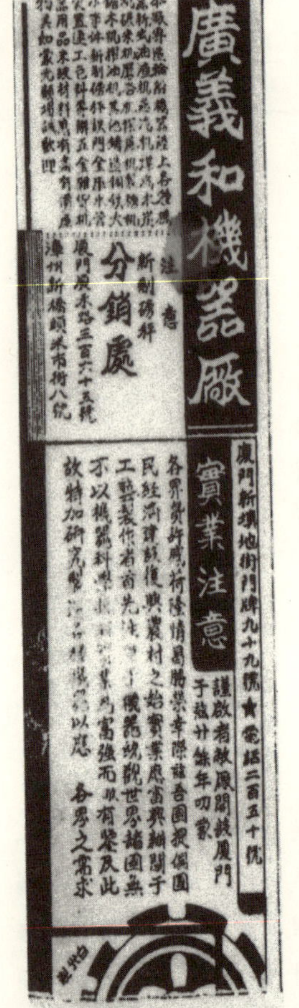

廣義和機器公司

廈門新填地

電話二二五〇

中光鐵工場

營業種目：鐵工等

營業主 邱和生

廈門市廈禾路二〇六號

台南

營業種目

船舶、自動車、諸機械製作並修繕請負建築金物鉄材再製及鑄物製造專門及其他一切

中光鉄工場

廈門市廈禾路二〇六號

營業主 邱和生

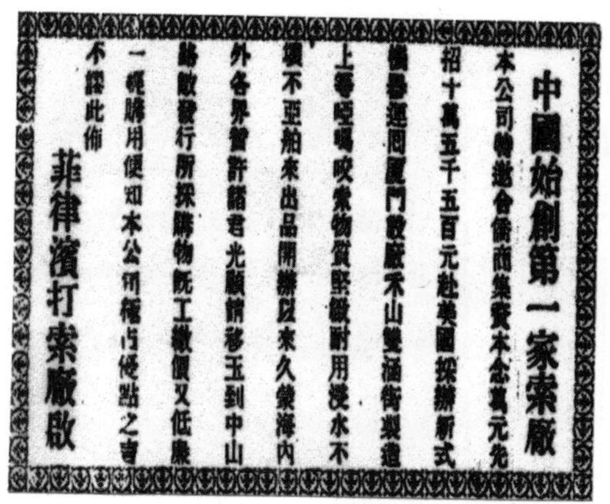
中國始創第一家索廠
本公司特邀合僑商集資本念萬元先招十萬五千五百元赴美國採辦新式機器運回廈門設廠禾山雙涵街製造上等啞嗎吱索物質堅韌耐用浸水不壞不亞舶來出品開辦以來久蒙海內外各界暨諸君光顧請移玉到中山路敝發行所採購物既工緻價又低廉一經購用便知本公司獨占優點之言不謬此佈
菲律濱打索廠啟

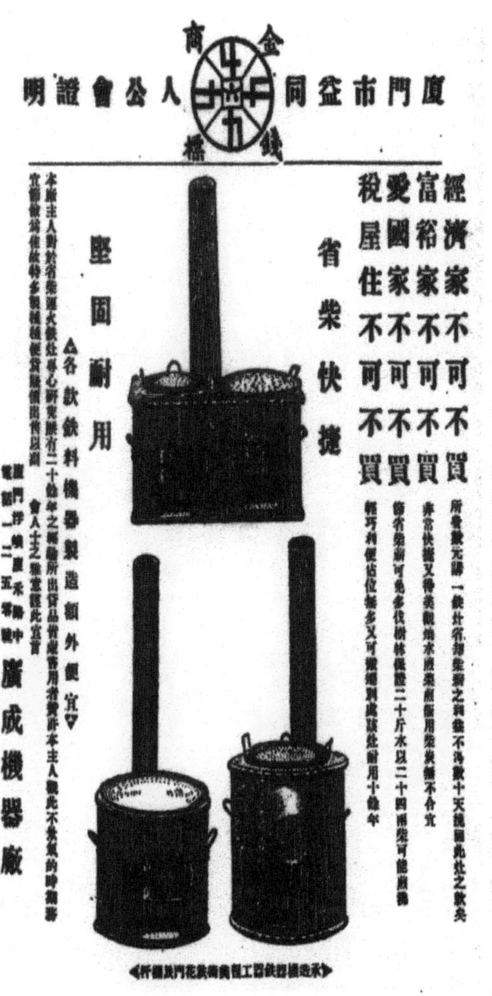
廈門市益同人公會證明
金錢商標
經濟家不可不買
富裕家不可不買
愛國家不可不買
稅屋住不可不買
省柴快捷
堅固耐用
△各款鉄料機器製造額外便宜▽
廣成機器廠

中南磚瓦公司
代理處

國貨花磚大王
新南洲花磚有限公司
現代化藝術化的花磚

株式會社 富士工業廈門出張所
大漢路一八五番
電話八一三番
本店 高雄市入船町六ノ二番地
電話三九九一番
社長 田邊武雄

福建
新式騍瓦公司
商標
廈門鼓浪嶼康泰垵
電話二三〇號
特點
新式精緻
堅固便宜
國貨
一百尺四方用一百四十片瓦

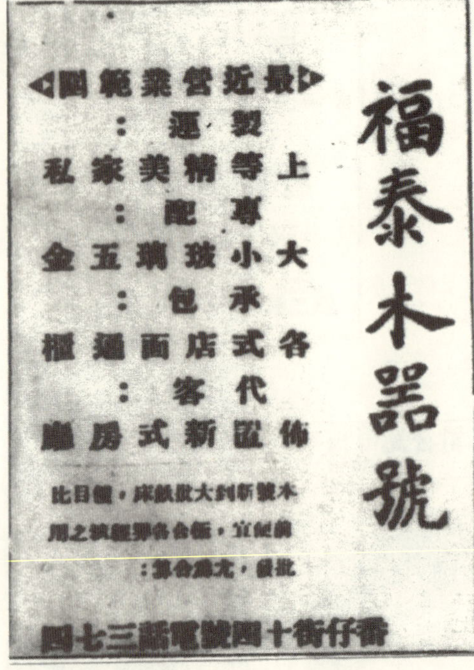

鼓浪嶼
福泰木器號
Fook Tai Furniture Store
A 19 Ling Tow St., Tel. 421 Kulangsu, China.
負責佈置
代客計劃
取價從廉
特設租部
經售鐵床
圖樣新式
承製木器
精製沙發

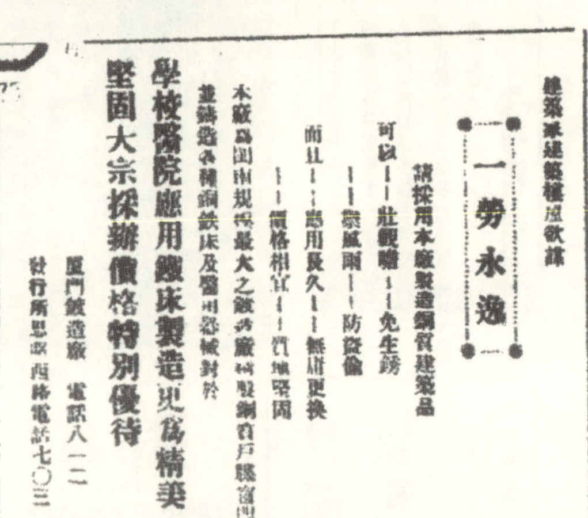

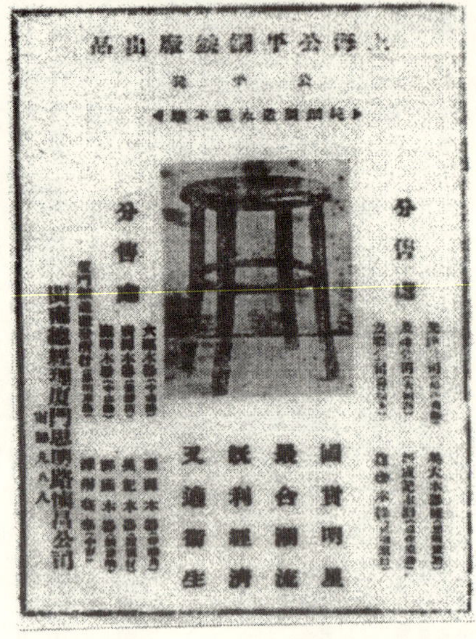

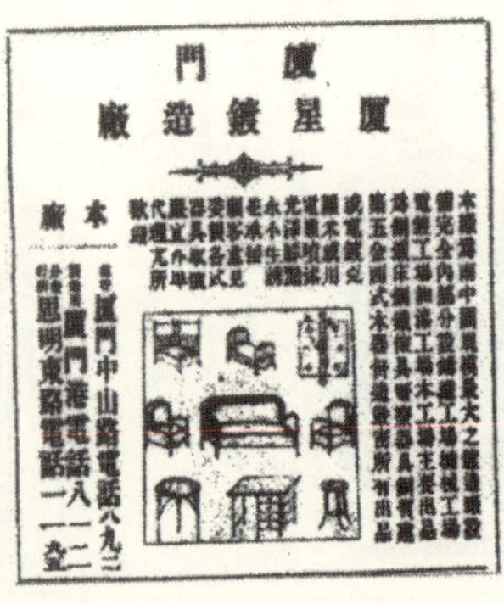

上海 中國陶器廠 出品

三角牌 釉膏，大綠，濃黃，鴨黑。。

各種瓷用色料

電光水 金油 定價低廉 歡迎批購

上海 鑑臣洋行 出品

老鷹牌 玫瑰精，茉莉精 愛夫諾，麝香精

花果牌三星香草精

其他果子油精 定價低廉零售發批

閩南總代理新益行 升平路五十五號 電話八四〇號

歡迎廠方用戶來接批訂

上海義生搪瓷廠股份有限公司廈門分發行所

歡迎南洋代理

爭取國際市場

本公司採用中國純粹原料製造鳳凰牌各種搪瓷器皿如面盆碗碟缸鍋水桶口杯痰盂茶盤便器等類凡家常日用之品莫不應有盡有質地細緻花樣新穎十餘年來早已通銷全國及南洋各地被推為搪瓷業之巨擘全國境內除特約代理者不計外自於各大都市設立發行所二十餘處購運甚為便利茲為爭取國際市場起見歡迎南洋華僑特約代理俾為國貨爭光有志者請來接洽自當特別優待以表至誠

本公司專製搪瓷器皿之外同時兼售各種銅精物品及各種熱水瓶廉價批發

製造廠 上海康定路九六〇號 電話：三四四七一〇號

總公司 上海望平路一〇八號 電話：八四四二〇六號

廈門發行所 廈門中山路一二五號 電話：二〇三號

其餘各地發行所相隔遙遠恕不詳載

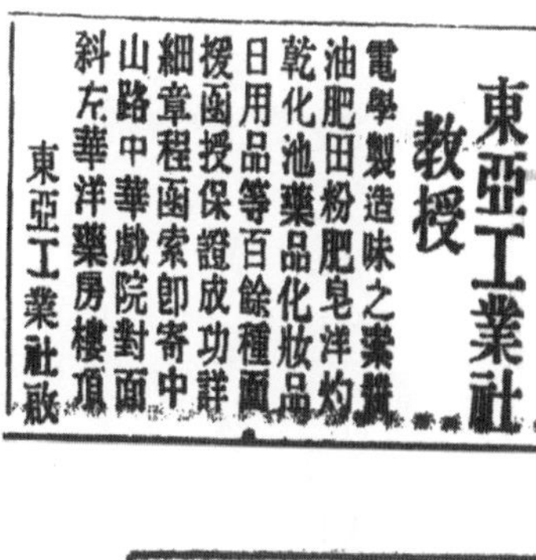

生產增強！此ノ重大關頭ニ副フベク、今般弊工場ニ木工ノ作業ヲ最新設備シ以テ木工ノ機械化ヲ計リ、一般職域奉公ニ邁進致ス覺悟デ御座イマス、各位ノ一層御後援ノ程御願ヒ申シ上ゲマス

營業種目

◎塗裝部

◎木工部

廣進洋行

廈門市中華路三三號

台北南桑敎具配給合資會社廈門特約店

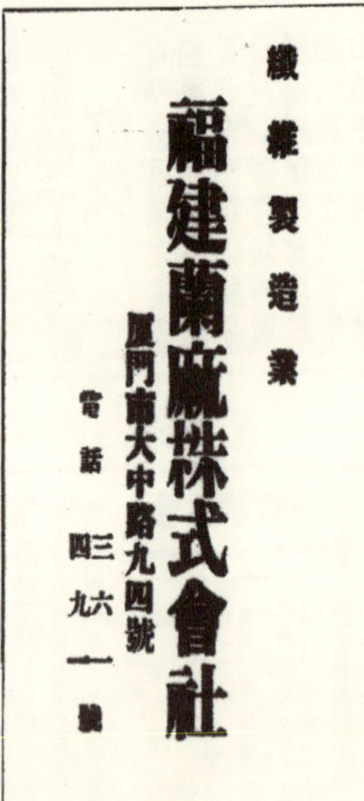

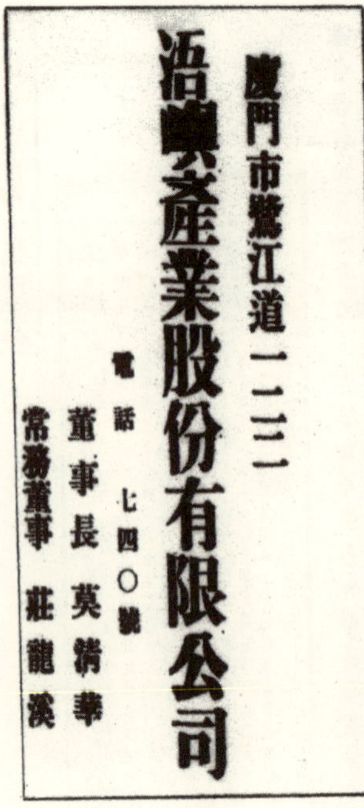

有關公司機器紙匣製造廠

厦門禾安街三十四號

電話 二一六八

工廠爲營的，當然屬投資者的盈利，爲什麼不做投機的事業，不做販賣洋貨的勾當，偏偏來做振興國貨的紙盒工廠呢，可見得辦工廠的目的，不是僅爲營利，不是只顧私人，是在乎公衆的生活，爲甚麼呢，一個小小的盒廠能夠傭養多夥友，能夠容養多女工，不過喚起同胞們的奮發，跟着紙盒工廠起來的事業，可是同樣的增多，那就有益于民衆，光榮于國家，更可增進國家實力，提高國家位置，可見國貨工廠，是與國家重大的關係，所以工廠的盛衰，是大家共同的責任，大家共有的寶物，大家應想法子，扶植他，愛護他，使他蒸蒸日上，有長久發步之希望，庶于人于己，于私于公，都得到圓滿的願望。

本主人黃闕登謹白

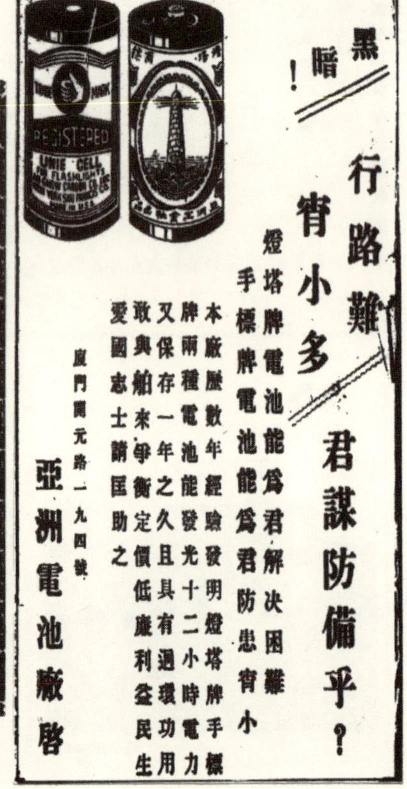

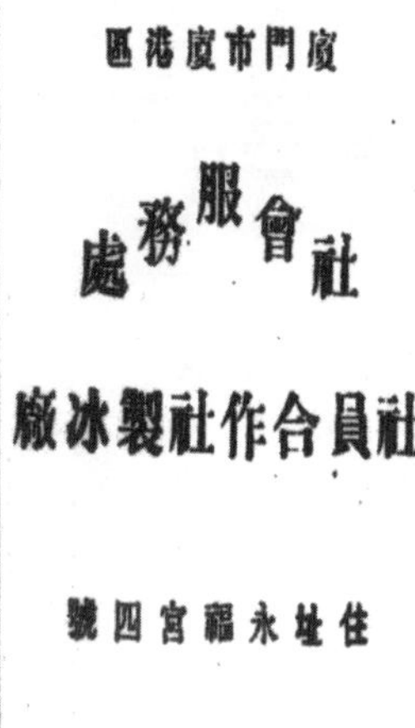

廈門市廈港區
社會服務處
社員合作社製冰廠
住址永福宮四號
電話一六二四號

粵港屈臣氏汽水更換經理啓事
屈臣氏創製氣水歷有年所其歷史之久遠各界人士之推許有口皆碑終不致徒負虛名惟有精益求精以答惠顧諸君之盛意如有承銷漳州泉州及各县市分代理者請與敝公司接洽為荷
廈門中山路鼎貨公司啓 廿五年五月
電話一一一五三號

清涼汽水飲料水各色製造
大日本海軍指定工場
種類 サイダー各色ラムネ イビールシロップ
廈門市自強路一八號（後範村）
建亞公司
代表者 戴標
電話六二三番

東方江東冰水實業股份有限公司
東方江東 汽水汽冰
異常清潔 適合衛生
氣味芳馥 顏色鮮明
消暑止渴 解毒生津
人人必備 居家旅行
諸君提倡 以重國貨
荷承光顧 無任歡迎
本市氣水零售每打國幣五百元
住址鼓浪嶼龍頭街門牌二號
電話一一五八號

每日製造透明水晶冰廿五噸漁業飲食冷藏時物可供實用價格特別從廉代理無任歡迎
成源冰水機器廠
廈門禾山後江埭
電話七三二一號

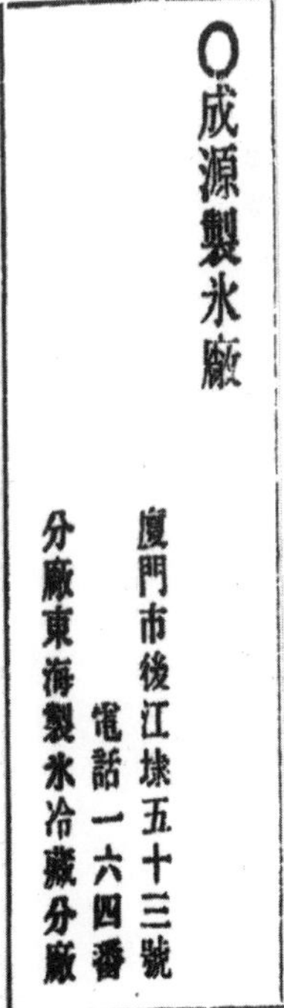

〇成源製冰廠
廈門市後江埭五十三號
電話一六四番
分廠東海製冰冷藏分廠

成源製冰廠東海製冰分工廠
廈門市後江埭九三號
電話一六四番
營業種目：製冰業
營業主 黃國成 台北
支配人 高晉祿 台北

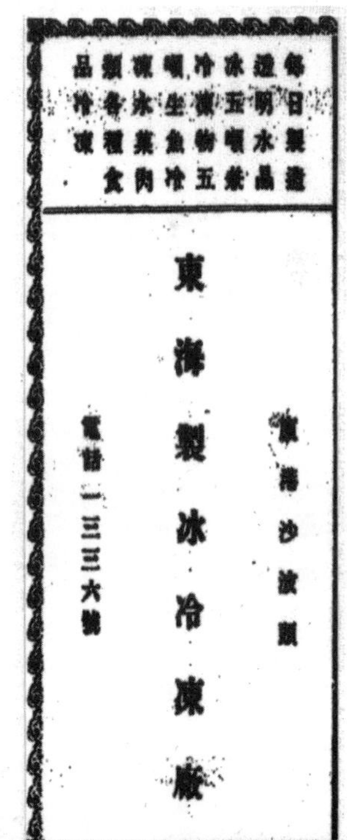

每日製造透明水晶冰五噸條冷藏物五噸生魚冷凍冰菓肉製各種食品冷凍
東海製冰冷凍廠
東海沙坡頭
電話一三三六號

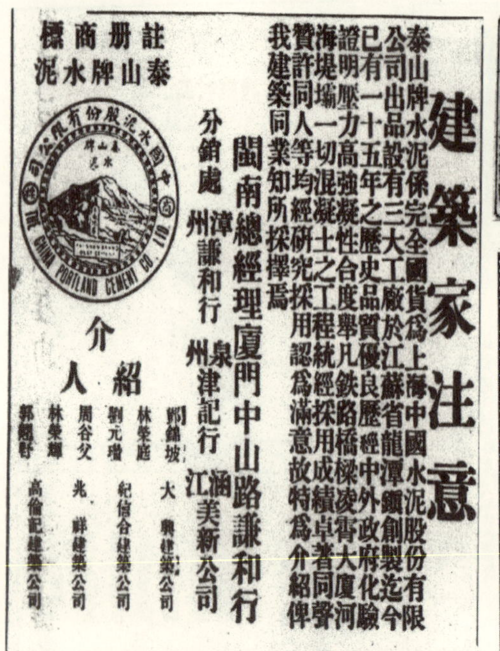

註册商標
泰山牌水泥
建築家注意
泰山牌水泥係完全國貨為上海中國水泥股份有限公司出品設有三大工廠於江蘇省龍潭鎮創製迄今已有十五年之歷史品質優良歷經中外政府化驗證明壓力高強凝性合度舉凡鉄路橋樑凌霄大廈河海堤壩一切混凝土之工程統經採用成績卓著同聲贊許同人等均經研究採用認為滿意故特為介紹俾我建築同業知所採擇焉
閩南總經理廈門中山路謙和行
分銷處 漳州謙和行 泉州津記行 涵江美新公司
介紹人
鄭錦坡 大興建築公司
林榮庭
劉元瑞 紀侑合建築公司
周谷父 兆祥建築公司
林榮輝
郭鵬軒 高倫記建築公司

廈門日本土木建築請負業組合組合員

（イロハ順）

厦禾路一五六 電話 五五八 熊崎歌造
大中路七五 一八七 六一四 一宮常男
晨光路六二 一三七 六七〇 陳木土
鎮邦路二五 一三二 陳乙
厦禾路一九二 八一四 張玉澤
鎮邦路一一五 七七一 林金釜
大同路四五〇 四三三 八六六 王水俟
思明北路一五三 八四九 王濟川
民國路二八 〇二七 渡邊學
大中路六一 一〇四 田中三治
開文路四三 一〇六一 岡田儀衷
民國路四八 電話 二二五 細川武
中華路八五 三五〇 静木隆
公園南路三 六一八 永淵品雄
大中路七九 二一五 四六四 前田守光
大中路四二 四七九 松田裕三
思明西路七二 六三八 四一二 古山喜四郎
大同路一五六 吳建銀
民國路三九 黄如德
厦禾路七一 七一二 鄭錦章

閩南公司

廈門市民國路
第四八號 電話225番

弊店は
建築工事設計製圖及建築土木工事の施工請負其他建築一切の業務に對する御依賴に應可申上候

金記行

專造洋灰、各色大小水磠、花磚
藥水磨光、男女廁盆、浴身洗盆
營業主 謝金土
廈門市廈禾路二二七號

朝發行

包辦建築
工場材料
營業主 王朝基
廈門市厦禾路六七之二
電話 七七六番

東亞洋行

營業種目
土木建築請負
貿易商
廈門市鷺江道一五四號
電話五五八番

大華農場福建分場全體鞠躬

恭賀　新禧

實業部立案　大華農場福建全省分場啓事

問：天旱時期，栽種何種作物最爲適宜？

答：栽種菓苗最爲適宜，因他們最能忍耐乾燥。

問：栽種何種菓苗最佳？

答：栽種各種桃苗，利益最優厚。

問：什麽時候栽種最爲適合？

答：就是現在起，至清明節止。

本場印有農產售品要目及種植必備，付郵十分即寄。

場址：廈門模範村。

救濟農村破產之生力軍

中央農場

出品要目

優良[illegible]苗　應有儘有
各種森林　森林種籽
各種花木　花卉種籽
各種荳類　蔬菜種籽
中西瓜種　實用農具
除虫藥劑　農業書報
詳細目錄　函索即寄

發行書報

中央農場特刊　每年一冊　每冊五角
中央農場月刊　每月五分　全年六角
中央農場叢書　全部八冊　定價一元

總事務所　上海[illegible]路二畝園

分事務所　漢口六度橋民權路六合里

興華農場廈門分發行所全體鞠躬

恭賀　新禧

廈門興華農場分發行所

地址：廈門模範村六號

本場每逢一二三月三個月內爲預約期間售品（菓苗）一律七折優待印有價目表農報函索附郵五分即寄

農報全年定價二角肆分

三益林牧場廈門市分場全體鞠躬

恭賀　新禧

三益林牧場廈門市分場啓事：

君欲根本救國，須從農業生產入手！

農業發展後，一切原料足供自給！！

則利權不外溢，自然國富民強！！！

敬啓者：本場創設伊始，對於風行社會之白杜水蜜桃苗，（又稱奉化玉露桃）特別舉行種植期大廉價，每株廉售大洋叁分，額定售完至三千株爲限，惠購者以郵至截爲標準，後至者歉回，請者捷足先登爲快；其他苗木種子，定價亦十分低廉，且品種正確每種購滿伍拾株即附奉保證成活書爲據。本場印贈農業報及售品價目表內載改良種苗和種畜，造林佳作，以及一切優美花卉，蔬菜，瓜菓，種子等，莫不畢有備有。凡關心國計民生諸君，欲行索閱，祇須來函索取，即行按址照寄奉；並招請各地推銷主任有酬卸答。地址：廈門模範村[illegible]農場　電話二〇八一號，十一

農事試驗場

禾山雙滬 電話八三五

場長 石田良弘 日本

技士 陳炳岩 台北

林亢亨 台南

科員 曾維周 長樂

農事試驗場場長 石田良弘

日本

雙滬電話八三五

科員 曾維周 長樂

技士 柳田清光 台灣

林亢亨 仝

陳炳岩 仝

村裏社徐農園

徐爲叻

大日公司

農林種子 蔬菜種子 山林種苗 庭園樹木 農業器具 農藝藥品 並農場經營

經營者 岡本[illegible]

廈門市[illegible]南路二六號

電話[illegible]一五九番

輸移出入商（農產種子、草花種子、農具、農藥用藥劑並農林場設計）

大東殖產株式會社

廈門出張所

廈門市大中路一〇號 電話二六八番

本社新竹市東門町二丁目

造林、種苗及蔬菜栽培

大東農場

廈門市禾山區洪山柄社梅園內

輸移出入商（農產種子、造林種苗、農藝藥品、新式農具）

（前逢茂農園支店）

大東殖產株式會社

廈門出張所

廈門市大中路一〇號

電話二六八番

本社 新竹市東門町二丁目

出張所 台北市建成町二丁目

〃 〃 台中市榮町三丁目

附屬（造林、種苗、及蔬菜栽培並採種）

大東農場

廈門市禾山區洪山柄社梅園內

源隆農場

林身

農場 廈門市禾山區江頭街

事務所 廈門市廈禾路一五八號

電話 九〇一番

禾山肥料配給社

廈門市小學路八十八號

理事長 游仲爵

副理事長 林貴

監事 葉長樂

高富貫一

徐爲力

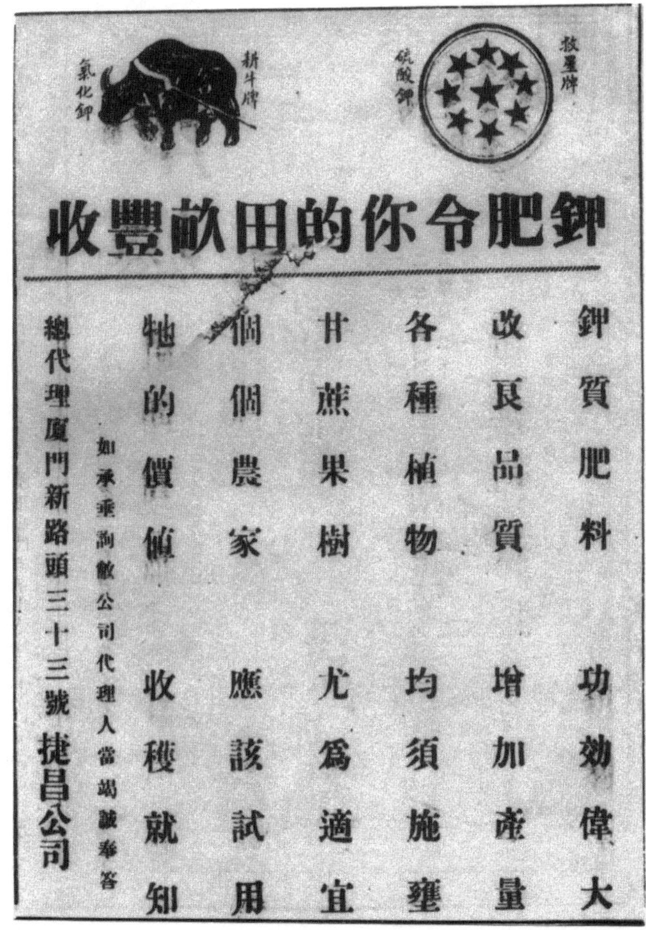

耕牛牌
氯化鉀
救星牌
硫酸鉀
鉀肥令你的田畝豐收
鉀質肥料 功効偉大
改良品質 增加產量
各種植物 均須施壅
甘蔗果樹 尤爲適宜
個個農家 應該試用
牠的價值 收穫就知
如承垂詢敝公司代理人當竭誠奉答
總代理廈門新路頭三十三號 捷昌公司

注意肥田料廣告

我國農民對于耕種一項歷數千餘年之經驗深知土泥性質苟土泥無肥料不能生產縱能生產收穫終難豐富可見田園之于肥料如魚之於水耳然田園原有肥質用之能盡若不加以肥料澆之肥質終難繼續故澆過肥料之田園其生產極力強旺與不用過之田土大有霄壤之分然肥田料種類甚多性質各異如蔬菜菓木之性質亦各有不同此數百年來經西國人用心研究始發明此含有植物滋養料之肥田粉用之可保農民有美滿之收效最近美國施用肥料最多其棉花之出產之收穫遠勝我國之上本行爲農民謀幸福增收穫起見盡力鼓吹此中國完美之田料用之可保無損壞田土收穫可保意外豐富非市上出售所可同日與語也豆餅一項我國農民用之已久多知其益然所　含之植木滋養料只有八成而中國之肥田料配合得法則含有廿成之植木滋養料故其收穫則豆餅遠不及中國之肥田料也最近有多種之肥田料運入我國所含性質多用硝硫與酸配合製成用之肥田不兩年而田土變成砂石凡我農民務須注意及之　中國之肥田料可以單獨施用蔬菜菓木易於長大收穫豐富不壞田土　凡種植家有用過此肥料者咸得美滿之收效如其不信請嘗試之方知言之不謬也

中國發展農業公司
厦門紐文洋行經理啟

二、交通运输

閩交通部廣告

啓者福建鐵路公司現在已歸本部接收辦理惟該公司原係官商合股所有商股自應准其照舊享受權利務祈股東即將原領股票十月初十日起限壹個月內送交本部驗明蓋印倘逾期不能送到舊票作爲廢紙幸勿自悞切切特佈

黃帝紀元四千六百零九年拾月　日

出口船期

捷順丸　輪船　廿四日　往汕頭香港

雙安　輪船　廿四日　往寶力

海澄　輪船　廿四日　往福州

嘉興　輪船　廿五日　往上海

海陽　輪船　廿五日　往山頭香港

重修順洲大路橋捐款號

[illegible]

東瀛蕃支府　五十元　晉江下紫帽背協興行　五十元　晉江亭店許楊永興行　五十元　小呂宋大興公司　五十元

五十元

上下二層共發百餘柱計本埠通用銀式萬七千五百餘元捐

此外所認捐者尚多以未滙繳及未盡錄容下次再登

本局附設處所如下

一在瑪尼拉埠務號宜蘭楊谷成行

一在瑪尼拉埠後街仔街　號　晉隆行

四方善士如要捐助請將題姓名銜銀數函示以便轉行登報

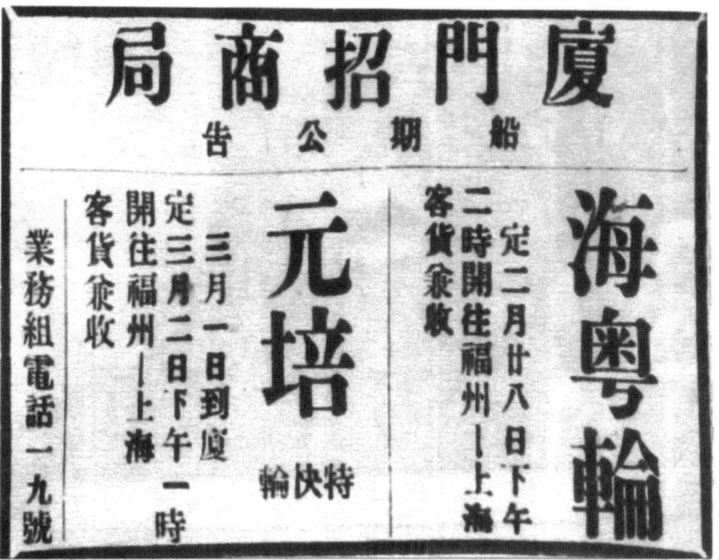

廈門招商局
船期公告

海粵輪
定二月廿八日下午二時開往福州—上海
客貨兼收

元培 特快輪
三月一日到廈
定三月二日下午一時
開往福州—上海
客貨兼收

業務組電話一一九號

國營招商局 船期通告

海亨新輪元月十五日（星期五）下午四時直開上海
海利新輪元月廿二日（星期五）下午四時直開上海

客票處四等客減價通告
茲奉總局諭：本局負有利便交通使命，由廿六年元月一日起，四等客票特行降低，實售國幣五元，仍供客膳，以利行旅，特此通告
本局 售票處：電話一一八
中山路售票處：[illegible] 電話七八四

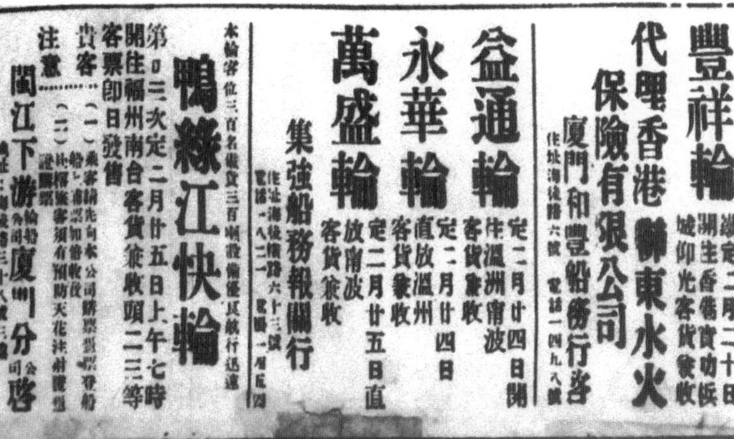

豐祥輪
定二月二十日開往香港實叻檳城仰光 客貨兼收
代理香港聯東水火保險有限公司
廈門和豐船務行啓
住址海後路六號 電話一四九八號

益通輪
定二月廿四日開往溫洲甯波 客貨兼收

永華輪
定二月廿四日直放溫州 客貨兼收

萬盛輪
定二月廿五日直放甯波 客貨兼收

集強船務報關行
住址海後橫路六十三號 電話一八二一 電掛一四五四

鴨綠江快輪
本輪客位三百名載貨三百噸設備優良航行迅速
第三次定二月廿五日上午七時開往福州南台 客貨兼收頭二三等客票即日發售
貴客注意 （一）乘客請先向本公司購票登船 [illegible] （二）[illegible]
閩江下游輪船公司廈門分公司啓
地址：海後路三十八號三樓 電話：三〇五，一四三五號

大華輪
定二月十一日開往福清溫洲甯波 客貨兼收
集強船務報關行
住址海後橫路六十三號 電話一八二一 電掛一四五四

英杭輪
準二月十五日上午十時正直放基隆 客貨兼收
事務所：海後路五一號二樓 電話一八二〇

昆明輪
定二月十六日開往西貢星洲檳城日厘 客貨兼收

新疆輪
定二月二十日往星洲巨港詩霧 客貨兼收

注意 越客要提前六日種痘須行身體檢驗方可買票
太古公司啓

豐祥輪
定二月十七日開往香港實叻檳城仰光 客貨兼收
代理香港聯東水火保險有限公司
廈門和豐船務行啓
住址海後路六號 電話一四九八號

芝沙連加
定八月二十九日開往香港[illegible]里拉九月十日一開往香港[illegible]里拉爪哇專收搭客
渣華公司啓

太平輪
定八月十八日抵廈準定二十日直遊開往垊尼拉 客貨兼收
太平輪船貿易有限公司
鷺江道二號 電話一四九三號

國輪處女航
海隴巨輪
直透廈菲線
噸數：六〇〇〇噸
速率：十二海里
日期：本月十八日
票價
特等：一，八六〇，〇〇〇元
頭等：一，六一〇，〇〇〇元
二等：一，一三三，〇〇〇元
三等：一，一二〇，〇〇〇元
四等：八一〇，〇〇〇元
即日開始登記
接洽處：業務股電話一九號
國營招商局啓

印度怡美利輪
定八月五日開往岷尼拉
客貨兼收
馬來怡美利輪
定八月三日開往香港曼谷新加坡仰光 客貨兼收
船內均備有冷藏庫配運生菓水菓最爲適宜
怡美利東方船務公司 廈門代理通安行啟
中山路三六三號電話一〇〇九號

啓者敝公司爲按定客數及節省時間起見嗣後無論何埠搭客須先購票然後登輪否則一概拒收希勿自誤
豐慶輪 定七月十八日到廈十九日開往香港實叻檳城仰光 客貨兼收
代理聯東水火保險有限公司
和豐有限公司啓 電話一四九八

永興輪 定八月二日上午九時直放福州南臺客貨兼收
瑞成輪 定八月一日直放福州南臺客貨兼收
福華輪 定八月三日直駛高嶼客貨兼收 搭客須經接種天花及鼠疫預防方可購票
新泰輪 定八月二日開往福州南台客貨兼收
海後路廿三號電話一一四二號鷺江輪船行啓

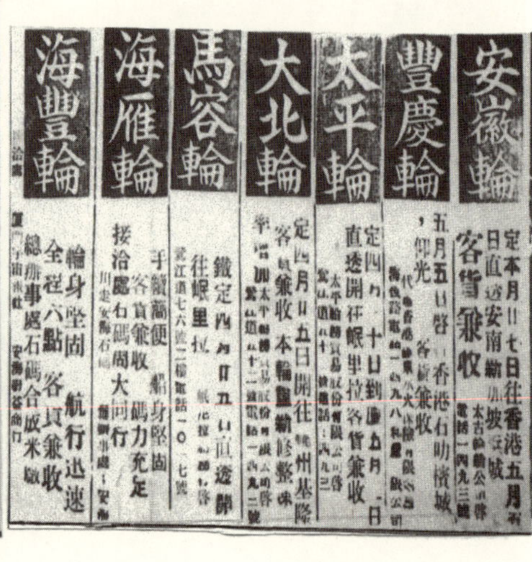
安徽輪 定本月廿七日往香港五月[illegible]日直透安南[illegible]坡[illegible]城 客貨兼收
豐慶輪 五月五日啓 香港石叻檳城，仰光 客貨兼收
太平輪 定四月十日到廈五月一日 直透開往岷里拉 客貨兼收
大北輪 定四月廿五日開往福州基隆 客貨兼收 本輪重新修整
馬容輪 鐵定四月廿五日直透岷里拉
海雁輪 手續簡便 船身堅固 客貨兼收 碼力充足 接洽處石碼閣大同行
海豐輪 輪身堅固 航行迅速 全程六點 客貨兼收 總辦事處石碼合成米廠

德士域樂輪船
定十二月十六開往香港西貢新嘉坡曼谷客貨兼收
通安行啓
中山路三六三 電話一〇〇九

船身堅固機器新穎航程快捷坐位舒適
美國魚雷艇改裝之
飛龍 飛鳳 快輪開往三江口福州直達南台
期間 定十二月十二日開
接洽處昇平路七號電話六九三二號
[illegible]有限公司啓

新福利快輪
開往：福州直達南台
客貨兼收 十二月十五日結關
接洽處：鷺江道閩通輪船公司 電話一〇六五

中暹輪船公司

廈門代理永福公司

鼓浪嶼龍頭街A三十一

電話 三八七

葡商杜記洋行

華僑回鄉捷徑

海龍電船川駛海滄鼓浪嶼間

鼓浪嶼福建路一五七號

福建船務公司

廈門市鷺江道[illegible]號

電話 一九五〇 一一〇九

渣華輪船公司

廈門海後路四六號　電話：七一〇

定期準確　戰後巨輪

航線

一、芝嗱蓮加

二、芝沙丹尼

三、芝巴德

四、芝馬諾

五、芝比沙

六、萬鴉士

廈門—香港—岷里拉

孟家錫—巴城—三寶壠

泗水—井里汶—星加坡

檳城—日里

招待週至

包君滿意

DOUGLAS S. S. CO. LTD.

P. & O. BUILDING HONGKONG

TEL. 31281

德忌利士輪船有限公司

鐵行屋宇六樓　電話：三壹二八壹

本公司有堅固快捷輪船常川汕頭廈門福州台灣等埠貴客光顧無任歡迎

干諾道中二十號

華經理韓潤霖

電話二四六三九

渣華船務公司祝

恭賀各界

新年進步

廈門

泗濱棧

樹水巷門牌六號

經理：吳大妙

代理各港船票

設備完全　招待週到　房間雅潔　空氣流暢

閩通輪船公司

主要業務

電話

三樓：一一六五

二樓：一〇一七

樓下：一〇六五（報關行）

1、自置各型輪船航行各港

2、附設報關行

3、代理國內外各港船務

4、代客辦理出入口事務

住址：廈門鷺江道七六號

電報掛號一〇〇一

逕啓者敝公司大厦濟南兩快輪素川走上海廈門香港廣東鐵定每星期一由廈門開往上海一艘由廈門開往香港廣東已歷有年所茲再為利便貨客起見添加廣元嘉應廣東廣州等輪於每星期一日由香港來廈開往上海安慶快輪川走廈門呂宋確定每十天一期安徽安順兩快輪川走廈門實叻檳城確定每十四天一期船期確定川走快捷客位寬闊招待週至早已膾炙人口近另擴充營業利便貨客起見自置碼頭兩座出入輪船均靠碼頭貨件起卸搭客上落來往均皆利便對於出口貨件均可由碼頭裝配兼設海關驗貨廠一所以利便貨客驗關並設有□位收存出口貨件倘有貨件到時與輪船期相左儘可收入敝棧候輪裝配種種利便以期完善各界賜顧無任歡迎此啓

太古輪船公司啟

太古新佃記船務公司

鼓浪嶼鹿耳礁L二七號

電話一六五號

代理太古船務公司呂宋南洋等埠客儎業務

太古新佃記船務公司

代理太古船務公司呂宋南洋等埠客儎業務

鼓浪嶼鹿耳礁L二七號

電話 一六五

和豐有限公司

本公司專代理

星洲和豐輪船1932有限公司轄下貨客大輪船數艘常川走汕頭廈門香港兩貢星洲庇能仰光等埠客位雅潔招待週到及

代理南英修附嗶嗜燕梳公司

一切水火保險○兼營滙兌出入口貨及代辦船務

屬貨客貴客惠顧無任歡迎

總經理 馬澤民

經理 陳振富 謹啟

總行：香港文咸西街四十八號A

電話：經理室 二五六四六 營業部 二六一二七 電報掛號：HOHONG CO.,

和豐有限公司

鼓浪嶼洋墓口B二號

電話三四五號

代理和豐1932輪船有限公司南洋客儎業務

錮記行

安東　安順　安徽

新造巨大輪船 安慶 川走呂宋廈航線

廈門和豐船務行

住址：海後路六號二樓

電話：一四九八號

代理業務

新嘉坡和豐有限公司輪船業

航行：香港 汕頭 仰光 新嘉坡 檳城

新嘉坡和豐信局 銀信

香港：有利保險公司 水火保險

兼進出口貿易業務

貴客光顧 無任歡迎

和豐有限公司

代理和豐一九三二輪船有限公司南洋客儎業務

鼓浪嶼洋墓口B二號

電話 三四五番

馬 容 輪
岷里拉——廈門
客位寬爽
舒適滿意
T. S. S. MAYON
M/S BISAYAS
F S 159
M/S ANAKAN
F S 264
M/S VIZCAYA
F S 404
Manila Steamship Co., Inc.
ELIZALDE & CO., INC. GEN. MGR.
MANILA, PHILIPPINES
本代理處
辦理航務
歷有年所
經驗豐富
服務敏捷
信用可靠
諸君惠顧
無任歡迎
啓
岷里拉輪船公司代理處
119 Plaza del Conde, Binondo, Manila, P. I.

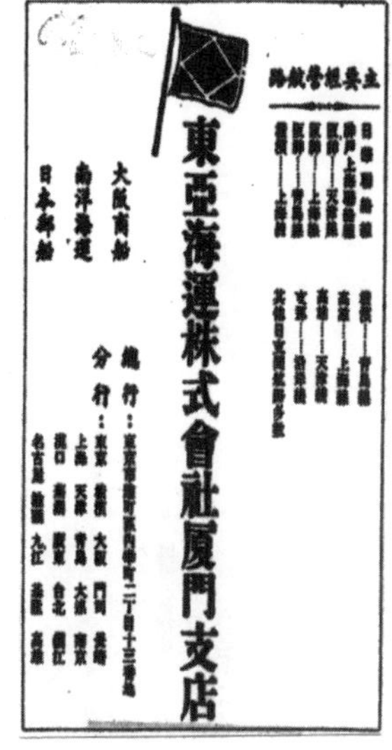

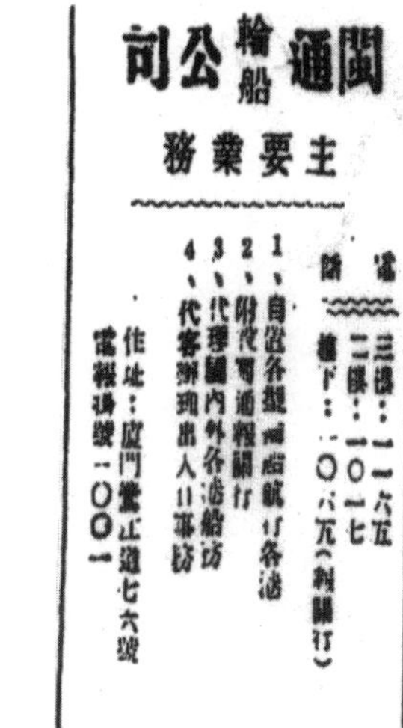

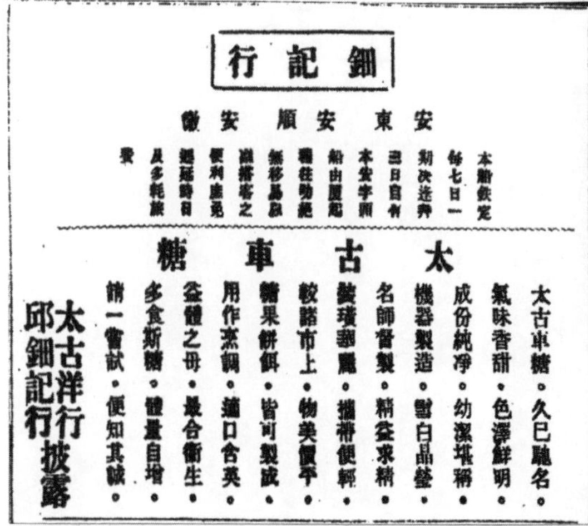

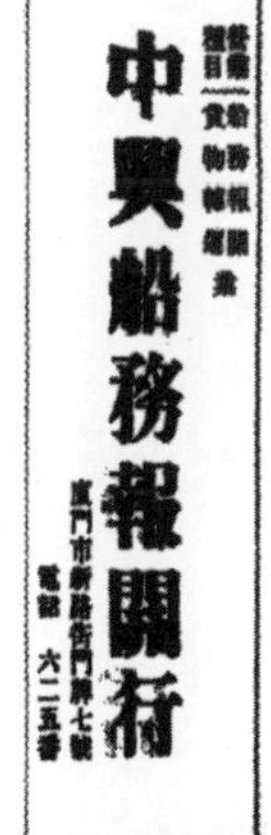

華通船務報關
代辦關於一切船務
報關事項
海後路大千旅社二樓
電話一〇九三

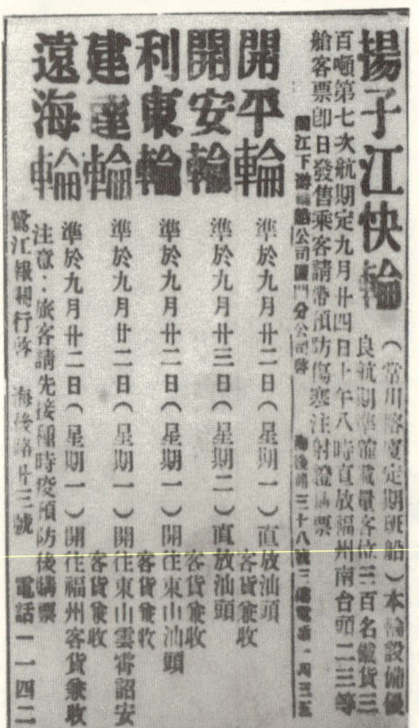

揚子江快輪（常川來廈定期班船）本輪設備優良航期準確載量客位三百名載貨三百噸第七次航期定九月廿四日上午八時直放福州南台頭二三等艙客票即日發售乘客請帶預防傷寒注射證購票

閩江下游輪船公司廈門分公司啓

開平輪 準於九月廿二日（星期一）直放汕頭客貨兼收

開安輪 準於九月廿三日（星期二）直放汕頭客貨兼收

利東輪 準於九月廿二日（星期一）開往東山汕頭客貨兼收

建運輪 準於九月廿二日（星期一）開往東山雲霄詔安客貨兼收

遠海輪 準於九月廿二日（星期一）開往福州客貨兼收

注意：旅客請先接種時疫預防後購票

鷺江報關行啓 海後路廿三號 電話一一四二

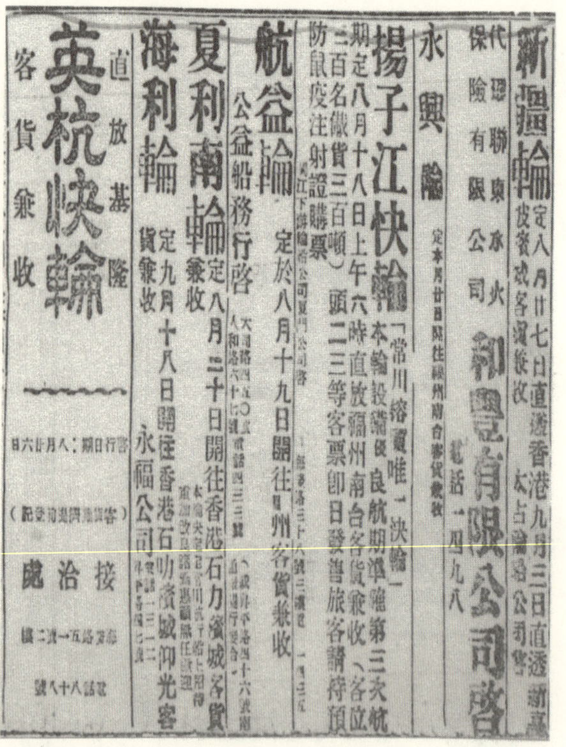

新疆輪 定八月廿七日直透香港九月三日直透新嘉坡客貨兼收 太古輪船公司啓

代理聯東水火保險有限公司 和豐有限公司啓 電話一四九八

永興輪

揚子江快輪「常川廈福唯一快輪」本輪設備優良航期準確第三次航期定八月十八日上午六時直放福州南台客貨兼收（客位三百名載貨三百噸）頭二三等客票即日發售旅客請持預防鼠疫注射證購票

閩江下游輪船公司廈門分公司啓

航益輪 定於八月十九日開往福州客貨兼收

公益船務行啓

夏利南輪 定八月二十日開往香港石力檳城客貨兼收

海利輪 定九月十八日開往香港石叻檳城仰光客貨兼收

永福公司

直放基隆 英杭快輪 客貨兼收

接洽處 電話八十八號

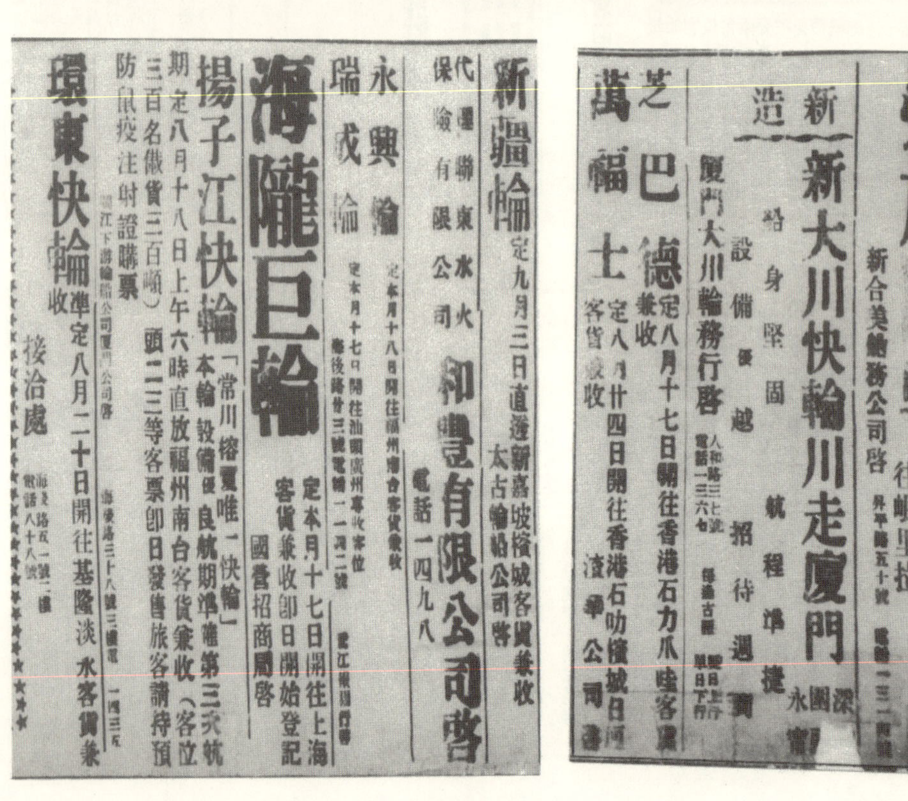

新疆輪 定九月三日直透新嘉坡檳城客貨兼收 太古輪船公司啓

代理聯東水火保險有限公司 和豐有限公司啓 電話一四九八

永興輪

瑞成輪

海隴巨輪 定本月十七日開往上海客貨兼收即日開始登記

國營招商局啓

揚子江快輪「常川廈福唯一快輪」本輪設備優良航期準確第三次航期定八月十八日上午六時直放福州南台客貨兼收（客位三百名載貨三百噸）頭二三等客票即日發售旅客請持預防鼠疫注射證購票

閩江下游輪船公司廈門分公司啓

環東快輪 準定八月二十日開往基隆淡水客貨兼收

接洽處

榮旋三輪 定八月十七日直

往岷里拉

新合美船務公司啓

新造 新大川快輪川走廈門

船身堅固 設備優越 航程準捷 招待週到

廈門大川輪務行啓

芝巴德 定八月十七日開往香港石力爪哇客貨兼收

萬福士 定八月廿四日開往香港石叻檳城日河客貨兼收

渣華公司

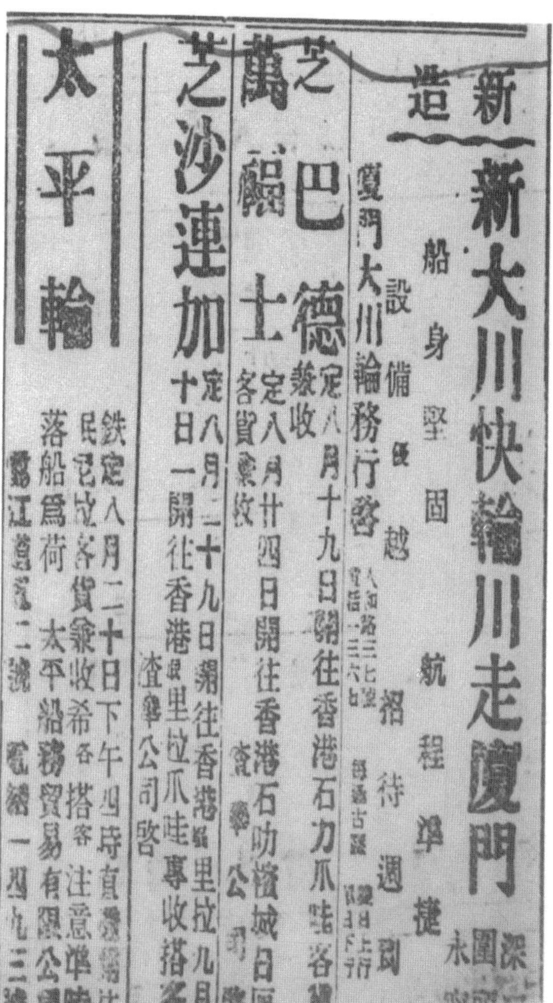

新造
新大川快輪川走廈門
船身堅固 航程準捷
設備優越 招待週到
廈門大川輪務行啓
芝巴德
定八月十九日開往香港石力爪哇客貨兼收
萬福士
定八月廿四日開往香港石叻檳城日厘
客貨兼收
渣華公司啓
芝沙連加
定八月二十九日開往香港里拉九月
十日一開往香港里拉爪哇專收搭客
渣華公司啓
太平輪
鐵定八月二十日下午四時直
客貨兼收希各搭客注意準時
落船為荷 太平船務貿易有限公司
電話一四九三二號

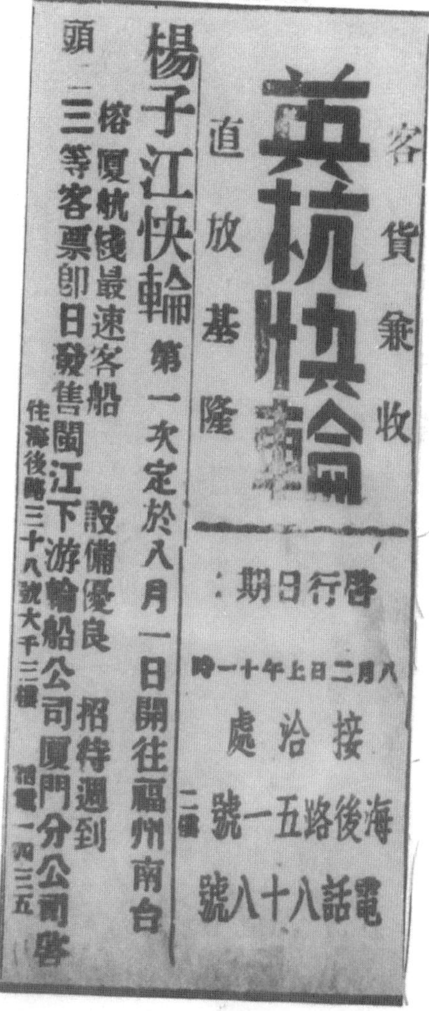

客貨兼收
英杭快輪
直放基隆
啓行日期：
八月二日上午十一時
接洽處
海後路五一號二樓
電話八十八號
楊子江快輪第一次定於八月一日開往福州南台
榕廈航綫最速客船
設備優良 招待週到
頭二三等客票即日發售
閩江下游輪船公司廈門分公司啓
住海後路三十八號大千三樓
電話一四三五

往臺旅客請速啓程！

（自三月一日起旅客入台須向台灣省政府辦理入境許可證）

英杭輪 準二月廿七日上午九時直放基隆 客貨兼收

接洽處：海後路五一號二樓 電話八十八 一八二〇

萬利士 定三月八日開往香港石叻檳城日厘 客貨兼收

他士文 定三月四日開往香港岷里拉 客貨兼收

芝渣蓮加 定三月三日開往香港爪哇 客貨兼收 渣華郵船公司啓

新疆輪 定二月廿三日直香星洲巨港詩務 客貨兼收

◆注意◆越客要提前六日種痘須行身體檢驗方可買票

太古公司啓

海利輪
定二月廿三日開往石叻槟城仰光裝收客貨
永福船務行 升平路49二樓 電話一三一二

萬福士
定二月十三日開往岷里拉客貨兼收

芝沙丹尼
定二月十三日開往香港爪哇

他士文
客貨兼收
定二月廿二日開往香港岷里拉客貨兼收
渣華郵船公司啓

昆明輪
定二月十六日開往西貢星洲槟城日厘客貨兼收

新疆輪
定二月二十日往星洲巨港詩霧客貨兼收

◈注意◈越客要提前六日種痘須行身體檢驗方可買票
太古公司啓

芝沙丹尼
定八月五日開往香港石力爪哇客貨兼收

萬福士
定八月廿四日開往香港石叻檳城日厘客貨兼收
渣華公司啓

太平輪
鉄定八月六日抵廈準定八月八日直通開往珉尼拉客貨兼收
太平船務貿易有限公司
鷺江道五二號 電話一四九三號

新疆輪
定七月卅一日直透新嘉坡檳城

貴陽輪
定八月[illegible]日直透新嘉坡客貨兼收
太古輪船公司啓

豐祥火輪
鐵定八月一日開往香港石力檳城仰光
代理聯東水火保險有限公司
和豐有限公司啓
電話一四九八

菲律賓怡美利輪
定八月十一日開往香港、新嘉坡、檳城、仰光、加爾各答。
客貨兼收

印度怡美利
定八月一日開往香港招收客 厘客十二名貨儎兼收
船內均備有冷藏庫配運生菓水菓最爲適宜
怡美利東方輪船公司
廈門代理通安行啓
中山路三六三號 電話一〇〇九號

DOUGLAS S. S. CO. LTD.

P. & O. BUILDING HONGKONG

TEL. 31281

德忌利士輪船有限公司

鐵行屋宇六樓 電話：三壹二八壹

本公司有堅固快捷輪船常川汕頭廈門福州台灣等埠貴客光顧無任歡迎

干諾道中二十號

華經理韓潤霖

電話二四六三九

聯昌天源船務公司

電話 七六六番

黎撈喃嗎公司

榮旋輪

直透菲廈

航行快捷

艙位清潔

招待週至

總經理

菲律濱新合美有限公司

廈門分行

恭賀

新禧

太古輪船公司祝

荷國渣華郵船有限公司

新式巨輪川走

香港

菲律濱

馬來亞

荷印各埠

電話 經理室一四七三號 業務部一四七四號

廈門鷺江道五二號

自來水公司大廈二樓

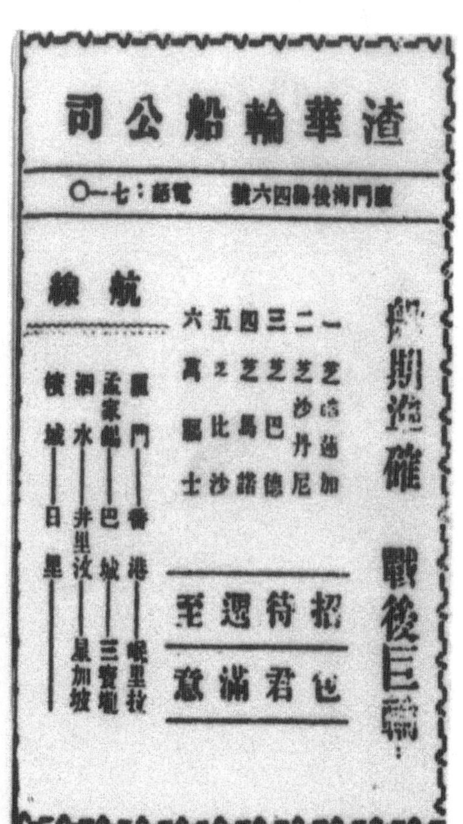

建華運輸行

住址 廈門海後路三十八號二樓
電話 六〇六・四六五
電報 六六六三・二二一二

經營業務：運輸・船務・汽車・報關・兼辦轉口・

分行：
福州：江濱路五十八號・電掛三四六九號
泉州：中山南路二十四號・電掛〇六七八・電話九十八號
漳州：中正路二一四號・電掛五三〇〇號・電話一七四
安海：泉安車站左邊・電掛六六六三號・電話〇〇〇二
石碼：錦江道三十七號・電掛〇三三七號
集美：岑頭街 電話同美汽車公司轉

上饒 南平 浙江 永春
同安 水頭 東石 洪瀨
青陽 石獅 劉五店

營業種目
執行業 一般旅客 小手荷物 並車貨 及祿散民 出入口 運貨取扱

大通船務公司

廈門市鷺江道五十八號之十七
代表者 王赖樂
電話 一二五四番

閩南泉安民辦汽車路股份有限公司

主要站名

特點

赤帽組
興廈公司
旅客小手荷物
海陸運輸業
廈門市昇平路九號
電話八五九番

本輪客位三百名裝貨三百噸速率每小時十二海里
鴨綠江快輪
第三次定二月廿三日上午七時
直放福州南台客貨兼收頭二三等
客票即日發售
貴客注意……（一）乘客請先向本公司購票憑票登輪（二）搭輪旅客須有預防天花注射證明
閩江下游輪船公司廈門分公司啓
地址：海後路三十八號三樓 電話：三〇五，一四三五號

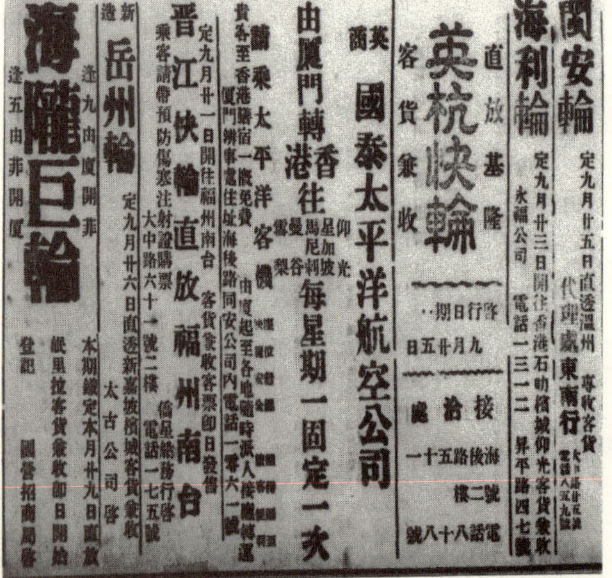

閩安輪
定九月廿五日直透溫州 專收客貨
代理處東南行

海利輪
定九月廿三日開往香港石叻檳城仰光客貨兼收
永福公司 電話一三一二 昇平路四七號

直放基隆
英杭快輪
客貨兼收
啓行日期：九月廿五日
接洽處 海後路五十一號二樓 電話八十八號

英商 國泰太平洋航空公司
由廈門轉香港往 仰光 星加坡 馬尼剌 曼谷 暹羅
每星期一固定一次
請乘太平洋客機
貴客至香港膳宿一概免費
廈門辦事處住址海後路同安公司內電話一零六二號

晉江快輪直放福州南台
定九月廿一日開往福州南台 客貨兼收客票即日發售
乘客請帶預防傷寒注射證購票
大中路六十一號二樓 電話一七五號 僑星船務行啓

新造 岳州輪
定九月廿六日直透新嘉坡檳城客貨兼收
太古公司啓

海隴巨輪
逢九由廈開菲
逢五由菲開廈
本期續定本月廿九日直放岷里拉客貨兼收即日開始登記
國營招商局啓

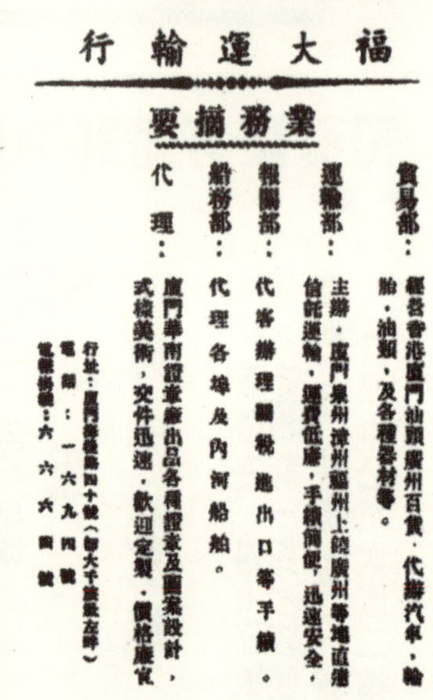

福大運輸行

業務摘要

貿易部：經營香港廈門汕頭廣州百貨，代辦汽車，輪胎，油類，及各種器材等。
運輸部：主辦，廈門泉州漳州福州上饒廣州等地直達包託運輸，運費低廉，手續簡便，迅速安全，
報關部：代客辦理關稅進出口等手續。
船務部：代理各埠及內河船舶。
代理：廈門華南證章廠出品各種證章及圖案設計，式樣美術，交件迅速，歡迎定製，價格廉宜

行址：廈門海後路四十號（即大千旅社左畔）
電話：一六九四號
電報掛號：六六六四號

航行廈門安海線

慶和輪

船身堅固　坐位清潔

速率第一　招待週至

通興轉運公司

代辦 配寄

安海石獅泉州等處貨品運輸事宜担保妥捷省費以最忠實之精神爲各界服務

廈門中山路電話五五三號

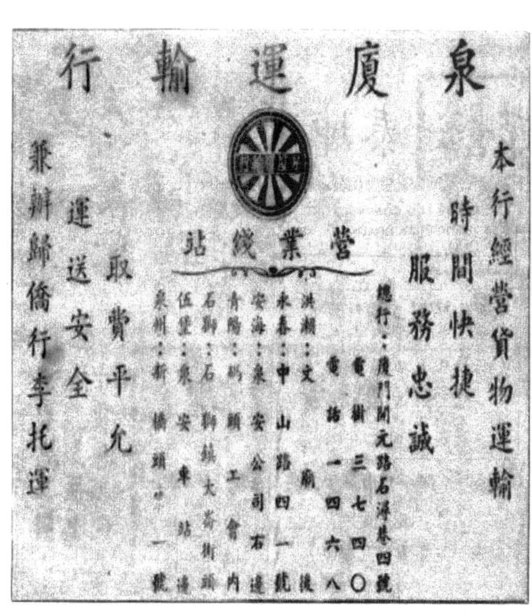

萬華電船廣告

陸行維車水行維舟汪洋巨浸之中而能涉險如夷則舟尤重焉本電船其特色之製造稍航海之名稱船身堅緻鋪設整潔行駛快捷資値廉便凡　惠顧者請認明泊在港仔口路頭杉板式紅漆色裝是爲本電船之標識此啓

專保船費表

廈門港 鼓浪嶼 每次大洋一元　迎送朋友上落輪船者每次大銀二元

鐘林尾 曾厝垵 每次大洋三元　搭客湊伴上落輪船者每名大銀四角

內港另議

廈鼓往來按鐘點行駛包全月常川者另議

惠顧諸君或到港仔口路頭或打電話到同發號接洽無任歡迎　萬華電船辦房打鐵同發號　電話陸百零玖號

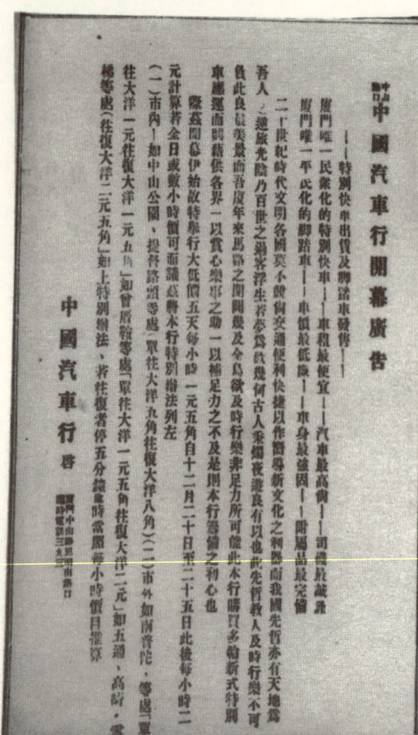

中山路口 中國汽車行開幕廣告

——特別快車出賃及脚踏車發售——

厦門唯一民衆化的特別快車——車程最便宜——汽車最高尚——司機最誠實

厦門唯一平民化的脚踏車——車價最低廉——車身最強固——附屬品最完備

二十世紀時代文明各國莫不競尚交通便利快捷以作灌輸新文化之利器而我國先哲亦有天地爲吾人之逆旅光陰乃百世之過客浮生若夢爲歡幾何古人秉燭夜遊良有以也此先哲教人及時行樂不可負此良辰美景而吾廈年來馬路之開闢幾及全島欲及時行樂非足力所可能此本行購買多輛新式特別車趣運而與精供各界一以賞心樂事之助一以補足力之不及是則本行籌備之初心也

際茲開幕伊始故特舉行大低價五天每小時一元五角自十二月二十日至二十五日此後每小時二元計算若全日或數小時價可面議茲將本行特別辦法列左

(一)市內——如中山公園、提督路頭等處「單往大洋九角往復大洋八角」(二)市外如南普陀、等處「單往大洋一元往復大洋一元五角」如曾厝垵等處「單往大洋一元五角往復大洋二元」如五通、高崎、雲梯等處(往復大洋二元五角」如上特別辦法、若往復者停五分鐘候時需照每小時價目推算

中國汽車行啓 厦門中山路[illegible]南轉口 電話三九[illegible]

思明汽車行

電話八百一

特備新汽車

出租價錢實

諸君如光顧

招待當周密

寄語出遊人

幸勿交臂失

電話八一〇

地址思明北路卽思明戲院左畔

通利汽車公司開業廣告

思明南路五十八號

本公司備辦新式汽車專供各界臨時租賃無論何時何地可以自由驅騁較之別種汽車限於時間路線者更爲利便且座位寬舒潔淨司機駕駛純熟快捷無比取價從廉暇時遊覽風景有事欲達某方乘坐此車最爲安適如蒙賜顧請到敝公司接洽無任歡迎

電話三〇九號

通利汽車公司啓

中華民國十八年 月 日

興業和記汽車行

本行汽車新式有名

美麗雅觀衆口皆稱

最合社會結婚遊行

司機老練和藹怡情

價格公平遵重章程

電話光顧格外歡迎

主人陳德和啟

思明南路門牌四六二號

電話八九一號

貨真 CHEVROLET 價實

任重道遠

瞬息千里

福建全省經售人卓綿成

厦門綿成公司

住美孚火油公司內專售美國通用摩托出口公司各種汽車及輪胎附屬品

招設福州分售處

旅客小手荷物
海陸運輸業
赤帽組
興廈公司
廈門市昇平路九號
電話八五九番

馬巷公路局佈告

照得本局為利便交通起見當即特請工程人員從事測量由劉五店之劍埕坪起點經新路站馬巷站三公宮站及總同安城此路已測量完竣不日興工修築計劃馬巷支路分達安海以通泉州現滬泉馬路已將發端不難實現飛來汽車四通由劉五店至省城數期可達實為本事所冀我父老勸勸斯業發展工商尤望資本家注意實業聯躍贊襄全線成功可計日而待矣本局長有厚幸焉此佈

中華民國十三年一月 日

局長洪鴻恩

民行汽車行

總行 禾山 前埔社 電話 禾山 十六號

運貨 特別 車出租

分行 廈門 浮嶼角 電話 八零四號

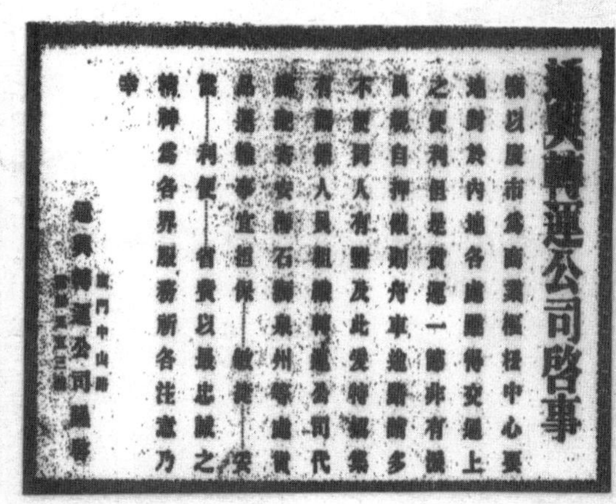
通興轉運公司啟事

啟以廈市為商業樞紐中心要地對於內地各處貨物交通上之便利但是貨運一節非有誠 [illegible]

廈門中山路

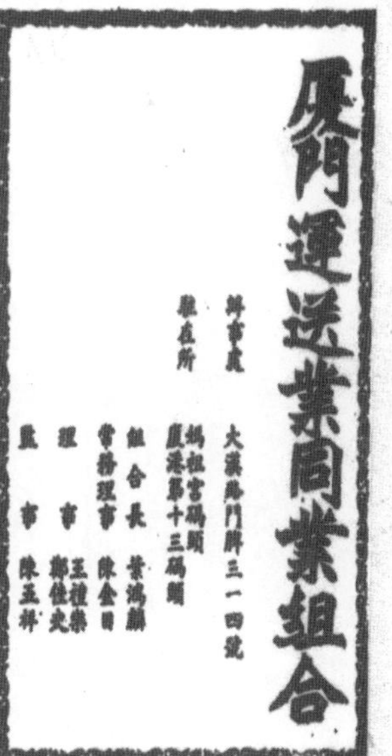
廈門運送業同業組合

辦事處 大漢路門牌三一四號
駐在所 媽祖宮碼頭 鷺江第十三碼頭
組合長 黃鴻麟
常務理事 陳金日
理事 王禮樂 鄭佳史
監事 陳玉祥

五八汽車行
結婚旅行
歡迎租用
電話、五十八號
五月八日
正式開幕
大減價
一星期

廈門大同路二一四號
順安汽車行
電話492號

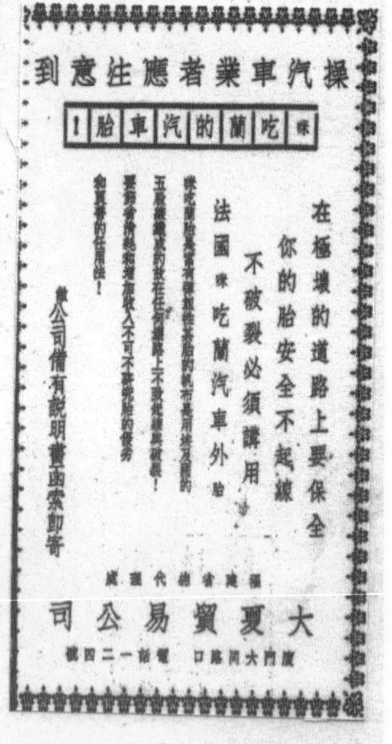
操汽車業者應注意到
味吃蘭的汽車胎！
在極壞的道路上要保全
你的胎安全不起綫
不破裂必須請用
法國味吃蘭汽車外胎
本公司備有說明書函索即寄
福建省總代理處
大夏貿易公司

振興汽車行廣告
思明東路門牌四十四號
振興汽車行啓
電話六三六

從此司機不復闖禍
司機脾氣改善
乃古露精神戀之功
請看小陸來信自白

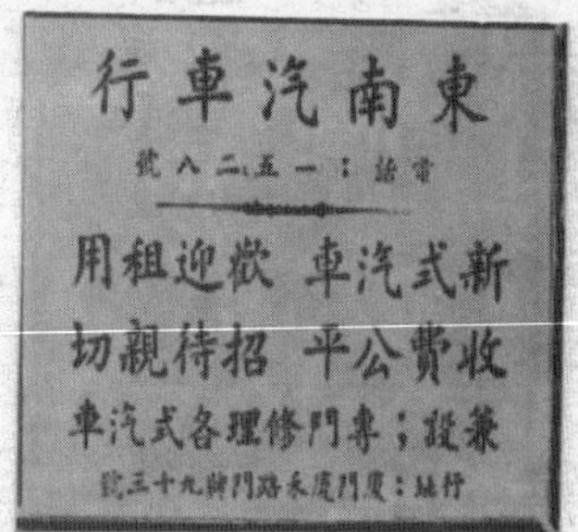
東南汽車行
電話：一五二八號
新式汽車 歡迎租用
收費公平 招待親切
兼設：專門修理各式汽車

上海
順昌車行
廈門分行
經營各國脚踏車及車料車胎同業批發
本行精良出品
三元牌各種車胎
地址
思明北路二十二號

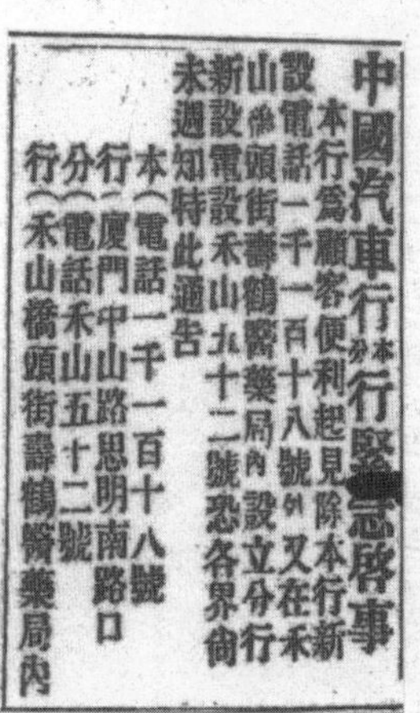
中國汽車行緊急啓事
本行爲顧客便利起見除本行新設電話一千一百十八號外又在禾山橋頭街壽鶴齡藥局內設立分行新設電話禾山五十二號恐各界尚未週知特此通告
本行（電話一千一百十八號）廈門中山路思明南路口
分行（電話禾山五十二號）禾山橋頭街壽鶴齡藥局內

特別汽車及電船出租
一爲本市交通發達之起見
一爲各界諸位先生之利便
一爲要振興汽車業之目的
安全汽車行
TEL No. 2824
AN CHUAN MOTORBOAT
親切第一交通安全

公司

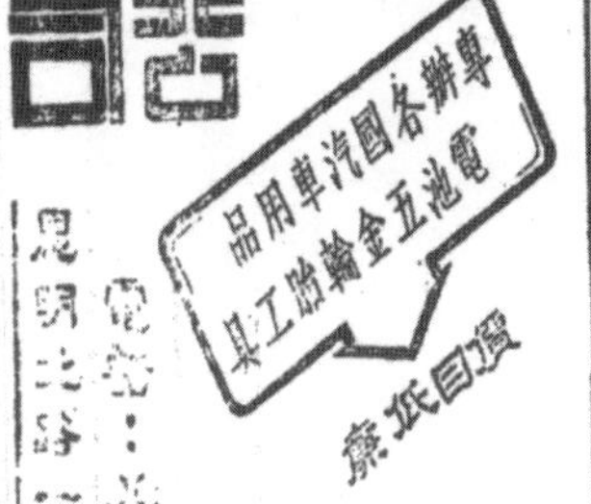

電話：八四九

思明北路一五〇 一五二

特別汽車

結婚旅行

歡迎租用

舒適便利

海通運輸股份有限公司

業務摘要

總公司：廈門海後路十一號 電話：一八四八號 電掛：一八四八號

自備直達班車

承運廈榕客貨

兼營報關船務

手續簡便迅捷

分公司：福州江中路二二〇號 電話：二八八二號 電報掛號：三七二〇號

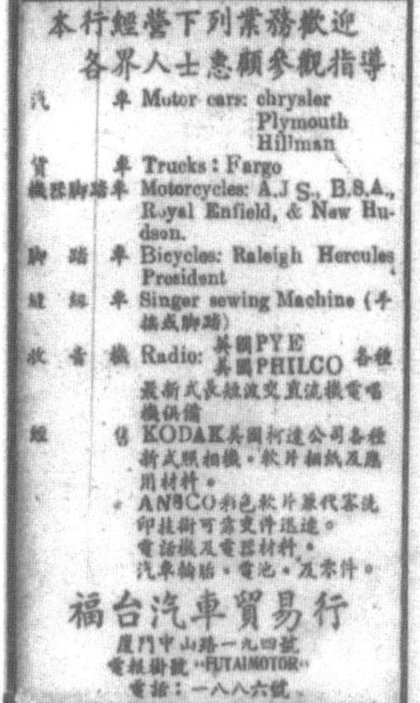
本行經營下列業務歡迎

各界人士惠顧參觀指導

汽車 Motor cars: chrysler Plymouth Hillman

貨車 Trucks: Fargo

機器腳踏車 Motorcycles: A.J S., B.S.A., Royal Enfield, & New Hudson.

腳踏車 Bicycles: Raleigh Hercules President

縫紉車 Singer sewing Machine (手搖或腳踏)

收音機 Radio: 英國PYE 美國PHILCO 各種最新式長短波交直流機電唱機供備

經售 KODAK美國柯達公司各種新式照相機。軟片相紙及應用材料。

ANSCO彩色軟片並代客洗印技術可靠交件迅速。

電話機及電器材料。

汽車輪胎。電池。及零件。

福台汽車貿易行

廈門中山路一九四號

電報掛號"FUTAIMOTOR"

電話：一八八六號

敏捷車行 廈門打鐵街七號

經售各國名廠腳踏車及附屬品。代客修理

電話：489號 電報掛號：6508號

振興汽車行廣告

本公司現已備就嶄新式特別汽車出賃每點鐘訂價大洋三元開幕紀念暫收大洋二元各界光顧無任歡迎

本公司敦聘[illegible]

思明東路門牌四十四號 振興汽車行啓 電話六三六

興業利記汽車行

本行汽車新式有名

美麗雅觀衆的皆稱

最合社會結婚遊行

司機老練和藹怡情

價格公平遵重章程

電話光顧格外歡迎

主人陳德和啟

思明南路門牌四六二號

電話八九一號

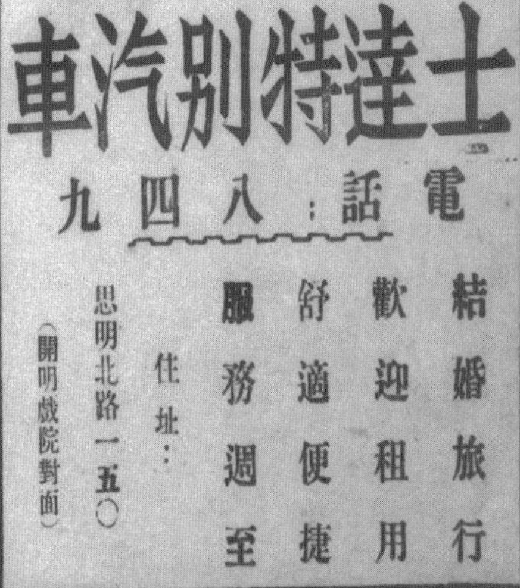

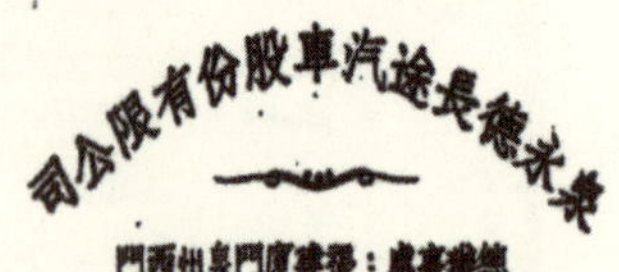
泉永德長途汽車股份有限公司
總辦事處：福建廈門泉州西門
專營泉永德公路及洪羅詩美支路一切客貨運輸
永廈聯運 透車直達 隨帶行李 省費儉當 車輛充足 往返利便 座位寬敞 旅客舒適 貨運便捷 載費低廉 整裝零運 管顧周至 護路設備 尤極安全

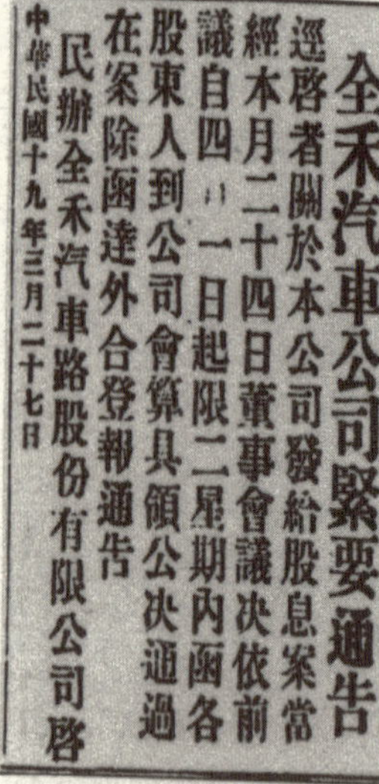
全禾汽車公司緊要通告
逕啓者關於本公司發給股息案當經本月二十四日董事會議決依前議自四月一日起限二星期內函各股東人到公司會算具領公決通過在案除函達外合登報通告
民辦全禾汽車路股份有限公司啓
中華民國十九年三月二十七日

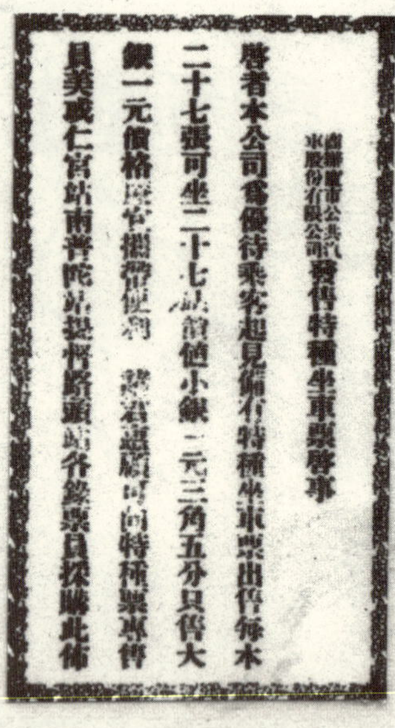
市公共汽車股份有限公司發售特種坐車票啓事
啓者本公司爲優待乘客起見備有特種坐車票出售每本二十七張可坐二十七站值小銀二元三角五分只售大銀一元價格既平攜帶便利 諸君惠顧可向特種票專售員美戰仁宮站南普陀站提督路頭站各售票員採購此佈

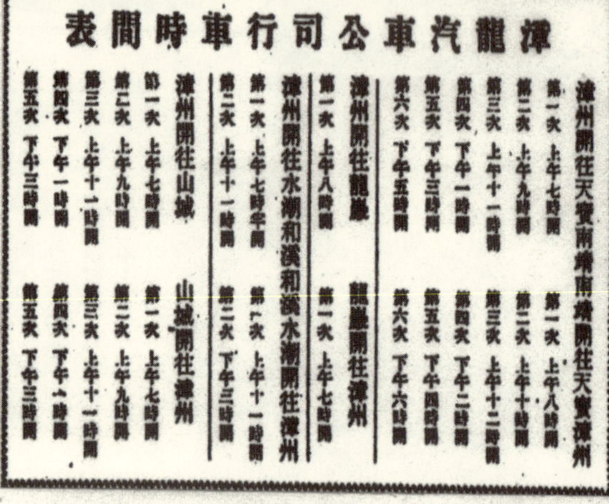
漳龍汽車公司行車時間表
漳州開往天寶南靖
第一次 上午七時開
第二次 上午九時開
第三次 上午十一時開
第四次 下午一時開
第五次 下午三時開
第六次 下午五時開
南靖天寶開往漳州
第一次 上午八時開
第二次 上午十時開
第三次 上午十二時開
第四次 下午二時開
第五次 下午四時開
第六次 下午六時開
漳州開往龍巖
第一次 上午八時開
龍巖開往漳州
第一次 上午七時開
漳州開往水潮和溪
第一次 上午七時半開
第二次 上午十一時開
和溪水潮開往漳州
第一次 上午十一時開
第二次 下午三時開
漳州開往山城
第一次 上午七時開
第二次 上午九時開
第三次 上午十一時開
第四次 下午一時開
第五次 下午三時開
山城開往漳州
第一次 上午七時開
第二次 上午九時開
第三次 上午十一時開
第四次 下午一時開
第五次 下午三時開

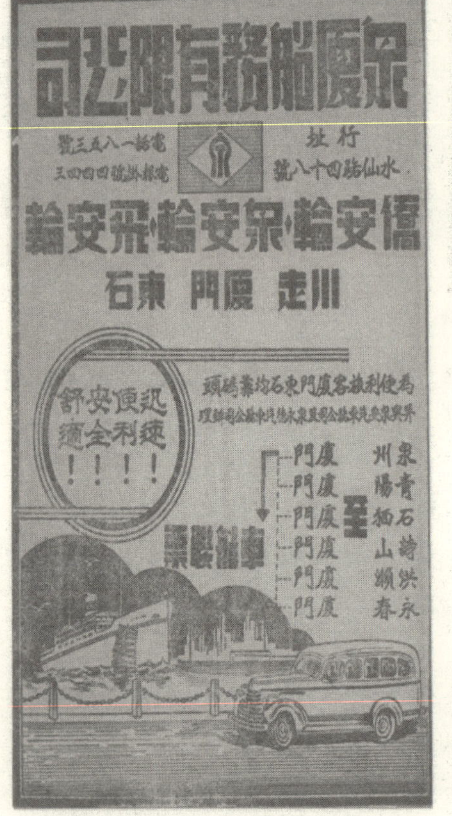
泉廈船務有限公司
行址 水仙路四十八號
電話一八五三號 電報掛號四四四三
僑安輪·泉安輪·飛安輪
川走 廈門 東石
迅速 便利 安全 舒適 !!!!
為便利旅客廈門東石均築碼頭
泉州—廈門
青陽—廈門
石獅—廈門
詩山—廈門
洪瀨—廈門
永春—廈門
至
車船聯票

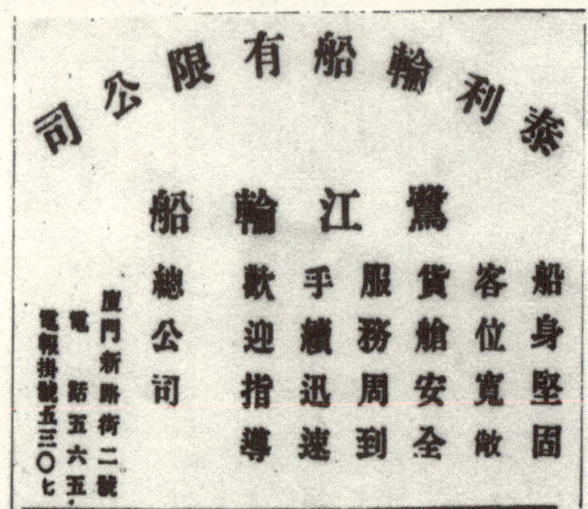
泰利輪船有限公司
鷺江輪船
船身堅固 客位寬敞 貨艙安全 服務周到 手續迅速 歡迎指導
總公司
廈門新路街二號
電話五六五
電報掛號五三〇七

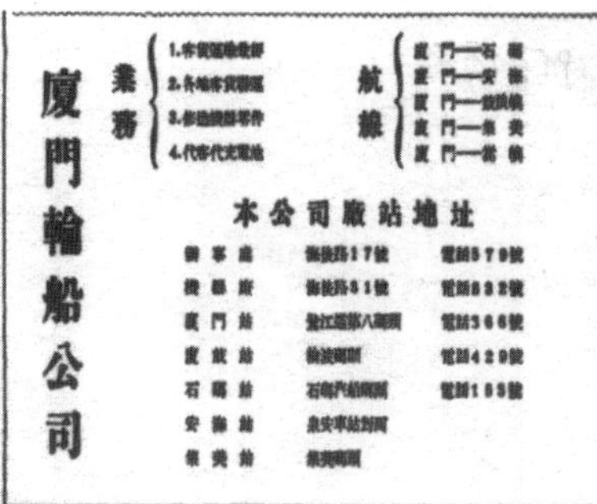

福大運輸行

住址：廈門海后路四十號

電話：二五五 六九四號　電掛：六六六四號

活鐵行站：福州 涵江 泉州 安海 石獅 集美 石碼 漳州 舊鎮

自備快捷車船
辦理水陸運輸
兼營滬廈聯運
各處專設行站
收費力求低廉
保證安全迅速

廈門運送業同業組合

組合長　柴鴻麟
常務理事　七經樂
會計理事　陳木土

事務所　廈門市大漢路三二一四號
駐在所　鵝組宮碼頭電話七三三七番

漳嵩汽車路公司船務部

漳廈汽車通航—「石碼」「廈門」線
每日來往一次：上午七時由碼開廈
中午十二時半由廈開碼
漳嵩汽船通航—「廈門」「漳州」線，
新造南州汽船擬航—「廈門」「安海」線
不日開航
船身堅固　行駛快捷
坐位舒適　招待周至

鼓浪嶼區海陸運輸工友聯合會

理事長　謝壽線
副理事長　潘光漢
會址　鼓浪嶼中路３四十八號
電話　一四〇番

廈門輪渡公司啟事

查本公司原有輪渡船隻第二三四五號計共四艘此次受損壞甚鉅僅餘輪渡一號一艘勉強維持廈鼓交通。至十八日下午該船復爲某軍駛走，迄今尚無下落致無法立即復航現經已在三四五號各輪中擇其損壞程度較輕者極力搶修，日內即可恢復航行深恐各界未明眞相，用特將情通告週知。

十二月五日起通車　泉廈綫照舊行駛

廈水班車
改綫行駛
縮短里程
減低票價

時期：廈門開水頭
上午七時半
下午一時半

水頭開廈門
上午十時
下午二時

票價：六萬六千八百元

路綫：廈門—五通—劉五店—馬巷—水頭

福建運輸公司
廈門支公司

地址：廈禾路二二八號

電話：一三九九

全禾汽車路公司啟事

中華民國十九年四月十三日

行年廿二正青春發動
機能又日新戰後河山
須建設好將物質貫精
神

廈禾汽車股份有限公司　敬祝

廈市公共汽車公司黃晴

啟事

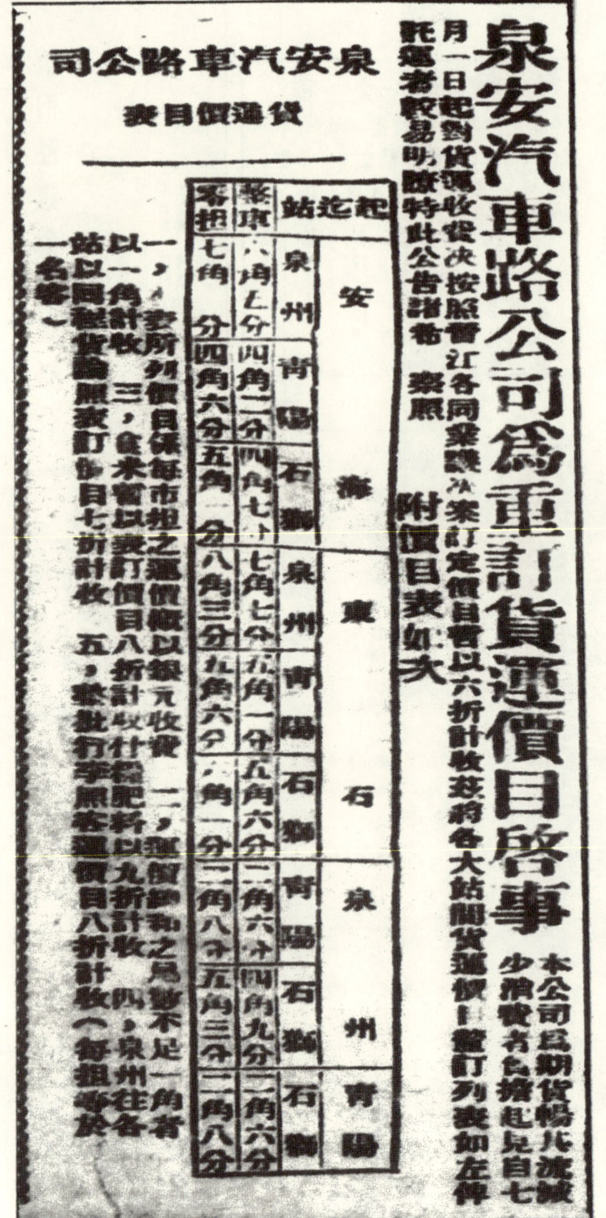

泉安汽車路公司爲重訂貨運價目啓事

本公司近期貨暢其流減少消費者負擔起見自七月一日起對貨運收費決按照晉江各同業議決案訂定價目皆以六折計收茲將各大站間貨運價目重訂列表如左俾託運者較易明瞭特此公告諸希 察照 附價目表如次

泉安汽車路公司

貨運價目表

起迄站		整車	零担
安海	泉州	八角七分	七角[illegible]分
	青陽	四角二分	四角六分
	石獅	四角七分	五角一分
東石	泉州	七角七分	八角三分
	青陽	九角一分	九角六分
	石獅	五角六分	[illegible]角一分
泉州	青陽	一角六分	一角八分
	石獅	四角九分	五角三分
青陽	石獅	一角六分	一角八分

一，表所列價目係每市担之運價概以銀元收費 二，運價如湊之局數不足一角者以一角計收 三，食米當以表訂價目八折計收什穀肥料以九折計收 四，泉州往各站以同種貨物照表訂價目七折計收 五，整批行李照客運價目八折計收（每担等於一名客）

閩南泉安民辦汽車路股份有限公司

總管理處 晉江 安海

營業區域 泉州 青陽 石獅 安海 東石 後渚 法石 磁灶（另與順安輪船及泉永德公司聯運自廈門起經東石至泉州及石獅 洪瀨 詩山 永春）

營業時間 上午七時三十分起至下午[illegible]三十分止

泉州—安海	上下行各開車八次
泉州—石獅	上下行各開車八次
泉州—東石	上下行各開車六次
泉州—後渚	上下行各開車五次
石獅—東石	上下行各開車三次
安海—東石	上下行各開車五次
安海—石獅	上下行各開車五次
安海—磁灶	上下行各開車二次

（各站備有行車時間表價目表[illegible]索閱）

客運 路綫安全 座位舒適 時間準確 票價平宜

貨運 輸送快捷 手續簡單 運費低廉 管顧周至

安溪民辦汽車股份有限公司召集股東代表大會啓事

逕啓者本公司開闢安同車路中間所隔東嶺大山工程浩大現該各項工程已將次第完竣全路通車期在目前亟應成立董事會以資專責而符定章前經本公司規定組織大綱分寄南洋各埠諸股東請即按照該大綱所規定迅爲選舉董事人數來廈赴本九月一日在廈辦事處開股東代表大會（亦即董事會）在案但念以本公司各股東大都僑居南洋關河遠阻誠恐或未盡週知除函告外爰再登諸報端俾各群悉並請迅將所舉董事人數務須於九月一日以前齊集到廈以好屆期出席共商進行事宜毋任盼切之至謹此佈聞諸維 察照

漳浮長途汽車路公司

分站：廈門 漳州 石碼 海澄 水頭 浮宮

電話：漳碼廈均六號

票價

漳州…廈門 廉價票 八角 單人票 五角 來回票 一元[illegible]

石碼…廈門 廉價票 五角 來回票 八角

海澄…廈門 廉價票 四角

其他各站票價另有詳細價目表

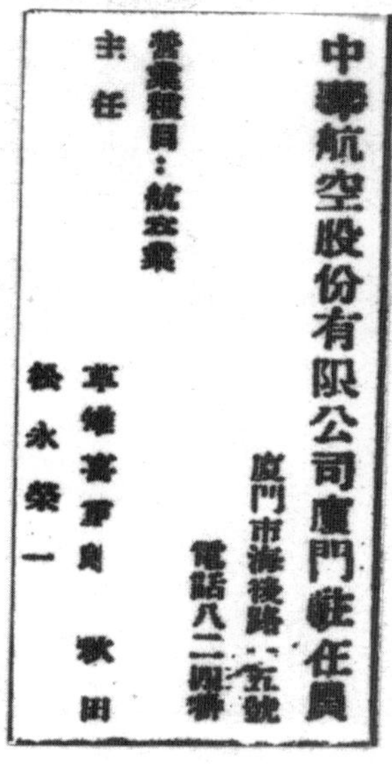

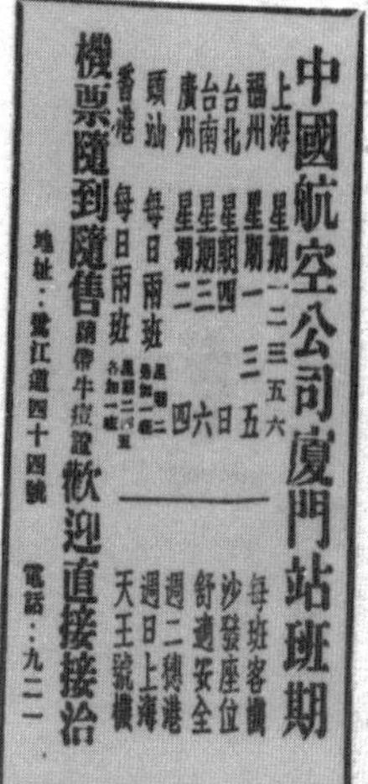

遠東航機先驅者
THE PIONEER AIRLINE OF THE ORIENT
中國航空公司
CHINA NATIONAL AVIATION CORP
廈門辦事處：鷺江道四四號 電話：九二一
AMOY OFFICE: 44 LOOKIANG ROAD. TEL.: 921

中央航空運輸公司
廈門站
中山路二〇〇號
電話：四九一五〇八

國民政府航空公路建設獎券辦事處

查國民政府航空公路建設獎券發行章程規定各期中獎獎券之獎金應在開獎後六個月內憑券支付現查第廿五期中獎各券領獎期限應截至本月卅一日為止逾期不領即行沒收作為建設經費特此通告

中華民國二十六年一月一日

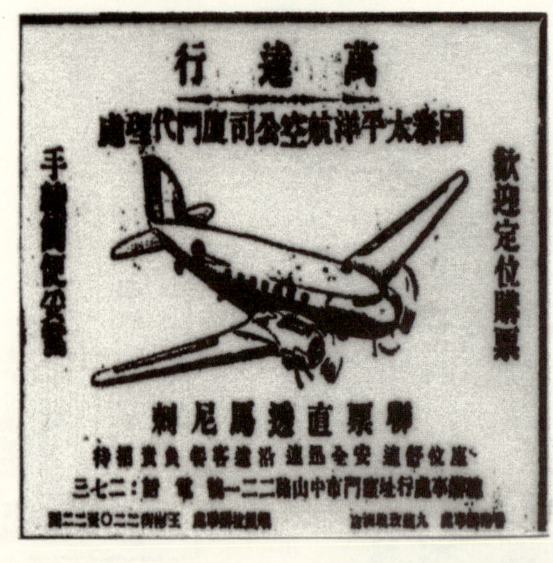

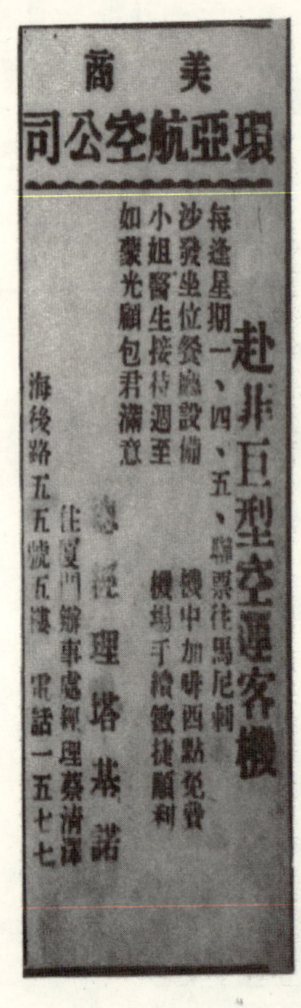

三、银行信局

啓者厦島永年保壽公司總理人法老於中歷本十
二月十四日身故今上海總公司特遣西人伸恭司
來廈承頂總理厦島事務諸凡照舊辦理毫無更改
特恐保壽諸君不知用此佈告咸使聞之
厦門永年保壽公司總理伸恭司披露

賠欵甚速

敬啓者先父李俊秉曾向永年保壽公司保過壽險銀二千元
其保費經交兩次不幸本年先父棄世當趨永年公司報明旋
蒙該公司將水先父所保之欵二千元如數賠償給領毫無掛
欠足見該公司馳名中外誠信可嘉如此賠欵迅速實屬令人
欽佩爲此特登報紙以鳴謝悃此布
李倬水謹白

告白

啟者論今時勢 諸君欲
得爾之福壽康寧且財產
穩固莫若前來本公司投
保為妙如蒙有意保者而
駕無暇到 敝 祈惠函至海
後 敝 公司處則 敝 自當親
身趨候 貴處 請 商幸勿
失此良機是所切盼
敝公司本年賠款保額[illegible]三十五萬[illegible]
三元
厦門海後英商永年保
壽公司總理包英謹啟

廣告

敬啓者閩省大清股東聯合分會電
稱接上海大清股東聯合會電開設
立分會現已遵照成立請轉告閩各
股東公舉代表人速到來閩會議進
行方法定十六日再開大會籌情合
函通知我閩大清銀行各股東從中
應如何妥議茲訂本月十八日三点
鐘假座於商會內至期希諸 各股
東撥駕早臨俾資商議一切爲荷
黄復初
大清銀行股友葉滄溟同啓
邱靜波

英商華洋保壽公司

竊聞長生之計不老之術自古本爲難求之事厥後泰西創設保險各公
司而萬國隨之已遍寰區則遊居僑寓則保險本行不惜附保之險莫如人
命至重尤宜預籌不致本公司特設上海合衆中外巨商京紳亦皆本壽
百萬兩存放保行銀 英國政府附明在案發實存銀以昭誠信又蒙上
海 道憲出示准本公司法其衆英商有鑒于此號曰華洋保壽公司發明
暫 士商如其保險投保者日衆本公司分設閩商各埠以便投保及周
知保保欵之快捷如保險者每年至滿期可領各欵五千元或保多少可
以就准本公司特有新法保險號曰華洋保壽保險公司以爲士農工商
題而易舉惠而不費或保壽百元如二百元至三百元均以十年爲限如
保壽百元至滿期可領兩百五十元保以按期保險不測立即照保數
賠償不論保欵多寡均照此例此更爲良方法誠一舉而數善俱備 諸
君願保身體康健益壽延年者請 禾臨詢後街本寫字樓或函延日日
新聞社聯彩商號所保登科欲知詳細則有專書奉贈焉

厦門代理人英商得忌利士公司
經理人卓雪軒 方鏡遐 許登甫
泉州經理人榮道洋行 漳州經理人孫正道

厦門華洋分公司專理人
甲 周[illegible]
洋 富[illegible]士[illegible] 謹白

厦門大清銀行分號廣告

本行分設以來交易公平信用昭著舉凡存欵借欵
押欵短拆無不較衆克己以廣招徠茲更明定定期
存欵利息如下
存一年期者月息五釐
存半年期者月息四釐半
存三個月期者月息四釐
存三個月以內期者月息三釐半
凡有欵項存放本行者本行必按照本部 奏准
辦法辦理竟要案中載明凡官紳商民人等有在銀
行存放欵項須按照清家辦法妥爲收存並不得
問其欵之所從來且欵項既存行內銀行即有保守
之責雖該欵有何關係糾葛之事非特存欵人戚分
不論何人均不得向銀行強迫交出等語曲盡保護
有如此官商上下其有鑒乎

中國之最早儲蓄銀行

新華信託儲蓄銀行

各種存款備有詳章函索即寄

總行—上海江西路
廈門分行—廈門昇平路
電話 五八八 二二八八

中興銀行

China Banking Corporation

HEAD OFFICE; MANILA, P. I.

BRANCH OFFICE: AMOY, SHANGHAI.

AUTHORIZED CAPITAL
P10,000,000.00
PAID UP CAPITAL, SURPLUS AND UNDIVIDED PROFITS OVER
P6.200.000.00
DEPOSITS (OVER) P10.000.000.00

本行係在斐島註冊成立資本總額斐幣一千萬元收足資本歷年盈餘及未分盈利達斐幣六百餘萬元各項存款達斐幣一千萬元

We transact a General Domestic and Foreign Banking business, Inquiries are cordially invited

本行專營國內外一切銀行業務兼辦儲蓄僑界諸君惠顧無任歡迎

分行 上海，廈門　電報掛號 "CHIBANK"　總行 菲律濱岷里剌

國華銀行廈門分行

龍頭街A四九號
電話三五五番
經理室電話三三七番
經理 朱文欽 浙江
襄理 鄧元輝 廣東

財政部營業執照銀字第一七二一號

永春縣銀行

總行：城內雲龍路七號
電話：總機轉接　電報掛號：二一二一

五里街辦事處 民生路七十三 電掛四九七五 電話[illegible]
香港通訊處 德輔道中六十三號 [illegible] 電掛四九七五 電話三四四七六號
星洲通訊處 新那峇街二十三號 電掛四九七五 電話六一八七五
廈門通訊處 昇平路廿五號四樓 電掛四九七五 電話一六九五
泉州通訊處 中山南路一六六四號 電掛四九七五
上海代理處 寧波路同和 [illegible] 電掛一三五七 電話一七六九號
福州代理處 南台[illegible]路四八號 電掛六二六七 電話二三七四

董事長：梁龍光
總經理：林珠光

創立 西歷一九二〇年

基金 資本及公積金計菲銀七百五十萬元

中興銀行

營業 專營商業銀行一切業務

行址 總行菲律濱民里納 分行 廈門 上海
電話經理室七〇一號 營業部七〇二號

中央合作金庫

調濟合作事業金融
辦理一切銀行業務

廈門：海後路二十四號
電話：二三一
電報掛號：五二二五六

南京：太平路
電話：二二四一二
電報掛號：一六五五

上海：寧波路九號
電話：一六八八五—七
電報掛號：〇二二六

全國各省市均設有分支庫處

中國實業銀行廈門分行
行址：昇平路四四號
電話：經理室八七九 營業室一五〇三—四

經營一切銀行業務

總行：上海北京東路一三〇號
儲信部：上海南京西路八九三號
分支行：上海 金陵路 曹家渡 南市 蘇州 徐州
無錫 常熟 常州 揚州 蕪湖 永嘉
南京 下關 漢口 長沙 重慶 蚌埠
青島 天津 河東 北平 杭州 福州
香港 廣州 梧州
代理處：津州 石碼

廈門 中國實業銀行
行址：昇平路四四號 電話：四九三—四九四

手續簡便 保證滿意

各種存款放款
國內各地匯款
進口結滙

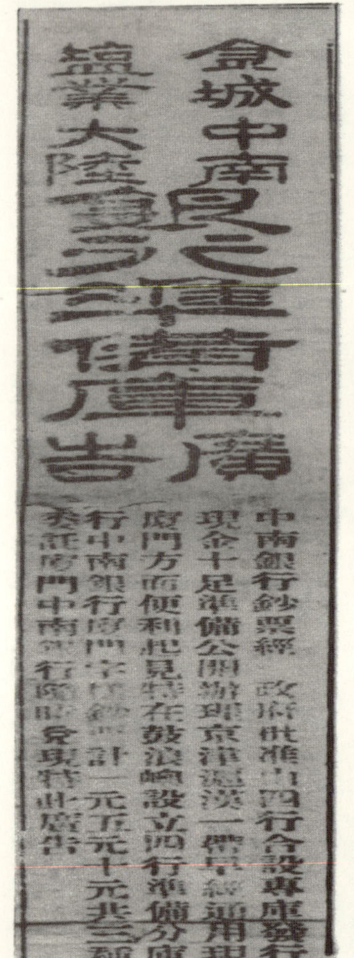

金城 中南
鹽業 大陸
銀行準備庫廣告
中南銀行鈔票經政府批准由四行合設專庫發行現金十足準備公開辦理京津滬漢一帶早經通用現廈門方面便利起見特在鼓浪嶼設立四行準備分庫行中南銀行廈門字樣鈔票計一元五元十元共三種委託廈門中南銀行隨時兌現特此廣告

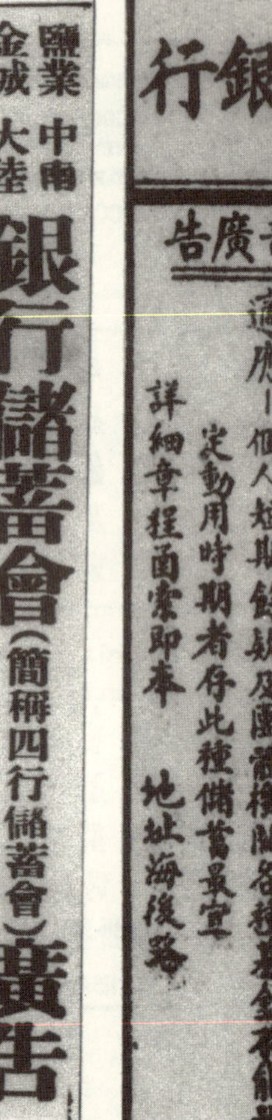

鹽業 中南
金城 大陸
銀行儲蓄會（簡稱四行儲蓄會）廣告
本會分期定期長期各種儲金一律保息七厘另分紅利並由四銀行擔保本息
廈門代理所中南銀行（或鼓浪嶼中南銀行）
如蒙 賜顧請就近向該行存儲備有詳章得向取閱

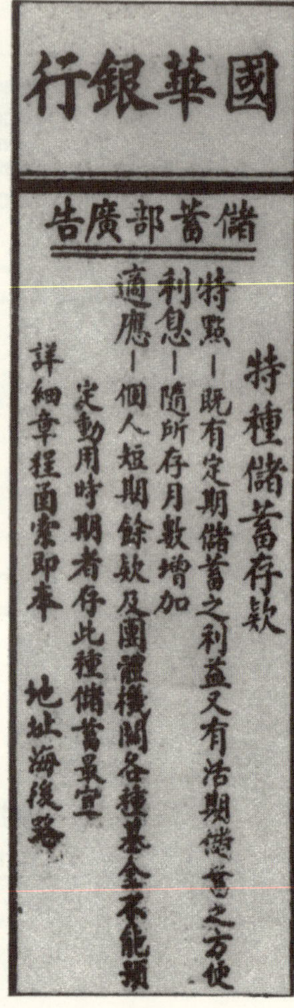

國華銀行
儲蓄部廣告
特種儲蓄存款
特點－既有定期儲蓄之利益又有活期儲蓄之方便
利息－隨所存月數增加
適應－個人短期餘款及團體機關各種基金不能預定動用時期者存此種儲蓄最宜
詳細章程函索即奉
地址海後路

廈門中南銀行

◀儲蓄部▶

活期儲蓄（憑摺收付週息四厘）

定期儲蓄：二年期週息七厘半三年八厘半四年九厘二毫半五年一分

存本取息：此項存款期限最少三年存款數目最少銀元二千元利率訂明如左表

定時年限	每三個月取息一次	每六個月取息一次	每一年取息一次
三年	七厘半	七厘七毫半	八厘
四年	八厘	八厘二毫半	八厘半
五年及五年以上	八厘半	八厘七毫半	九厘

其他整存整付零存整付利息均極優厚印有詳章函索即寄

行址港仔口電話三十號

廈門中南銀行

行址港仔口電話三十號

◀儲蓄部▶

活期儲蓄（憑摺收付週息四厘）

定期儲蓄：二年期週息七厘半三年八厘半四年九厘二毫半五年一分

存本取息：此項存款期限最少三年存款數目最少銀元一千元利率訂明如左表

定時年限	每三個月取息一次	每六個月取息一次	每一年取息一次
三年	七厘半	七厘七毫半	八厘
四年	八厘	八厘二毫半	八厘半
五年及五年以上	八厘半	八厘七毫半	九厘

其他整存整付零存整付利息均極優厚印有詳章函索即寄

中南銀行活期儲蓄存款

此項存款憑摺收付其留有印鑑者取款時兼憑印鑑第一次存款須滿國幣拾元以後續存以一元爲最少數利率週息四厘每逢六月二十日及十二月二十日各結算一次其結賬期內祇存不取者并得加給利息一厘以示優待

中南銀行定期儲蓄存款

此項存款存入金額最少國幣壹百元由本行填給存單爲憑　壹年期者週息七厘　二年七厘半　三年八厘二五　四年九厘

中南銀行廣告

本行資本實收七百五十萬元　公積金二百萬元

總行　上海　分支行　漢口　天津　北平　南京　杭州　蘇州　無錫　香港　廣州　廈門中山路　鼓浪嶼龍頭街

中南銀行禮券儲金

此項禮券計分二元四元六元八元十元二十元六種並備有空白禮券數目多寡臨時填寫封套分紅素二色聽憑選用

中南銀行廣告

本行另撥資本專辦下列各種儲蓄　（一）活期儲蓄（二）定期儲蓄（三）整存整付本利證（四）存本取息（五）零存整付（六）整存零付（七）存取兩便特種儲蓄（八）禮券儲金（九）通訊儲蓄

中南銀行廣告

本行專營國內外匯兌各種存款放款貼現押匯保管及其他一切商業銀行業務　行址　廈門中山路　電話三十號　鼓浪嶼龍頭街　電話一三〇號　電報掛號中文一五二二英文 Chinasosea

中南銀行廣告

本行爲南洋同國僑商集資創辦專營商業銀行一切業務兼辦各種儲蓄十餘年來信用久著倘蒙惠顧一切均從優待

行址　廈門中山路電話三〇號　鼓浪嶼龍頭街電話一三〇號

中南銀行存款章程

本行存款分爲定期活期兩種定期一年週息七厘　二年週息七厘半　三年週息八厘　三年以外者面訂　活期憑支票付款者週息三厘憑摺付款者週息四厘每年六月廿日及十二月廿日結算一次

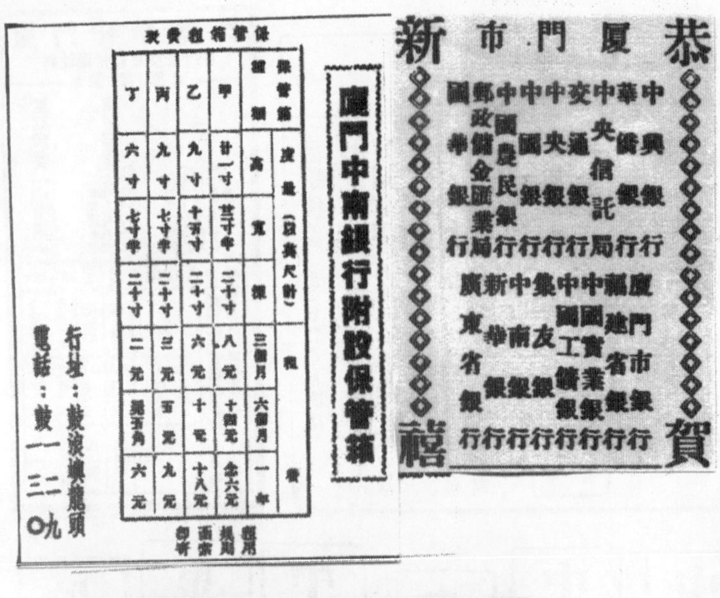
厦門中南銀行附設保管箱
保管箱租費表
保管箱種類
度量（以英尺計）
高
寬
深
租費
三個月
六個月
一年
甲 廿一寸 二十寸 八元 十四元 念六元
乙 九寸 十五寸 二十寸 六元 十元 十八元
丙 九寸 七寸半 二十寸 三元 五元 九元
丁 六寸 七寸半 二十寸 二元 三元五角 六元
函索即寄
行址：鼓浪嶼龍頭
電話：鼓一一三二〇九
恭賀
厦門市
新禧
中興銀行
華僑銀行
中央信託局
交通銀行
中央銀行
中國銀行
中國農民銀行
郵政儲金匯業局
國華銀行
厦門市銀行
福建省銀行
中國實業銀行
中國工鑛銀行
集友銀行
中南銀行
新華銀行
廣東省銀行
華僑銀行有限公司廈門分行
鼓浪嶼福建路A一四五
電話
經理室 三四〇番
營業部 三四一番
經理
洪朝煥
金門

太平保險公司
本公司爲國內交通 中南 金城 大陸 國華 四行 大大銀行所組織
資本充實
信用昭著
本公司專辦理人壽水火汽車意外等各種保險
厦門由中南銀行代理如承投保請逕往接洽
國華銀行儲蓄部廣告
儲蓄!!!
利息五厘
兒童要儲蓄
青年要儲蓄
老人要儲蓄
國華銀行增高乙種儲蓄存款利息的時候請君都來儲蓄

中南銀行儲蓄處廣告
（一）活期儲蓄
（二）定期儲蓄
（三）存本取息
（四）零存整付
（五）整存整付
利證
地址厦門港仔口電話三十號
華僑銀行
廣告
OVERSEA—CHINESE BANKING CORPORATION, LIMITED
(Incorporated in Singapore)
AMOY BRANCH
Successors to
The Chinese Commercial Bank, Ltd.,
The Ho Hong Bank, Ltd. and
The Oversea—Chinese Bank, Ltd.
厦門海後路門牌四十五號電話經理室四八四號營業部六二一號

豐南信託公司

匯兌買賣　國內國外匯兌　外國貨幣買賣　日金兩替

存款類別　金存款　定期存款　特別活期存款
　　　　　銀存款　活期存款　外國貨幣存款

廈門　豐南信託公司

代表者　林木土

行址　大漢路三六一號

電話　總理部四一八　營業部三三四　事業部八五

豐南信託公司

匯兌業務　各埠匯兌…金銀兩替…信託業務

存款類別　金存款…定期存款…特別往來存款
　　　　　銀存款…往來存款…活期儲蓄存款

行址　大漢路三六一號

電話　經理室四一八番　營業部三三四番　事業部八五番

分行　上海福州路[illegible]十三號

◎商號……新華信託儲蓄銀行

◎創立沿革……[illegible]

◎基金……[illegible]　◎營業……信託儲蓄[illegible]　◎行址……總行上海江西路[illegible]，分行廈門[illegible]

◎最近概況……該行於民國二十年改組[illegible]

中國通商銀行廈門分行

電話(鼓)一六四番　經理室九九番

副經理兼代經理　張肇蕃　浙江

襄理兼營業主任　楊秉杰　龍溪

會計主任兼儲蓄部主任　馮支山　浙江

◎商號……中國通商銀行廈門分行

◎創立……總行創於光緒二十三年，廈門分行於民國二十三年設立

◎基金……國幣七百萬元

◎營業項目……各種存款、各種放款、各種匯款、儲蓄業務

◎行址……總行在上海[illegible]，廈門分行在廈門[illegible]

◎創辦者……[illegible]

◎最近概況……[illegible]

◎特殊事項……[illegible]

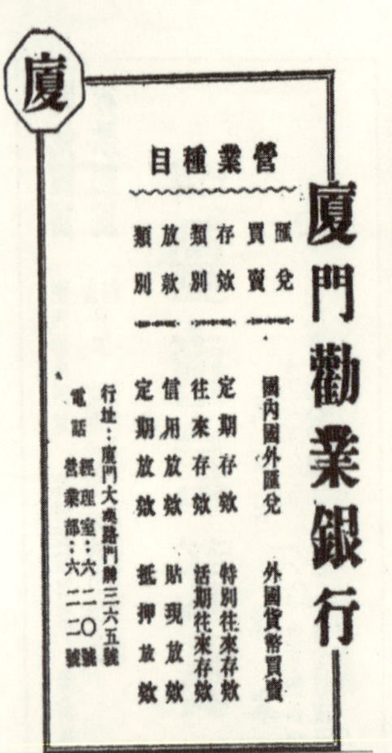

厦
厦門勸業銀行
營業種目
匯兌 國內國外匯兌 外國貨幣買賣
存款類別 定期存款 特別往來存款 往來存款 活期往來存款
放款類別 信用放款 貼現放款 定期放款 抵押放款
行址：廈門大漢路門牌三六五號
電話 經理室：六二〇 營業部：六二二號

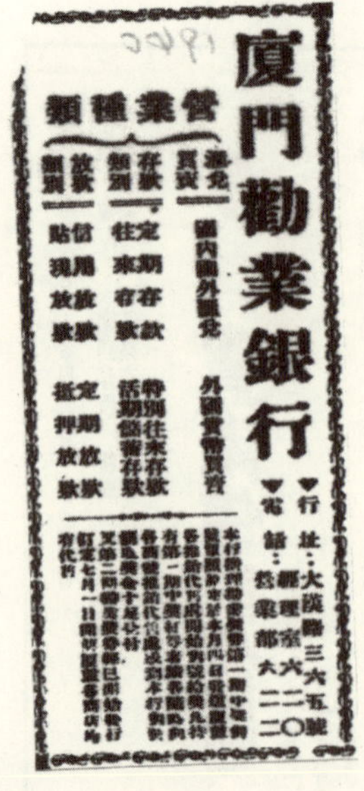

厦門勸業銀行
營業種類
滙兌買賣 國內國外匯兌 外國貨幣買賣
存款類別 定期存款 往來存款 特別往來存款 活期儲蓄存款
放款類別 信用放款 貼現放款 定期放款 抵押放款
行址：大漢路三六五號
電話：經理室六二〇 營業部六二二

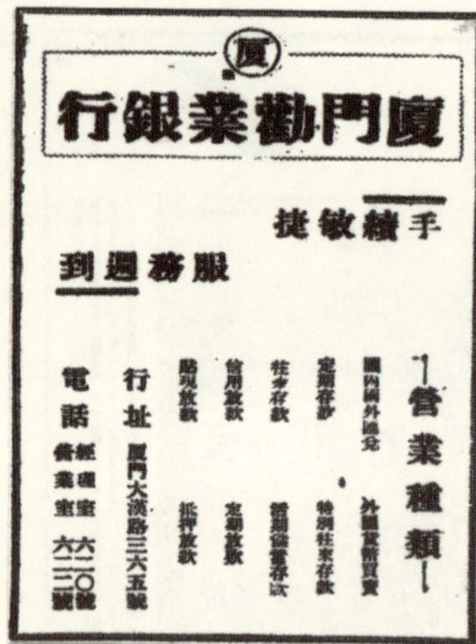

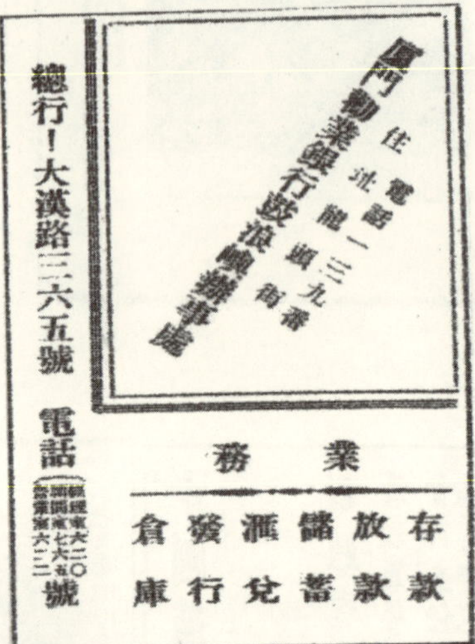

厦門勸業銀行鼓浪嶼辦事處
住址 龍頭街
電話一三九番
總行：大漢路三六五號
電話 經理室六二〇 顧問室七六五 營業室六二二號
業務
存款 放款 儲蓄 滙兌 發行 倉庫

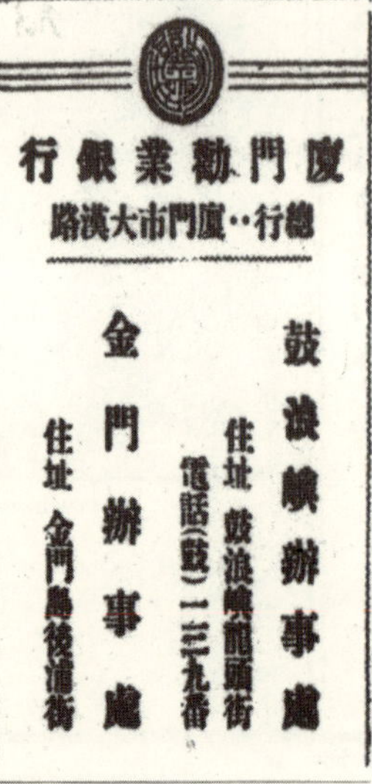

厦門勸業銀行

厦門市大漢路三六五

電話 經理室六二〇 顧問室七六五 營業室六二二

董事長 李思賢 廣東

常務董事 殷雪圃 臺北

株式會社

臺灣銀行

廈門海後路三二號

電話
支配人席 一一七番
送金窗口 一〇三七番
敵性銀行清算係 一四四八番
預金出納 五九〇番
庶務公債
貸付輸出入 七九八番

株式會社

臺灣銀行

廈門分行：廈門市海后路三十二號

總行：台灣台北

廈門海後路

中央儲備銀行

電話 營業部 一〇七五
主任室 一〇七四號

有限責任

廈門金融組合

為替送金 上海 普通 電信 送金 辦理迅速

預金種類 定期預金 當座預金 特別當座預金 利息從優

貸付種類 信用貸付 擔保貸付 當座貸越 金利低廉

資本金二十五萬圓

組合長 陳長福 副組合長 陳學海 陳基

廈門鎮邦路五〇號

專務席電話八〇八號
事業部電話八九八號

出資金 金貳拾六萬圓（拂込濟）

有限責任

廈門金融組合

廈門市大漢路二五八號

營業種目
預金 貸付
倉庫業
火災保險代理業

電話
專務席 八〇八
營業部 八九八
倉庫部 八六八

組合長 陳長福（五五二）
副組合長 陳長基（一五七）
專務理事 須賀[illegible]造（八三八）

中央儲蓄會

廈門支會
會址：鎮邦路
電話：二二七七
各縣代理處

加入萬國儲蓄會——即致富之捷徑

本會成立於民國元年（西曆一九一二年）爲東亞唯一之儲蓄機關獎金優厚根基穩固現中外儲戶已達二十餘萬之多公司財產已有二千餘萬之鉅每月所發獎金亦有二十餘萬營業之發達實莫與京茲將本會儲蓄辦法錄舉於下有志致富者曷興乎來

本會儲蓄會單共分（一）全會　每月繳十二元　滿期得二千元　（二）半會　每月繳六元　滿期得一千元　（三）四分會　每月繳三元　期滿得五百元　欲入會者可審察自己情形選認一種按月或按季按半年按年繳納儲款均無不可

本會每月十五號開獎一次現有獎金計

特獎　一　個　獎金四萬三百餘元
頭獎　四十個　各得獎金二千元
二獎　四十個　各得獎金三百元
三獎　四十個　各得獎金二百元
四獎　四十個　各得獎金一百元
附獎　四　個　隨定
末獎　七千餘個　各得獎金十二元

本會有獎儲蓄辦法係儲蓄方法中之最新穎而有興趣者蓋儲戶儲款既能積少成多而每月開獎復有獲得鉅獎之希望故欲求最穩妥而有希望之儲蓄不可不加入本會有志儲蓄者如欲索閱詳章請函致**上海愛多亞路七號萬國儲蓄會推銷部**當即寄奉

努力

老大徒悲傷!!!

少壯不努力!!!

西山日薄，老境頹唐，乃人生最不堪之景況，故古詩家以過來人，現身說法，而有「少壯不努力，老大徒悲傷」之嘆，正所以勸勉英發少年及時努力，庶不致當龍鍾鶴髮之時，興日暮窮途之感耳，然則努力者何，要不外乎三事，

（一）努力作事以賺錢
（二）努力節儉以省錢
（三）努力儲蓄以積錢

愛護前程者請十二分注意，尤盼早日加入敝會儲蓄，

全會每月納十二元　半會六元　四分一會三元

每月有得特別獎勵三萬餘元之機會（詳章函索）

萬國儲蓄會閩南分會啓

各項保險
均有專章
如蒙索閱
當即寄奉

太平保險　保險太平

太平保險有限公司

廈門代理處
鎮邦路中南銀行電話三十號

營業種類
火險水險
汽車險船
壳險人壽
險郵包險

子供の貯蓄保險
徵兵保險　教育保險　結婚保險

第一徵兵保險株式會社

申込所廈門市思明南路三八九號
廣田フク
電話六一一番

泰山保險公司

組織最完善　資本最雄厚

君不欲君之父母妻子獲永久之幸福？
君不欲君子之女得良好之教育乎？
君不欲君之子女成立家室招贅嫁娶乎？
君不欲君之晚年悠遊自在享受清福乎？
君欲解決此重大問題，請向
泰山保險公司投保儲蓄壽險

總公司　上海北京路
閩南總經理處　廈門海後

保險：是把一人的損失，使大家來分攤。
儲蓄：是把零星的小款，集成鉅數。
人壽儲金保險：則兼有以上兩種利益：發生意外時，家庭可以取得十足賠款；需要現金時，可以提用或輕利借出；不用時，照常生息。保君精神愉快，家庭生活安定，解君一切經濟上之困難。

泰山保險公司

總公司：上海
分局：廈門昇平路（電話五一二）

免費保壽險——長生不老

人都喜歡長壽，惜乎死不容情，因此有很多人去保壽險，每年繳納保險費，萬一不幸身亡，家屬就好領得一宗賠款。人以為保了壽險就穩安平安，其實於你死了後對你本身毫無利益，既不能保你常壽，又不能保你不死，現在却有一靈魂保險公司，能保人長生不老，能保人的靈魂永不滅亡，且不收保險的費，因為：上帝兒子耶穌基督為人代死，擔當人的罪惡，使一切信他的人不至滅亡，反得永生，請你速來加入這免費保壽公司。

如欲繼續研究請選函：廈門小走馬路青年會轉交本會備有書籍奉贈并可派員拜訪共相討論

廈門基督教輔德會啓

啓者廈門永年保壽公司總理人法老於中歷本十二月十四日身故今上海總公司特遣西人偉落司來廈承項總理廈局事務諸凡照舊辦理毫無更改特恐保壽諸君不知用此佈告咸使聞之

廈門永年保壽公司總理偉落司披露

華安合羣保壽公司

資富保壽　分為十年，十五，二十，廿五，或三十年諸種，被保壽人按年繳納若干低微保費，倘在期內，遇有不測，公司當負賠款責任，期滿生存，即發還所保全額，加給紅利，實為解決養老及身後問題之無上上策也。

廈門分公司

中山路中興銀行二樓電話三七三

華安合羣保壽公司

能為
閣下解決
創業養老
子女教育
子女婚嫁
身後家計
各項難題

總公司　上海
廈門分公司
中山路二九四
電話三七二

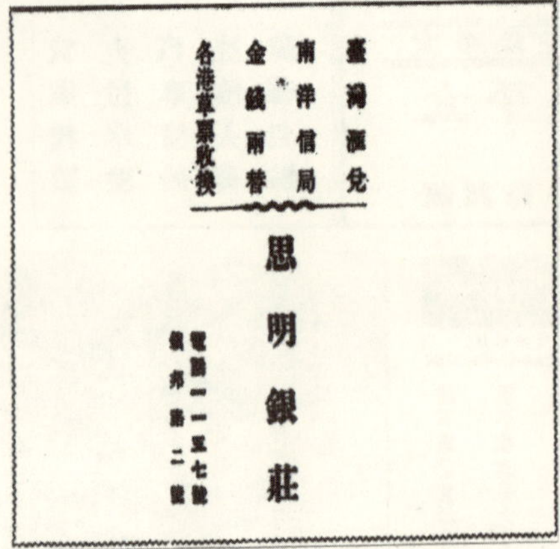

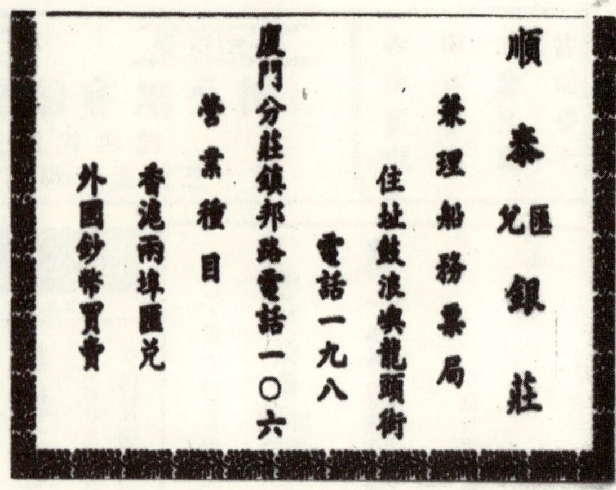

專營南北各港船票
兼設匯兌錢業
同安公司
廈門海後路八十四
鼓浪嶼龍頭街A四十

孟記錢庄廣告
本莊開設於磁四枝信用卓著久為社會人士所歡迎今於新市街自設樓屋一座訂本日遷移以擴充營業願客諸君祈知移玉爲
營業：收換香港，金銀，紙幣，小洋，銅片；代理買賣，證券，公債，產業等借託；存放定期，隨時，抵押，儲蓄，款項；
通匯：上海，福州，汕頭，香港，台北，一涵江，泉州，安海，石碼，同安，惠安，漳州，東山，新嘉坡，（章程函索即寄）（匯水公平手續迅便）
厦門新馬路孟源錢庄 聯號

順泰銀莊
專售各港船票
兌換各色紙幣
匯兌信局
本莊：香港干諾道西九十號二樓
申莊：愛多亞路門牌二九號二樓
鼓莊：龍頭街A三百號 電話一九八號
廈莊：鎮邦路一二號 電話一〇六號

德大匯兌銀莊
匯兌
香港上海
兌換各國
金銀鈔幣
兼理南北
輪船客票
包往安南
暹邏仙打根
及南洋等埠
電報一九一四一
鼓浪嶼龍頭街A二三五
電話：四三七

廈鼓
順泰銀莊
金銀兩替業
廈門市鎮邦路二號
電話一〇六番

廈門
崇記銀莊
金銀兩替
煙草、酒類、罐頭、雜貨
廈門市鎮邦路八號
電話八八七番

華記匯兌銀莊
兌換各國紙幣
代理各港船票
鼓浪嶼龍頭街

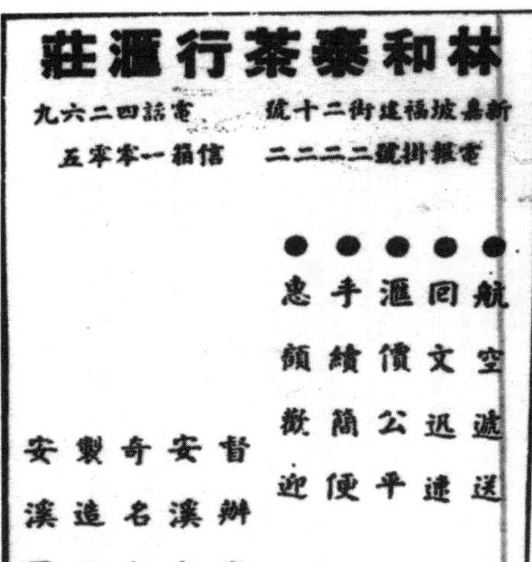

新加坡源順街三十九號二樓

電話:七九二一

No. 39, Telok Ayer Street, (1st Floor)

Telephone 7921

SINGAPORE.

電報掛號 4424

馬來亞及暹羅來電須用 GOODBEAN

電約: CODES: ANGCHUHI'S AND "PRIVATE"

正經理:黃劍秋

副經理:白錫平

總行 HEAD OFFICE:- 上海金陵路四十一號 41, KINGLIN ROAD. SHANGHAI.

分行 BRANCH OFFICE:-
香港 HONG KONG
臺灣 FORMOSA
天津 TIENTSIN
廈門 AMOY
廣州 CANTON
星洲 SINGAPORE

國貨土產出入口商

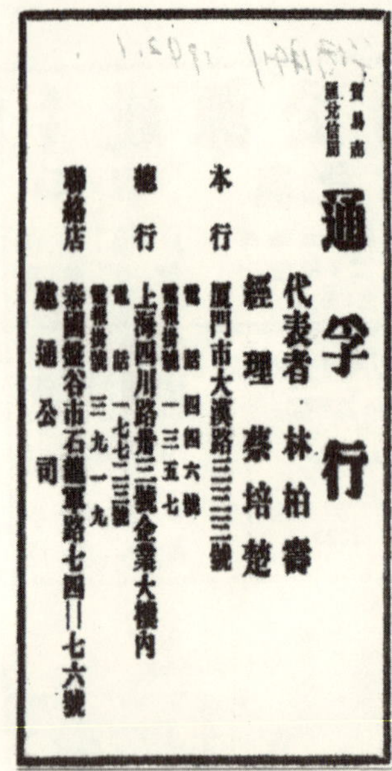

貿易商
匯兌信局
通孚行
代表者 林柏壽
經理 蔡培楚
本行 厦門市大漢路三三三號
電話 四四六號
電報掛號 一三五七
總行 上海四川路青三號金業大樓內
電話 一七七三三號
電報掛號 三九一九
聯絡店 泰國盤谷市石龍軍路七四二七六號
聯通公司

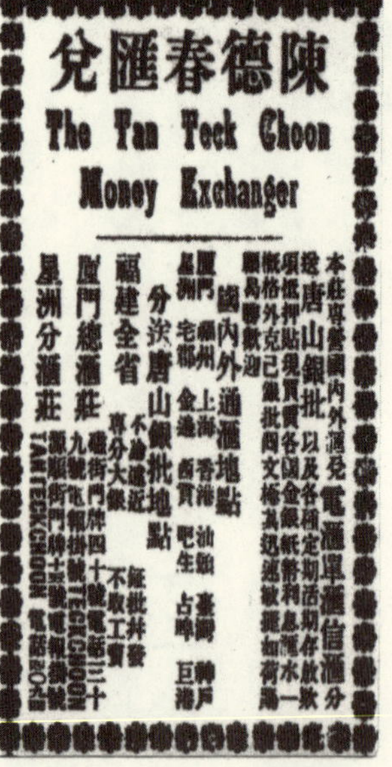

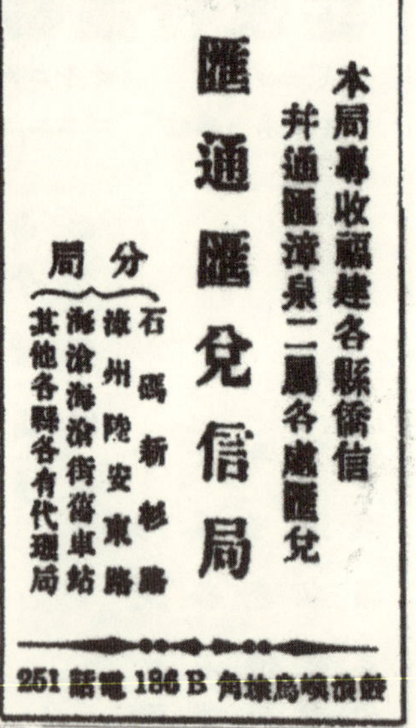

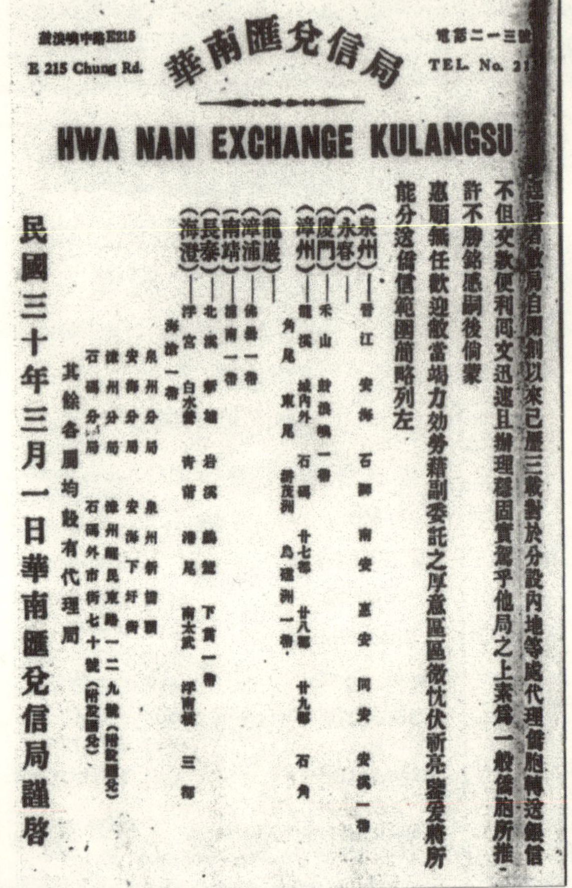

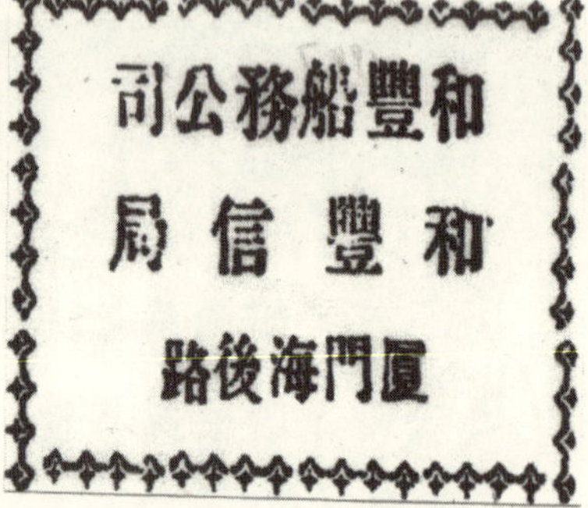

大川銀莊

營業要目

匯兌部 信局部 存放部 兌換部

鼓行 龍頭街A四十六號 電話三十五號

厦行 大漢路門牌三二九號 電話三七九號

四、服务行业

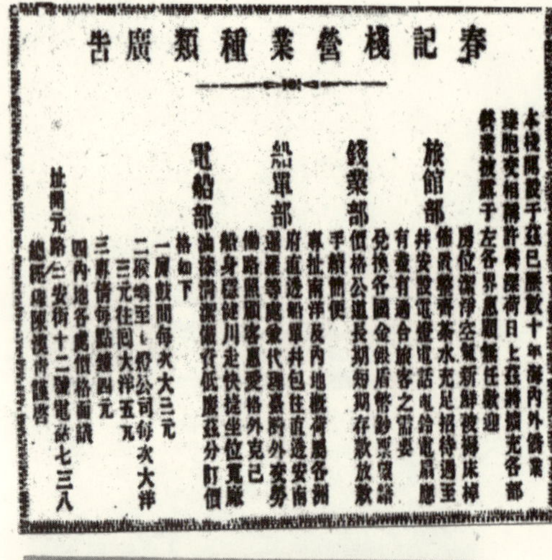

泰記棧營業種類廣告
本棧開設于茲已歷數十年海內外僑業
營業披露于左各界惠顧無任歡迎
旅館部
錢業部
船單部
電船部
址開元路仁安街十二號電話七三八

大華飯店

房間寬大陳設雅緻交通便利招待週至餐浴理髮具各齊備

房租一元起至八元

中山路一四六號

電話 七七二 七七三號

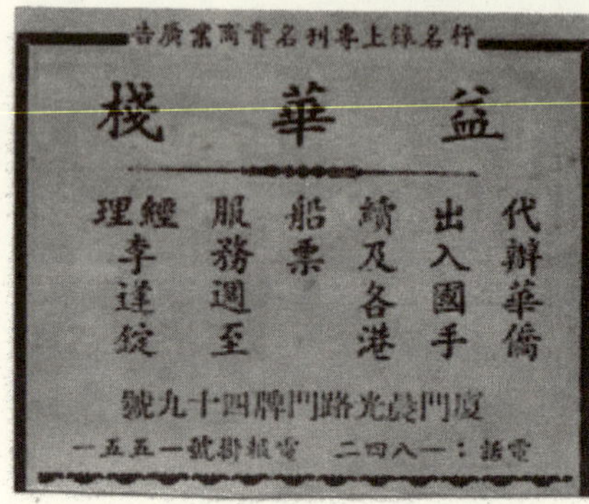

行名錄上專刊名貴商業廣告
益華棧
代辦華僑出入國手續及各港船票服務週至
經理李逢錠
廈門晨光路門牌四十九號
電話：一八四二 電報掛號一五五一

廈 鼓浪嶼

東山旅店

設備幽雅 招待週至

雜貨商德泰洋行

旅館大新ホテル

廈門市大漢路一六八、一七〇

電話 三附一三〇〇番 五附二一五八番

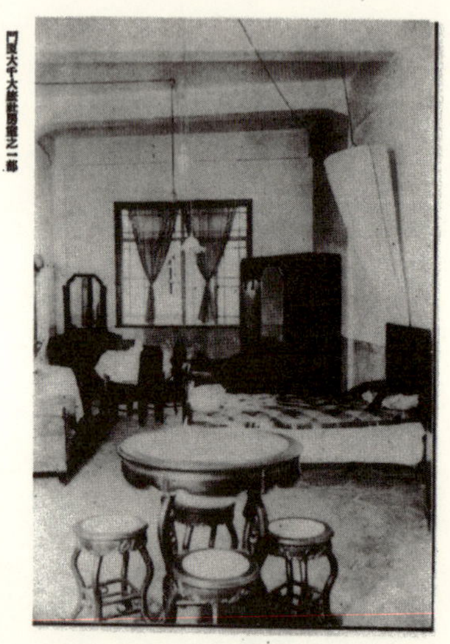
廈門大千大旅社房間之一部

◉營業種目……旅社、中西大菜、香檳煙酒、

◉成績概況……每年均有盈餘

◉商 號……大千大酒店

◉地 址……廈門海後路

廈門大千旅社外觀全景

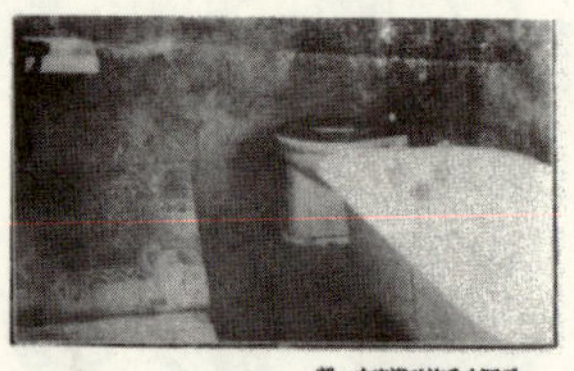
廈門大千旅社浴室之一部

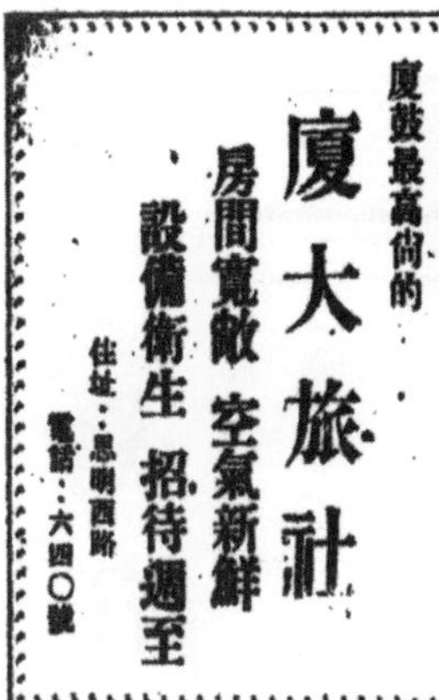
廈鼓最高尚的
廈大旅社
房間寬敞 空氣新鮮
設備衛生 招待週至
住址：思明西路
電話：六四〇號

東洋旅社
二樓附設衛生洗身
廈門特別市思明南路四一二號
電話一二九番

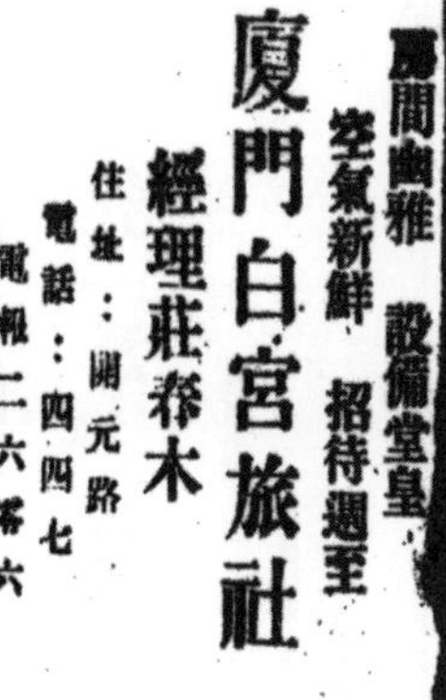
房間幽雅 設備堂皇
空氣新鮮 招待週至
廈門白宮旅社
經理莊春木
住址：開元路
電話：四四七
電報二六零六

白宮旅社
WHITE HOUSE HOTEL
經理莊春木
恭賀年禧

最美備之
玉清池
湯房 茶室
座位清潔，宜於啜茗談心。
浴池幽雅，設備注重衛生。
價格低廉，招待極爲備至。
諸君光顧，格外特別歡迎。
廈門思明南路（即大生里）

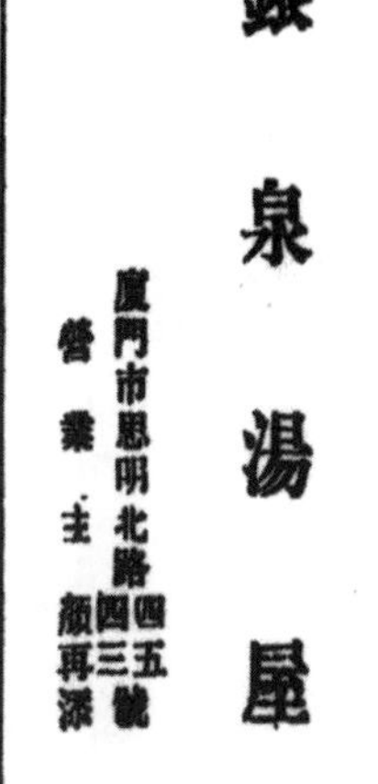
銀泉湯屋
廈門市思明北路四五四三號
營業主 顏再添

廈門空前未有之大規模旅社
旅客欲求幽雅舒適請到
廈門思明西路
廈大旅社
△十二特色

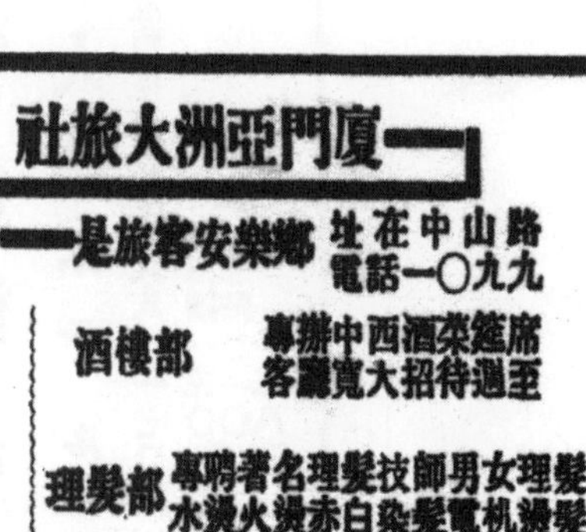
廈門亞洲大旅社
是旅客安樂鄉
址在中山路
電話一〇九九
特設
酒樓部
專辦中西酒菜筵席
客廳寬大招待週至
理髮部
專聘著名理髮技師男女理髮
水燙火燙赤白染髮電机燙髮

新南大旅社
廈門水仙
經理處 電話七七五號
公用 電話五七七號
經理吳瑣雲

旅館業
鷺江旅社
厦門市思明北路二十四號
電話 三四二番
營業者 王樹生

御旅館
大千旅館
厦門海後路三八號
電話二一一番

御旅館
昇平旅館
營業主 朱炎爐
厦門市昇平路十七號
電話三九四番

輸出入商
柏原洋行
厦門市思明西路門牌六十六號
電話五六二番

旅館
柏原旅館
厦門市思明西路門牌六十四號
電話三六番

鹽田旅館
理髮部
ホール部（海軍指定）
電話一四一番

厦門旅館營業組合
組合員（イロハ順）
鷺江旅社 電話三四二　旭アパート 電話五四
東洋ホテル 一二九　產業アパート 一二三／七七二
柏原旅館 三六　菊屋 一二六
大千旅館 二一二　鹽田旅館 一四一
大新ホテル 一三〇／二一〇　昇平旅社 三九四
惠賓アパート

雜貨商 新德洋行
旅館 大新ホテル
厦門市大漢路一六八、一七〇
電話 三階一三〇〇番 五階二一五八番

旅館業 湯屋業
東洋ホテル
曹賜杞
厦門市思明南路四一二號
電話一二九番

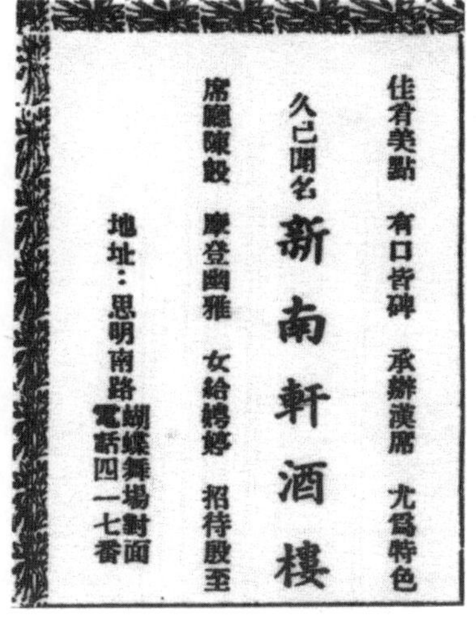

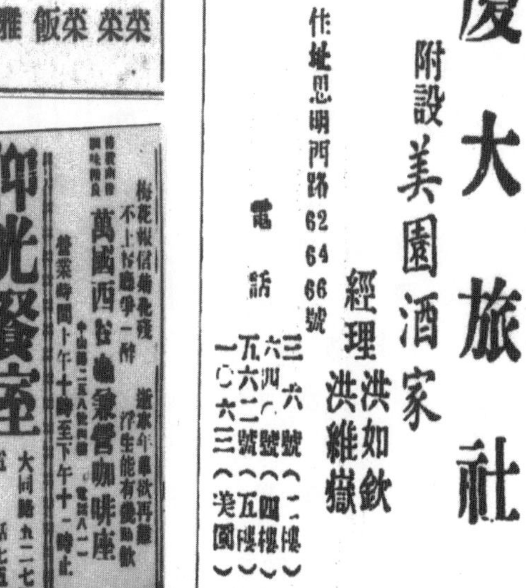

中山路口（中南銀行對面）

益同人公會附設平價食堂

電話四七五號

清眞教門 唯此一家

一品居酒樓

廈門中山路

電話 一三七三號

專備牛肉
烹調時式
兼辦宴客
佳餚筵席
價錢克己
招待備至
隨意小酌
歡迎光顧

新聯珍中菜部

純粹美味食品！歡迎大小宴會
招待顧客週至！尤於衛生合宜
價格務求克己！顧客隨意小酌

營業主 陳進財

鼓浪嶼大埭路阿仔墘二九七

遷移廣告

本店特聘著名廚師專門烹調獨味香菜
所有配備各項物料概自南洋原莊辦來
（一）論美味都就不致
（二）說不好無妨嘗試

廈門中山路中華戲院邊

小桃源西菜加啡冰室

販賣品類

壺參蝦加厘蝦 壺參牛肉加厘牛肉
壺參魚加厘雞 壺參豬肉加厘豬肉
其他麵西菜西餅加啡高高紅茶牛奶奕不齊備知
合衆惠顧極端歡迎

東亞酒樓 附設旅社

廈門思明南路 459
電話 1132---1231

招待週至 佈置大方 結婚禮廳 宴客筵席

美美中西酒樓

敬啟者敝店為應顧客之利便起見特添設中菜部延聘廣東烹飪名家研究佳餚時菜物美價廉經於十二月一日開幕恐未週知特此奉聞

思明東路電話一〇三〇

桃園酒家 思明北路…10號…電話：1720

專席便酌…座位幽雅…歡迎光顧…招待親切

附設飲冰室 兼營煙酒罐頭

雙全酒樓

電話
745.

大宴 小席
歡迎 無任

電報掛號
3533

特聘名師
專辦筵席
日夜時菜
隨意小酌
招待週至
各界嘗試

住址：開元路33至35號

廈門

廣州酒家

大小漢席 大包扁食
燒臘滷味 原盅燉品
茶麵酒菜 各色點心
廳房雅座 結婚禮堂

廈門思明南路四五二號 電話七〇〇號

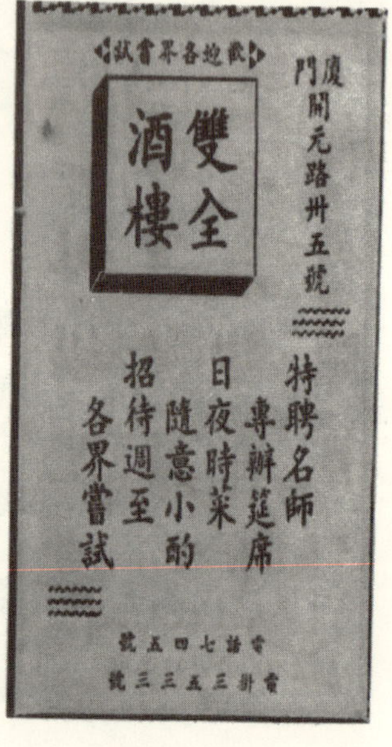

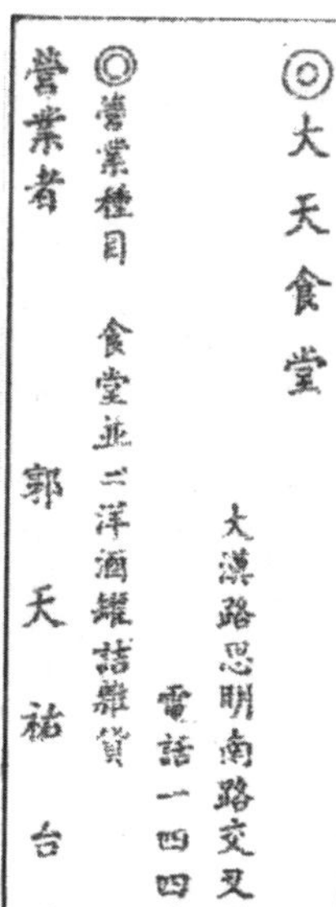

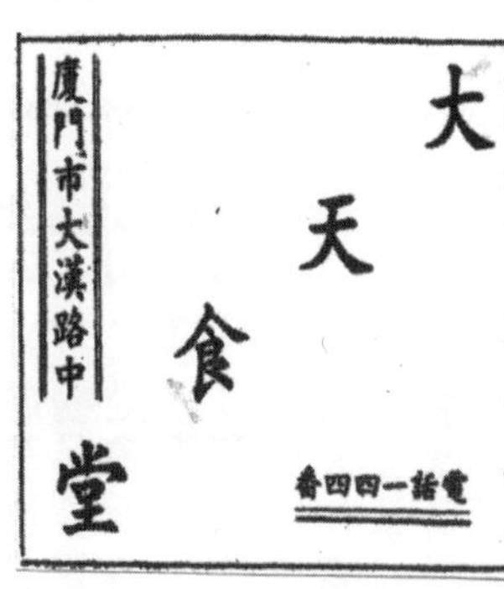

大天食堂
廈門市大漢路中
電話一四四番

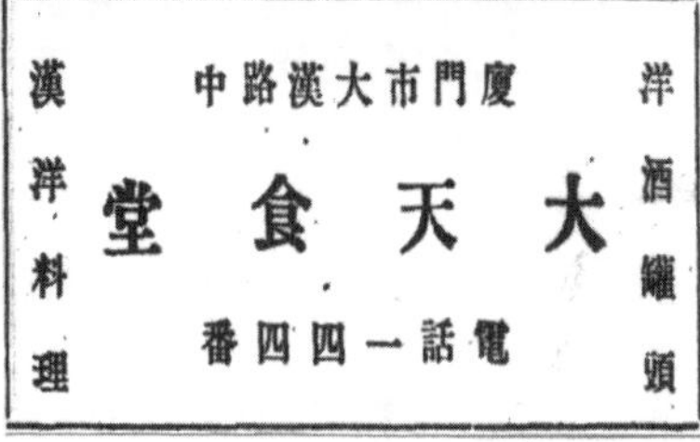

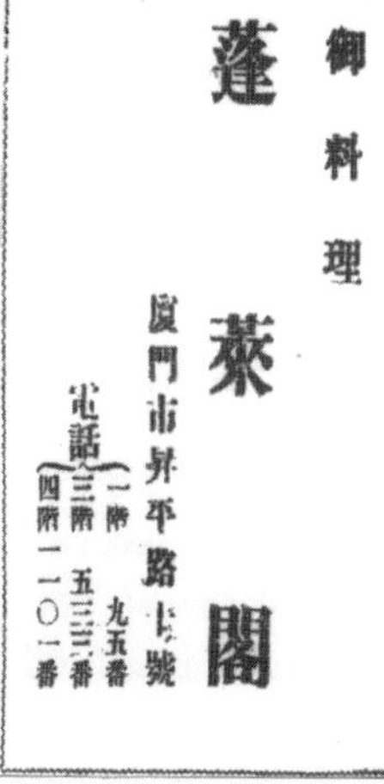

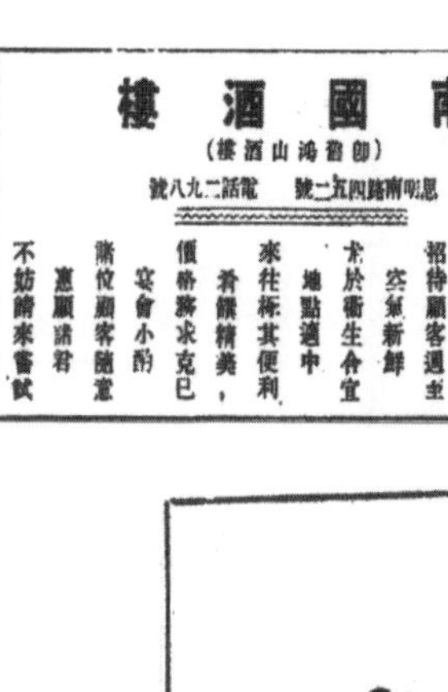

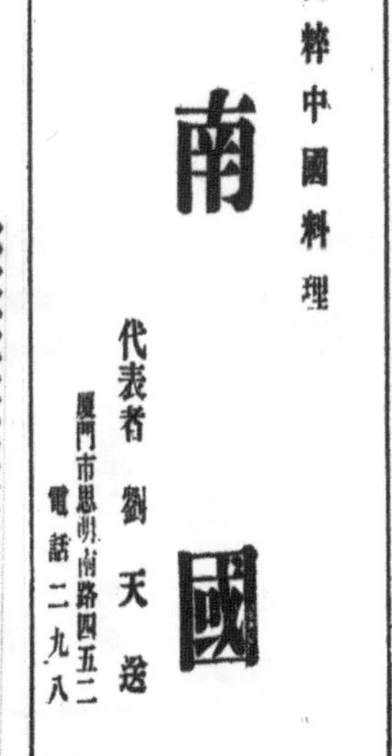

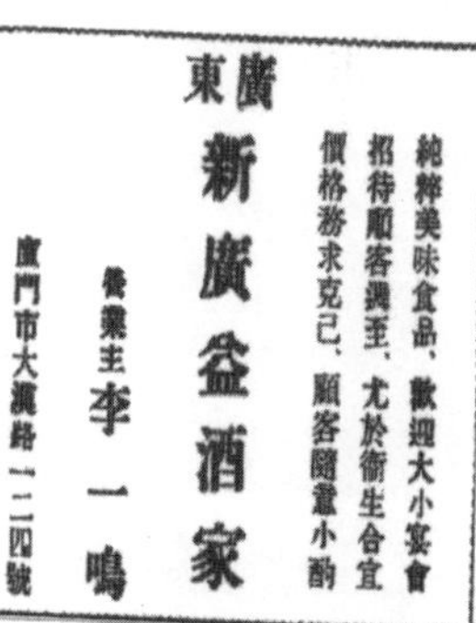

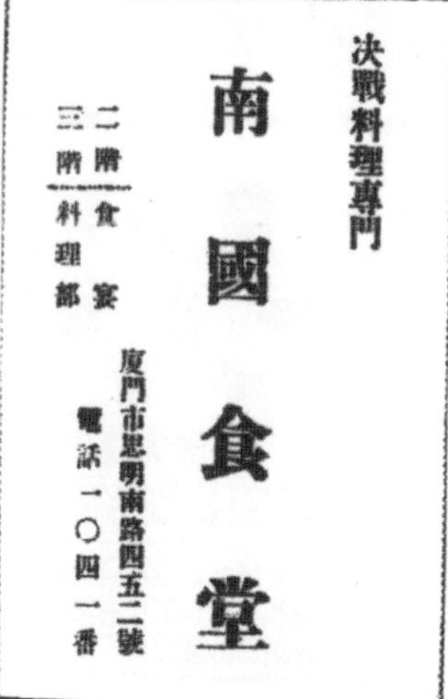

決戰料理專門
南國食堂
二階 食堂
三階 料理部
廈門市思明南路四五二號
電話一〇四一番

廈門

蓬萊閣

昇平路十號 電話 事務所九五號 三樓五三三號

維利亞男女理髮店

（住址思明南路三百〇六號）

本店特色

福州名師技藝

超人燙髮葯水

耐久如新修容

理髮招待慇勤

場所幽雅高尚

衛生設有電扇

設備稱心所用

物品國貨是歡

開幕既久優待

歡迎各界光顧

方曉爲眞

店主程品官

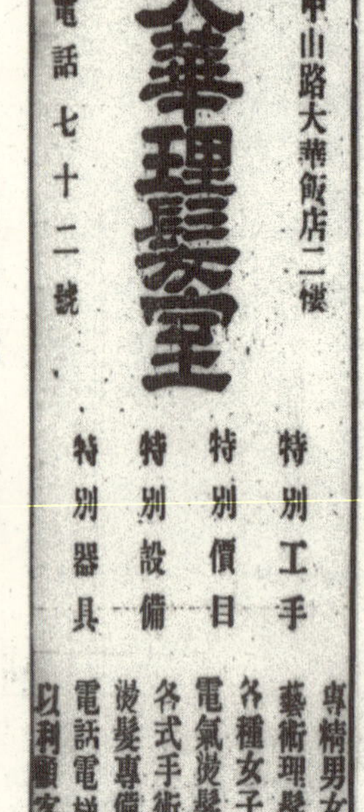

麗華專門女子理髮室

本理髮室設在豐栄河中山路口特由粵東聘來女技師數人技術精良器具優美凡電血機電風筒及化粧品等一切豐備荷蒙賜顧無任歡迎特此佈告

麗華專門女子理髮室謹啓

電燙美容院

大減價

新式電燙

只收六元

男女理髮

一律三角

小孩每位

收洋二角

廈門

中山路大華飯店二樓

電話七二號

本院特聘羅專閩廣名師專任理燙燙髮捲髮美容技藝器具情潔院址雅緻可稱備步敬請臨君壹興乎來

廈門亞洲大旅社

是旅客安樂鄉

址在中山路

電話一〇九九

特設

酒樓部 專辦中西酒菜筵席 客廳寬大招待週至

理髮部 專聘著名理髮技師男女理髮 水燙火燙赤白染髮電机燙髮

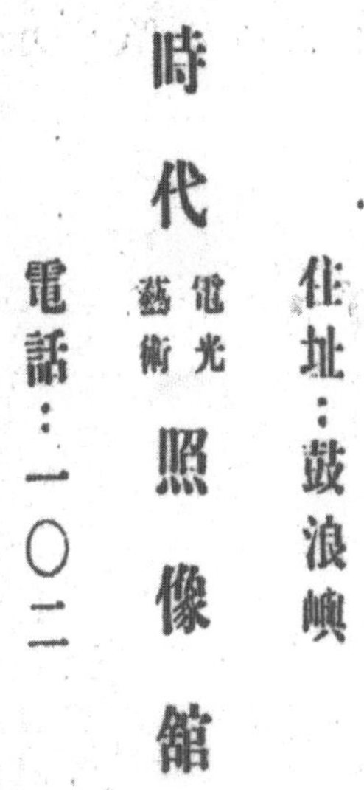

勝利

電光照像

藝術拍照　團體攝影

結婚禮像　彩色放大

★凡做拍婚像禮兒免優
到館結禮者服袪費待★

地址：中山路六十五號

（中華戲院對面）

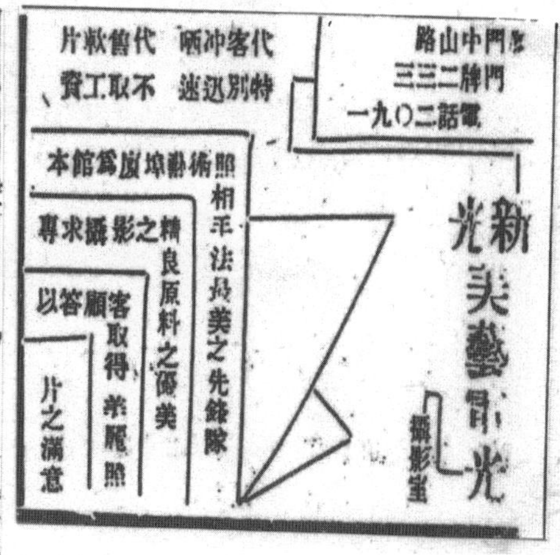

鼓浪嶼

容華照相館

電話五十號

廈門攝影冲晒放大公司　廈門中山路

全廈最快

上午送來晒印　下午取相

下午送來晒印　晚間取相

即日送來放大　當晚取相

今天送來冲片　明天取相

如此迅速　價目不加

放大冲晒　晒印時間：上午十點以前送到者下午五點取相；下午一點以前送到者晚間八點取相；午前送來冲片者當日晚間八點取相

THE AMOY PHOTOGRAFBIC SERVICE

△藝術照相

△美術放大

永然電光寫真館

營業主　翁鎮寶

廈門市橫竹路十三號

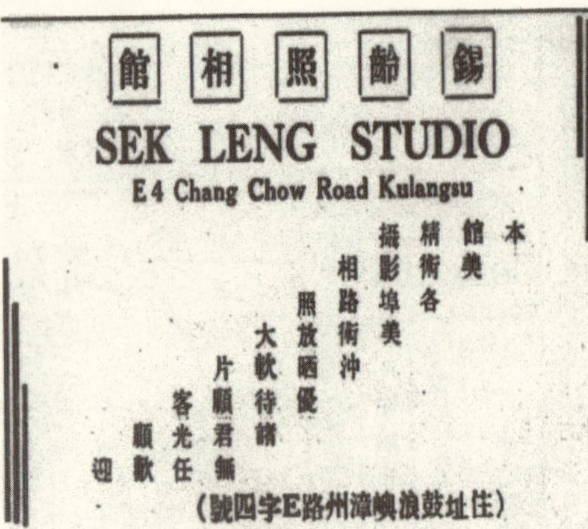
錫齡照相館
SEK LENG STUDIO
E4 Chang Chow Road Kulangsu
本
館美
精術各
攝影埠美
相路術冲
照放晒優
大軟待請
片顧君諸
客光任無
顧歡
迎
（住址鼓浪嶼漳州路E字四號）

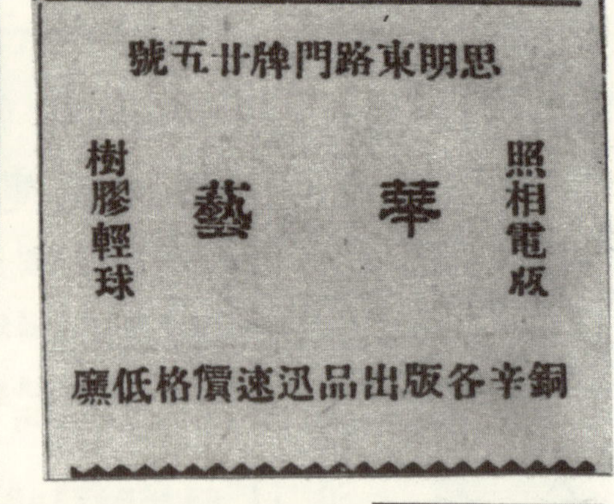
思明東路門牌廿五號
照相電版
華藝
樹膠輕球
銅辛各版出品迅速價格低廉

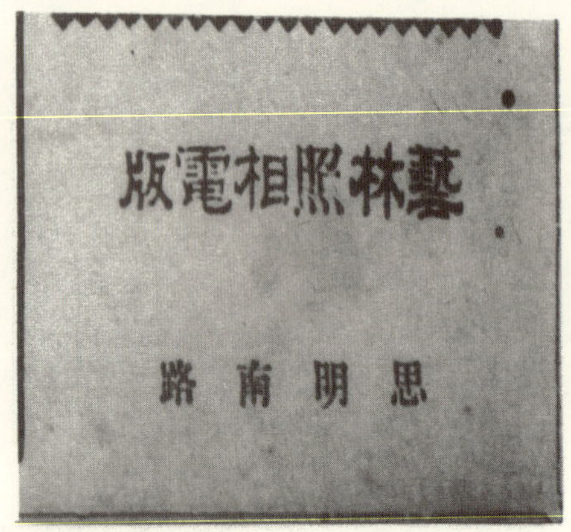
藝林照相電版
思明南路

中國
照相館
結婚相
團體相
美術相
請到有老經驗的：包能稱心滿意！

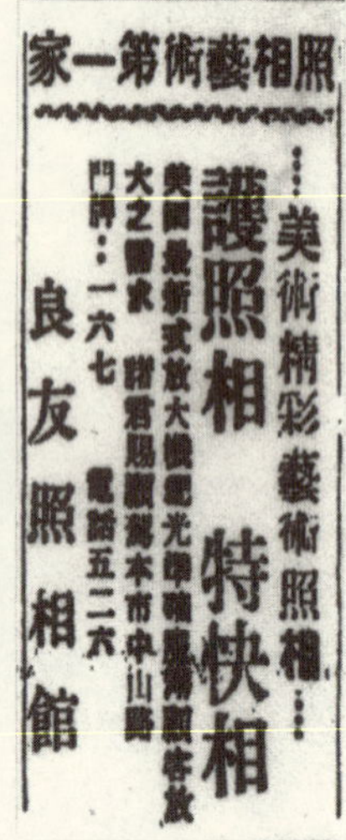
照相藝術第一家
…美術精彩藝術照相…
護照相 特快相
門牌：一六七 電話五二六
良友照相館

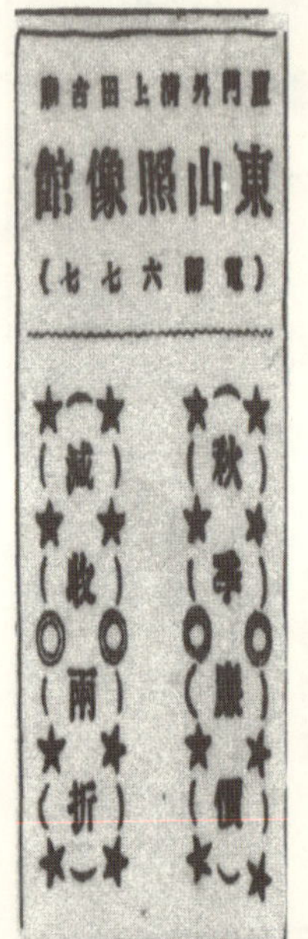
東山照像館
（電話六七七）
★（秋）★（季）○（廉）○（價）★
★（減）★（收）○（兩）○（折）★

時間正確
技術優秀
亞細亞寫真館
厦門大漢路
電話八七七號

本舘攝術高強，配光適合，
並有天然風景，在
明友！
中國照相館 厦門開元路
電話773.
新中國照相館
電話342.
技術老練作品清秀
誠能受諸君歡迎.

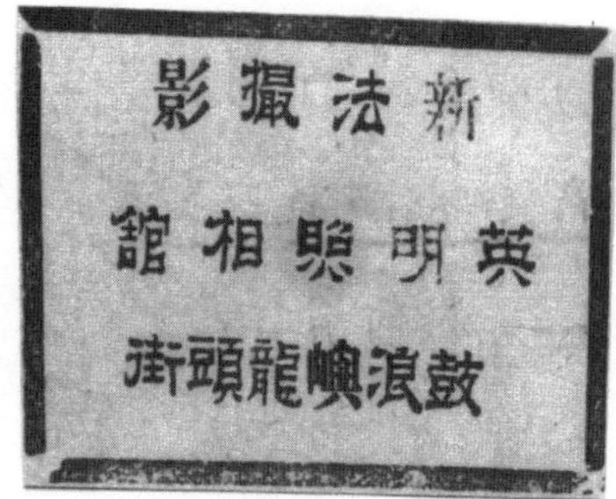

娴娜電光照相館
是廈門攝影界後起之秀
作品清晰 技術超等
約期迅速 取價從廉
各界光顧 無任歡迎
地址中山路

美國攝影師到廈
白禮士
兼製電鋅版
逕啓者本館此次爲求滿足顧客及擴充營業起見特聘留美著名之攝影師白禮士到廈技術精巧攝影奇妙價格從廉各界士女如蒙光顧請到中山路本館不勝歡迎
融明照相館白禮士啓

真真照相、樂房廈門開元路
本藥房開設廈門歷十餘年專辦中西靈驗藥品

融明電刻禮品公司

一九三四最新出品

打破全國的新紀錄

驚人創造的新發明

能把美容放在銀匡裏

玲瓏精巧美麗絕倫

銀相

特點　永不退色　顏色鮮明

水火不怕　圖案配景

不論中西　署題款字

尺寸大小均可依樣照做定可使君滿意取價底廉絕無虛僞旨抱犧牲特別減價八折以資賞顧

銀器類

特色　銀盾　銀屏　對聯

銀杯　銀鼎　徽章

花瓶　花插　奨旗

以上貨品歡迎各處批發代理取價底廉只收六折以資惠顧諸君之雅意

址中山路六十二號

即大三元隔壁

拍半身照
易如反掌
柯達公司
KODAK

6x9Cm
矮克發
摺疊鏡箱
(一)人像風景兩相宜
(二)此鏡工作完善
(三)價格廉宜
(四)最合外界之用
各照相材料店均有發售

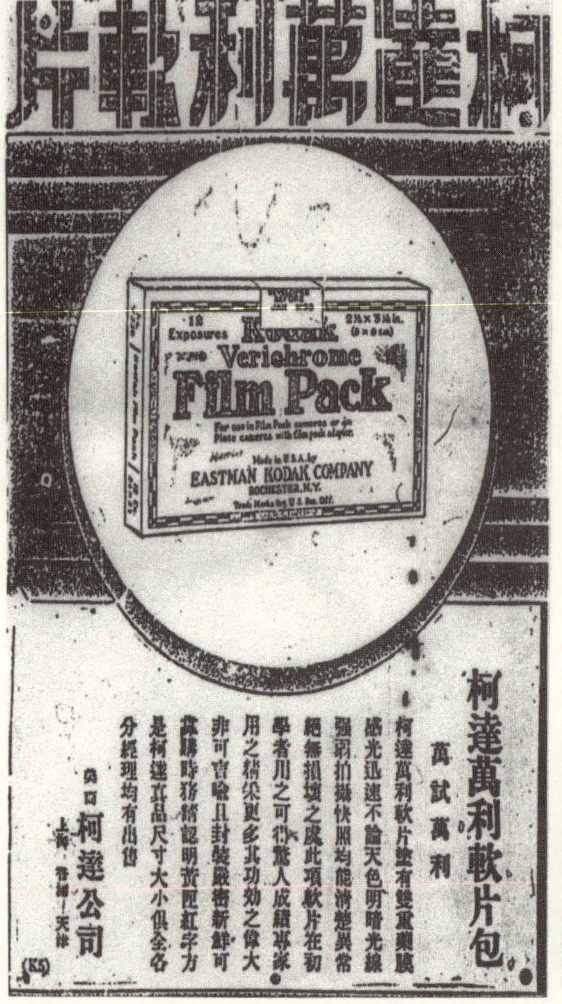
柯達萬利軟片
12 Exposures
Kodak
Verichrome
Film Pack
EASTMAN KODAK COMPANY
ROCHESTER, N.Y.
柯達萬利軟片包
萬試萬利
柯達公司
上海 香港 天津

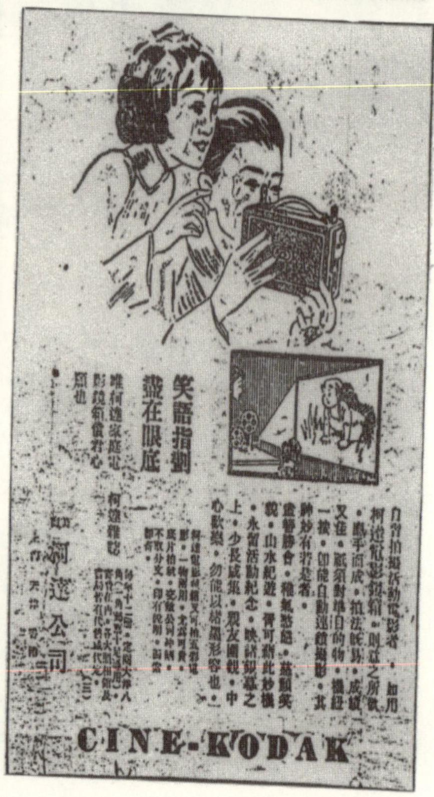
柯達公司
CINE-KODAK

慎昌鐘錶公司
十週紀念
大減價一個月
自十一月十日起
各貨自五折至八折
尚有犧牲品多種
請注意明日廣告
思明南路 電話九八八

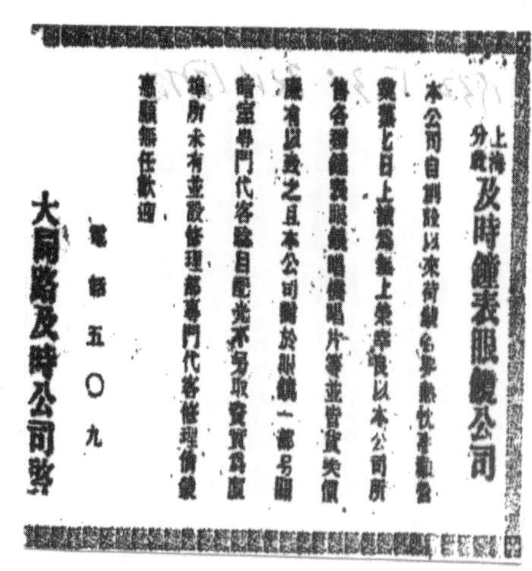
上海分設 及時鐘表眼鏡公司
本公司自開設以來荷蒙各界歡迎
電話五〇九
大同路及時公司啓

上海東方眼鏡公司
科學配光
度數準確
地址泉州路一三一號

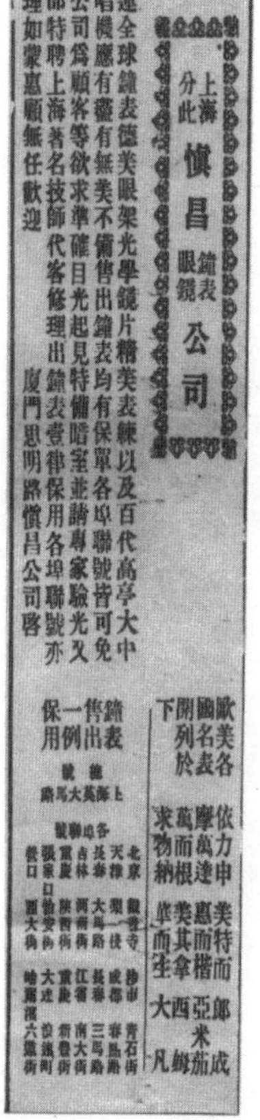
廈門思明中路
上海分此 慎昌鐘表眼鏡公司
本公司專運全球鐘表德美眼架光學鏡片精美表練以及百代高亭大中華等唱片唱機應有盡有無美不備售出鐘表均有保單各埠聯號皆可免費修理本公司爲顧客等欲求準確目光起見特備暗室並請專家驗光又設修理壹部特聘上海著名技師代客修理出鐘表壹律保用各埠聯號亦可免費修理如蒙惠顧無任歡迎
廈門思明路慎昌公司啓
歐美各國名表下開列於
鐘表售出一例保用
總號上海英大馬路

慎昌鐘錶公司
諸啓者本公司由瑞士新運到一九三七年式摩登手錶表數種特將列於后希各界注意爲
上列各表式樣既屬新穎價格又極廉宜　貴客一見之下定必愛不釋手謂予不信請　賁臨參觀自當竭誠歡迎也倘蒙外埠　貴客賜顧請先行將貨款匯下並指明何種名目及價格自當代爲選擇付郵奉上寄費奉送郵票代洋十足通用惟以五分十分爲限恐報來購本外埠一律優待九折
本公司營業部啓
地址思明路電話九八八

同成公司鐘錶廣告

本公司自運各新款最好用鐘錶 留聲機器什貨以
及修理鐘錶 應用家私盤料等莫不齊備貨眞價廉
凡士商 光顧者請移至廈門亭仔下三角窓

恒時鐘錶行

專辦歐米各國
新式鐘錶眼鏡
特聘優等技師
精工修理鐘錶
薄利多賣主義
各種定價低廉

中山路一〇〇號

專售各種新式眼鏡

明華眼鏡公司

住址中山路

維新照相樓廣告

啓者本樓在廈門港仔口街開張多年久蒙遠近官學紳商各界雅賞屢受讚美歷經數載馳名中外邇來所照之相無奇不有精益求精較諸他家大有天淵之判茲者不惜[illegible]費將本樓重建煥然一新再由外國遠購上等影鏡藥料及各應用家私兼辦中西男女最新式趨時衣服一概齊全以備 諸君隨意購用至於本樓布景咸宜間其花草鳥獸俱備加以樓屋寬廣座分男女執役之人招待週至而所照之像椅外加工精製務求以應 諸君稱心悅目爲本職備有未安之處定賞重新覆照不加索分文現照相價銀暫收七折如欲邀往府上或山岩寺觀等處均可[illegible][illegible]價當從廉假在辦壞還願亦可函致本樓應命而至萬無遝誤近有射利之徒膽敢在石碼白水營海滄等埠居然假冒本樓名號遍處愚惑鄉民間有無識者受其欺騙妄將先金貸銷而相片竟無給付迨本年投函到本樓者頗不乏人然本樓向來無分設支店派夥在四鄉影相除顧客自行濫往外未嘗運出若不及早聲明恐 諸君再受欺騙者不少即於本樓事業前途亦有阻碍謹此瀝情統希 [illegible][illegible]諸君留意爲禱此佈

分別眞假請認本樓外出影相携帶黃木箱外書港仔口新維影相數字庶不致誤

廈門港仔口維新謹白

大中洋行

眼鏡第一家

△電機驗眼▽
△光度準確▽
△科學配鏡▽
△工作精良▽
△款式新穎▽
△雅觀耐用▽

兼售歐美 自來水筆 價廉物美

五、百货商行

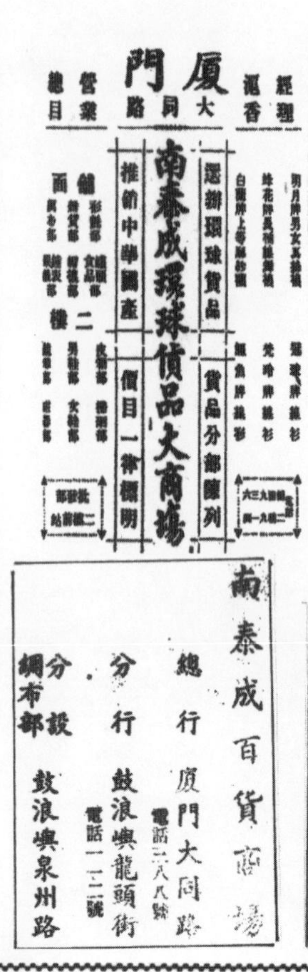

◉商號……南泰成環球貨品大商場

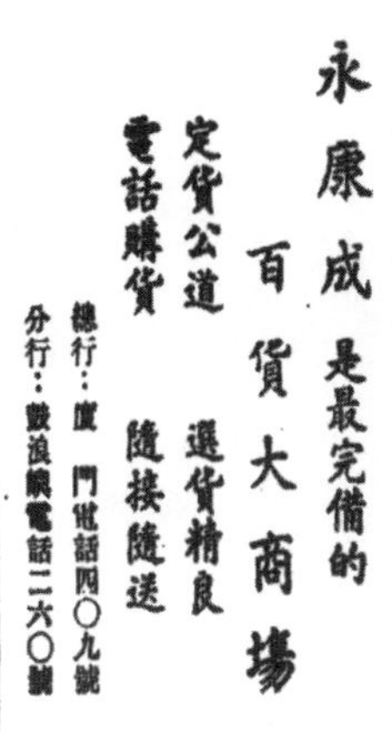
永康成
是最完備的
百貨大商場
定貨公道　選貨精良
電話購貨　隨接隨送
總行：廈門電話四〇九號
分行：鼓浪嶼電話二六〇號

下面著名國產都是
永康成百貨商場經售
物質可靠　定價公道
請各界一致購用
總行　分行　支店

永康成百貨商場
有四季合時的　衣着鞋帽
有馨香可愛的　化粧香品
有旅行便利的　皮箱皮篋
有日用舒適的　家常用俱
尚有其他種種無不件件精美樣樣合時
總行
廈門大同路
分行
鼓浪嶼　泉州　永春

永康成
乃本市百貨大本營
備貨充博
定價平準
總行廈門電話　鎮南九二三　二樓四〇九
分行鼓浪嶼電話二六〇

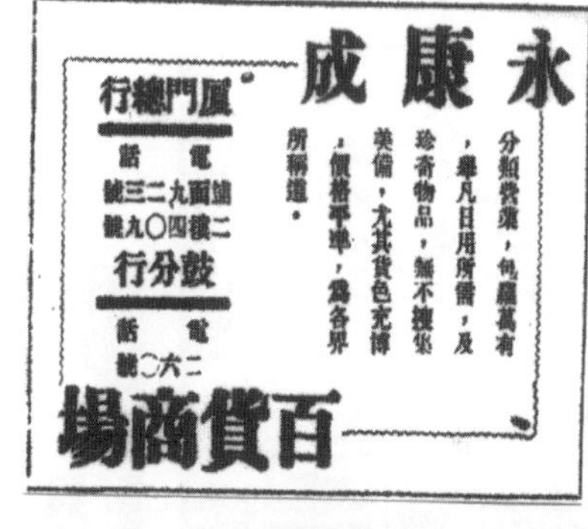
永康成
分類營業，包羅萬有，舉凡日用所需，及珍奇物品，無不搜集美備，尤其貨色充博，價格平準，爲各界所稱道。
廈門總行
電話
鎮南九二三號
二樓四〇九號
鼓分行
電話
二六〇號
百貨商場

交際家說：
服裝整齊舉動有方如戴上
冠華毡帽
尤覺雍容有禮令人起敬
每頂一元六角起
經理處
永康成
總行大同路　支店中山路
分行泉州中山路

永康成百貨商場
新近運到大批日用必需品，定價特別廉宜，歡迎批發或零購。
大同路　電話四〇九號

廈門大同路中
永康成百貨商場
總經理各名廠出品國貨
上海光明針織廠出品
寶石牌 電影牌 各種男女真絲襪
上海培德領帶公司出品
金龍牌美術領帶
上海明星織造公司出品
上海普珠實業公司出品
自由製斗
上海本廠出品
雙珠牌各種男女絲襪
餘如上海三友，三星，海華，聯華，各種棉織物品及各大名廠各種搪瓷器皿均有經售

惠濟堂泰記
創立……光緒三年、
地址……中山路二三六號、

厦門中山路
惠濟堂
泰記
專售綢緞百貨
精製時式新裝

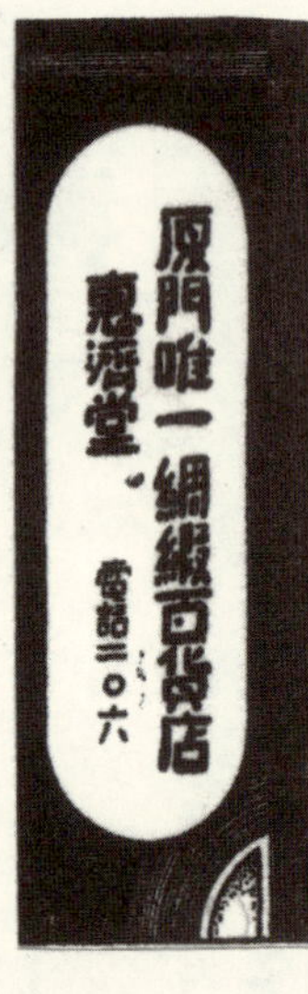
厦門唯一綢緞百貨店
惠濟堂
電話二〇六

開設最久
信用素著的
惠濟堂商店
專售：綢緞百貨
精製：時式新裝
總店
厦門中山路

百貨商場
廈門中山路
二六二號
電話六〇九號
Chiek Sing Store
應各界需求 集環球貨品 盡社會服務 取公道價格 電報一四五五

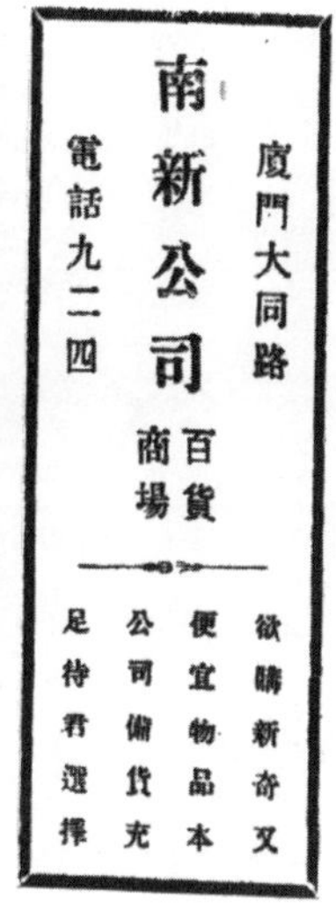
南新公司
百貨商場
廈門大同路
電話九二四
欲購新奇又便宜物品本公司備貨充足待君選擇

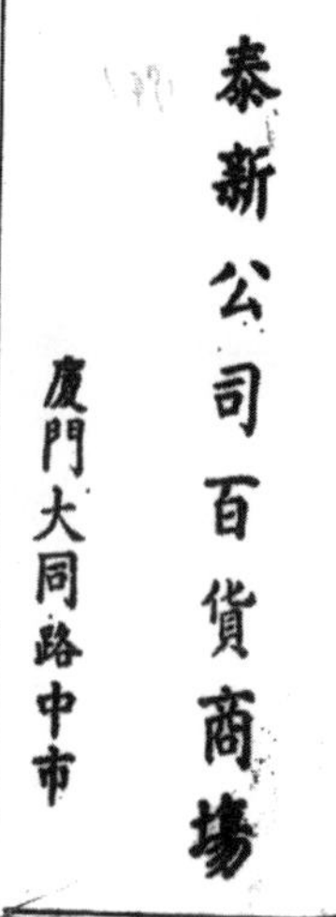
泰新公司百貨商場
廈門大同路中市

老周虎臣各種名筆
總經理廈門大同路中
泰隆號百貨商場

謀大衆便利
集環球貨品
盡時代潮流
採公道價格
佳美百貨商行
廈門中山路
二五二號

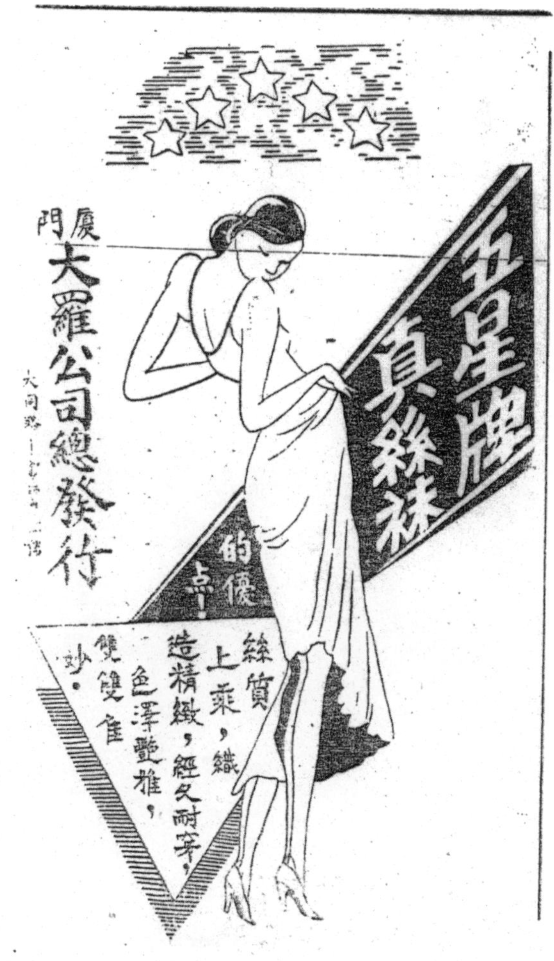
廈門
大羅公司總發行
五星牌真絲襪
的優點
絲質上乘，織造精緻，經久耐穿，色澤艷雅，雙雙佳妙。

金星商標
美源
百貨商場
BEE GUAN
DEPARTMENT STORE
搜羅環球百貨 時新衣料 歡迎各界仕女 蒞臨參觀
總行 菲律濱 美源紗衫廠
BEE GUAN SHIRTS FACTORY
197 ROSARIO STREET
MANILA, PHILIPPINES
CABLE ADDRESS BEEGUAN FAC

營業種目

什貨部 西裝部 鋼箱部 帆鞋部

帽襪部 衫褲部 綢布部 玩具部

聯成百貨大商行

住址廈門大同路

門牌二一九三號

營業種目 土產 什貨

華昌百貨商店

廈門市大同路三一一號

電話一〇一九番

開羅百貨商場

兼營批發部

統辦港滬各色雜貨

批發零售均表歡迎

中山路口鳳宮十號

電話二九六號

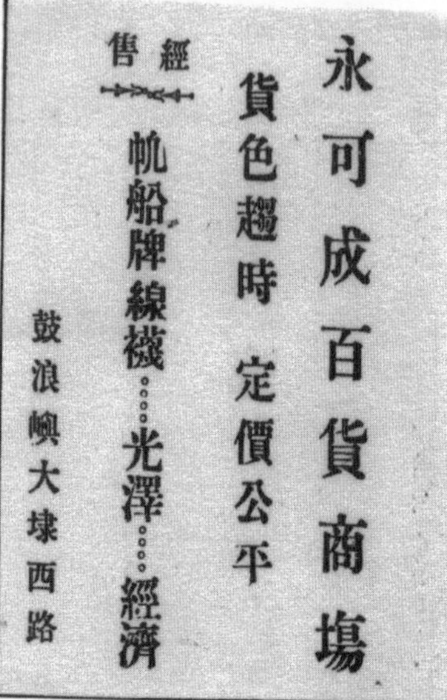

建成

是現代時裝介紹所

特聘

滬上名司裁製合時西裝外衣

定租

男女時式結婚冕旒禮服童裝

經售綢緞呢絨棉布

尺碼最足定價最廉

建成綢布莊

廈門大同路

泉州中山南路

綢緞呢絨布疋

定製中西時裝

建成公司

廈門市鼓浪嶼龍頭路

電話(鼓)三二一九號

建成綢布百貨商場

廈門大同路 電話一二三三、九〇七號 電報掛號四九九九

泉州中山南路 電話三十四號 電報掛號六六六九

綢布 呢絨 棉紗 百貨

同興布行

廈門市橫竹路門牌二號

電話一九五 電報掛號二三一一號

建成

是現代時裝介紹所

特聘

滬上名司裁製合時西裝外衣

定租

男女時式結婚冕旒禮服童裝

同英綢布莊

宗旨：貨眞價實

營業種類

綢緞類 棉布類 蔴葛類 毛織類 羔皮類 繡品類 定製衣服 棉紗批發

廈門 大同路橫竹路口第一家

電話 門市部二五六六 批發部二三一

同英綢布行

廈門大同路

電話一九五

綢布嗶吱 物美價宜 選擇衣料 諸君留意

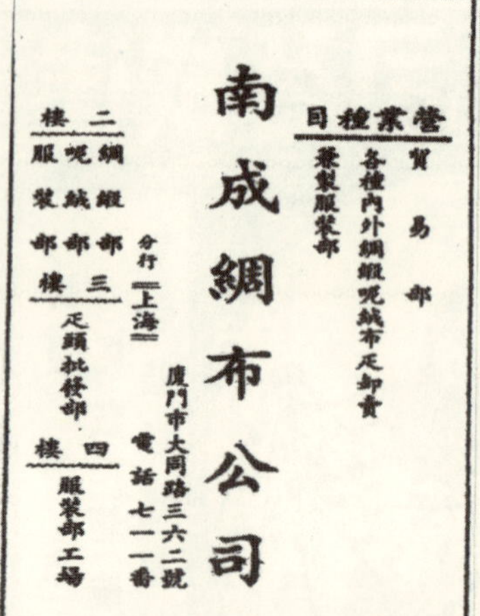

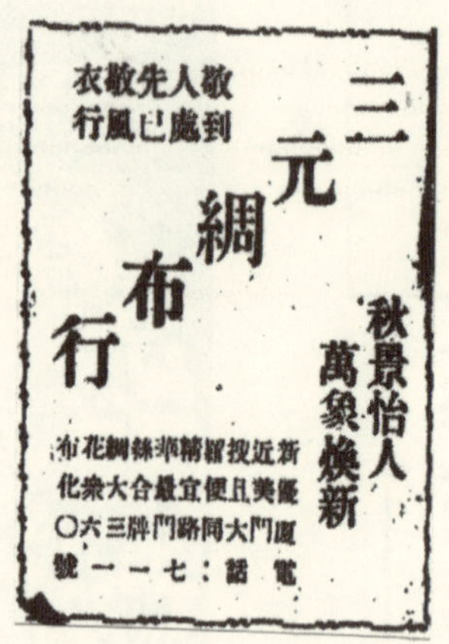

專辦各國呢絨嗶嘰
大宗批發 歡迎光顧
福利公司
廈門昇平路五十三號
電話九八一號

南成絲綢公司
廈鼓最大規模的綢布商場
高貴的貨品 標準的定價
歡迎參觀 歡迎比較
地址：廈門大同路中市 電話七一一號

三元僑記綢布行
新近湧到
美麗花綢
堅靭棉布
以誠實競
招徠從多
賣求薄利
大同路三六〇號
電話：七一一號 一三四七號

廈門唯一綢布商場
同時新行合記
同趣潮流精製中西服裝
時式綢布各種花樣齊全
新奇呢絨等貨歡迎參觀
行銷各埠[illegible][illegible]獨一無二
住址……思明南路
門牌……443…439
電話……五六〇號

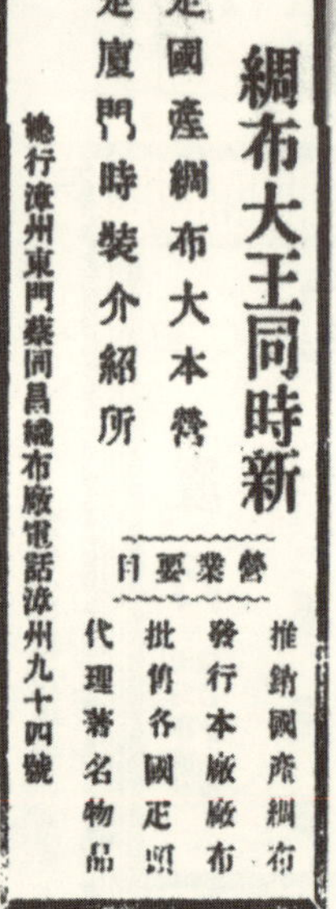

綢布大王同時新
是國產綢布大本營
是廈門時裝介紹所
營業要目
推銷國產綢布
發行本廠廠布
批售各國疋頭
代理著名物品
總行漳州東門蔡同昌織布廠電話漳州九十四號

廈門綢布大王
同時新綢布行
營業要目
專辦國產綢布
推銷本廠廠布
批售各種疋頭
代理響雲綿被
總行：漳州蔡同昌綢布疋頭行
行址：廈門思明南路電話六二三
四大特色
(一)店面寬闊
(二)定價不二
(三)貨色齊備
(四)招待週至

漳州蔡同昌綢布疋頭行廈門分行

同時新綢布疋頭

本行在廈開業已有四年之歷史蒙各界之雅愛應社會之需要特派專員親往上海香港蘇杭各地採辦時式上等綢緞疋頭並擴大營業場所開闢兩間店面成爲廈門思明南路唯一大綢布行茲爲便利漳州顧客起見匯款來漳概行免貼匯水以示優待

行址：廈門思明南路電話：六二三

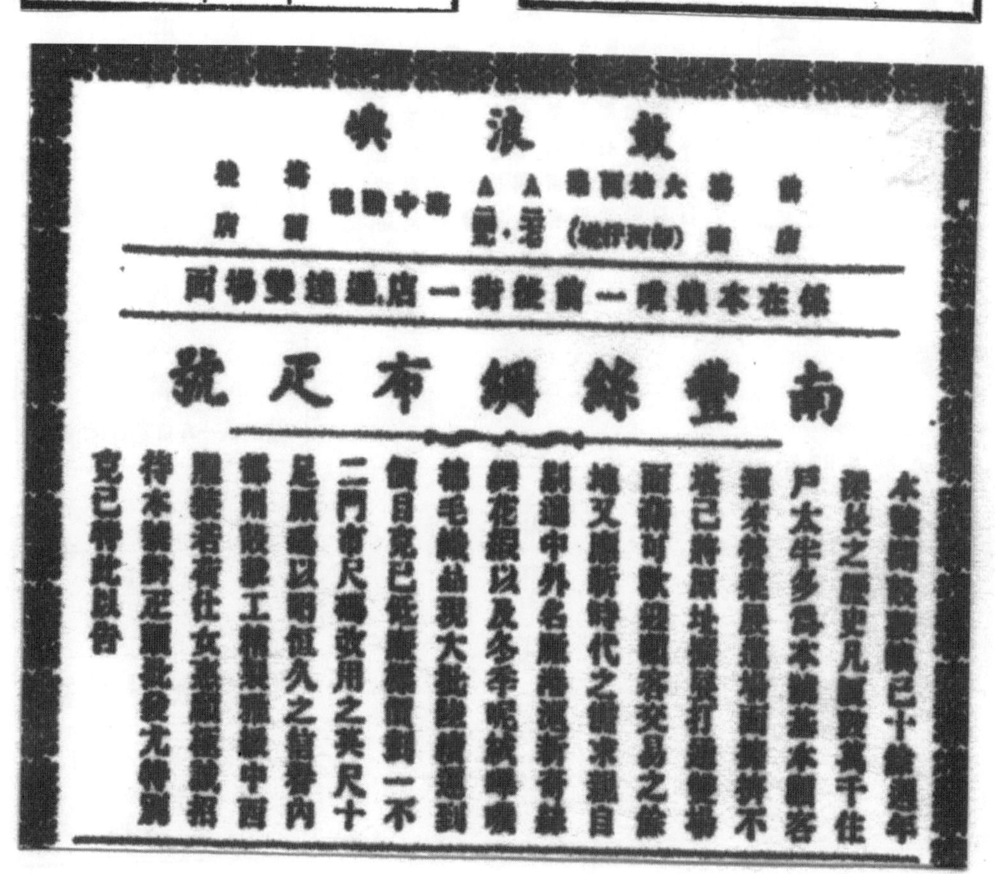

百新西裝號

中山路局口街頭

本號選辦各國呢絨嗶支特聘港滬著名技師精製男女西裝體式新款價格廉宜倘蒙惠顧無任歡迎

厦門

中山路電話九二六

恆康

呢絨西裝號

恆新

思明南路電話六三

本號選辦歐美名廠呢絨嗶嘰特聘著名超等技師精心研究專製男女新式西裝各式大衣樣式合身價格廉宜定期無誤包管稱意倘是自誇請來一試方知言之不謬也

大慶西裝號

專製男女高貴西裝

鼓浪嶼大宮口十一號

●趣時女界衣裝

新到大宗時花印度綢花色

數千種水洗日晒永不退色

最合女界長袍衫裙女界裝

飾品應有盡有

鼓浪嶼平安公司啓

開明西裝店

厦門中山路一七一號

電話：五二五號

本號採選歐美呢絨專製西裝大衣禮服優等技師裁製精良體式新美裹料堅固價目克已諸君光顧無任歡迎

本主人白

上海

李朝記洋服莊

鼓浪嶼龍頭街十七號

南新西裝號

本號精製男女西裝大衣禮服

自辦呢絨禮服出租歡迎參觀

鼓浪嶼洋墓口A一八一號

開明西裝公司

專製西裝

技工精巧

體裁舒適

歡迎參觀

厦門中山路一七一號

電話五二五號

思明洋服部

專製男女高級洋服

店主 鄭仁官

思明南路四六二號

選辦

純毛高級品

裕泰呢絨公司

精製男女高級西裝

厦門市思明北路七號

電話七二〇番

電灯牌
蝴蝶牌
背心 球衫
閩廈第一針織廠出品
廠址開元路卽竹樹脚門牌一〇六號

三愛司襯衫
香港帅星公司出品

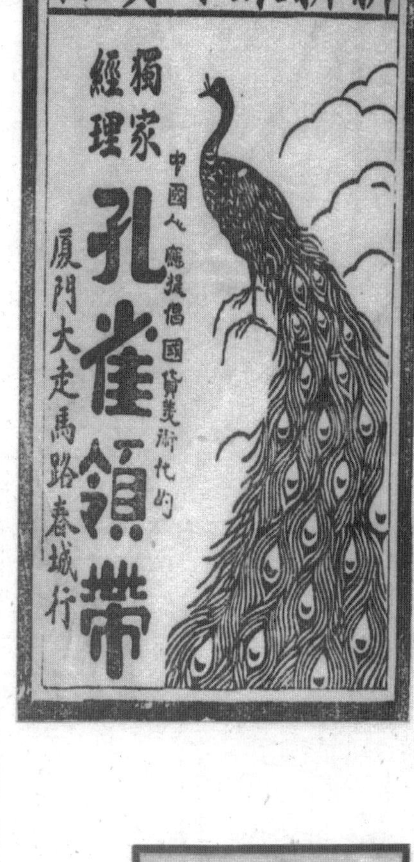
新環球貨品
獨家經理
中國人應提倡國貨美術化的
孔雀領帶
厦門大走馬路春城行

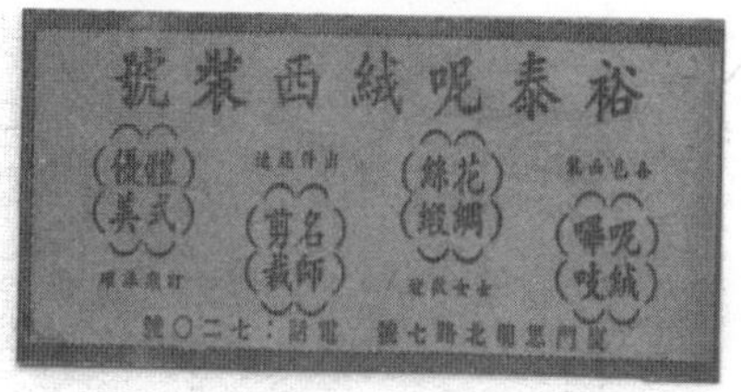
裕泰呢絨西裝號
體式優美
名師剪裁
花絲綢緞
呢絨嗶嘰
厦門思明北路七號 電話：七二〇號

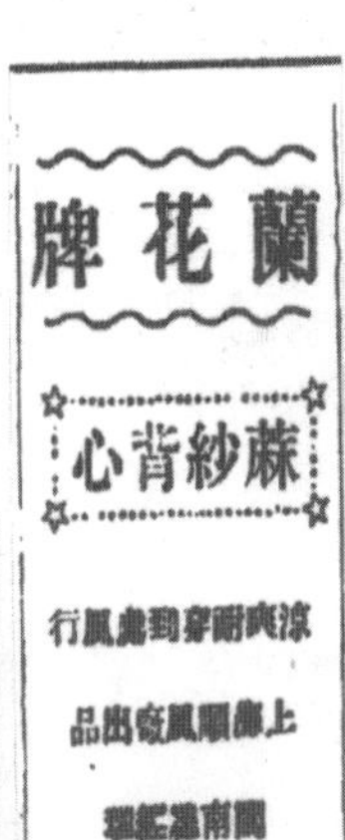
蘭花牌
蘇紗背心

古代呢絨西裝號
名聞廈鼓，男女西裝界的權威
衣料豐富，技術精湛
住址：厦门思明南路三九七號
電話：一六三三
KZACOE FRINCY PZAPUR
營業要目：
呢絨批售部
男西裝部
女西裝部
禮服出租部
定製批售
無任歡迎

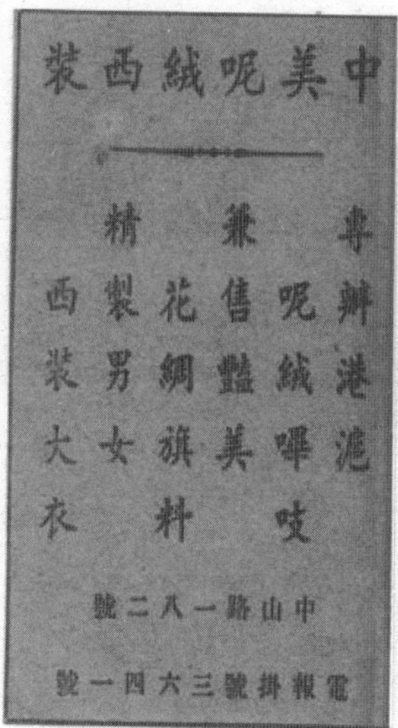
中美呢絨西裝
專辦港滬呢絨嗶吱
兼售花綢旗料
精製男女西裝大衣
中山路一八二號
電報掛號三六四一號

中興
呢絨西裝號
歐美呢絨嗶吱
適合時代流潮
港滬名師裁製
體式優美入時
定製西裝
無任歡迎
厦門中山路門牌一四〇號
電話八零一號

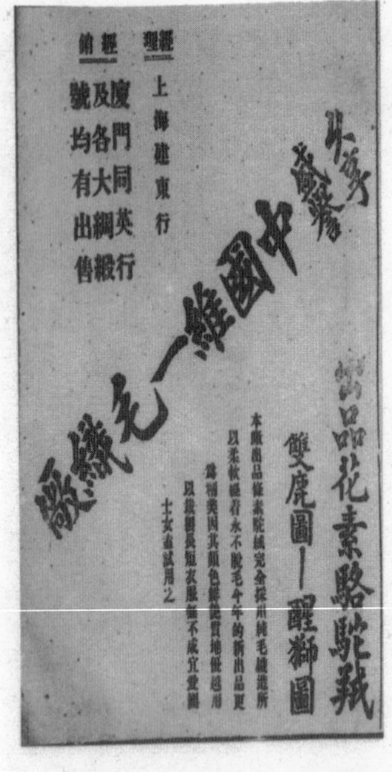

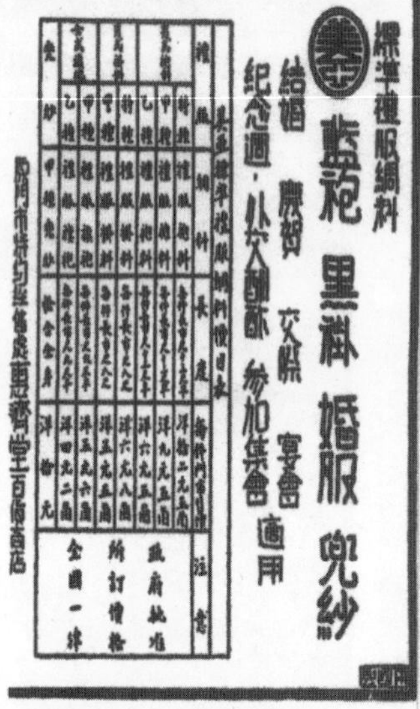

服用國貨可以解決民生

服用國貨可以救濟工商

服用國貨可以復興農村

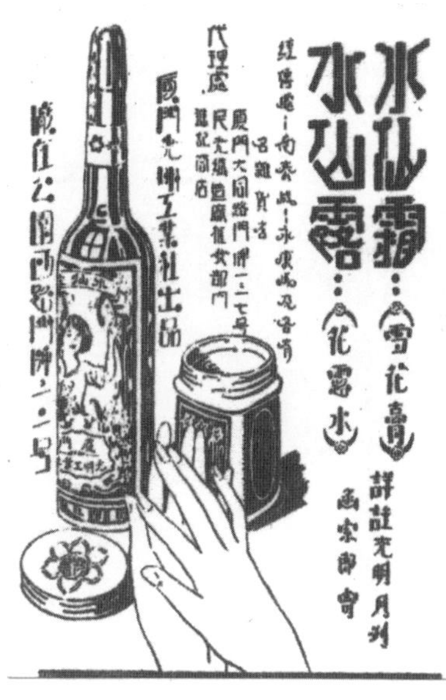

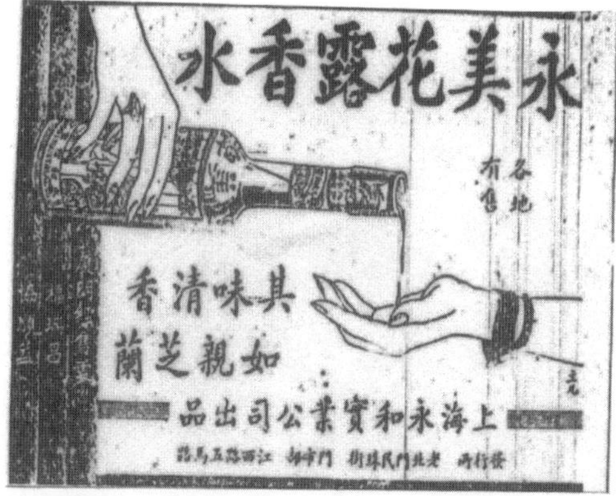

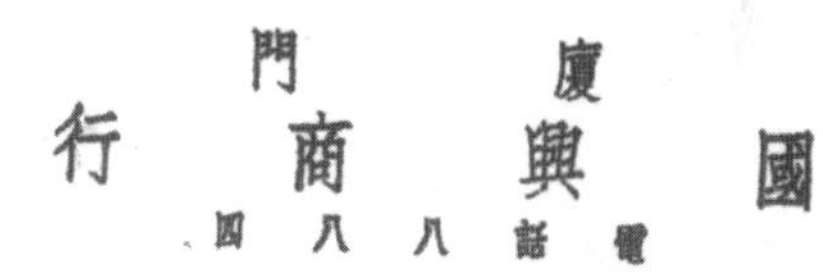

本行總代理全國馳名廣生行雙妹嚜老牌化粧香品冠全球各種飛潛動植罐頭食品馬仲如靈驗鳥雞白鳳丸仕商賜顧無任歡迎

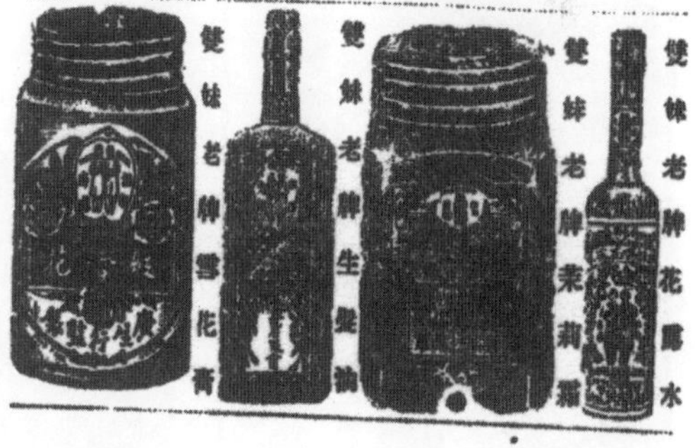

請用雙妹老牌化裝香品本埠各大商店均有代售

夏士蓮雪花
"HAZELINE' SNOW"
BURROUGHS WELLCOME & CO.
寶威大藥行

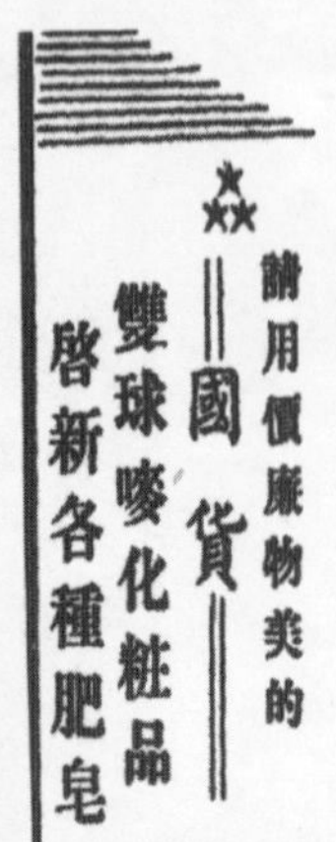
請用價廉物美的
國貨
雙球嘜化粧品
啓新各種肥皂

人人推讚之二大美容劑
白嫩
去斑
面友
撲的面友
標準三色
玉色
米色
白色

雙妹嘜
果子露
花露水
中國廣生行出品

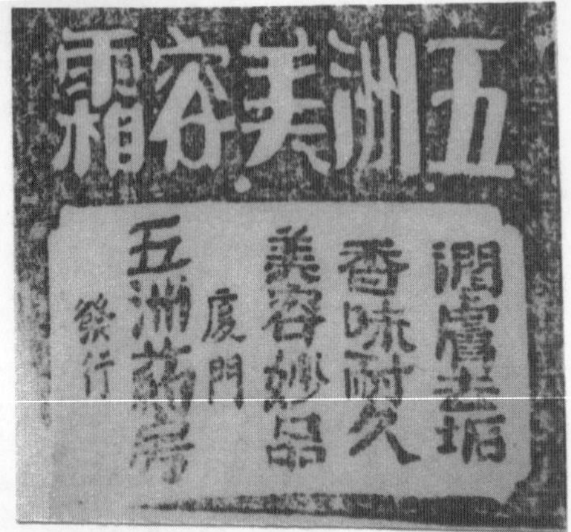
五洲美容霜
潤膚去垢
香味耐久
美容妙品
廈門
五洲藥房
發行

白雪
永和實業公司出品

烏爾綠
染髮劑
Black Hair Dye
代理處
鼓浪嶼龍頭路怡青號

最經濟的洗染店
住址
竹仔街
五號
高等洗染
價目低廉

福星生髮黑髮香茶油

本號廣採百花秘製此油清香特別能黑髮亦能生髮名日百花茶油光顧者請認招牌為記住廈門竹仔街福星主人吳氏謹佈

世界名香大本營

本號出品丹鳳老牌各種名香靈驗紋香裝璜美麗貨價平宜早已風行英荷各屬以及全國各埠傳得各界有口皆碑近應愛用本香諸君之需要特加選辦眞正西藏貢香并總經理印度 Cinawoo Deli & Co Mysore India 名聞全球眞正印度香現已大批運到本號最名貴各香價目列下珍品萬安貢香每匣一百廿支洋一元二角萬壽島沉線香每匣十東洋一元眞正印度線香每匣一百支洋一元四角眞正西藏貢香每袋二十支洋五角止尚有各種名香概佛像香務備有價目單所索即寄

廈門大同路關仔內
電話一四四七
振東海記香廠啓

△廈門新馬路—陳嘉庚公司廣告▽

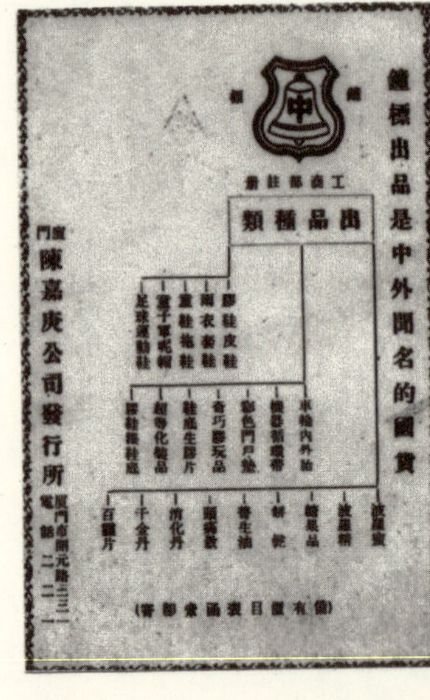

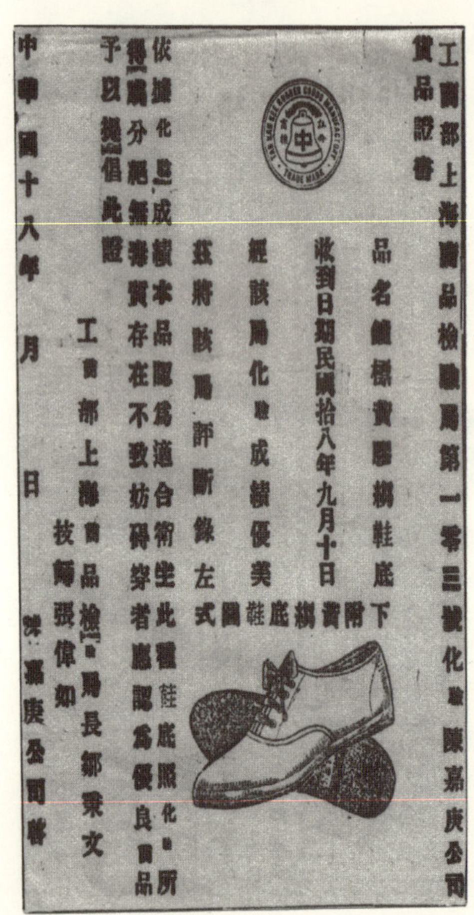

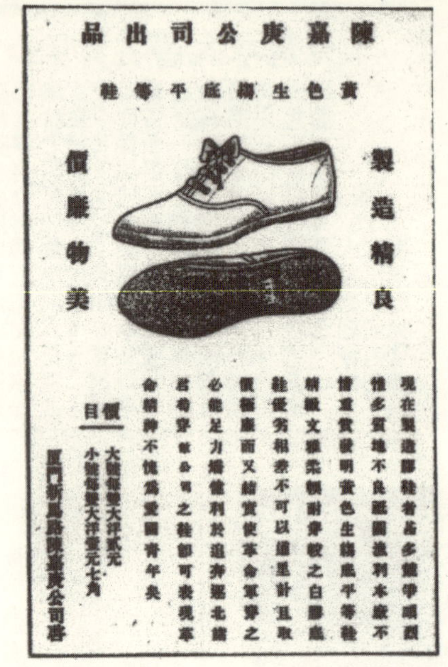

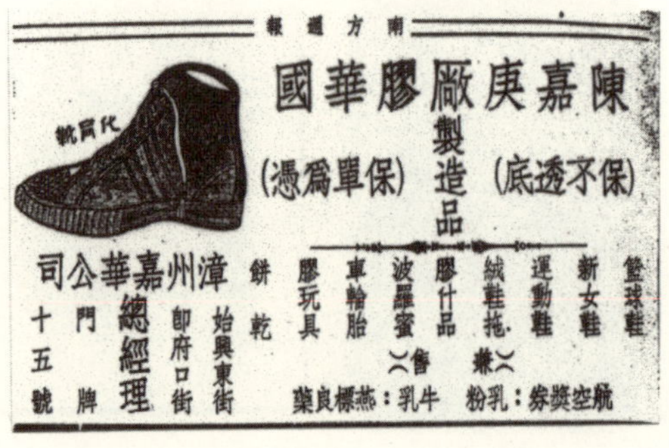

專用福建精皮廠皮料製造
誠實國貨共同提倡
特製中國式皮鞋每雙二元
電話二一三

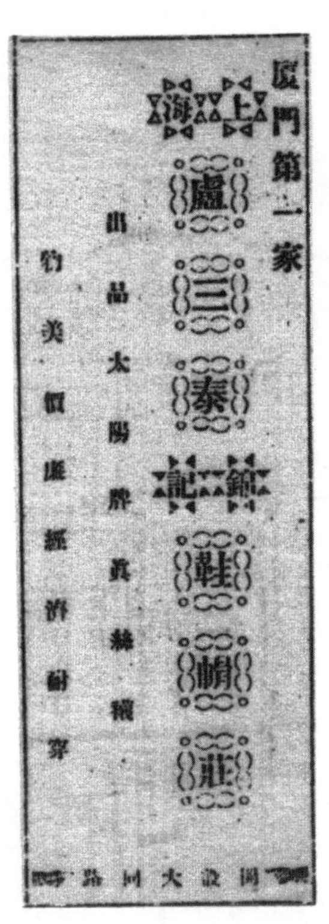
廈門第一家
上海
盧三泰
鍾記
鞋帽莊
出品太陽牌真絲襪
物美價廉經濟耐穿
開設大同路

厚面皮
華泰皮鞋莊
中山路二五六號

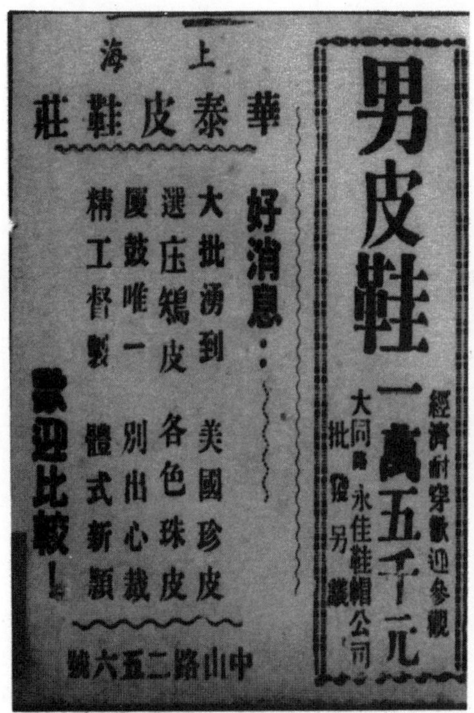
上海
華泰皮鞋莊
好消息：
大批湧到 美國珍皮
選庄鴕皮 各色珠皮
厦鼓唯一 別出心裁
精工督製 體式新穎
歡迎比較！
中山路二五六號
男皮鞋
一萬五千元
經濟耐穿歡迎參觀
大同路永佳鞋帽公司
批發另議

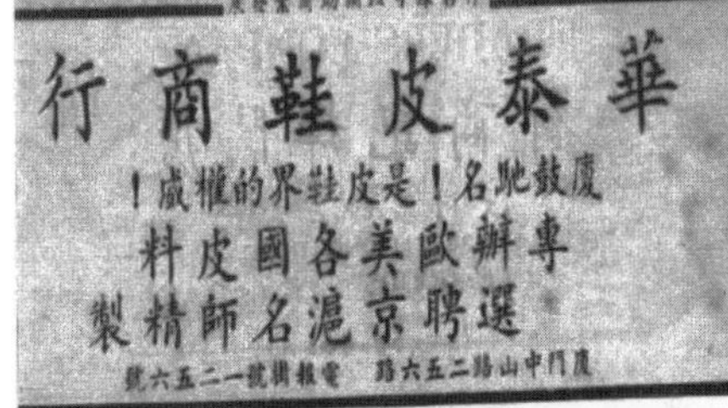
華泰皮鞋商行
廈鼓馳名！是皮鞋界的權威！
專辦歐美各國皮料
選聘京滬名師精製
廈門中山路二五六號 電報掛號一二五六號

三民靴鞋
原料優美 體式雅緻
適足滿意
廈門思明北路三民靴鞋部啟

黃進步皮鞋廠

歷三十餘年之經驗
運自港滬名廠皮料
督造男女時式靴鞋
出品之鞋保不變體
倘蒙光顧無任歡迎

龍頭街A28號(大部會料對面)

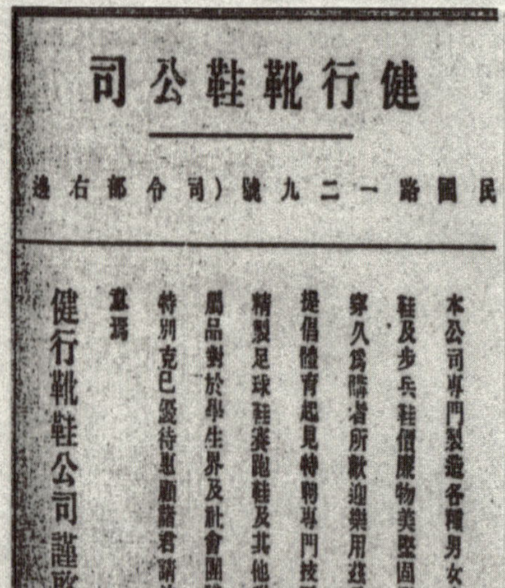

健行靴鞋公司
民國路一二九號（司令部右邊）
本公司專門製造各種男女皮
鞋及步兵鞋價廉物美堅固耐
穿久爲購者所歡迎樂用茲爲
提倡體育起見特聘專門技匠
精製足球鞋賽跑鞋及其他附
屬品對於學生界及社會團體
特別克已優待惠顧諸君請注
意焉
健行靴鞋公司謹啓

廈門 中山路 上海

步步鞋莊 特闢定鞋代送部 專啓

此次舉行四週年紀念特贈美美香粉備受得者歡迎現存皮鞋每多難配脚寸然以愛悅贈品實惠並恐錯過時机紛紛定製爲請本莊既感好意惠顧豈得煩費糾辭故於各男女時式皮鞋趕製應求之外特闢定鞋代送部不論遠近約期送到不取車力藉省顧客周折倘以送到之鞋仍不合式更可重得掉換務使十分滿意而後已區區微忱幸垂察焉此啓

歡迎 參觀

拔佳 Bata

全球馳名
獨家無二
廈鼓唯一
最新男女
摩登皮鞋
之大本營
兼售光滑
耐用絲襪
四季更新
男女皮鞋
質美堅固
價目便宜

廈門中山路

曾元秀皮鞋廠

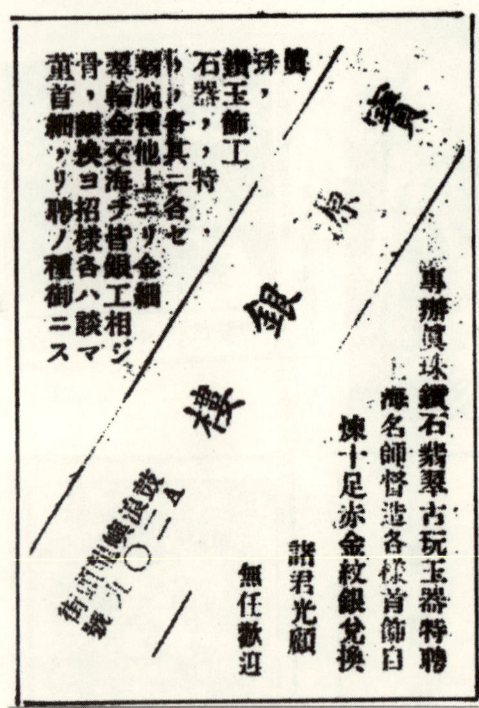
寶源銀樓
專辦眞珠鑽石翡翠古玩玉器特聘
上海名師督造各樣首飾白
煉十足赤金紋銀兌換
諸君光顧
無任歡迎
鼓浪嶼龍頭街
A二〇九號
眞
珠，
鑽玉飾工
石器，，特
トト各其ニ各セ
翡腕種他上エリ金細
翠輪金交海チ皆銀工相ジ
骨，鐲換ヨ招様各ハ談マ
薫首細ッリ聘ノ種御ニス

KIM ENG CHEONG GOLD SHOP
HASALWAYS FOR SALE
DIAMOND PEARL, GOLD & SILVER ORNAMENTS.
No 40 Kang-Ah-Kow Street,
AMOY
廈門港仔口街門牌第四十九號
金永章金珠舖
本主人謹啓

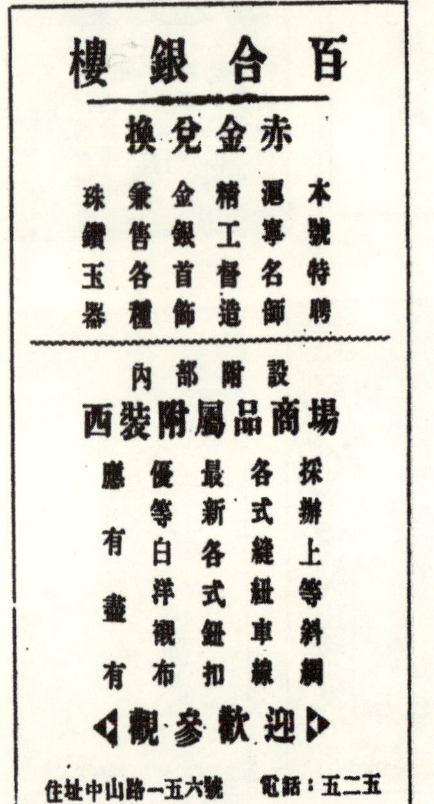
百合銀樓
赤金兌換
本號特聘
滬專名師
精工督造
金銀首飾
兼售各種
珠鑽玉器
內部附設
西裝附屬品商場
採辦上等斜綢
各式縫紐車線
最新各式鈕扣
優等白洋襯布
應有盡有
歡迎參觀
住址中山路一五六號
電話：五二五

SWIE SIONG JEWELLER'S
TOA TAY WEST ROAD A 359.
TELEPHONE 70.
KULANGSU
瑞鮮珠裝金舖
珍珠美石
紅藍寶石
足赤金葉
時代飾品
電話七十號
電報三八四三
鼓浪嶼大埭西路A三五九號

寶源銀樓
PAO YUAN JEWELLER'S
NO.A.209 LING TOW STREET,
KULANGSU,AMOY.
專辦
鑽石
珠玉
翡翠
古玩
鼓浪嶼
龍頭街A二零九號

恭贺
新禧
金泰銀樓祝
大同路四三三號
電話三二六

鳳寶銀樓祝
大同路三七五號
電話一〇三九號

恭贺
新禧
金豐銀樓祝
大同路三三五號

永成銀樓祝
新路街一三五號

金山銀樓祝
大同路三七七號
電話一一四三號

金城銀樓祝
大同路三八一號
電話六〇七號

天華銀樓

兌換金銀珠玉
十足紋銀赤金
督造時、新首飾

工資低廉優待
期間準確迅速
光顧無任歡迎

開幕紀念特別優待
廈門市大漢路一七七號

貿易商 豐裕洋行
錢業 豐裕錢莊

廈門市大漢路二八六、二八八
電話三九〇番

廈門 崇記銀莊

金銀兩替
煙草、酒類、罐頭、雜貨

廈門市鎮邦路八號
電話八八七番

天寶銀樓
鳳記

廈門市大同路二六號
電話七五一號
店主呂天翼

廈鼓 順泰銀莊

金銀兩替業

廈門市鎮邦路二號
電話一〇六番

黃瑞祥金舖

Swie Siong Gold & Sliver Shop

No. 359 Toa Tay West Road

Telephone No. 70

KULANGSU

鼓島唯一高尚首飾商

自煉始赤金葉
統辦絲廣翡翠
各國紅藍寶石
現代名貴飾品

大埭西路A三五九
電話七十號

鳳寶銀樓

特聘港滬名師
時式金銀首飾
精工雕造各様
選辦環球珍珠

鼓浪嶼大埭路二一九號

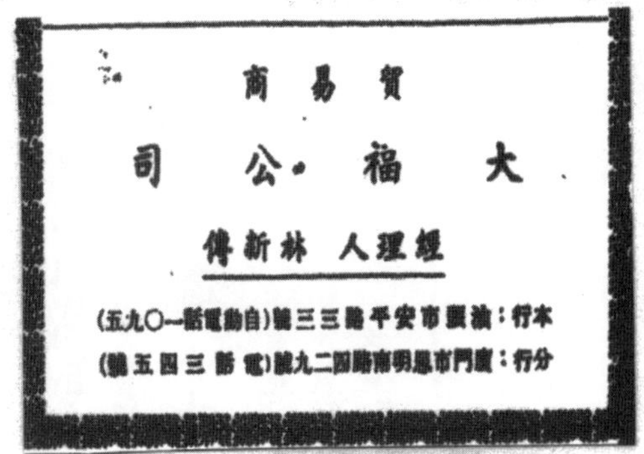
貿易商
大福公司
經理人 林新傳
本行：汕頭市安平路三三號(自動電話一〇九五)
分行：廈門市思明南路四二九號(電話三四五號)

海南洋行
本店 廈門市海後路十一號
郵便私書函 第壹號
電話一三一 四五九
支店 上海 汕頭 盤谷
西貢 提岸 海防

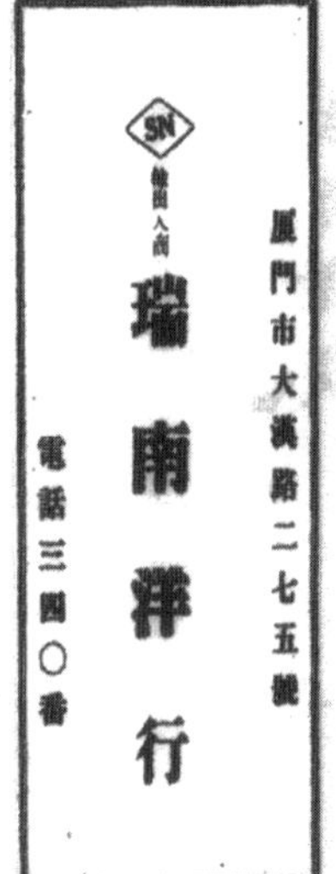
SN
輸出入商
瑞南洋行
廈門市大漢路二七五號
電話三四〇番

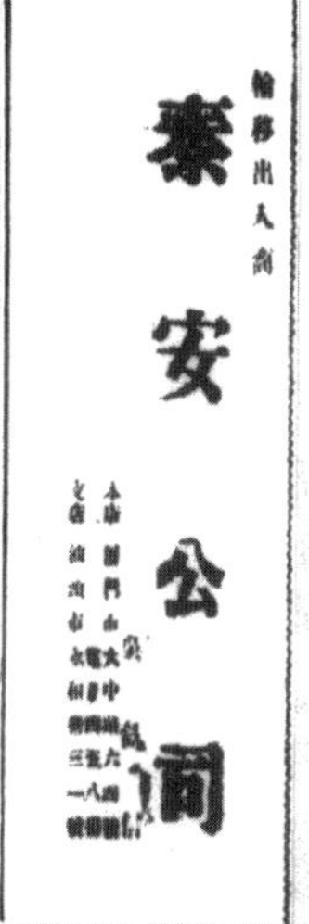
輸移出入商
泰安公司

貿易商
和勝行
地址：人和路六一號
經理黃植夫
電話：七三六號

貿
易
商
登成洋行
電話五十三號

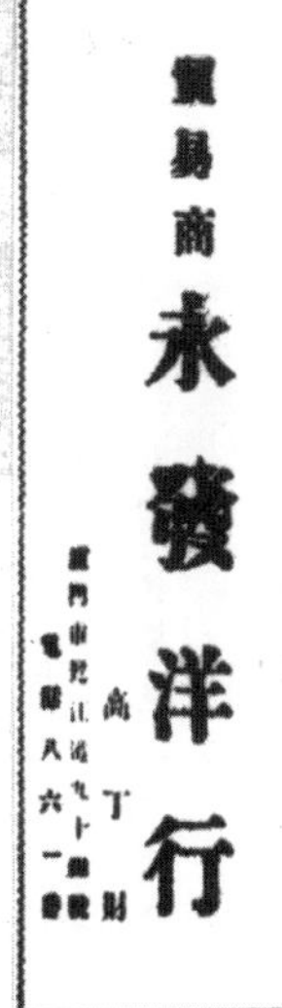
貿易商
永發洋行
商 丁 財

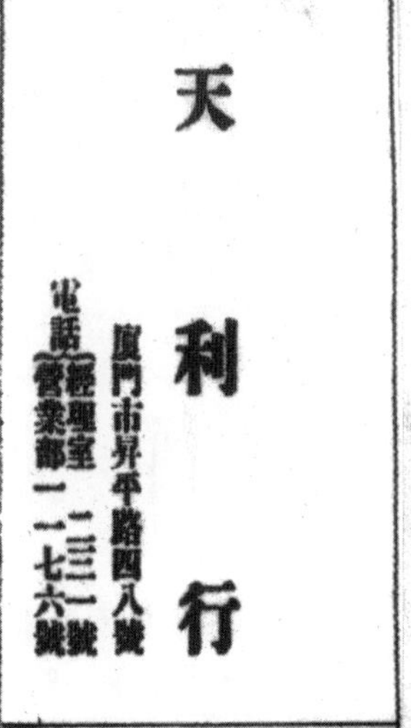
天利行
廈門市昇平路四八號
電話 經理室二三一號
營業部一一七六號

經營
棉紗、布疋、火柴、什貨
麵粉、釉油、肥料、什糧
工業原料等進出口

丁福記進出口貿易行

住址
經理室：大同路464號 電話4421號
紗布部：大同路464號 電話7394號
進出口部：開禾路78-82號 電話883號

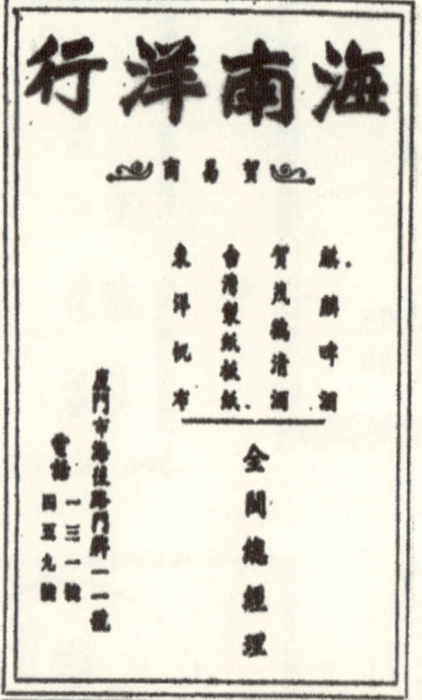

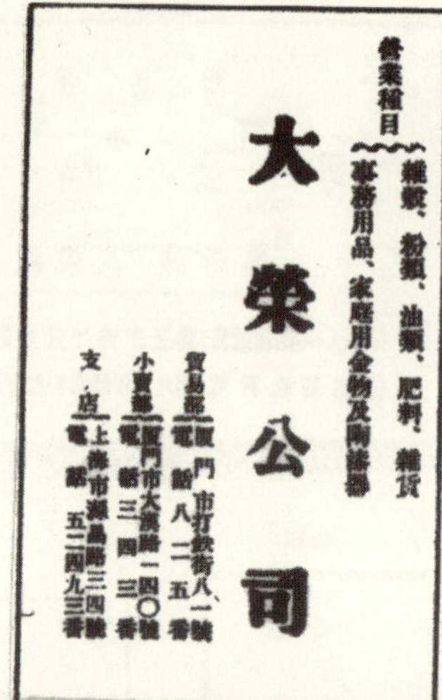

營業種目
罐頭、粉類、油類、肥料、雜貨
事務用品、家庭用金物及陶磁器
大榮公司
貿易部 廈門市打鐵街八一號 電話八二五番
小賣部 廈門市大漢路一四〇號 電話三四三番
支店 上海市源昌路三四號 電話五二四九三番

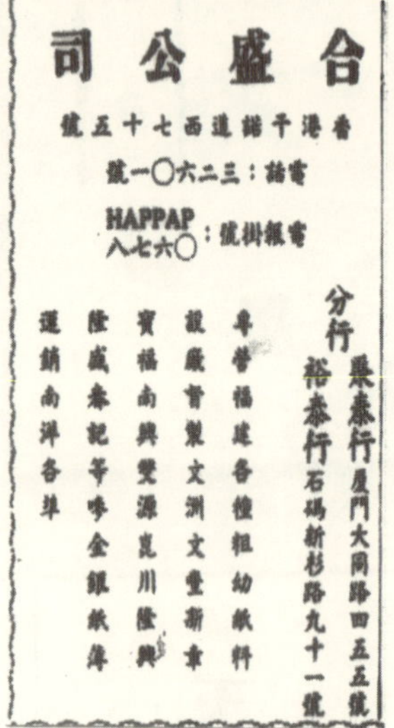

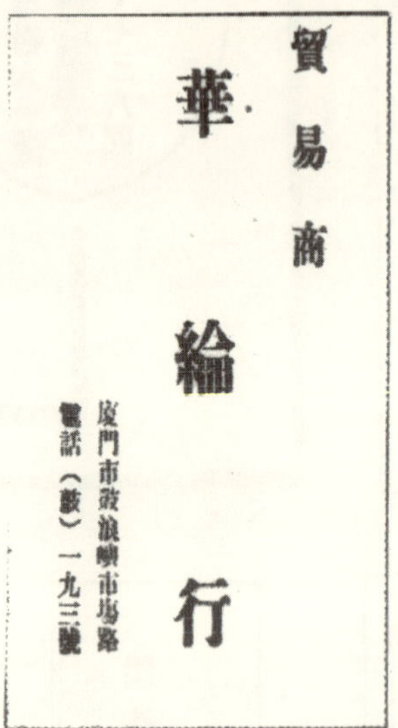

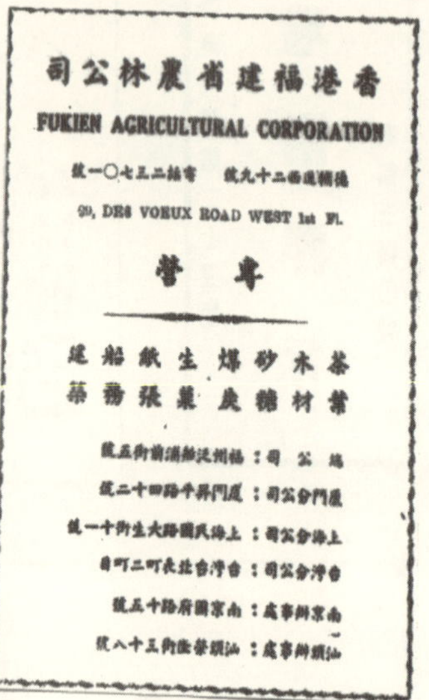

香港福建省農林公司
FUKIEN AGRICULTURAL CORPORATION
德輔道西二十九號 電話二三七〇一號
29, DES VOEUX ROAD WEST 1st Fl.
專營
茶葉 木材 砂糖 煤炭 生菓 紙張 船務 建築
總公司：福州泛船浦前街五號
廈門分公司：廈門升平路四十二號
上海分公司：上海民國路大生街十一號
台灣分公司：台灣台北表町二町目
南京辦事處：南京國府路十五號
汕頭辦事處：汕頭榮隆街三十八號

貿易商
大興行
廈門市昇平路四六號
電話七六八

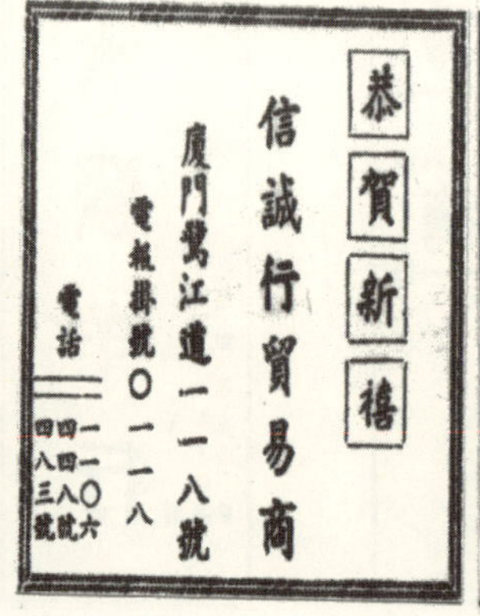

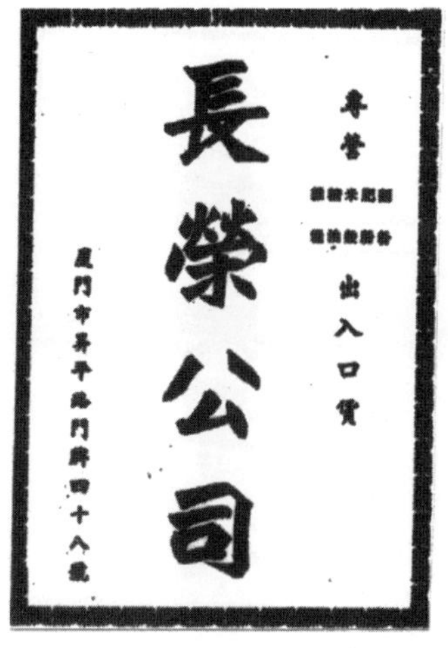
長榮公司
專營
出入口貿
廈門市昇平路門牌四十八號

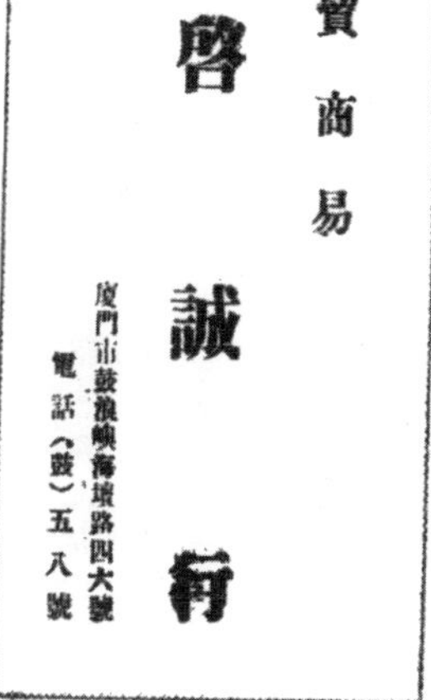
貿易商
啓誠行
廈門市鼓浪嶼海壇路四大號
電話（鼓）五八號

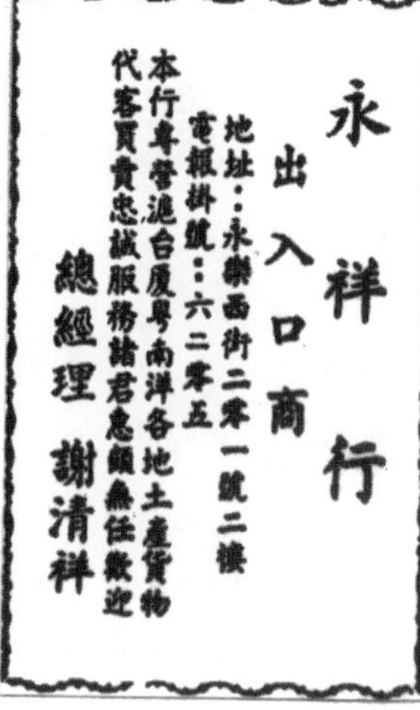
永祥行
出入口商
地址：永樂西街二零一號二樓
電報掛號：六二零五
本行專營滬台廈粵南洋各地土產貨物代客買賣忠誠服務諸君惠顧無任歡迎
總經理 謝清祥

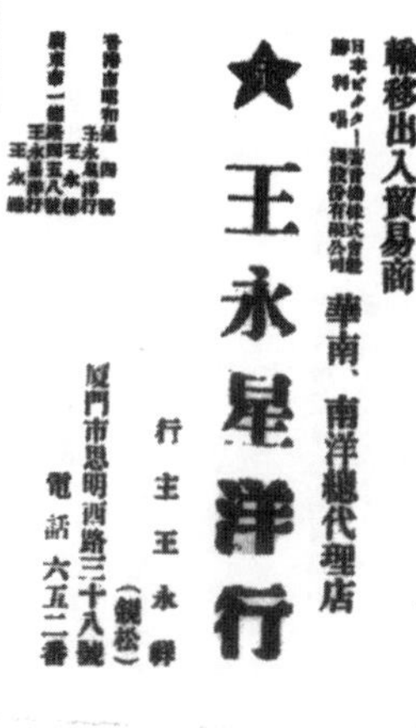
輸移出入貿易商
華南、南洋總代理店
王永星洋行
行主 王永祥（鏡崧）
廈門市思明西路三十八號
電話 六五二一番

貿易商
豐裕洋行
廈門市大漢路二九四號
電話 三九〇番

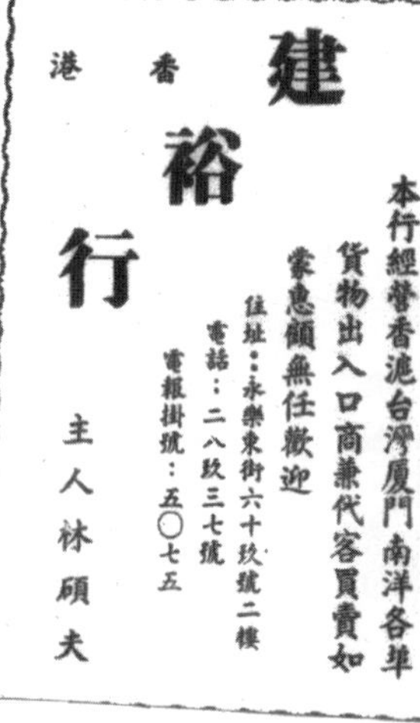
香港
建裕行
本行經營香滬台灣廈門南洋各埠貨物出入口商兼代客買賣如蒙惠顧無任歡迎
住址：永樂東街六十玖號二樓
電話：二八玖三七號
電報掛號：五〇七五
主人 林碩夫

永豐昌
出入口商
住址：香港永樂西街一九六號
電報掛號："六五一一"
電話：弍二六零弍
本行專營香滬粵及廈門台灣南洋各埠雜糧雜貨布疋藥材代買代兌忠誠待客如蒙光顧無任歡迎
WING FUNG CHOUNG
IMPORTER & EXPORTER
NO. 196 WING LOK STREET, WEST
HONG KONG
Cable Address 6511 Telephone No. 22602

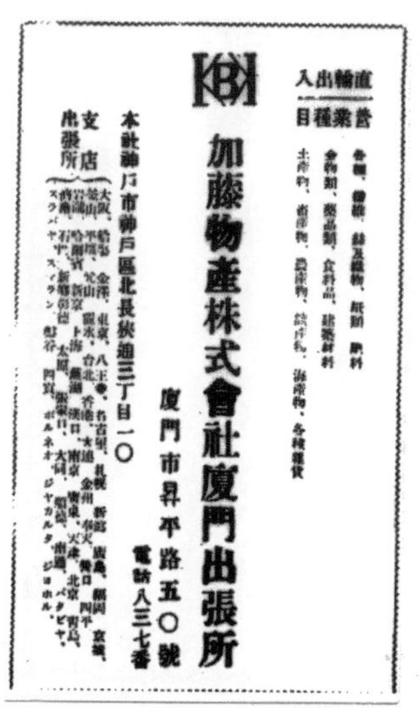
直輸出入
營業種目
加藤物產株式會社廈門出張所
廈門市昇平路五〇號
電話八三七番
本社神戶市神戶區北長狹通三丁目一〇
支店
出張所

香港
南僑股份有限公司
NAM CHOW COMPANY LTD.
IMPORTERS & EXPORTERS
經營
國內外
進出口貿易
總公司：上海金陵東路四一號

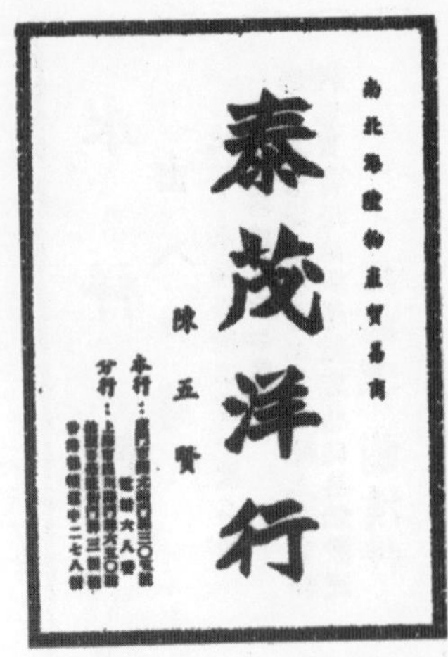

南北海陸物產貿易商
泰茂洋行
陳五賢

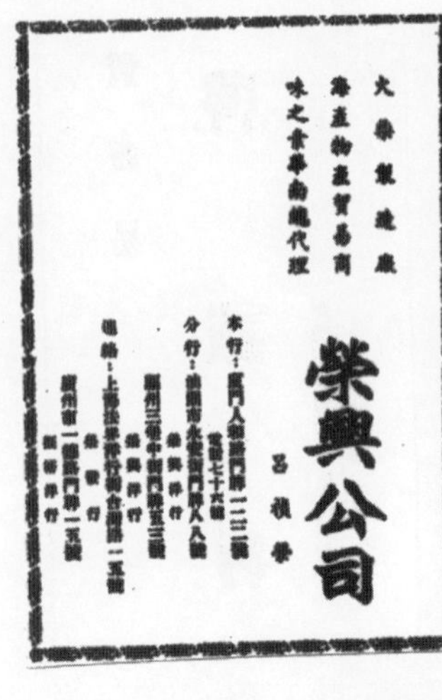

海產物產貿易商
味之素華南總代理
榮興公司

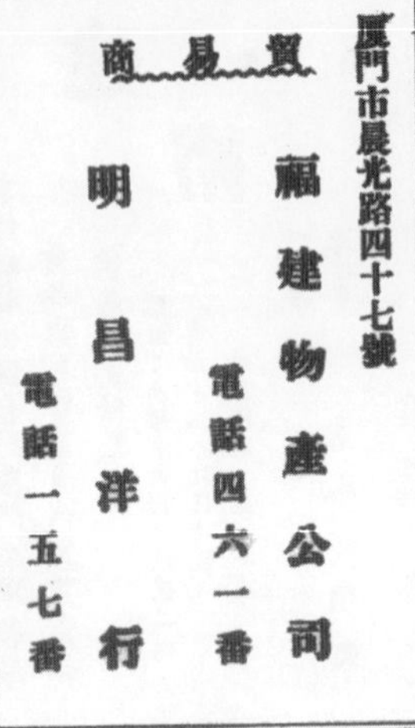

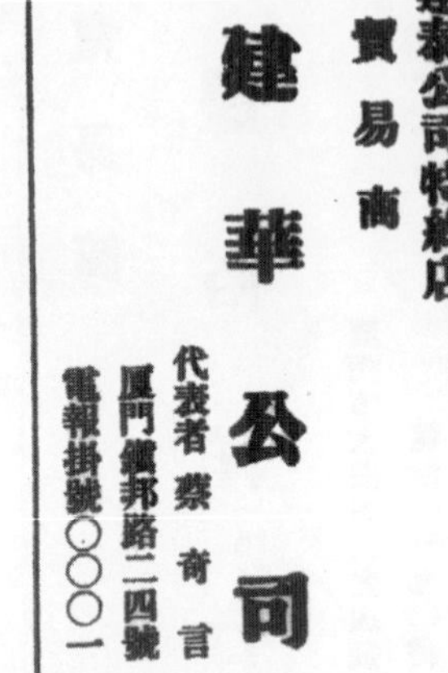

建泰公司特約店
貿易商
建華公司
代表者 蔡奇言
廈門鎮邦路二四號
電報掛號〇〇〇一

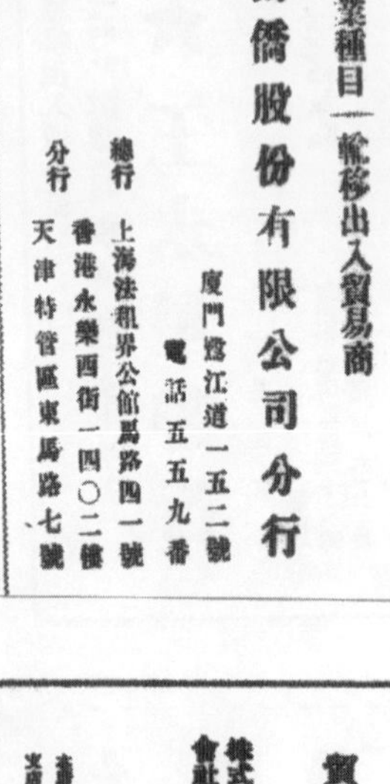

營業種目 輸移出入貿易商
南僑股份有限公司分行
廈門鷺江道一五二號
電話五五九番
總行 上海法租界公館馬路四一號
分行 香港永樂西街一四〇二樓、天津特管區東馬路七號

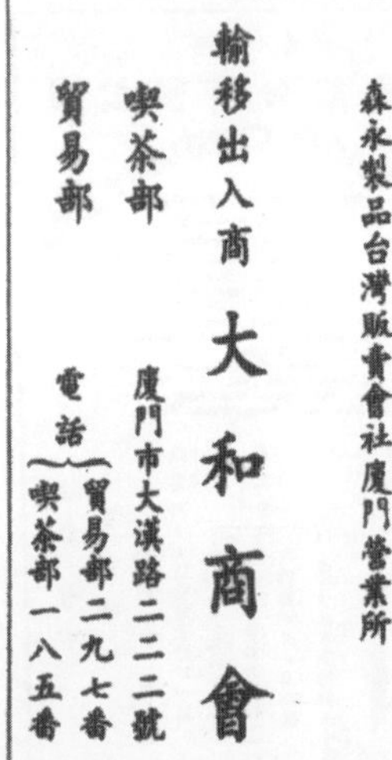

森永製品台灣販賣會社廈門營業所
輸移出入商
大和商會
喫茶部
貿易部
廈門市大漢路二二二號
電話 貿易部二九七番 喫茶部一八五番

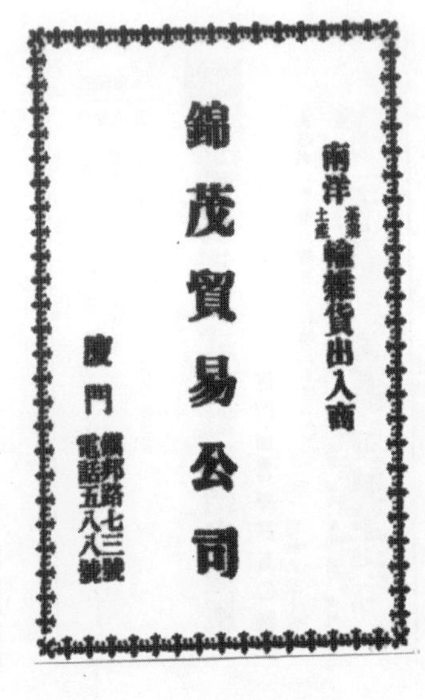

貿易商

株式會社 永豐商店廈門出張所

廈門市大漢路三一一二號

電話（石炭部二一一七番 配給部二一一九番）

六、食品日杂

味富
大安行

廈門合和慶記行
鮮味品
上海天廚

上海遠東實業無限公司出品
是中國化學界最偉大發明。
中華國貨
純粹結晶
味中素
與眾不同
鮮味最强
味祖
滋養豐富
調味精品
大漢路全桂香
批發兼零售

味太粉
滋養 鮮美 素淨
VITAHUNG
FOOD FLAVORING EXTRACT
上海藝華工業社出品
福建省總經理
大安行

工欲善其事，必先利其器。
廚欲美其味，必先用味母。
味母
其色白，其質素。
既開胃，復滋補。
上海天一味母廠精製
閩南總經理 開元路 海味行

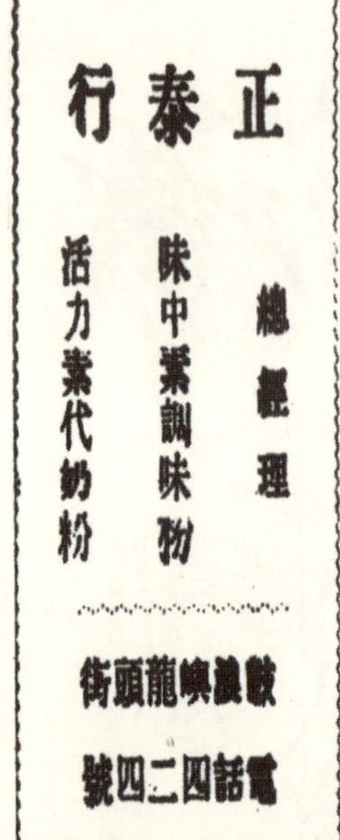
正泰行
總經理
味中素調味粉
活力素代奶粉
鼓浪嶼龍頭街
電話四二四號

上海根泰廠出品
味王
素味和合粉
國產

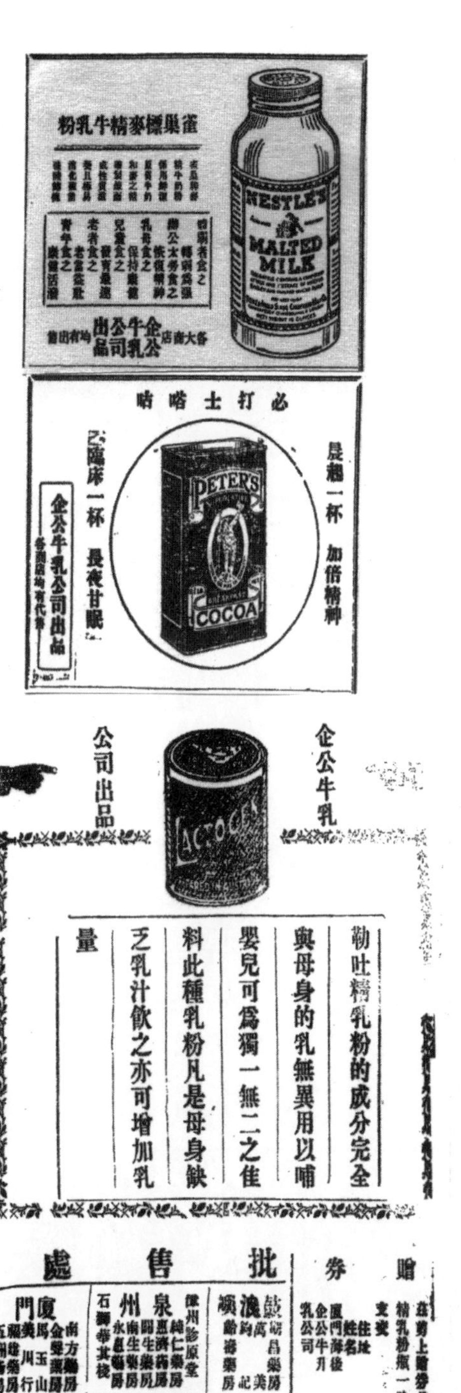
雀巢標麥精牛乳粉
體弱者食之 轉弱為強
辦公太勞食之 恢復精神
乳母食之 保持康健
兒童食之 發育最速
老者食之 老當益壯
青年食之 康健活潑
企公牛乳公司出品
各大商店均有出售
必打士嗒咭
晨起一杯 加倍精神
臨床一杯 長夜甘眠
企公牛乳公司出品
各商店均有代售
企公牛乳
公司出品
勒吐精乳粉的成分完全與母身的乳無異用以哺嬰兒可為獨一無二之佳料此種乳粉凡是母身缺乏乳汁飲之亦可增加乳量
贈券
批售處

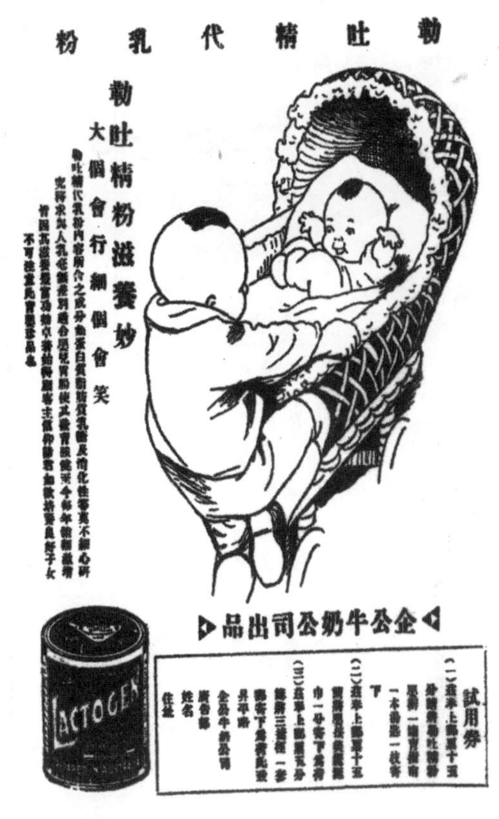
勒吐精代乳粉
勒吐精粉滋養妙
大個會行細個會笑
企公牛奶公司出品
試用券
LACTOGEN

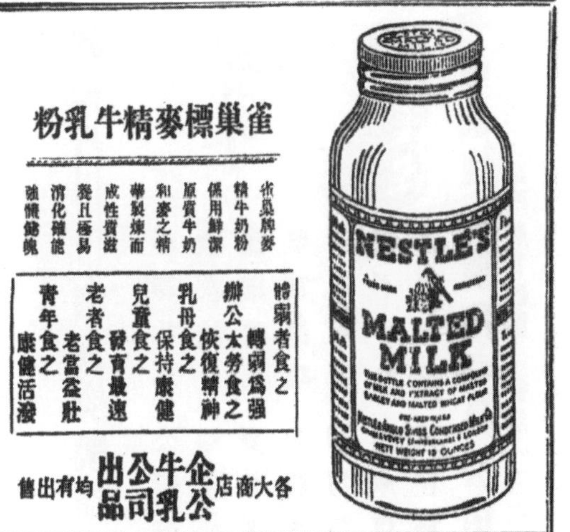
雀巢標麥精牛乳粉
雀巢牌麥精牛奶粉保用鮮潔原質牛奶和麥之精華製煉而成性質滋養且極易消化補能強精健魄
體弱者食之 轉弱為強
辦公太勞食之 恢復精神
乳母食之 保持康健
兒童食之 發育最速
老者食之 老當益壯
青年食之 康健活潑
各大商店均有出售
企公牛乳公司出品
NESTLE'S
MALTED MILK

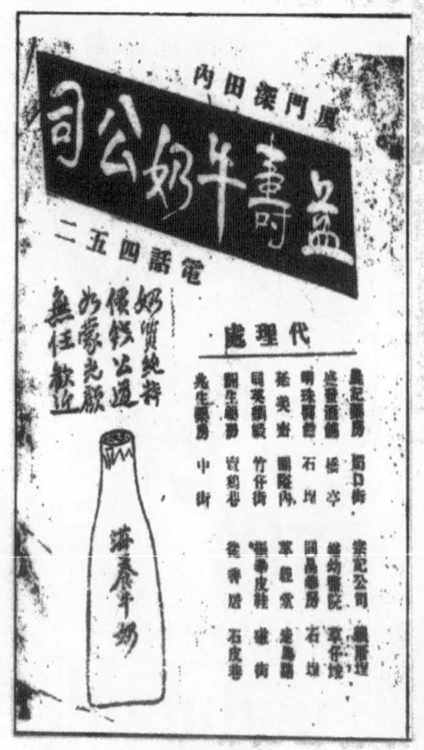
厦門深田內
益壽牛奶公司
電話四五二
代理處
奶質純粹
價錢公道
如蒙光顧
無任歡迎

雀巢牌濃忌廉
雀巢牌濃忌廉以奶之精華製煉而成質富滋養多食有益於身體用以調合果子而食有異常滋味誠天下最美妙食品也
企公牛乳公司出品
NESTLE'S
PURE THICK
CREAM
拌食果子 美味絕倫

中和牛乳
中和的荷蘭乳牛
新到
春植花種
兼辦植物園
廈門南普陀
電話六四三

中國唯一之救命丹
國貨擒鷹煉乳
莽莽乾坤 公理難喻
欲救滅亡 端在抵禦
抵禦強鄰 要有利具
整頓國防 非錢莫舉
提倡國貨 樂用鷹乳
錢不外溢 國庫以裕
救亡圖強 道在於斯
華南總經理廈門華昌公司啓
磁安路門牌廿四號 電話一三六六號

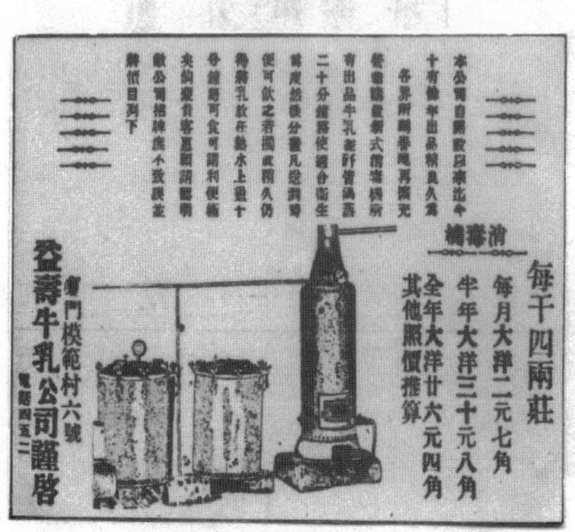
本公司自開設以來迄今
十有餘年出品精良久蒙
各界所稱譽現再擴充
消毒桶
每千四兩莊
每月大洋二元七角
半年大洋三十元八角
全年大洋廿六元四角
其他照價推算
廈門模範村六號
益壽牛乳公司謹啓
電話四五二

廈門唯一宏偉的糖菓餅乾食品店
達華行
大同路中市
電話二三一三
國勢危急
請用國貨
本行食品
都是國產

(一)總批發部鼓浪嶼龍頭街A號
達華行
廈門唯一
食品界的大本營
專售上等糖菓餅乾
環球食品
大同路中市
電話二三一三
(二)門市部鼓浪嶼龍頭街A91號
電話三一六號

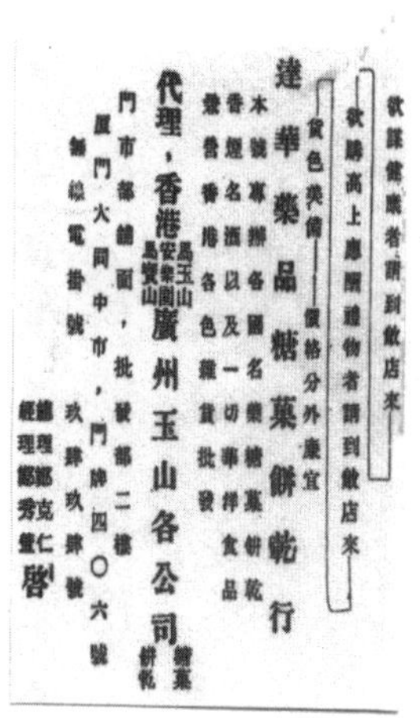
欲購健康者請到敝店來
欲購高上應酬禮物者請到敝店來
貨色美備——價格分外康宜
達華藥品糖菓餅乾行
代理，香港馬玉山安樂園馬寶山廣州玉山各公司糖菓餅乾
門市部舖面，批發部二樓
廈門大同中市，門牌四〇六號
無線電掛號玖肆玖肆號
總理鄭克仁
經理鄭秀鐘(?) 啓

糖菓餅乾罐頭食品
誰家好
人人都道
達華行
大同路中市
電話2313

廈門唯一宏偉的糖果餅乾食品店
達華行
總經理四川水美成
咖啡粉
提神益身
利水去濕
大同路
電話二三一三

廈門唯一宏偉的糖果餅乾食品店
達華行
大同路中市
電話二三一三
貨色豐富
無美不備
價格公道
洋酒罐頭
糖菓餅干
環球食品
鼓浪嶼龍頭街 電話三一六號

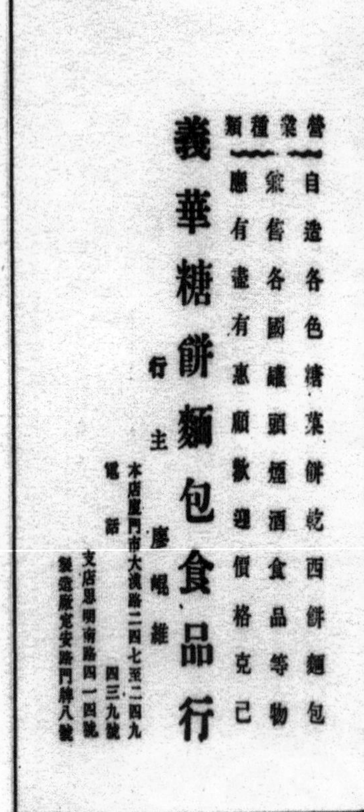

營業種類
自造各色糖菓餅乾西餅麵包
兼售各國罐頭煙酒食品等物
應有盡有惠顧歡迎價格克己
義華糖餅麵包食品行
行主 廖焜維
本店廈門市大漢路二四七至二四九
電話 四三九號
支店思明南路四一四號
製造廠光安路門牌八號

精製結婚禮糖
各色中西糕餅
加工配製
物美價廉
富興齋
營業主 黃德水
廈門市開元路一八〇號

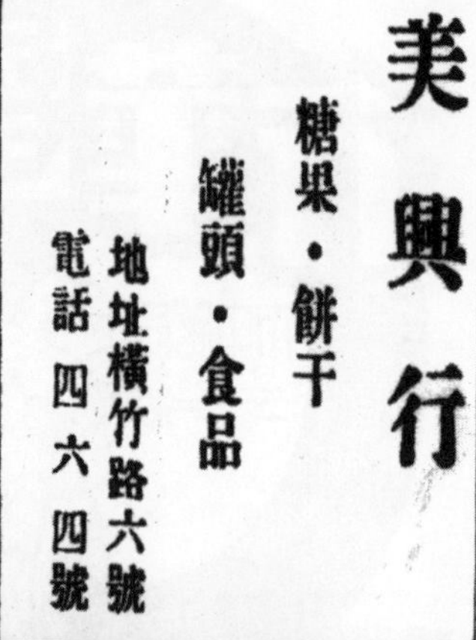

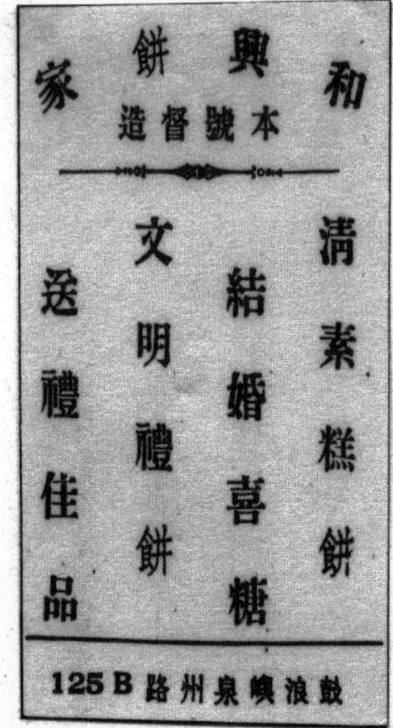

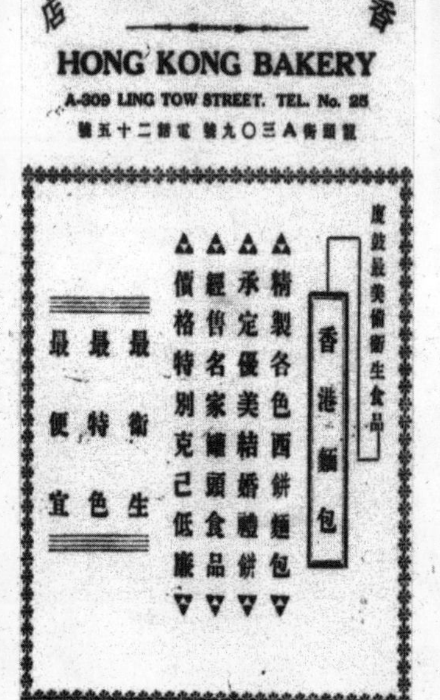

再會商店
糖果餅乾
罐頭食品
特製暑天
衛生飲品
住址
鼓浪嶼大埭路

麵包糕粿
中菜兼各種點心
星洲麵包食品店
廖碧谿
廈門市思明南路四九八號

競豐商店開張廣告
專辦中西糖果及各種什貨發南
諸君惠顧請至思明東路十二號接洽可也

各色糕餅
結婚禮品
協義餅家
營業主 陳竹潭
廈門市打鐵街一五七號

志揚
特色西餅麵包
精製糖菓餅干
思明南路
電話一九四號

營業種目
特製
麵包西餅
糖菓餅乾
汕頭魚丸
甜湯肉丸
慶香麵包甜品店
營業主 姚慶加
廈門市大同路四一五號

營業種目
特製蛋糕
豆蓉大包
衛生食品
滋養甜湯
三益甜品店
營業主 陳根
廈門市大漢路一一三號

海興
特製各色麵包糕品結婚禮餅
達新行
兼售各種糖菓餅乾罐頭食品
盧萬祥
大元路四十二號

各色糕餅
結婚禮品
美蘭齋
廈門市廈禾路二二三四號

陶園商店
本園開設島美大街十有餘年 創製送禮鷄蓉麵 杏仁餅 蜜蓮子 加應子 山渣 肉脯 罐頭食品 各國洋酒化裝香品 上等香水紗衫絲襪中外洋貨糖菓餅干 三樓茶麵點心中西酒菜園蔬不備無不美備
唯一食品 天下馳名 鷄蓉麵
總代理先施公司自製虎標化裝香品糖菓餅干各款電燈花罩 上等皮廠各種雪文條雪文塊及和平製藥公司仁丹樟腦水頭剌丹花塔餅暨各種藥品批發 格外克已各商店 如有願爲代售

註冊商標
謹防假冒
總發行處
廈門中山路二八三號
電話一八二七號
正黃金香
清記
首創獨一
歡迎比較
敬獻給
愛護本號的顧客們！

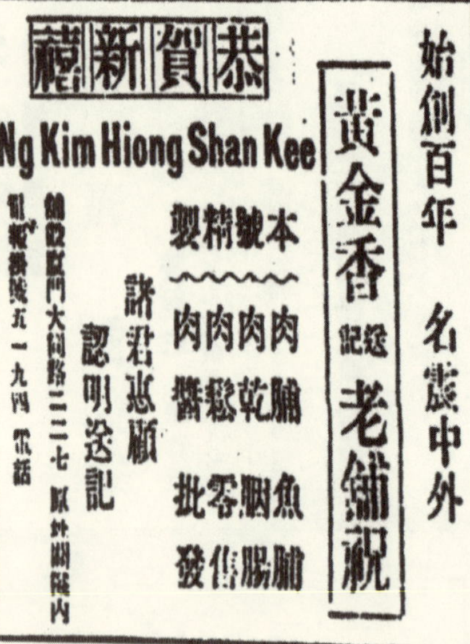
恭賀新禧
Ng Kim Hiong Shan Kee
始創百年 名震中外
黃金香送記老舖祝
本號精製
肉脯 魚脯
肉乾 烟腸
肉鬆 零售
肉醬 批發
諸君惠顧
認明送記
舖設廈門大同路二二七 縣前關隘內
電報掛號五一九四 電話

移設中山路
星光報對面
保證純正老舖！
打倒劣貨混售！
正黃金香老舖
絕不濫造圖利！
歡迎光顧比較！
光顧諸君！認明清記

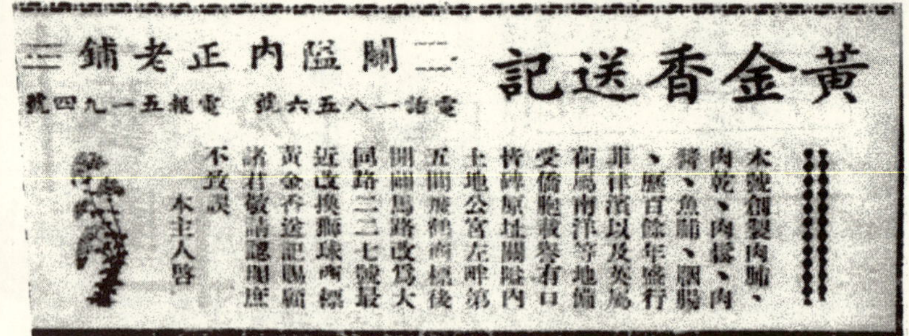
黃金香送記
關隘內正老舖
電話一八五六號 電報五一九四號
本號創製肉脯、肉乾、肉鬆、肉醬、魚脯、烟腸、歷百餘年盛行菲律濱以及英屬荷屬南洋等地備受僑胞贊譽有口皆碑原址關隘內土地公宮左畔第五間飛艇商標後開闢馬路改為大同路二二七號最近改換獅球商標黃金香送記賜顧諸君敬請認明庶不致誤
本主人啓

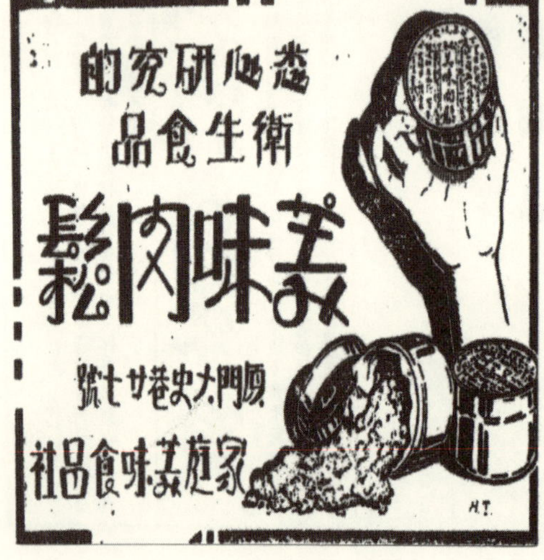
悉心研究的
衛生食品
姜味肉鬆
廈門大史巷廿七號
家庭姜味食品社
H.T.

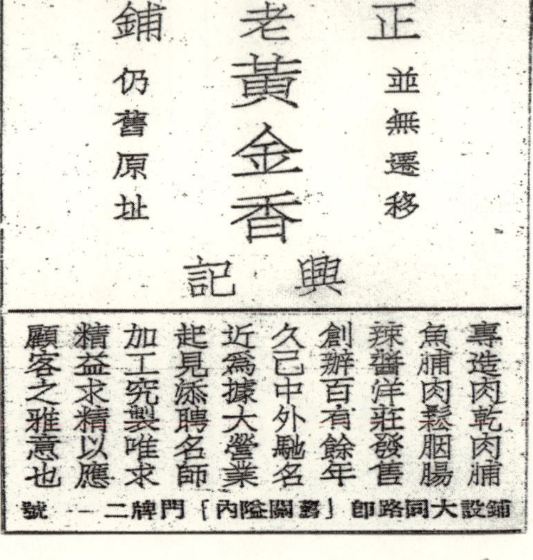
正老鋪
黃金香
並無遷移
仍舊原址
興記
專造肉乾肉脯
魚脯肉鬆烟腸
辣醬洋莊發售
創辦百有餘年
久已中外馳名
近為擴大營業
起見添聘名師
加工究製唯求
精益求精以應
顧客之雅意也
鋪設大同路即「舊關隘內」門牌二一一號

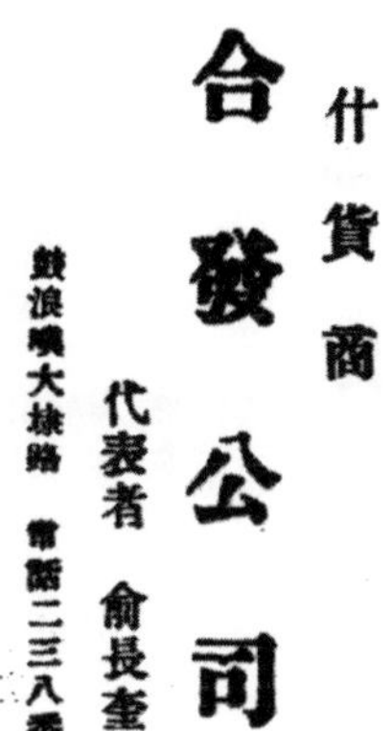

什貨商
合發公司
代表者 俞長奎
鼓浪嶼大埭路 電話二三八番

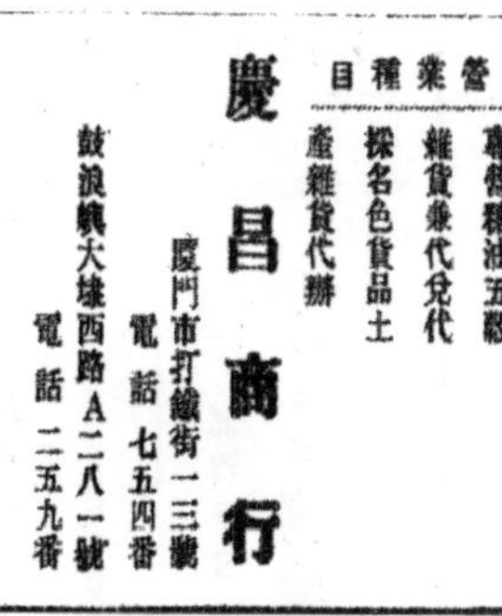

營業種目
專營糖油五穀雜貨兼代兌代採名色貨品土產雜貨代辦
慶昌商行
廈門市打鐵街一三號 電話七五四番
鼓浪嶼大埭西路A二八一號 電話二五九番

廈門開元路外較場口
聯隆商行
門牌二百六十六號
擴充營業廣告
營業 專辦歐美國產百貨
宗旨 標明貨價劃一不二

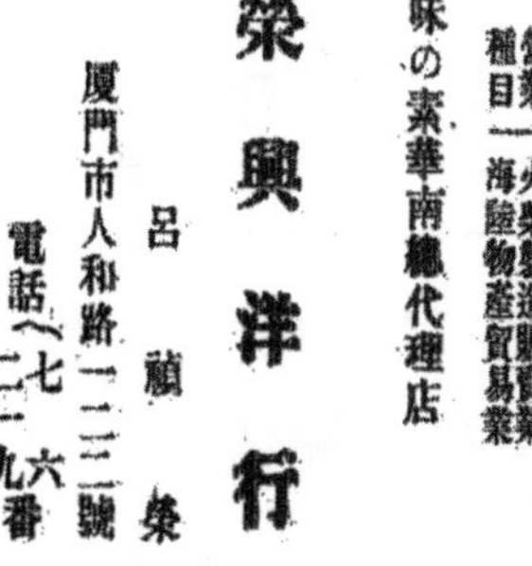

營業種目
火柴製造販賣業
海陸物產貿易業
味の素華南總代理店
榮興洋行
呂禎榮
廈門市人和路一二三號
電話（七六）二一九番

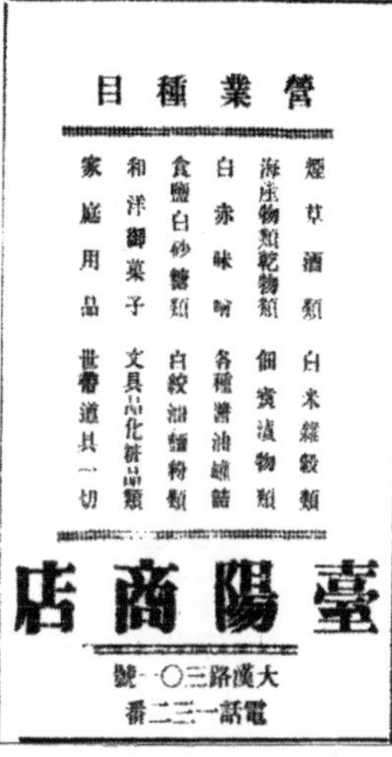

營業種目
煙草酒類 白米雜穀類
海産物類乾物類 佃實漬物類
白赤味噌 各種醬油罐詰
食鹽白砂糖類 白絞油麵粉類
和洋御菓子 文具品化粧品類
家庭用品 世帶道具一切
臺陽商店
大漢路三〇一號
電話一三二番

臺陽商店
營業種目 日用雜貨 食料品商
營業主 林英飛 台北
廈門市大漢路二九九、三〇一
電話一三二

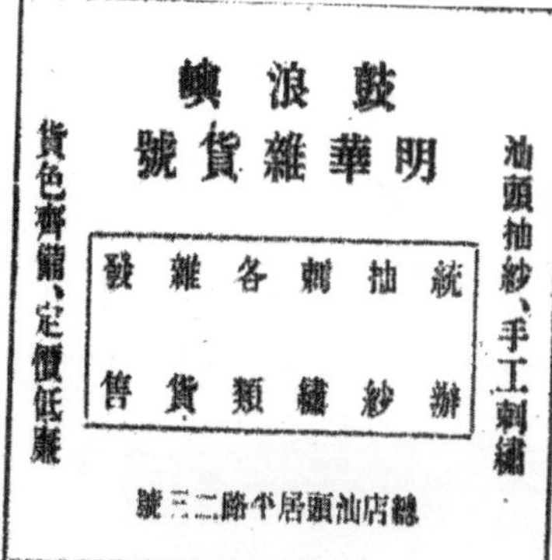

鼓浪嶼
明華雜貨號
油頭抽紗、手工刺繡
統辦 抽紗 刺繡 各類 雜貨 發售
貨色齊備、定價低廉
總店油頭居平路二三號

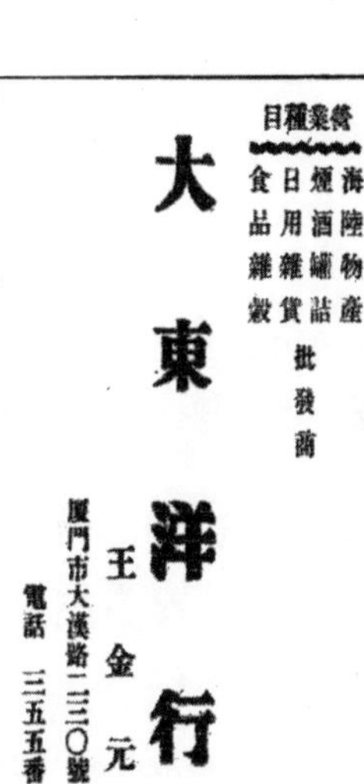

營業種目
海陸物産 煙酒罐詰 日用雜貨 食品雜穀 批發商
大東洋行
王金元
廈門市大漢路一三〇號
電話三五五番

營業種目
雜穀、粉類、油類、肥料、雜貨
事務用品 家庭用金物及陶漆器
大榮公司
貿易部 廈門市打鐵街八十一號 電話八二五番
小賣部 廈門市大漢路一四〇號 電話三四三番
支店 上海市福昌路三十四號 電話五二四九三番

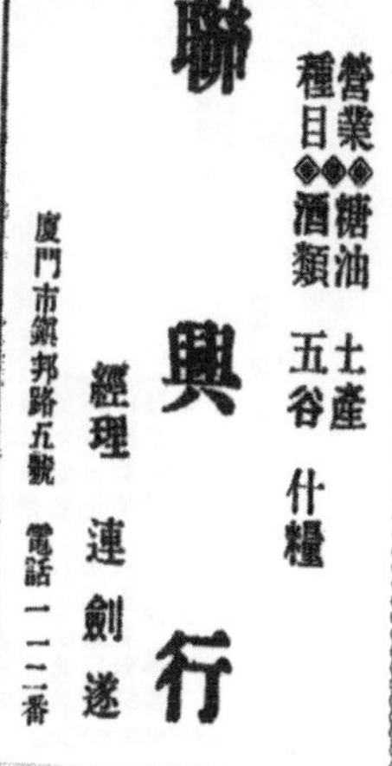

株式會社
新興商行
廈門出張所

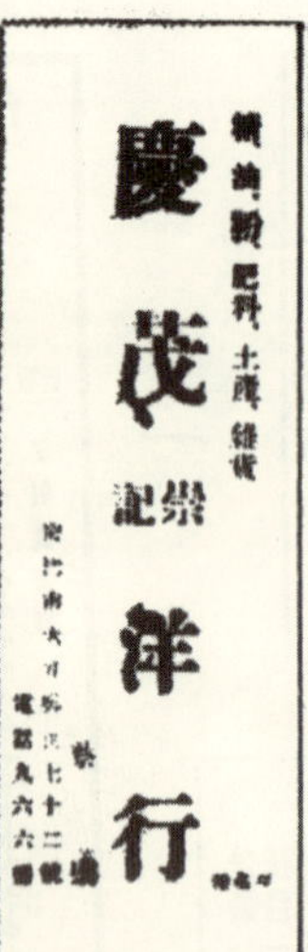

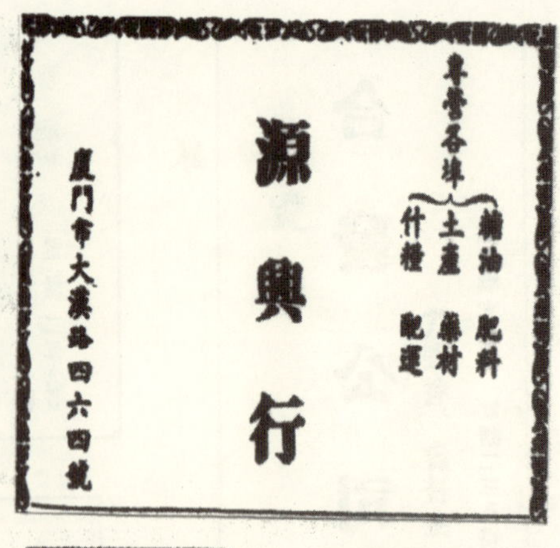

西藥罐頭
煙酒雜貨
專營環球
代辦 代兌 零售 批發
昇平行
廈門市昇平路門牌五號
電話一一五六號　電報掛號二五七三

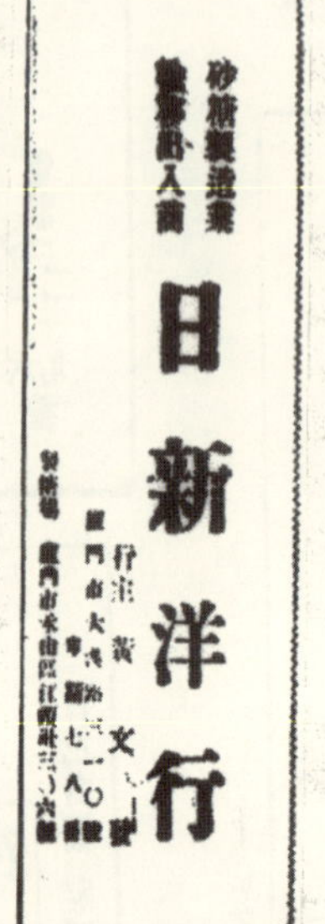

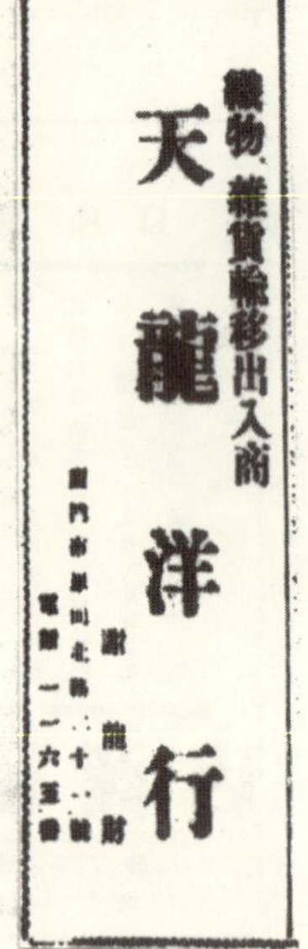

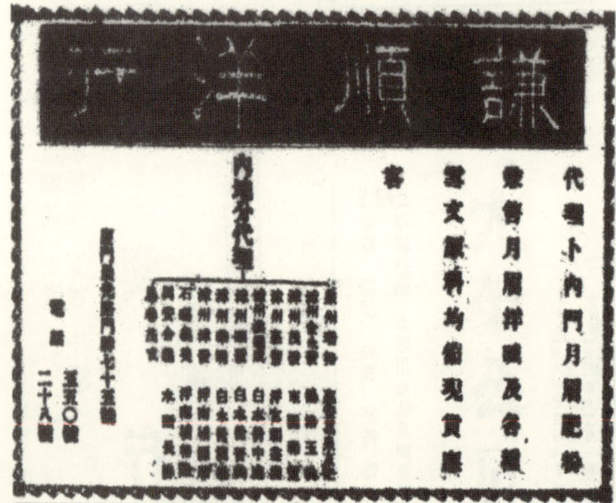

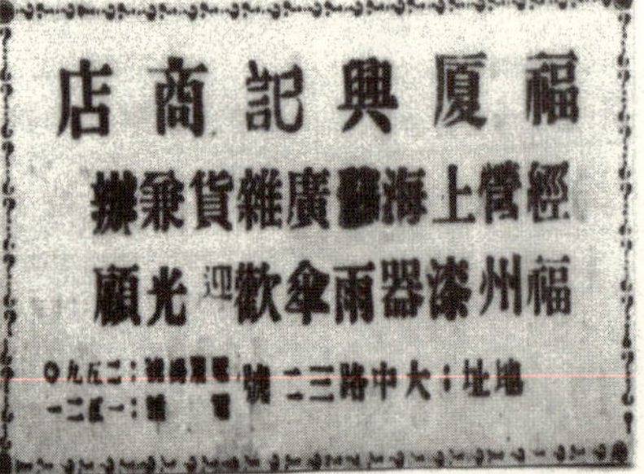

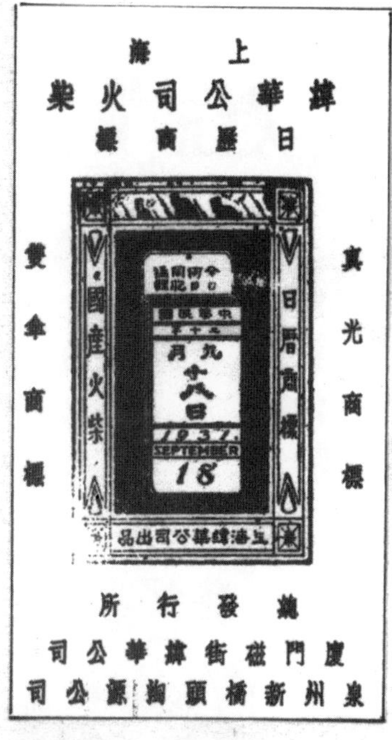
上海
瑋華公司火柴
日曆商標
真光商標
雙傘商標
日曆商標
國產火柴
1937
SEPTEMBER
18
總發行所
廈門磁街瑋華公司
泉州新橋頭陶源公司

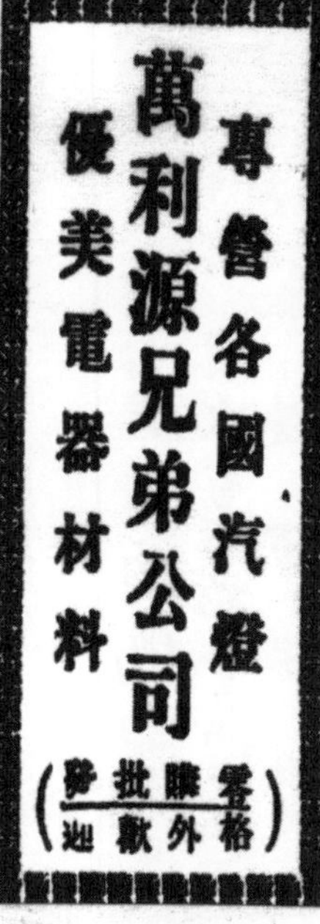
專售各國汽燈
萬利源兄弟公司
優美電器材料
零躉批發
格外歡迎

哈!哈!
夜明牌乾電池
真令人有想
不到之佳妙!
經濟!可靠!
各埠百貨公司
均有代售

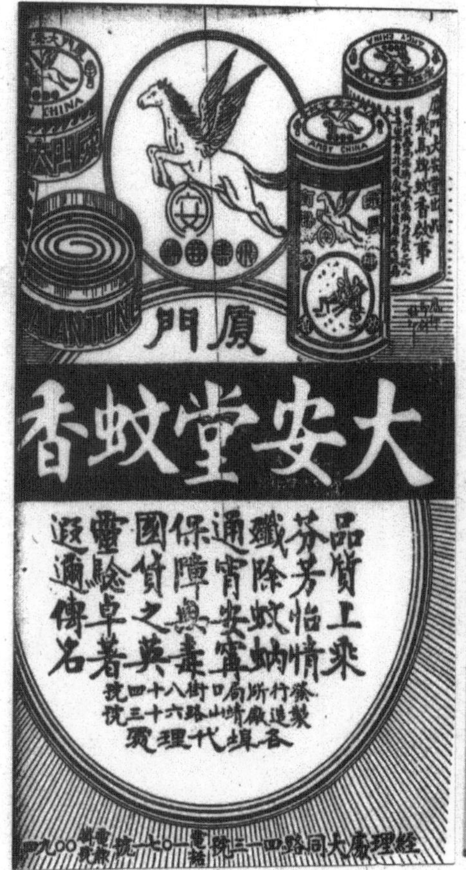
廈門
大安堂蚊香
品質上乘
芬芳怡情
殲除蚊蚋
通宵安寧
保障無毒
國貨之英
靈驗卓著
遐邇傳名
發行所局口街八十四號
製造廠靖山路六十三號
各埠代理處

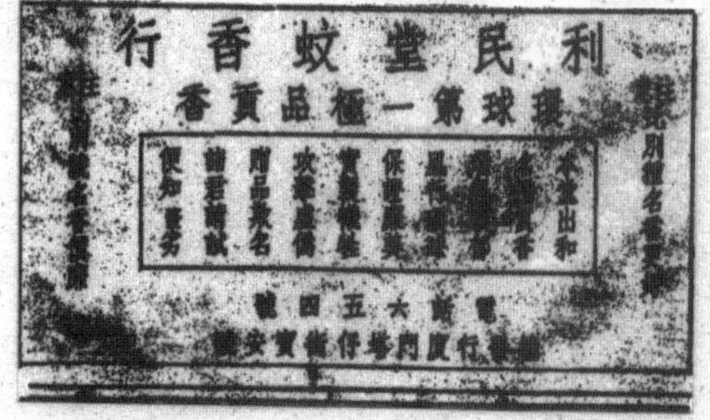
利民堂蚊香行
環球第一極品貢香
電話大五四號

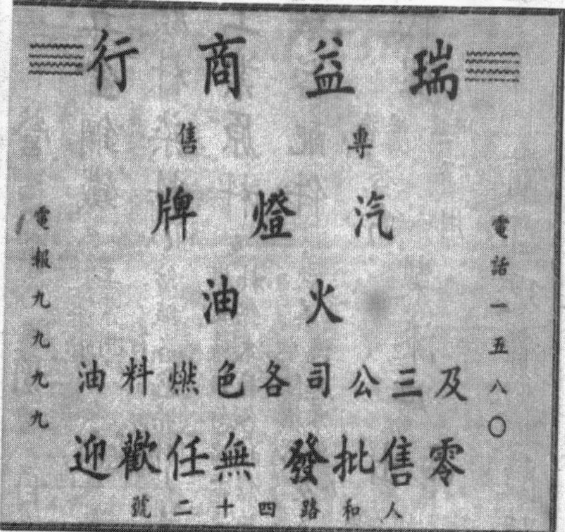
瑞益商行
專售
汽燈牌
火油
及三公司各色燃料油
零售批發 無任歡迎
人和路四十二號
電話一五八〇
電報九九九九

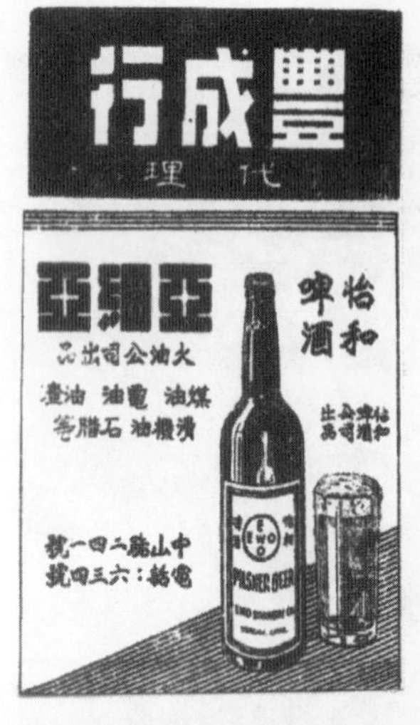

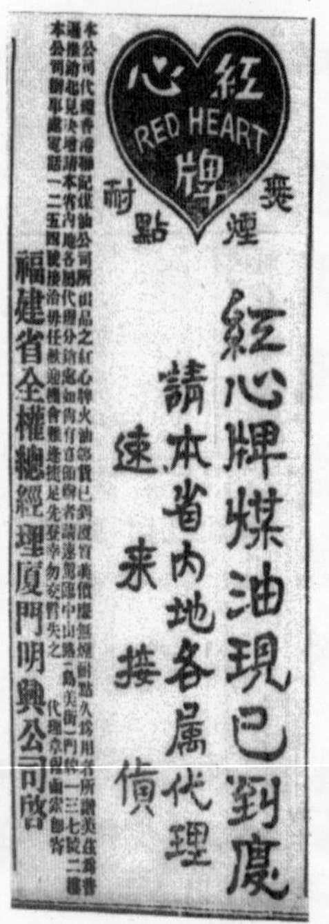

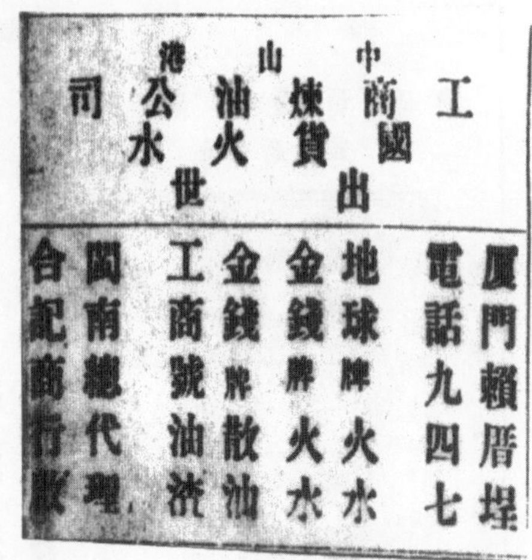

廈門陸廣盛瓷器行

本行專辦中外瓷器 各港名瓷 江西瓷器 潮州土瓷 滬粵各廠 玻璃料器 國產雜貨 各款火咀 新式洋燈 馳名潮州 各種菜只 運銷國內 外各埠等處

總經理

廣東瓷新廠 雞椂各牌油心 褲帶童軍 用品定製 美術徽章 瓷字牌 零沽批發 均極歡迎

總發行：廈門鎮邦路

支行：漳州馬坪街

分行：汕頭仁和街東盛

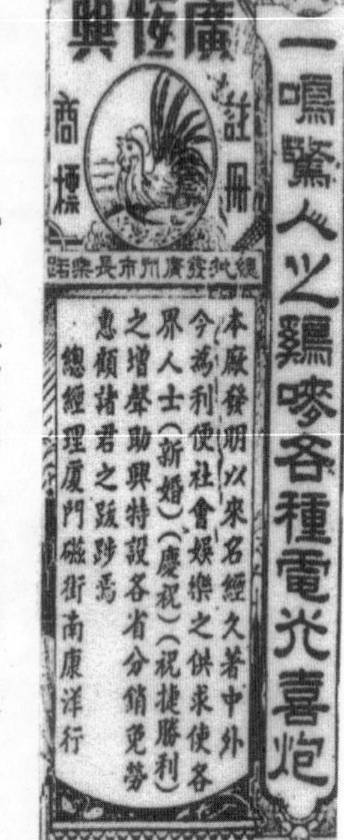

律師 阿樂滿 高樂康 警告電池商

所有市上製造或販賣與美國永備公司在中國已經註冊之老式及新式Eveready（永備牌）及Columbia鷹牌商標顏色花樣相似之各種電池均屬違法行爲查下列商標之顏色花樣及標貼之格式完全倣冒老式及新式永備牌者

Everkandy Everday
Everight Eveready （倣冒者）

倘有數種其商標字樣纍成錐角形式亦屬倣冒務望各客家切勿銷售上述或其他僞貨如敢故違定當依法嚴懲不貸幸希公鑒

十九年七月十五日

高樂康 阿樂滿 律師啓

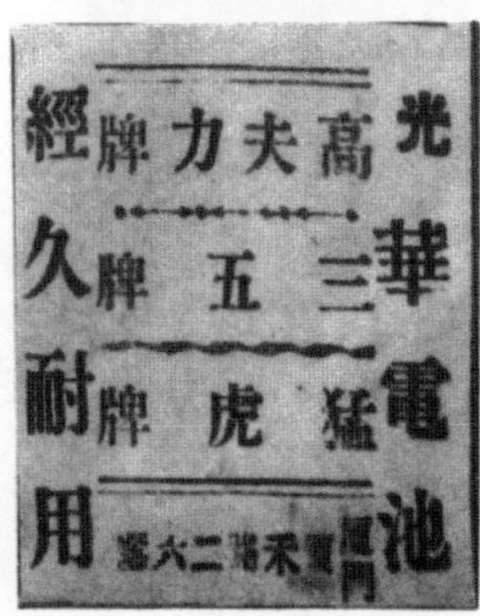

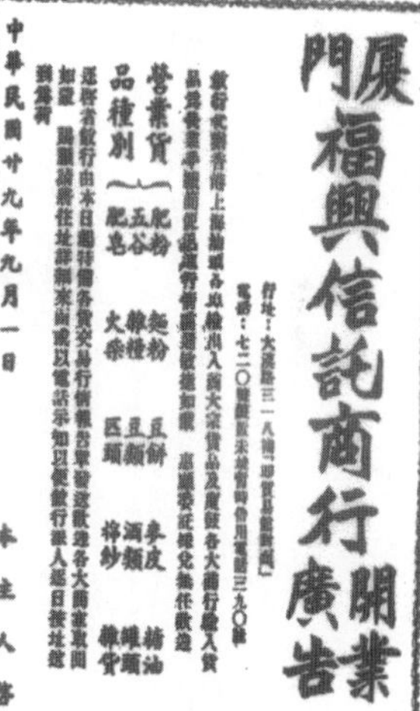

福建漳州固本電池

出品

固本牌

手燈電池

軍用無線電池

六號乾電瓶

殺蟲油

總廠 住陸安西路一五五號

電話一五一號

營業部 陸安西路（道口街）

附設門市部

專門代辦各種無線電話機及批售各種電料電筒等

招請南洋各埠代理

廈門總代理瑞年公司

浙江總代理耀星電料公司

本廠精製各種肥皂

品質優美配合中和

寒暑不變耐用多波

批發零售價格公道

CHINA ZEEP 唐山皂廠

總發行所福建漳州府口大街天和藥房

製造廠福建漳州芳華南路

廈門石鹼公司三星麥雪文

擇吉開張減價批發廣告

石鹼卽雪文爲凡人日用必需之要品年來我國社會程度日進文明而外國輸入此貨亦日見增多統計全國同胞每歲此項金錢流出實爲一大漏巵今者我國上下方圖挽救洋貨歲耗本公司於前年因特派人親赴外洋偏採石鹼最新之製法及其機料專心肄習經年始得世界最完善美滿之製造妙法其中有關於化學之作用及氣候之變更且又適於衛生宜乎寒煖以之除垢滌穢快利無比以之靧面盥手馥郁可愛質又堅緻耐用分爲黃白二種粗細咸宜與市上所售種種迥乎不同較諸呂宋洋皂尤爲優勝本公司爲利益同胞挽回利權起見但求普遍不圖厚利現今原料機器均已完備茲訂由三月廿四日起先行交易批發零售任隨客便發軔之先務在推廣故定自先行交易始暫收八折以廣招徠其物料之美價值之廉願 諸君一試用之便知本公司之言爲不謬也

價目每箱 條庄 價銀定 六元

塊庄 六元八角

宣統元年二月 日廈大走馬路石鹼製造公司啓

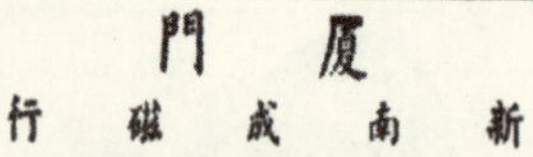

本號親自暫辦國產江西德化潮汕名磁以及上海廣東料器什貨燈器及各儒雅玩具世界名家專工手製各款幼彩儒[illegible]戲劇大小花瓶大小茶具花盆等經廈門國貨展覽會得獎超等最合時代應酬禮品幷家庭常用等件兼代理潮州名產各式之柑苗等最合農林之首要如蒙惠顧零售批發無任歡迎此告

發行所 厦門橫竹路 新南成磁行

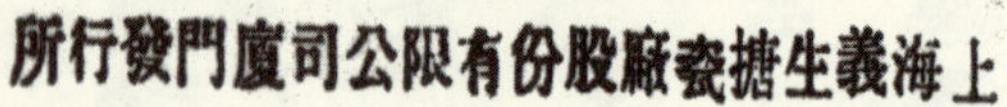

上海義生搪瓷廠股份有限公司廈門發行所

出品
各種搪瓷器皿
久已風行全國

PHOENIX
鳳凰牌
義生搪瓷廠
NEE SUN FACTORY
SHANGHAI

營業處
中山路一二五號
電話：二〇三號

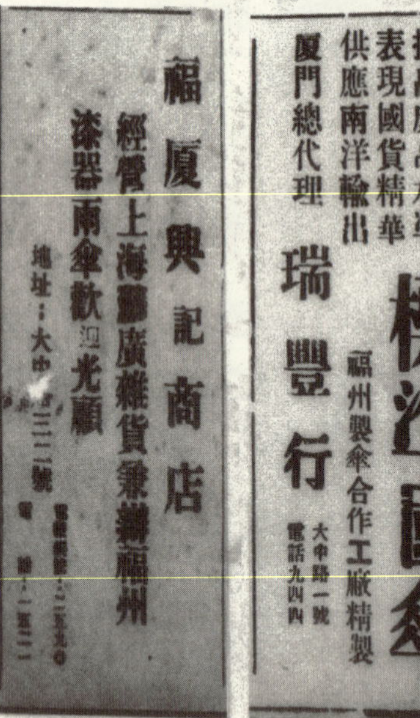

上海
泰新公司

地址：廈門大同路
電話：七八一號

環球貨品 中華國貨 男女鞋帽 蘇湘顧繡 雪白鋼器 化妝用品 各種皮革 脫胎漆器

新貨湧到 歡迎參觀

松發磁郊

本郊還辦各省華洋瓷器料器漳州貨物[illegible]
[illegible]貨惠顧諸君請移玉到敝商面可也

雜貨商
德泰洋行
旅館大新ホテル
廈門市大漢路一六八、一七〇
電話 三階一三〇〇番 五階二一五八番

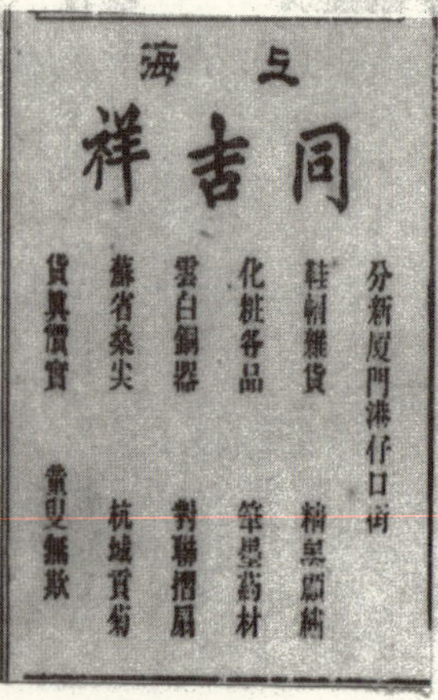

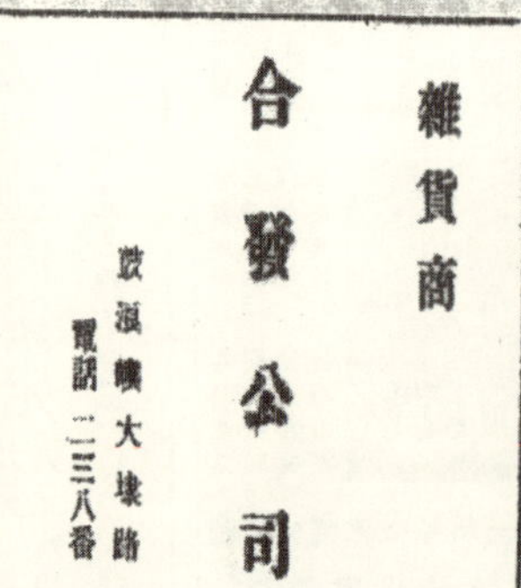

七、五金交化

中和公司
廈門新路頭街八十七號
漳州分號
馬坪街
協和公司
泉州分號
亭前街
啟和公司
電話
二〇七九
獨家經理
汽巴廠靛精
汽巴廠染料
三角牌純綫
三角牌幾綫
雙斧牌厚漆
雙斧牌魚油
雙斧牌磁漆
夜明牌電池
長城牌電池
魯昌廠紅粉
及其他各貨
總經理
李植青

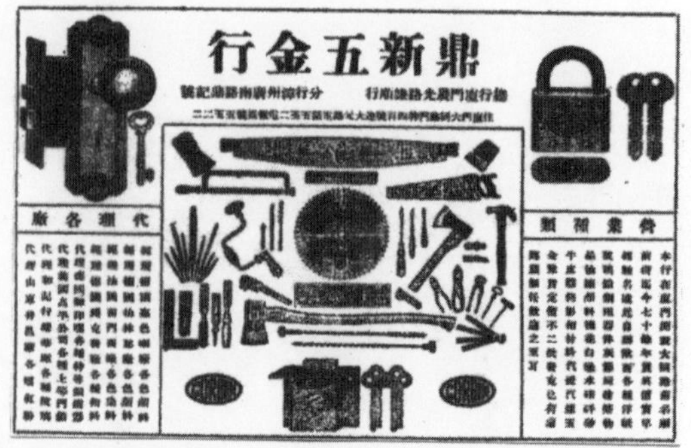
鼎新五金行
代理各廠
營業種類

泰興漆油五金行
總行
分行
精製名漆
生熟桐油

謙和行
專營
代理
顏料靛精
棉紗雜貨
泰山牌洋灰
三角牌田料
零售批發
一律歡迎
中山路門牌三五七號
電話一六六一
電報掛號四六六四

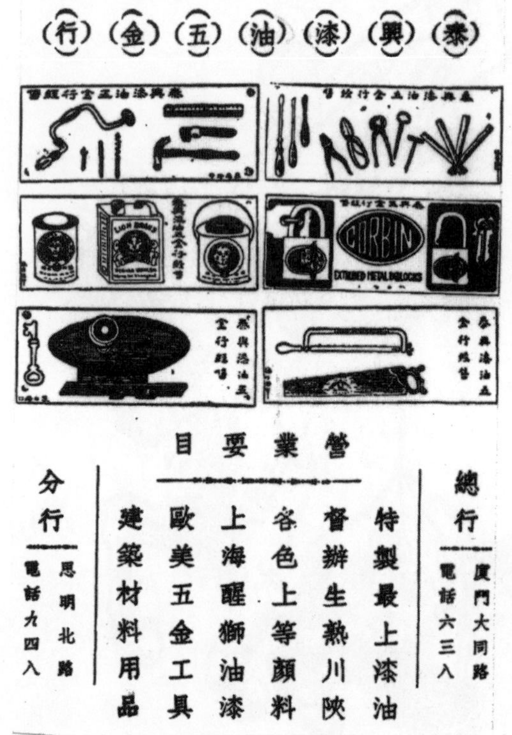
泰興漆油五金行
營業要目
特製最上漆油
督辦生熟川陝
各色上等顏料
上海醒獅油漆
歐美五金工具
建築材料用品
總行
廈門大同路
電話六三八
分行
思明北路
電話九四八
CORBIN
EXTRUDED METAL PADLOCKS

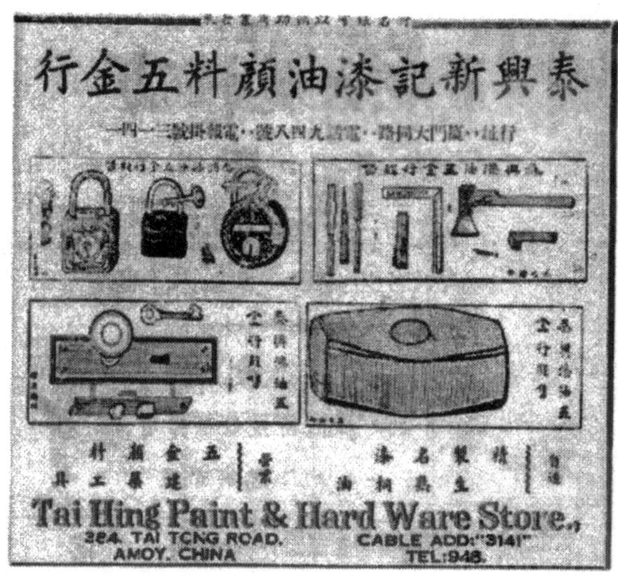

泰興漆行

精製名漆 生熟桐油

選辦五金建築用品各色顏料

風行八閩四十餘載

價目克已信譽超羣

總行大同路 電話六三八 分行思明北路 電話九四八

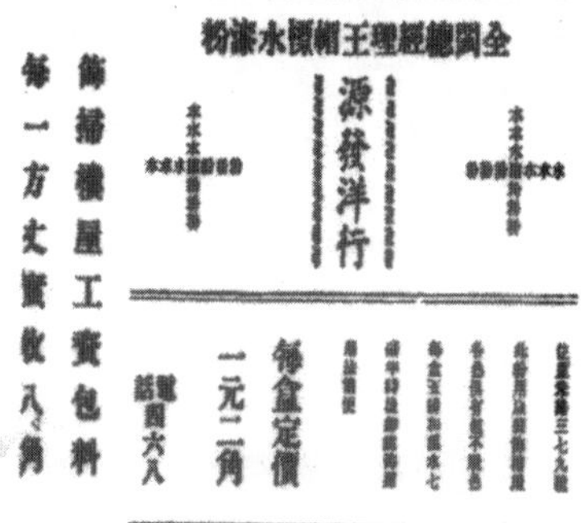

○美亞公司

廈門市大漢路二〇六號

電話一六六番

●營業種目 蓄音器、レコード、樂器、ラジオ販賣修繕

代表者 黃韻柯

台北

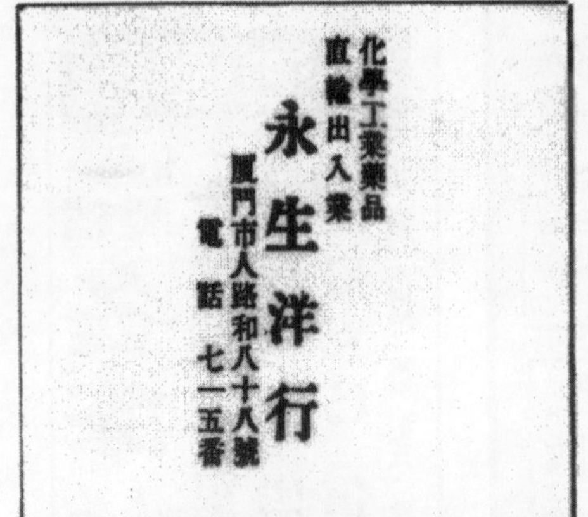

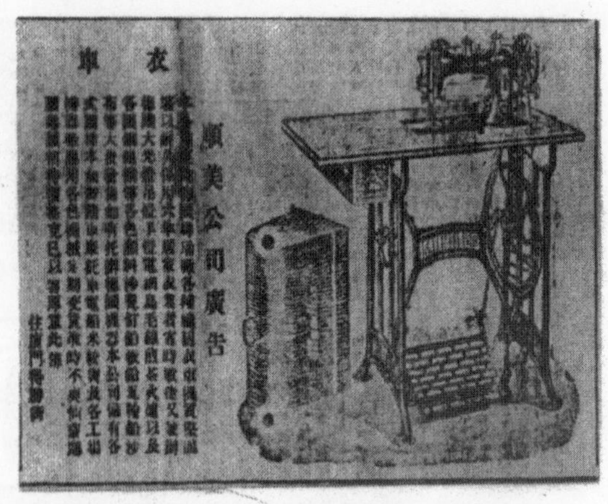

發音最正確

一年之中，無論何季，一日之中，無論何時，試開奏勝利原音唱機，則活潑正確之歌曲，立即接觸於耳鼓，恍如以重金聘來之歌隊，專為君娛賓者焉。且勝利原音唱機，具有耐用經久之特質，與別種粗劣唱機，僅能供數月之娛樂者不同。式有種種，美雅無匹，試即日駕臨附近經理處，為一度之試唱，必可得一滿意之勝利唱機而歸。

全國各地大樂器公司均有出售

美 勝利唱機公司 國

惟有勝利公司製造勝利唱機唱片

The New Orthophonic Victrola

謹防假冒 若無左列商標必係偽品

3

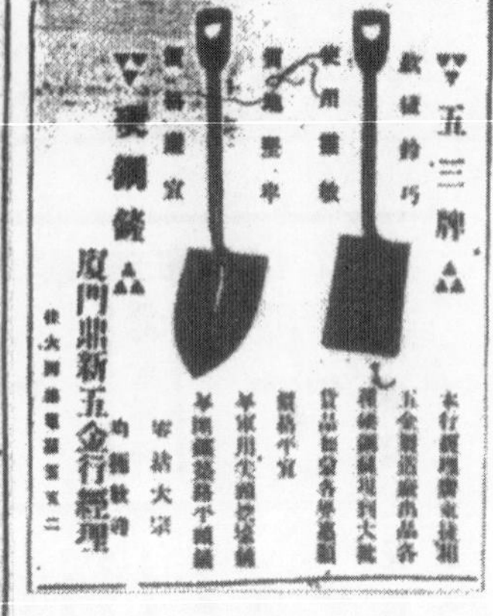

凡欲裝修電燈暨各種電氣設備者請撥

電話一四六九

大光明電器行

思明西路七十七

最上等材料最經濟價格為惠顧諸君服務

西門子電料

廈門海後路仔街大昌公司經理電話二七五號

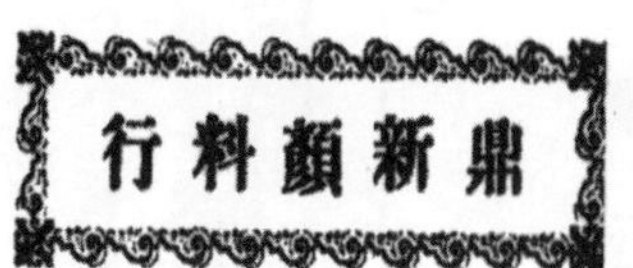

住廈門大同路門牌四百三六號遠大元路代理德國嘉色喇柏林那廠各種顏料及德國矮克發各種相影材料

電氣器具販賣

電氣工事請負

本田電氣商行

本店台北市本町一ノ三七

廈門市大漢路一六二號

電話二〇九番

廈門水電公司指定工事特約店

營業種目

電氣水道工事設計請負

電氣器械販賣及修理

裝飾及設計

平和電氣商會

潘來賜

廈門思明南路三八一號

電話三六〇番

電氣工事設計請負

電氣器具販賣及修理

大華電業公司

廖學而

廈門市思明南路三八七號

電話四五五番

承裝水電工程
各種電料零售發賣
義源電器行
思明西路八號
電話五七四號

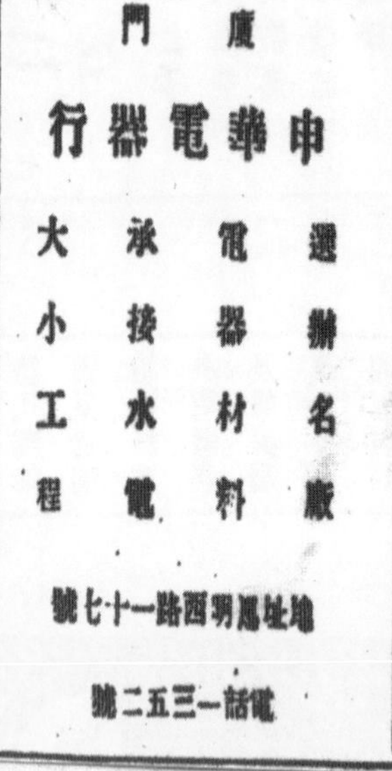

申華電料行

□承裝電水工程□

——修理各式無線電機——

思明西路一七號

永明電器行

廈門水電公司特約店

專門代客裝設水電工程

兼辦各國電器材料

諸君如蒙賜顧無任歡迎

住址：思明北路六十七號

電話一〇八號

電燈自來水公司特約店
百福水電材料行
專門承裝水電工程貨物齊備薄利推銷
中山路二〇四號 電話三〇七號

水電特約店
新光明電器行
住址：開元路二〇二號 電話：一六・號

百齡電器公司
代理各種電泡
承裝水電工程
特聘機師修理
新式汽燈出租
鼓浪嶼龍頭街ム九九號
電話三六〇番

廈門水電公司指定工事特約店
營業種目
電氣水道工
事設計請負
樂電氣機械
販賣及修理
裝設及設計
平和電氣商會
潘來賜
廈門思明南路三八一號
電話三六〇番

鑽光電氣行
設計精巧美術，
光管電器工程
本行專供無線電收音機光管
電器電料工程選用中外名廠
材料搜集優秀與眾設式精修
各色光管電器儲數、耐用美觀
新式。
地址：廈門思明南路四五七號
電話：一一一七號

廈門電燈公司指定特約店
工程主任黃征本
廈門晨光電水工程
辦事處 廈禾路竹樹腳 電話一二六九

專營各國汽燈
萬利源兄弟公司
優美電器材料
（零躉批發 格外歡迎）

申光電器行
本行專門
選辦電筒燈泡
設計水管電力
精裝光管電器
專修摩打風扇
地址：思明南路三九三號

廈禾路竹樹腳 廈門晨光電水工程 電話一二六九號
以
超等工料 經濟價格
承包一切電燈自來水化學衛生裝置紹無偷工減料之弊成績
卓著担保…（滿意）…（耐久）…（安全）
兼售各國電器無線電及各種收音機零件價格
克己如蒙光顧極表歡迎

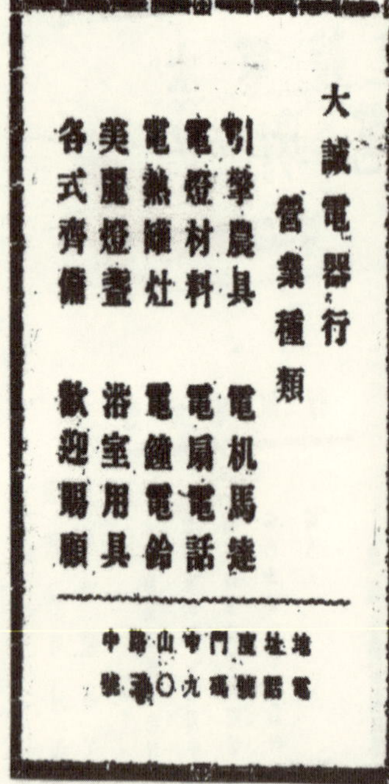
大誠電器行
營業種類
引擎農具
電燈材料
電熱爐灶
美麗燈盞
各式齊備
電机馬達
電扇電話
電鐘電鈴
浴室用具
歡迎賜顧
地址廈門中山路
電話號碼九〇孙號

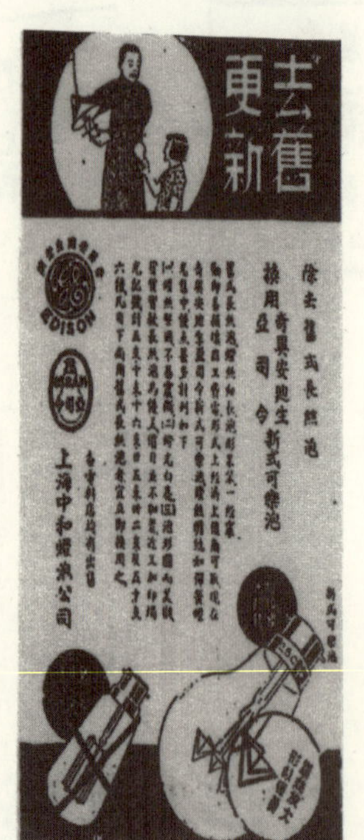
去舊更新
除去舊式長絲泡
換用奇異安迪生 亞司令 新式可靠泡
上海中和燈泡公司
EDISON

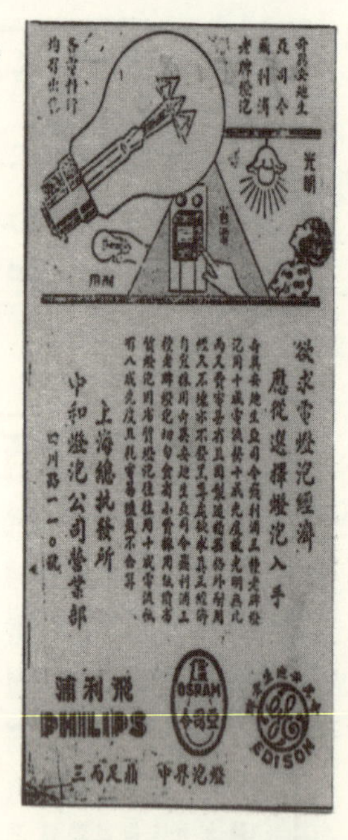
奇異安迪生
亞司令
飛利浦
老牌燈泡
光明
欲求電燈泡經濟
應從選擇燈泡入手
上海總批發所
中和燈泡公司營業部
四川路一一〇號
飛利浦
PHILIPS
OSRAM
亞司令
EDISON

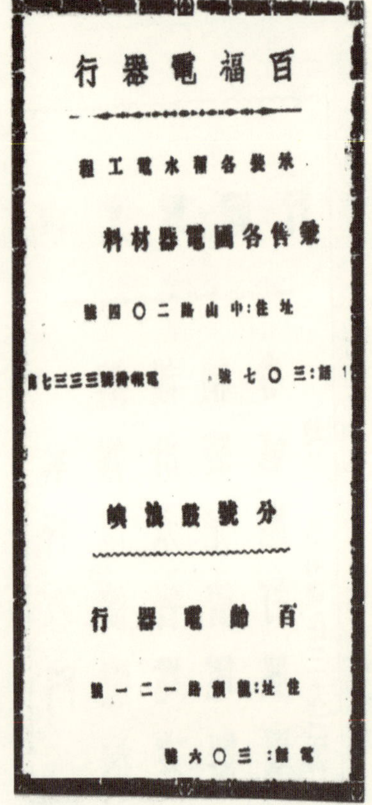
百福電器行
承裝各種水電工程
發售各國電器材料
址住：中山路二〇四號
話：三〇七號
電報掛號三三三七
分號設鼓浪嶼
百齡電器行
住址：龍頭路一二一號
電話：三〇六號

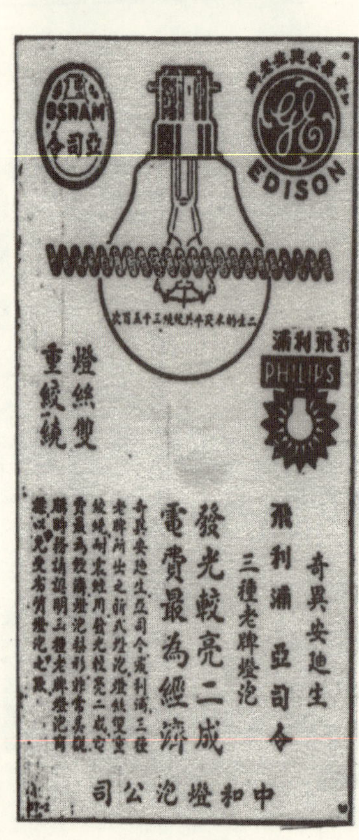
OSRAM
亞司令
EDISON
飛利浦
PHILIPS
雙絲燈
重繞絞
奇異安迪生
亞司令
飛利浦
三種老牌燈泡
發光較亮二成
電費最為經濟
中和燈泡公司

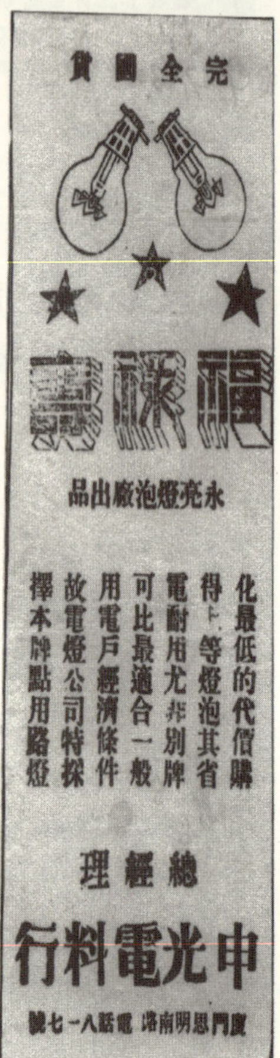
完全國貨
福祿壽
永亮燈泡廠出品
化最低的代價購得上等燈泡其省電耐用尤非別牌可比最適合一般用電戶經濟條件故電燈公司特採擇本牌點用路燈
總經理
中光電料行
廈門思明南路 電話一八七一號

八、烟酒茶行

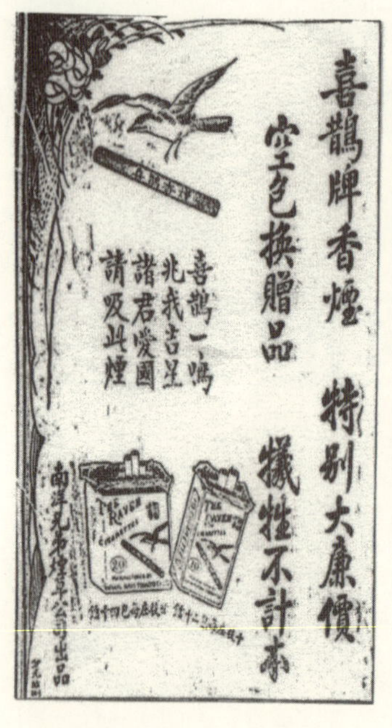

喜鵲牌香煙 特別大廉價
空包換贈品 犧牲不計本
喜鵲一鳴
兆我吉星
諸君愛國
請吸此煙
THE RAVEN
南洋兄弟煙草公司出品

請吸上等國貨香烟
五十枝白金龍
GOLDEN DRAGON
CIGARETTES
中國南洋兄弟烟草公司

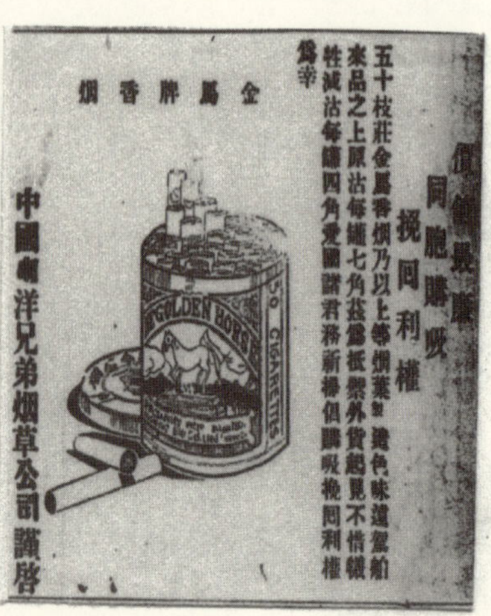

價錢最廉
同胞購吸
挽回利權
五十枝莊金馬香烟乃以上等烟葉製成色味遠駕舶
來品之上原沽每罐七角茲爲抵禦外貨起見不惜犧
牲減沽每罐四角愛國諸君務祈提倡購吸挽回利權
爲幸
金馬牌香烟
GOLDEN HORSE
50 CIGARETTES
中國南洋兄弟烟草公司謹啓

百雀香煙
聲振南天
芬氣如蘭
爽然若仙
HUNDRED SPARROWS
百雀牌
10 CIGARETTES
中國南洋兄弟煙草有限公司出品

國貨明星
白金龍
香烟
GOLDEN DRAGON
南洋兄弟烟草公司出品

紅寶牌
香烟
美國煙葉製造
牌子最老
風行全國

黑姑娘
煙枝比普通大三成
經濟耐吸
攜帶裝包
又合衛生
烟草公司出品

哥倫布
品質提高
人人愛吸
到處有售
上海
章華煙草公司出品
Columbus

華麗牌香烟
最老牌子
最好名譽
價錢最巧
味質最妙
每包內附有十九路軍抗日畫片
廿庄每包小洋一角
十庄每包小洋五占
五十庄每罐大洋二角五占
中國上海中和煙草公司出品
厦門永美通公司總經理

克雷斯
香烟
名貴
全閩總經理
廈門友聯烟公司

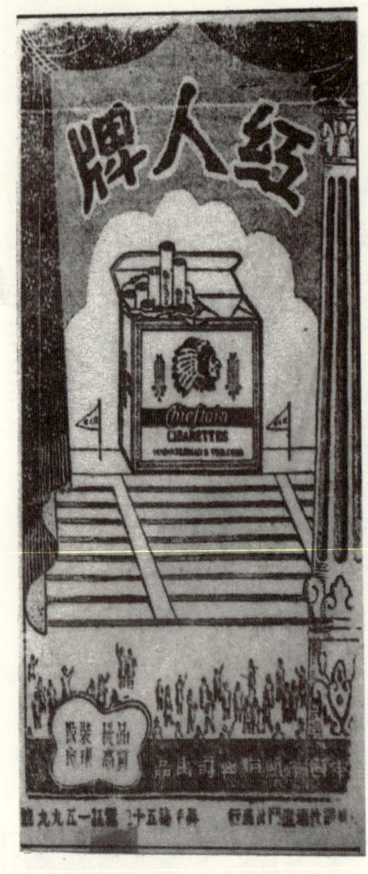
紅人牌
中國華明烟公司出品

名貴香煙
捲土重來
金鼠牌香烟
THE RAT
CIGARETTES
HWA CHING
TOBACCO CO. LTD.
SHANGHAI
中國華成烟公司出品

紅人牌
香煙
中國華明烟公司出品

請吸一枝
馬上交運
大鴻運
香煙
上海環華烟草公司出品

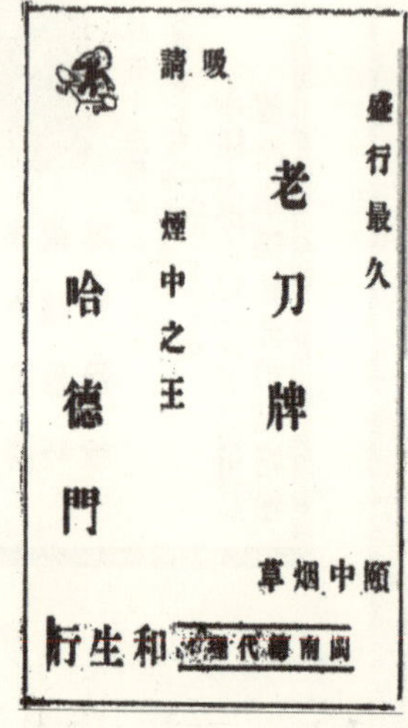
請吸
盛行最久
老刀牌
煙中之王
哈德門
順中烟草
閩南總代理 和生行

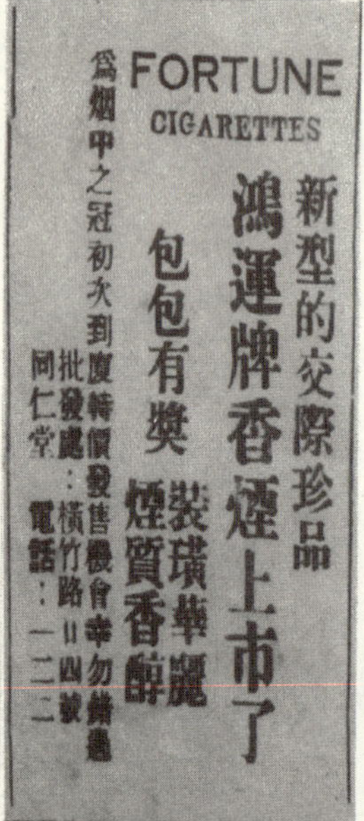
FORTUNE
CIGARETTES
新型的交際珍品
鴻運牌香烟上市了
包包有獎
裝璜華麗
煙質香醇
爲烟中之冠初次到廈特價發售機會幸勿錯過
批發處：橫竹路廿四號
同仁堂
電話：一二二

破天荒大赠品
良機難逢幸勿錯過
新到人人愛吸處處歡迎之
一品牌香煙
N CIGARET

堡壘牌
香烟
上海粹華煙廠高尚出品
選用美國烟葉烟絲製造
烟質芬芳 裝璜美麗
待客佳品 送禮美物
本市及各縣烟商欲代理推銷者請至
福建總經理：廈門三和行接洽
住址：大山路十七號 電話二三五號

烟王
紅牌香烟
十週紀念
贈送烟券

吉人士
英國風味
SEASONS Cigarettes

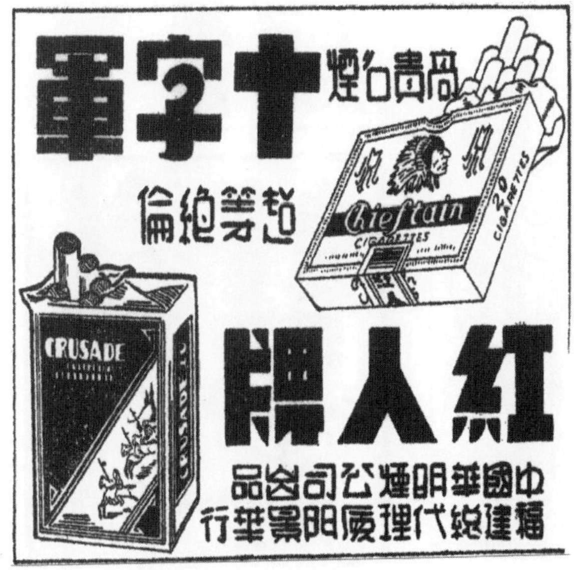
十字軍
高貴白煙
超等絶倫
紅人牌
Chieftain
CRUSADE
中國華明煙公司出品
福建總代理廈門集華行

烟王
紅牌香烟
十週紀念
贈送烟券
贈送烟王
中國三興公司出品
總經理
廈門合興公司

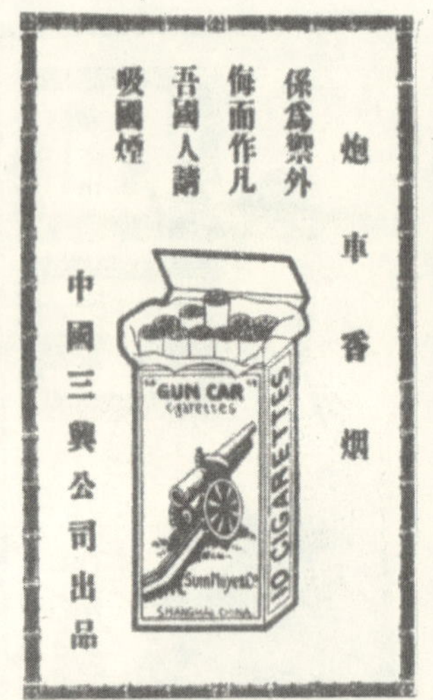
炮車香烟
保為禦外
侮而作凡
吾國人請
吸國煙
中國三興公司出品
GUN CAR
10 CIGARETTES

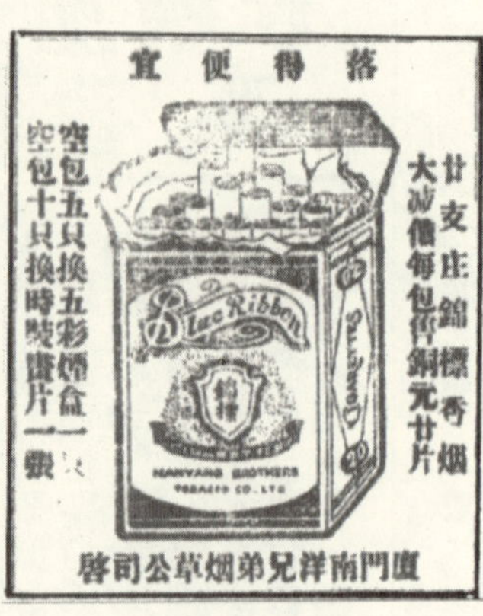
落得便宜
廿支庄錦標香烟
大洋價每包售銅元廿片
空包五只換五彩煙盒一只
空包十只換時裝畫片一張
廈門南洋兄弟烟草公司啓
Blue Ribbon

西子牌香烟
TRADE MARK
西子牌香煙
廈門大川烟草公司經傳

旗牌香烟
質料高人一等
香味勝人百倍
中原煙艸股份有限公司
地址：光華里一號
電話：四二八 電報掛號：一五一〇

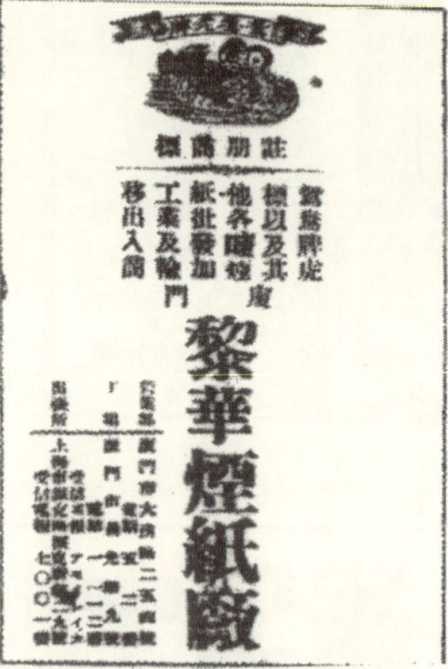
註册商標
黎華煙紙廠

熊貓牌
中原牌

上等國貨
梅蘭芳香烟空罐掉換贈品辦法
MEI LAN FONG CIGARETTES
廈門南洋兄弟烟草公司啓

白金龍

南洋兄弟烟草公司出品
十支愛國
十支長城
十支地球
十支金斧
十支喜鵲
廿支金斧
廿支喜鵲
十支百雀
白金龍
白金龍
梅蘭芳
梅蘭芳
梅蘭芳
百雀香煙
聲振南天
HUNDRED SPARROWS
百雀牌
10 CIGARETTES
廿支
氣如蘭
爽然若仙

大象牌香煙
華貴無匹
ELEPHANT

海王
香烟
人人歡迎

老
黑牌
色香味質〰屬指第一
每包零售法幣三千五百元

高貴名烟
白象牌
芳香無比
遠勝舶來

大號
紅寶牌
品質優越
聲譽日高
贈品擁到
空包
五十個可換彩條毛巾一條
廿五個可換福州漆光筷子一扎
五個可換耐用美人扇一枚
新亞行
中山路三二〇
電話八四四

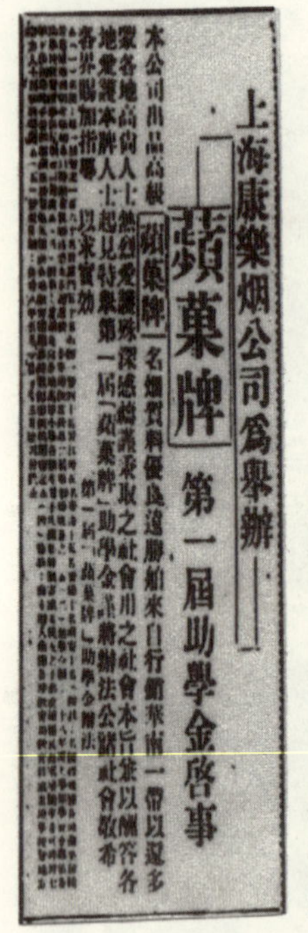

上海康樂烟公司爲舉辦

蘋菓牌 第一屆助學金啓事

本公司出品高級「蘋菓牌」名烟質料優良遠勝舶來自行銷華南一帶以還多蒙各地高尚人士熱烈愛護咸深感激爰秉取之社會用之社會本旨並以酬答各地愛護本牌人士起見特舉第一屆「蘋菓牌」助學金其辦法公諸社會敬希各界賜加指導以策實効

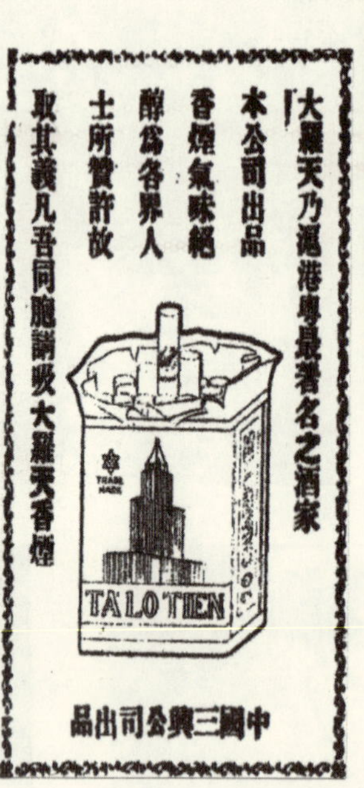

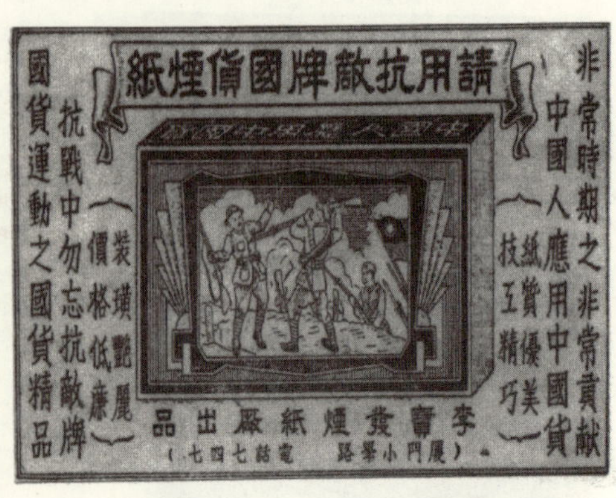

福建愛國煙公司廣告

自歐美紙烟盛行中國同人等惜利權之外溢思有以挽救之特就廈地組織公廠超選露葉聘請良師製造紙烟不特質料純美氣味清香迥出凡品而且價值克己甚利便愛國者之需用今爲利益均沾起見故於紙匣之內藏有彩票列爲十二級多者五元起碼至五十元止少者二角起碼至壹元止隨人福氣如有拈得可將原票持向本公司或代理及經理處兌換現銀或換紙烟均從其意本公司因欲鼓動同胞興起愛國熱忱故籌備一萬圓儲待中彩至額截止曾經稟請閩都督暨民政司實業科批准立案凡本公司締造營業逐年結册呈核除本省外利益照章呈繳本省財政司充爲公欵斷不敢稍萌異志以違背愛國之美名是購烟者皆具利濟公家之思想而塞漏卮於無形矣愛國同胞幸祈留意

廈門鎮邦街本公司經理人高標松啓

中華民國　年　月　日

愛國同胞請吸國貨香烟

百雀香烟　地球香煙

啓者，本公司所出百雀香煙，地球香煙，氣味香醇，裝璜美麗，用正土產烟葉製造，品質精良，遠駕舶來品上，敬懇熱心國貨諸君，鼎力提倡，俾國貨流通，余我同胞，合群力以揚國貨之榮光，亦本公司之幸也，此佈。

中國南洋兄弟烟草公司啓

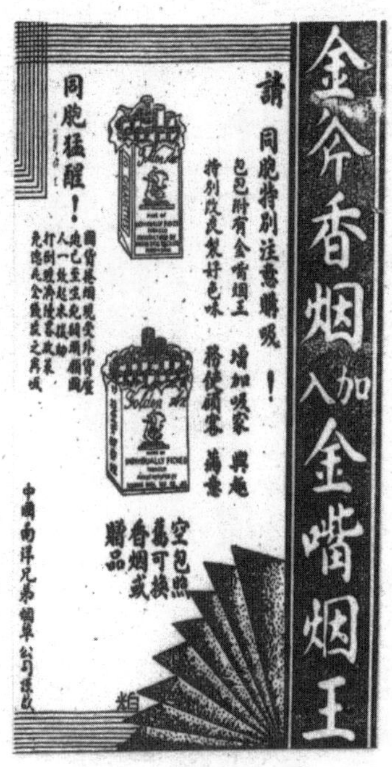
金斧香烟加入金嘴烟王
請同胞特別注意購吸！
同胞猛醒！
中國南洋兄弟烟草公司謹啟

大炮台香烟

大中國
最盛行之香烟

結義牌香烟

華山牌名煙

請吸十枝莊
新至尊香煙
本埠代售處
廈門中華路一百號
同昌烟公司總代理
上海福昌煙公司新出品
注意特色贈品

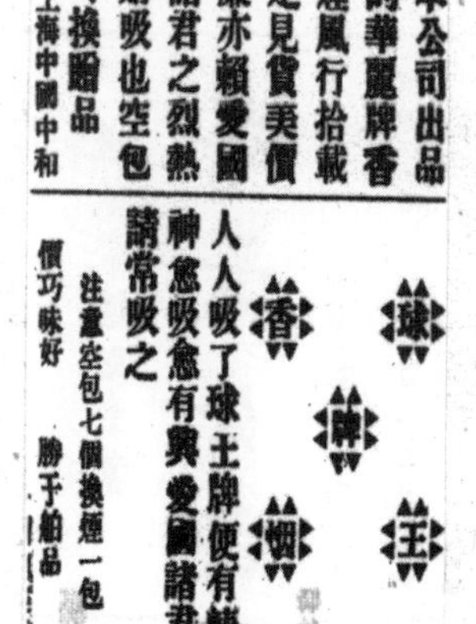
球牌華麗牌香煙
國貨之光
本公司出品的華麗牌香煙風行拾載足見貨美價廉亦賴愛國諸君之烈熱購吸也空包可換贈品
上海中國中和
人人吸了球王牌便有精神愈吸愈有興愛國諸君請常吸之
球王牌香烟
注意空包七個換煙一包
價巧味好
勝于贈品

美麗牌
廈門美香公司經理

南興公司代理店
アサヒサイダー製造販賣
三六洋行
廈門市大漢路二四〇號
電話二〇〇番
工場廈門市將軍祠五號
電話六三七番

◎永安公司
廈門市思明東路一〇四號
電話四二五番
◎營業種目 煙紙製造
董事長 何景寮 高雄
經理 洪寶昆 臺中

煙草製造……牡丹牌、椰子牌、
酒 釀 造……清酒萬歲、老酒水仙、老酒狀元紅、花雕酒、
煙草販賣……牡丹牌、椰子牌、白鴿、曙、南、マーシャル、オールシックス、コンパス、
其ノ他取扱品～食鹽、原料葉煙草、樟腦、
株式會社南興公司廈門出張所
廈門市昇平路四二號
電話 營業所 一五五番 七一三番
煙草工場 四三八番
酒工場 四三七番

農場、煙草、酒、雜貨商
合成號
李 恭
禾山區江頭街十九號
農場─禾山區烏石埔社

營業種目
酒煙草商並
輸移出入商
南邦洋行
岡 高治
本店 廈門市大中路五十四號 電話四五三號
船務部 廈門市鷺江道一〇八號 電話六一三番

營業種目─煙草、酒、罐詰、雜貨
裕昌洋行
廈門市思明南路四〇一號
電話 三六三番

煙紙製造販賣業
永安公司
思明東路一〇二號
電話四二五番
經理自宅～電話九七四番

鼓浪嶼聯昌行
地址：電燈路R六九號
福建全省總經理
中國華成煙草公司出品白金龍[illegible]香煙寶馬
牌香煙美人牌紙煙白宮雪茄煙兩鶴煉奶
公司[illegible]牌奶粉國貨味中素味精調味粉[illegible]
大[illegible]行國貨印刷油墨彙代辦香料什料肥
粉棉紗棉毛織品什貨肥皂等
批發兼零售

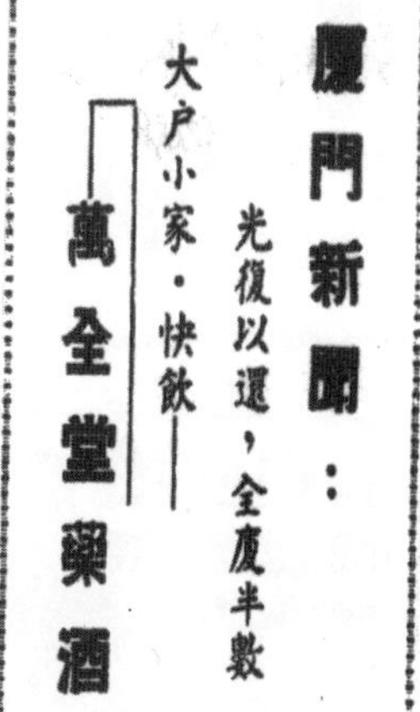

浙江錢塘泰還製秘授金不換齋

總發行廈門亭仔下萬全堂

分售處

新嘉坡[illegible]萬全堂分棧

漳州醒民東路三十號萬全堂分棧

主治

男子遺精白濁
婦人赤白帶下
五勞七傷遍身
筋骨疼痛痰喘
氣急赤白痢疾
小腸疝氣心氣
疼痛一切無名
腫毒瘰癧楊梅
頭痛等奇難雜
症應效如神

廈門開禾路

春生堂藥酒行

電話五二六

本堂藥酒補血益氣
驅瘋逐溼功效神奇
強身壯體有口皆碑

廈門

春生堂藥酒

本號祕製之藥酒，經有百餘年歷史，為滋補治病之妙品；凡老年衰虛，壯年血衰，婦人產後，以及筋骨酸痛，病後失調等症，一經飲用，莫不奇效。故銷行遍及海內外，口碑載道，獅球馳名，咸稱為酒中上品。

總發行所廈門開禾路

△各處大小酒店均有代售▽

春生堂藥酒

本堂藥酒 有口皆碑 所有功能
氣血虧損 驅風逐濕 麻木瘋痺
久傷積痰 舒筋活絡 骨節疼痛
產後諸風 以上各症 試驗飲之
力可回天 無病常飲 有益心身
損傷藥酒每大小罇八四角

兼售 丹膏丸散 參茸燕桂

總發行所廈門魚仔市

南洋各埠均有發售

祕製祛風傷補筋骨藥酒

春生堂藥酒行

總發行所：廈門開禾路一六號

電話：二六四號

電報掛號：六七五三號

分行：泉州中山南路

經歷卷世銷行

能補血氣強壯筋骨的

有名專家秘製藥酒

恐防假冒 請認明

永春郭春生堂

獅球商標

總發行 廈門 開禾路 魚仔市

郭春生堂藥酒局

中國第一補酒

詒厥齋出品

參茸固本酒

▲各埠均有代理▼

總行：厦門開禾路四十八號

分棧：香港德付道西七十九號三樓 電話二一八二二

分廠：澳門連勝街三十一號

香港代理處：

香益行干諾道西八十號 電話二六七八四

曜泉酒行威靈頓街八十八號 電話二四一八八

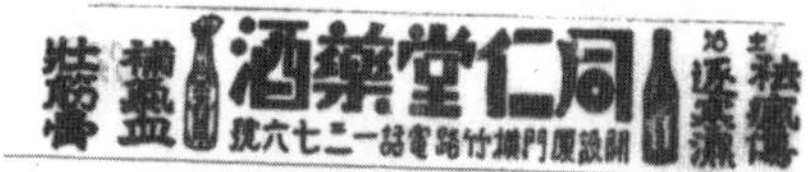

張裕 白蘭地 葡萄酒

福建總經理 鼎眞酒行 厦門大漢路 電話九八七

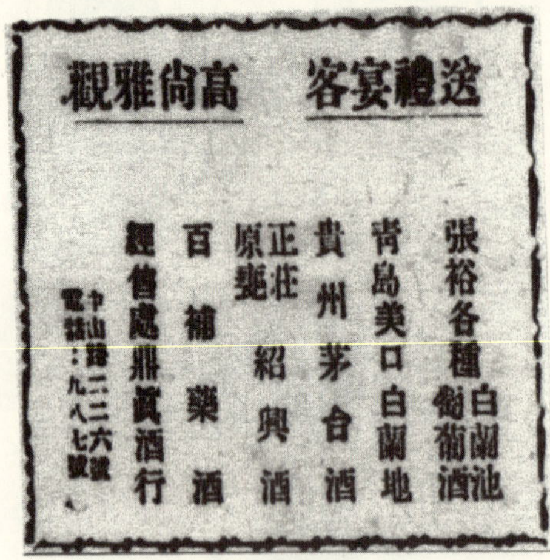

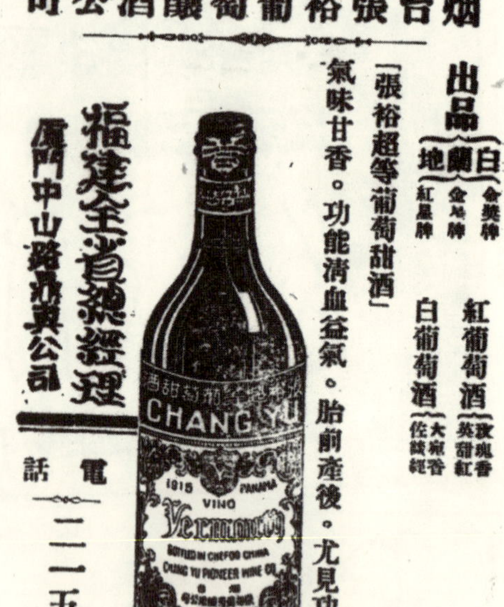

烟台張裕葡萄釀酒公司
出品
白蘭地（金獎牌 金星牌 紅星牌）
紅葡萄酒（玫瑰香 英甜紅）
白葡萄酒（大宛香 佐餐經）
「張裕超等葡萄甜酒」
氣味甘香。功能清血益氣。胎前產後。尤見功効。
CHANG YU
福建全省總經理
厦門中山路鼎眞公司
電話 二一五三號

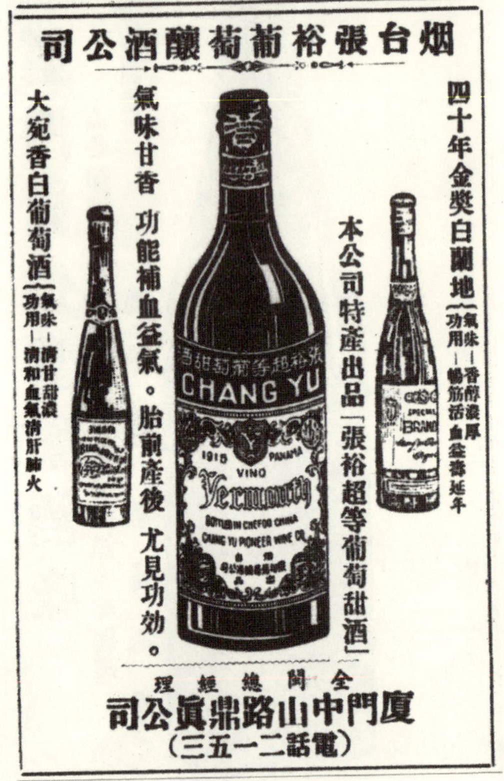

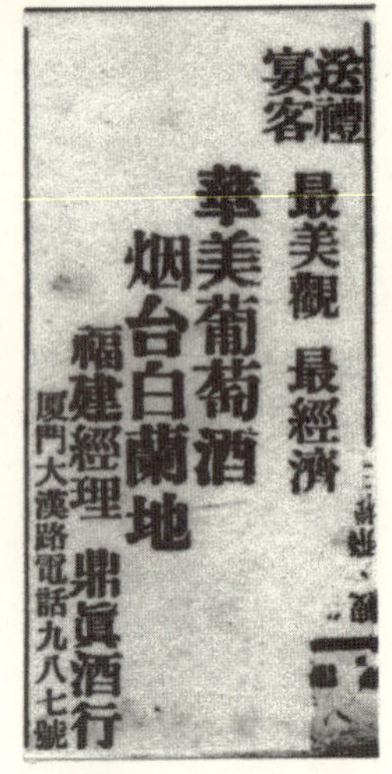

烟台張裕葡萄釀酒公司
福建省總經理
鼎真酒行
厦門市大漢路
電話九八七番

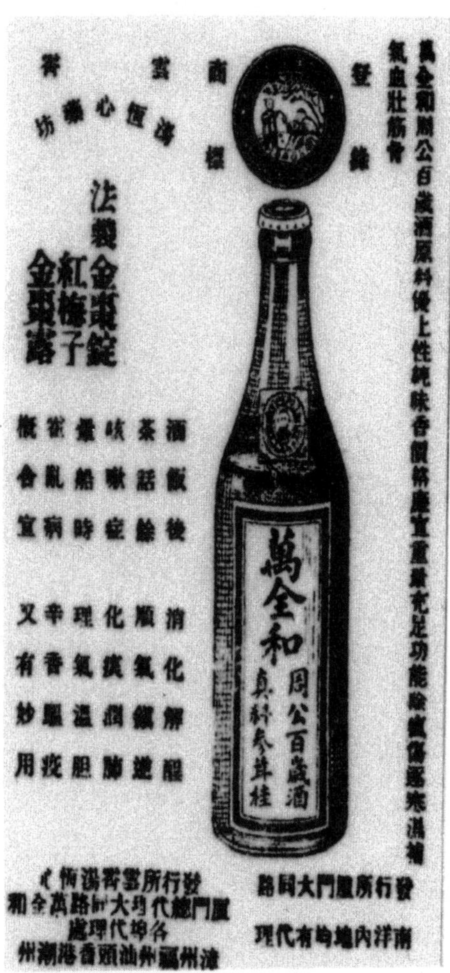

三餘商店

遠年花雕酒
白玫瑰露酒
五加皮藥酒
批發・另售

厦門中山路二二三號
電話：二三三號

(特庄膏粱)
(遠邇馳名)
陶泉酒廠
製造廠在厦門新馬路西邊社電話七零九號特聘名師精釀膏粱糯米各色美酒及梅醋發售如蒙惠顧毋任歡迎
本主人啓

醇泉酒廠
精製各種原料酒
著名金雞老酒
特別久年花雕
國公藥酒
總發行：厦門後江埭五一號
電話：六四四號

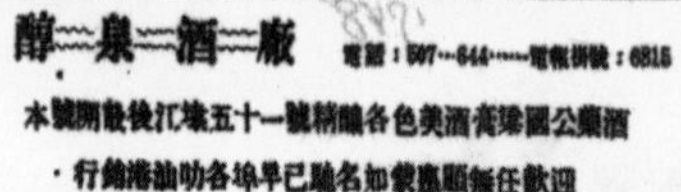

醇泉酒廠
電話：507…644……電報掛號：6815
本號開設後江埭五十一號精釀各色美酒膏粱國公藥酒
·行銷港滬叻各埠早已馳名如蒙惠顧無任歡迎

晉源造酒廠

自製各種美酒南北醋

批發零售 無任歡迎

特別膏粱 乾酒 玫瑰露酒 五加皮酒 史國公酒 久年花雕 各色藥酒 米酒美醋

廠設後江埭

門牌：七十六 電話：六一二 四二三

晉源酒廠

專門釀造各種美酒 美醋 各色藥酒 諸露酒

陳年花雕 久藏老紅酒 醇香高粱乾酒

百種酒總批發

鼎眞培記行

廈門市大同路四一號

電話九八七番

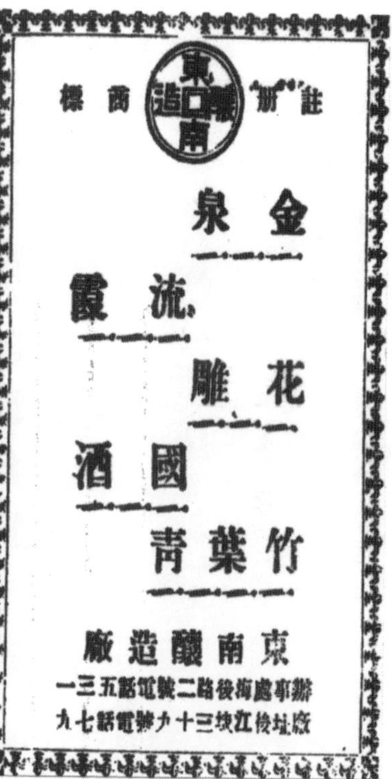

美德堂著名的養元酒荔枝酒

住址：鼓浪嶼龍頭街

門牌二三七號

郭泰源酒行

瘋傷藥酒
陳年花雕
天津高粱
頭抽老酒

各色酒類 應有盡有
批發零售 均所歡迎
廈門開禾路四號
電話一五九○號

和成酒行

廈門邦鎮路廿二號
電話：四四三號

天津正北酒，
浙紹花雕酒。
汕頭白米醋，
南北土產。

津源酒莊酒源津

金津源酒莊◎住大王打鐵街貳號

福建

自造 五加皮 史國公 玫瑰露

總經理 香港淮華桔水公司

監製 參茸補血真藥酒

金津源酒莊◎電話二一百二十三號

總批發

英華酒莊

專聘高尚廚師
特辦中色筵席
各色經濟和菜
馳名美味佳點

經濟食品 配送迅速
招待週到 [illegible]

廈門開元路三一二號

電話四七四四

自製拔傷藥酒 正頭抽老酒
選辦津滬名酒 批發另售

廈門永生酒行

住址：外清巷二○號
電話：三八八號

六豐公司正頭抽老酒廣告

敬啓者敝公司自釀正頭抽老酒氣味香馥醇美適口價健廉宜還有糯米酒蜜酒豐莊嫦莊俱有莊瓊美麗佳品適宜茲際殷歲年關送往迎來餽贈止多眾發報端以廣招徠如荷光顧無任歡迎 廈門六豐米絞總公司附設酒廠啓

甘泉堂酒行

上等原料 普通價格

自製名酒三種
歡迎各方嘗試

廈門第八市場

香港富星公司啓事
厦門萬金堂製酒廠啓
富星公司啓

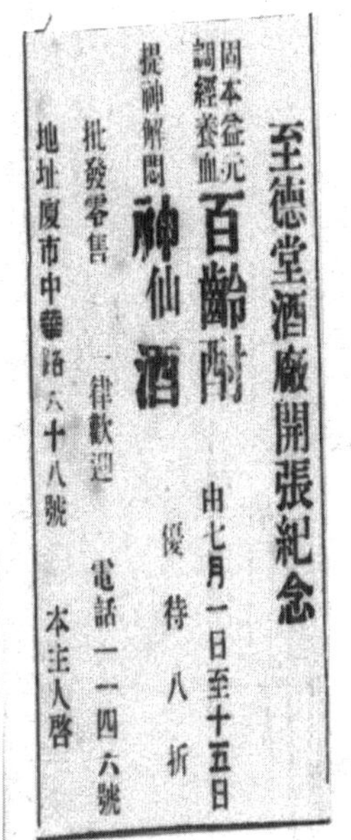
至德堂酒廠開張紀念
固本益元
調經養血
百齡酎
提神解悶
神仙酒
由七月一日至十五日
優待八折
批發零售
一律歡迎
地址廈市中華路六十八號
電話一一四六號
本主人啓

和勝酒莊

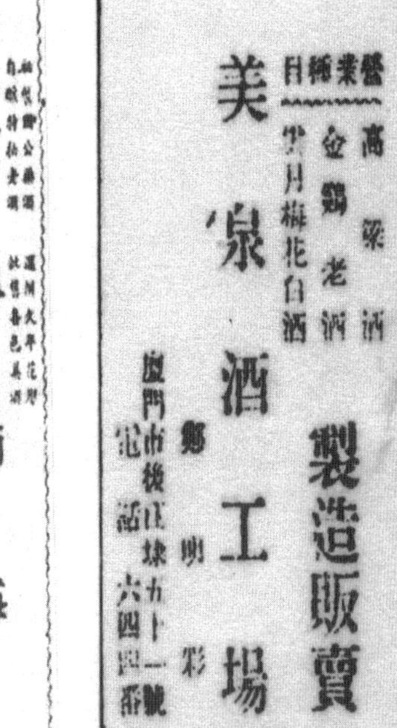
高粱酒
金雞老酒
雪月梅花白酒
美泉酒工場
製造販賣
鄭明彩
廈門市後江埭五十一號
電話六四四番

達華行出品
參茸補血酒
常飲此酒
身壯力強
用之送禮
貴族大方

金斧牌參茸固本藥酒
各埠代理
總發行
酒廠

永泉酒工場
高粱酒
雪月梅
金雞老酒
九齡藥酒
米酒
製造販賣
周三財
鄭明彩
廈門市後江埭五十一號
電話六四四番

總批發處：得忌利士洋行
佳節送禮
如用啤酒
請選上等
怡和
啤酒
質味適口 滋養豐富
精美盒裝 致送便利
怡和啤酒廠
經理 怡和洋行

捲土重來
EWO
上海
怡和啤酒
科學製造·滴滴精華·歡迎批發·定價克己·
夏令常飲·解渴怡神·交貨迅速·夠期不誤·
英商得忌利士行廈門分行經理
廈門大同路五〇七號 電話九三七號
分代理：恆順行 廈門大同路五零七號
豐盛行 廈門中山路二四一號
松茂行 廈門大中路一六號

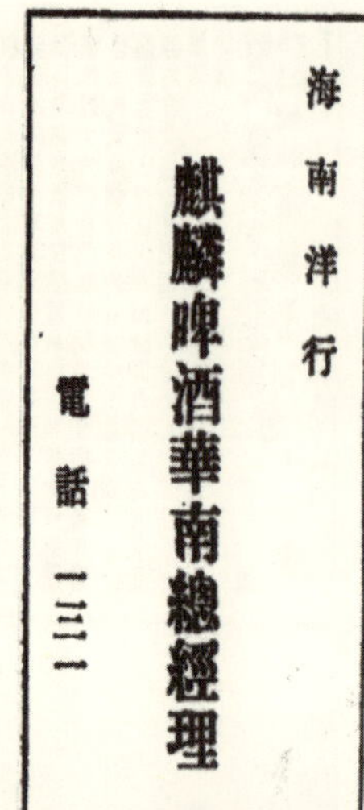
海南洋行
麒麟啤酒華南總經理
電話 一三一

請飲怡和啤酒
出品新鮮 口味醇美
EWO
無論何時
均宜販飲
怡和啤酒
怡和啤酒廠
經理
怡和洋行
本行兼代理
白馬威士忌
怡和威士忌
三星佛蘭地
金標威士忌
怡和廠紅酒
怡和健身露
並各色洋酒
英商德忌利士洋行啓

光牌太陽啤酒
晨光路
復元洋行
鎮邦路
源晉洋行

漳州奇苑茶莊及駐厦奇苑茶莊

佈告

年來華茶失敗蹶墜一落千丈揆厥原因半由內亂頻仍關稅苛刻半由外茶充斥消長排擠有以致之也今幸統一告成栽植貿易而向以出口最大宗之絲茶兩產經當國諸公之提携指導將由式微而顯曙光由曙光而得集備于是本莊益自奮勉用將自闢武彝幔陀寶巖霞賓三花磊石岬岫龍珠等七大巖所產各色名茶加工製造注重衛生以素適合現代需要并以副各界諸公提倡推許之雅意本莊更以廈店僻處漳城交通未便于前年在廈分設駐廈奇苑茶莊發行處以便各界就近採購惟恐遠近未及週知特此佈告

恭賀新禧

林奇苑茶莊

廈門水仙路四九號

電話一四一二

本莊歷代自備武夷山幔陀寶國巖賓珠龍磊石等十二大名岩出產大紅袍鐵羅漢名色種三印水仙各色名茶品質優美製法精良飲之功能生津止渴消食解毒醒酒提神祛煩強腦延年益壽如蒙光顧無任歡迎

林奇苑茶莊　廈門水仙路 49

電話…1412　電掛…1142

武夷安溪名茶　親自揀選焙製

賜顧格外克已　歡迎比較品試

漳州青年路

廈門水仙路四九號

林奇苑茶行

專售武彝安溪各色名茶

價格極外克已從廉

林奇苑茶莊
武夷安溪名茶
親自揀選焙製
歡迎比較品評
賜顧格外克已
茶業奮斗雄視全球
NO-49 SHUI SIAN ROAD AMOY CHINA.
LIM KEE WAN TEA FIRM
總發行所：廈門水仙路四十九號

僑農製茶廠 廈門發行所

廈門中山路：316 電話：183 電報掛號：3900

本廠自選武夷岩山各種茗茶科學焙製退熱卻暑

中外馳名各埠風行惠顧諸君請認孔雀商標

峣陽茶行

(電話一二三三號)

馳名 武彝名色種 安溪鐵觀音

總行 廈門開禾路

分行 香港文咸東街

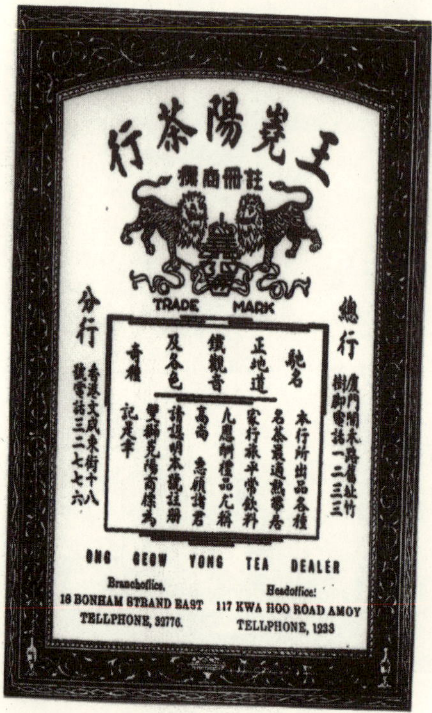

天山茶莊
本號精製綠水桂名茶
各嘜名茶風行環球　請君認明松鶴商標

秋濤茶記莊
業經政府註冊別人不得假冒
本莊原籍安溪自置名巖開設茶廠製造各種茶葉歷春兼赴武彝揀選正巖奇名色種氣味消沓生津止渴志圖擴充營業振興國產對於各茶極力研究精工焙製揀擇潔淨各色盒罐裝璜精美自出品以來價格從廉暢銷中外遐邇馳名因恐有無恥之徒冒牌仿裝以偽亂真希圖射利為此自式拾年前特加設虎標以便顧客辨別真偽免致魚目混珠祈望
各界諸君光顧無任歡迎
總發行廈門大同路
分棧新嘉坡吉寧街

本莊親赴武彝督辦正巖奇名色種安溪一等鐵觀音發行中外惠顧諸君　請認明佛手商標

廈門奇芳茶莊

思明南路門牌四九二號

恭　茂圃茶莊　新

新嘉坡北京街五十一號

代理廈門　苑
幔陀西三印水仙
幔陀西部香小種
專家玉舍叙
肉桂名色種
五十庄白牡丹
安溪特別鐵觀音
五十庄白毛猴
總代理廈門
鈕源滕輝
榮元齋養脾散
馮大樹喉藥粉

芳茂茶行

廈門開元路一四〇

電話一三九〇

本廠出產
各色巖茶
銷售中外
批發零沽
無任歡迎

分行岷里拉

後街仔四二三號

Hong Moh Tea Firm
423 Nueva st.
Manila P.J.

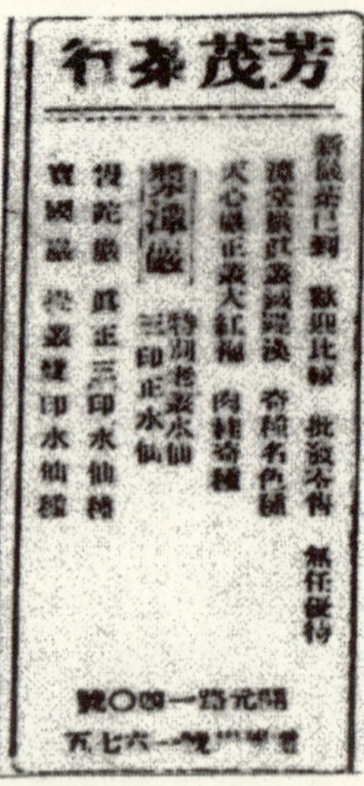

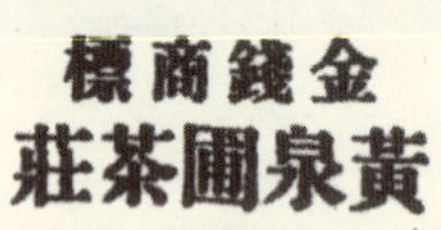

廈門橫竹路舊名竹仔街

自置武彝八大名巖督採各色少茶發行百貨遐邇馳名

總經理黃篤奕

錦茂茶行

鎮邦路七三號

電話五八八

廈門

芳茂茶莊

自置武彝十大名巖

銷售中外

馳名已久

開元路賴厝埕口

南洋土產茶葉輸移出入商

錦茂貿易公司

鎮邦路七三號

電話五八八號

本號親赴武彝選採名茶並加工督製肉桂各色及水仙奇名小種鐵觀音等批發零售一概歡迎

錦祥茶莊

營業主 郭雙龍

橫竹路七號

電話五八八號

鼓浪嶼龍頭街

龍泉苑茶莊

主人何志華

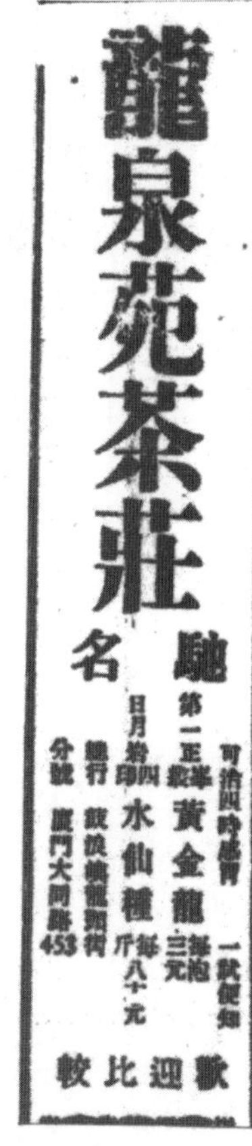

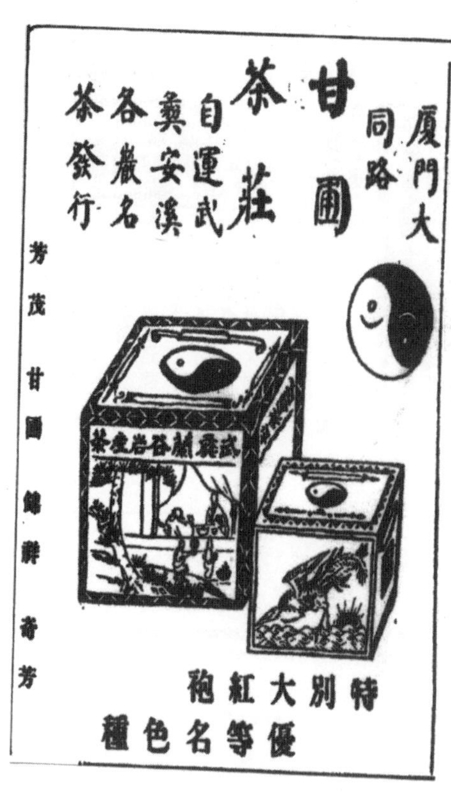

總行厦門橫竹路門牌貳拾號
分棧星洲尋顚街門牌一三八號

錦祥棧茶莊

歷年親赴武彝選採各大巖奇名色
種小種安溪極品鐵觀音分售中外

南洋土產茶葉輸移出入商

錦茂貿易公司

新郊路七三號
電話五八八號

本號親赴武彝選採名茶並加
工督製肉桂各色及水仙奇名
小種鐵觀音等批發零售一概
歡迎

錦祥茶莊

營業主 郭雙龍
橫竹路七號
電話五八八號

張源美茶行 鷺江道門牌163 電話1069號

武夷 安溪 名巖 茗茶

行銷各埠————有口皆碑

九、文化教育

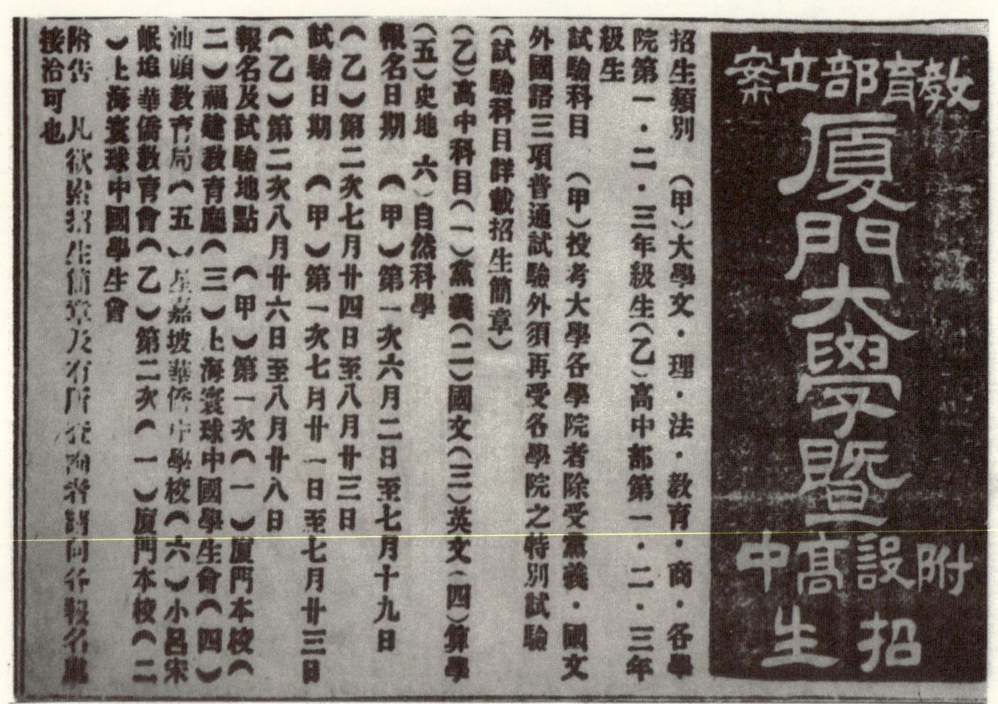

教育部立案

廈門大學暨附設高中招生

招生類別　（甲）大學文・理・法・教育・商・各學院第一・二・三年級生（乙）高中部第一・二・三年級生

試驗科目　（甲）投考大學各學院者除受黨義・國文外國語三項普通試驗外須再受各學院之特別試驗（試驗科目詳載招生簡章）

（乙）高中科目（一）黨義（二）國文（三）英文（四）算學（五）史地（六）自然科學

報名日期　（甲）第一次六月二日至七月十九日（乙）第二次七月廿四日至八月廿三日

試驗日期　（甲）第一次七月廿一日至七月廿三日（乙）第二次八月廿六日至八月廿八日

報名及試驗地點　（甲）第一次（一）廈門本校（二）福建教育廳（三）上海寰球中國學生會（四）汕頭教育局（五）星嘉坡華僑中學校（六）小呂宋帳埠華僑教育會（乙）第二次（一）廈門本校（二）上海寰球中國學生會

附告　凡欲索招生簡章及有所查詢者請向各報名處接洽可也

集美高級水產航海學校招收插班生廣告

（一）學額　（甲）五年制第一學年第二學期插班生十五名（乙）三年制第一學年第二學期插班生十五名（丙）五年制第二學年第二學期插班生十五名

（二）程度　（甲）投考五年制第一學年第二學期者須修滿初中三學期以上（乙）投考三年制第一學年第二學期者須修滿高中一學期以上（丙）投考五年制第二學年第二學期者須修滿初中五學期以上

（三）納費　共約國幣柒拾元

（四）報名手續　可通函報名須附四寸半身相片一張并號函達本校

（五）報名日期　一月廿五日起至二月二十日止

（六）試驗科目　（甲）五年制 1體格檢查 2國文 3英文 4算術 5代數 6自然常識 7社會常識 8口試（乙）三年制 1體格檢查 2國文 3英文 4算術，代數，立體幾何，平面三角 5自然常識 6社會常識 7口試（丙）1體格檢查 2國文 3英文 4算術，代數，平面幾何 5社會常識 6自然常識 7口試

（七）試驗日期　二月廿一日至廿二日

（八）試驗地點　廈門集美學村本校

（九）報名費　試驗前繳納國幣二元錄取與否概不退還

（十）附則　（1）本校學生依各國漁航界慣例以能敬受教訓練絕對服從爲合格旨不同者幸勿來校（2）本校爲提倡企業起見凡關漁航界子弟來校者尤所歡迎（3）本校爲培養漁業航海人才而設學額有限如志願未堅者幸勿來校（4）不帶相片者不能與試（5）學則函索即寄惟須附郵票一分

廈門市私立龍山小學招生通告

班級學額：一上 一下 二下 三下 四下各五十名

報名手續：除一上外須帶原校手冊

報名日期：二月十七日

註冊日期：二月十九日

開學日期：二十日

民國二十八年二月　日　招生委員會

大同中學續招新生

一，名額：高一上二十名（高中同等學力不收），初一上加招一班五十名

二，報名日期及地點：十二日至十五日在本校報名

三，考試日期及地點：十六日在靖山頂本校

四，報名手續：繳交最近半身相片一張畢業證書（同等學力交年齡證明書）及報名費

校長 許鴻圖

廈門粵僑初級中學第一次招生通告

一，名額：一上新生五十名，一下插班生十名。二，報名日期：自即日起。三，考試日期：二月十七日。四，考試地點：小走馬路粵僑小學。五，費用：學米一百斤（簡章備索）

校長章傑鄰

廈門中華中學　廿七年度第二學期　第一次招生

一，招收名額：高中一年上二十名　初中一年上二十名　其他各級酌備插班生

二，報名日期：自二月七日至考前一日止

三，報名地點：廈門市中心虎頭山本校

四，報名手續：1繳交二寸半身相片三張 2繳驗證件 3納報名費

五，考試日期：二月十五，十六日上午九時至十二時下午二時至五時

校長王連元

二月七日

教育廳立案私立閩南職業中學校

暨分校招春季編級生

學額商科一，二，三，各年級。印刷藤竹兩科暨附小各年級均現有生遺額酌收編級生

試驗日期第一次二月四日第二次二月十四日

校址一在鼓浪嶼一在廈門彩馬街

私立慈勤女子中學校（原名廈門女子師範學校）暨附設小學招生廣告

本校就廈門女子師範學校從新改組定爲今名遷校址於鼓浪嶼三丘田宮保第照部章根據三民主義教育須一律依下列各規定辦理

一．名額　本校設高中初中兩部並附設小學部各部各級均酌收新生與插班生小學部兼收男生但年齡以十二歲以下爲限

二．試驗科目　中學部　黨義國文英文數學（高中部試驗算術代數平面幾何）史地自然科學（初中部一年新生英文史地自然等科改爲常識測驗）小學部國語數學常識（第一年免試）

三．報名手續　塡投考報名單繳驗畢業證書或修業證書及其他學業證明文件中學生須繳四寸半身像及報名費一元

四．報名日期　自八月十五日起至八月卅一日截止

五．考試日期　自九月二日起至九月四日止

六．開學日期　九月十日

七．應繳各費　學費高中廿五元初中廿元高小十二元初小八元體育費中學一元小學五角雜費中學部一元理化實驗費高中二元宿舍費每學期八元膳費月七元午膳月三元五角中學部新生及插班生應繳保證金千元

八．報名處　（一）鼓浪嶼三丘田宮保第本校（電話二百十四號）（二）廈門寮仔街兆和公司樓批發處

▲備有招生簡章函索即寄▼

私立慈勤女子中學校啓

廈門粵僑初級中學招生通告

一，名額：一上新生五十名一下插班生十名，二，報名日期：自即日起至考試前一日止，三，考試日期：二月七日，四，考試地點：小走馬路粵僑小學（簡章備索）

校長章燦帝

廈門中華中學　卅七年度第二學期　第一次招生

一、招收名額：高中一年上四十名初中一年上二十名其他各級酌補插班生

二、報名日期：自二月七日起至考前一日止

三、報名地點：廈門市中心虎頭山本校

四、報名手續：1繳交二寸半身相片三張　2繳驗證件　3納報名費

五、考試日期：二月十五，十六日上午九時至十二時下午二時至五時

校長王運元

二月三日

福建省立廈門高級工業職業學校招生通告

一，班級：應用化學科及造紙科新生各五十名土木工程科一下插班生二十名

二：投考資格：新生：凡已立案之公私立初級中學畢業生或具有同等學力者均得投考

插班生：凡在普通高中或同等學校肄業一年上期者均得投考

三，考試科目：國文英文數學理化

四，報名及考試日期：二月十四十五日報名二月十六十七日考試（報名時須繳一寸半身相片二張）

五，地點：禾山雙涵本校

私立大誠中學啓事

査本校高一組畢業證書經蒙教育廳驗印發還仰各畢業同學來校具領此啓

私立福建學院廈門區招生

（一）科系：招收法律政治經濟銀行會計及工商管理各學系一年級新生（二）報名日期及地點：七月八日至十二日在廈門深田路廈門地方法院（三）考試日期：七月十六十七兩日（四）考試地點：小走馬路粵僑中學。附註：招生簡章向報名處索閱函索應附足郵票

和解啓事

本農歷五月十九日龍窟東村有小孩在大嶝海坪爲細故與石潯社飼鴨發生誤會龍窟東因舉動過於激烈石潯社爲顧念兩社感情順篤深爲諒解不與爭較經同人等出爲調解息事雙方和好如初合函登報聲明

調解人　蔡宜炳　陳伯麟　同啓

城都英語專科補習學校添招插班生

名額：基礎新生二十名，初級班高級班插班生各十名，報名處：即日起向本校註冊（簡章備索）報名時間：上午八點至十二點下午二點至五點

校址：關河街四號（思明小學對面巷內）

校長　呂城都

鼓浪嶼武榮中學暨(附設)高級小學招考(男女)生

一·學額 (一)高中第一年級三十名(二)初中第一年級四十名第二·三年級插級各十五名(三)高小第一第二年級各二十名
二·報名手續 (一)畢業或修業證書(二)最近四寸半身相片一張(三)報名費一元(小學免繳)
三·報名日期 八月十五起至九月二日止
四·報名地點 (一)鼓浪嶼西仔渡頭本校(二)厦門浮嶼南安公會(遠道學生准予函報名)
五·試驗日期 九月三四兩日
六·諸費 (一)高中學費廿五元初中廿元高小十元(二)宿費十元(三)膳費三十二元五角(四)實驗費高中四元初中(三年級)二元(五)雜費二元體育費一元圖書報費一元學生會費五角
七·開學 九月八日
「附註」 遠道學生來及投考者當優待起見准予臨到臨考
招生委員會八·七。(簡章函索即寄)

招生廣告

教育廳立案私立閩南職業中學校暨
厦門分校
福民小學校

新招學額 中學部 商科一二三年暨印刷科籐竹科均收編級生(高四遵章不收轉學生)
小學部 新招蒙養一級餘自初級一年第二學期至高級二年第二學期皆視舊生遺額酌收編級生
入學試驗 第一次二月四日
第二次二月十二日
校址 一在鼓浪嶼和記渡
一在厦門彩馬街
校長葉谷虛啓

私立閩南職業中學校招生通告 (厦門附小另行披露)

一·新招學額 商科一二三年各級(均係第二學期)酌收編級生其他織染科十名印刷籐竹兩科各五名
二·招考程度 凡欲投考商科一、二、三、各年級者均須有同等學校之年級或修過初中一·二·三·年第一學期之相當程度其他各科亦須高小畢業或相當程度者(惟性情懶惰無心學業者或沾染煙酒嫖賭嗜好幸各自愛勿來報名)
(乙 入學試驗學科商一 三民 國文數學英文四科 商二、三民 國文 代數 (一次方程式)英文四科
商三 三民 國文 代數 (二次方程式完)英文四科
三·入學規定 甲入學試驗前先交履歷書(即將姓名年齡籍貫並畢業或肄業學校校名住址及年齡以詳為妙)乙須呈驗證書或轉學書分數單以便呈教育局轉繳備案 丙 交報名費一大元(錄取者抵充學費不及格則不退還)並錄取者商科須交入學金一大元其他各科十五大元 並請本埠有資產或有營業者保證入學式填寫保證書遵守並任賠償(本校發職員不能為保證)丁 學生應立志願書並繳備各項費用取得入學證方得上課
四·應納用費甲商科每學期學費二十大元(如果自品學皆堪造就而家庭無力者可從入介紹者可來從商減)其他各科均免學費體育及圖書費各一大元宿費分大洋六元八元兩種制服另行入先交六大元待裁製時(餘還缺找) 膳費三十二大元一次交清(每月按大洋七元(餘還缺找)
修業年限 商科四年其他各科均二年
開校日期二月六日(星期一)舊生補考二月七日星期二)舊生繳費二月八日(星期三)新生報名二月九日(星期四)
試驗新生二月十日(星期五)新生揭曉繳費二月十一日(星期六)編級上課
中華民國廿二年一月
校長葉谷虛啓

鼓浪嶼私立福民小學校招生廣告

一 舊生預交註冊費辦法
本校年來收生辦法均先舊生有餘額方納新生故本季舊生凡春季有意繼續來校求學者請于廿二年一月二日至七日先交註冊費一大元開校時可將收條扣抵學費否則作新生論(然倘有居家未定或其他特別原因來函聲明者不在此例)至舊生雖交註冊費若不依時上課又未聲明除將所交註冊費取消並收新生補額
二 學額
甲 新招 蒙養級全班年齡六歲以上
乙 編級生 自初級一年二學期至高級二年第二學期均視舊生遺額酌收插班生
三 新生入學規定
甲 報名時須先繳交一大元(正式編級時抵充學費考後不上課則不退還) 乙 呈驗轉學書及學科成績表
丙 初級部考國語算術初級三年以上則添試常識(且爲慎重起見考後先試讀一星期方編爲正式生)
丁 初級三年以上須立志願書及保證書
四 納費
甲 學費 蒙養級六大元，初級一年七大元，初級二年八大元，初級三年九大元，初級四年十大元，高級一年十二大元，高級二年十五大元 乙 宿費分大銀六元，八元兩種 丙 膳費三十二元一次交清(每月大洋七元按月計算缺找餘還) 乙 圖書體育費自第四年至第六年大洋一大元 丁 入學金新生二大元 戊 制服費每生先交大五元(待裁制時缺找餘還)且不拘新舊生均須將各費繳完方許上課
五 減費生辦法
本校歷年為體念平民子弟故每學定減費生五十名惟先優待舊生(未放假前一星期來校領劵)有餘額方納新生(當于開校以前一星期到校面商)然均須安人介紹面職減交款目書明減費劵待開學時並現款同時繳交
六 開學日程

廈門同文中學校（原名同文書院）招生簡章

編制　本校分高中初中二部並附設高小部高中暫辦普通科第一系加習商業科目三年畢業初中三年畢業高小二年畢業

學額　現招初中二年以下各級及高中一年級插班生

投考資格　新生須具相常程度并帶轉學書或成績單寄

報名日期　二月十四十五日每日上午九時起至下午三時止插班生報名時應預繳試驗費二元補考生應交補考費二元

試驗日期　二月十七十八十九日每日上午九時起下午一時半起試驗新生及補考舊生

試驗科目（甲）高小一二年　三民　國文　英文　算術

（乙）初中第一年　三民　國文　英文　算術

（丙）初中第二年　三民　國文　英文　算術　常識

（丁）高中第一年　三民　國文　英文　代數　自然　幾何　生物

校址　廈門[illegible]高石

（甲）繳費　高中學生應繳學費三十元初中學生應繳學費廿八元高小學生應繳學費廿五元學生會費一元印刷費一元

（乙）宿舍生應繳宿舍費十五元預存賠償損失費五元膳費三十二元膳堂費一元

（丙）學生在校午餐者應繳膳費十三元膳堂費一元

（丁）高中學生應繳試驗室費十元預存賠償費六元高中一年學生習打字者應加繳打字機費六元

（戊）制服　軍服費｜初中三年以下各級新生須交編費八元高中各級新舊生須交軍服費十三元

（己）各費除預存外概不退還

交費日期（甲）舊生及格者二月十四十五日

（乙）新生及補考生二月廿一廿二日

開課日期二月廿二日

福建省立廈門初級中學招生廣告

一．學額（甲）一年級新生四十名男女兼收（乙）一年級第二學期及二年級插級生各數名男女兼收

注意　本校准教廳訓令第三年級不招插級生請勿以是見詢

二．投考資格（甲）十二歲以上十六歲以下小學畢業或具有相當程度者得考新生之入學試驗（乙）十三歲以上十七歲以下曾在初中肄業一學期以上考試及格者得受相當年級之插級試驗

三．試驗科目（甲）新生　黨義國文算術常識

（乙）插級生黨義國文英文數學（一年級第二學期考算術二年級第一學期考代數）本國史地自然科學（一年級第二學期及二年級第一學期畢考生物學二年級第二學期加試理化）

四，報名手續（甲）新生應繳小學畢業或修業證書插級生應繳初中修業證書及各學期詳細成績單（乙）最近四寸半身相片一張（丙）報名費一元

五，報名日期第一次八月十日至八月廿日　第二次八月廿四日至八月卅一日

六，考試日期　第一次八月廿一日至八月廿三日　第二次九月一日至九月三日

教育廳立案 私立雲梯學校招生廣告

學額　高小初小幼稚園各級各三十名男女兼收

學齡　五歲以上十六歲以下

試驗　初小高小插班生當經入學試驗然後編入相當年級

繳費　學宿兩費均免宿生什費二元全學期膳費三十元當於入學前繳清概不退還

報名日期　二月一日開始

校址　廈門禾山前埔社（電話禾山十二號）

中華民國二十一年一月　日

代理校長黃克恭

教育部立案 私立廈門華僑女子初級中學校秋季招生廣告

一·班次 初中第一學年第一學期新生一班名額三十五人（專收女生）高小第一學年第一學期新生一班名額四十五人（男女兼收）初小第一學年第一學期新生一班名額五十人（男女兼收）中小其他各級（以秋季始業）各招插班生十名

二·資格 應試初中第一學期者年齡十三歲以上十八歲以下未曾成婚女子品行端正身體健全曾在高小畢業或具有同等學力者應試高小者以初小畢業年在十四歲以下者爲合格

三·試驗科目 初中 黨義 國文 數學 作文 高小 黨義 國文 算術 常識

四·報名日期 八月一日起至八月廿五日止

五·考試日期 初中一年級及高小一年級新生訂八月廿八日上午九時及下午二時考試 中小各級插班生訂八月三十日上午九時及下午二時考試中小各級留生其不及格科目概訂九月一日上下午補考

六·報名手續 初中部新生須納報名費一元并繳四寸相片二張高小畢業證書插班生須繳初中級修業證書或分數單高小部新生納報名費壹元并繳畢業證書或各學期修業證書抑分數單初小部報名費一元（初小部可由學費抵扣）

七·納費 初中學費及其他費計二十乙元高小學費及其他計九元初小及其他計七元寄宿費每學期乙拾元膳費六元四角午膳三元（以上概收大洋）（學生會費另收）

八·開校 訂九月三日星期三上午十時

中華民國十九年七月三十一日校長黃寶玉

鼓浪嶼私立維正女子中學校暨附屬小學校招生廣告

本校經董事會議決力事擴充添聘富有學識經驗之教職員以最新教學法及教育部最近頒布的課程標準爲根據冀養成青年實用健全的人格有志獨學者希照下列手續及日期到校報名以便試驗編級可也

（一）學額 初中部一年上下學期及專修科 小學部高級國民幼稚園各年級均招新生及編級生

（二）報名日期 八月一日至八月廿三日

（三）報名手續 一繳驗畢業或修業證書二四寸半身相片一張三報名費五角

（四）試驗日期 八月廿五日廿六日（遠道隨到隨考）

（五）開校日期 八月廿八日

（六）校址 鼓浪嶼鹿耳礁L九號電話二二五

詳章函索即寄或到校取閱均可 校長王清輝

廈門私立毓英女子初級中學高初小學招生通告

學額 初中第一年級新生卅名第二年級第二學期班生十名小學高初級插班生各廿名

免費 本校爲優待貧寒子弟起見酌收初級中學免費生十名小學酌收十五名

考期二月，四五日

開學二月，十日

校址關隘內大溝墘

（簡章函索即寄）

招生委員會佈

廈南女子中學暨附設高初小學招生

編制、本校設初中三級並附設高初小學六級

學額、初中一，二年級及高初小學各級招收插班新生各十名

試驗、二月十三·十四·十五三日試驗三民主義國文英文數學及各科常識小學測驗國文算術常識高小加試驗英文

報名、一月廿八日起至二月十二日止新生報名須帶修業證書或轉學書初中各級生須繳半身像片一張報名費二元

納費、學費初中十六元各項雜費四元宿費六元膳費廿五元學生會費六角小學高級學費八元初級六元

開學、二月十七日開學錄取新生各費應於入學時繳清

附告、招生簡章函索即寄但須郵票一分

校址、廈門虎乳澗門牌廿三號電話八九四

招生委員會啓

私立廈門華僑女子中小學校招生[illegible]告

本校訂二月十二日（廢曆正月十四）上午十時開校初中部三級高小部兩級初小部四級均招插班生有志向學新生須於十二月日以前到校報名投考并繳四寸影相一張特此通啓

外國語專門學校招生廣告

（一）創辦人——係留歐學生所主持

（二）英文科招生分類——一年級（A）招收初學英語者（B）招收曾在初中二年肄業一年以上者　二年級初中畢業或高中肄業者　三年級高中畢業大學肄業一年者　四年級……課程除英文外增設商業科目打字速記等　大學肄業二年以上者兼授普通科學如哲學經濟學以及自然科學等藉以增加英文研究範圍

（三）其他科目如日語文等外國語如有相當學額亦可開班

（四）報名處——古城西路一百三十五號本校辦公時間每日上午十時至下午五時

（五）開學——國歷一月廿日

（詳細章程函索即寄或到報名處索取）

校長H.S.CHen陳荷生

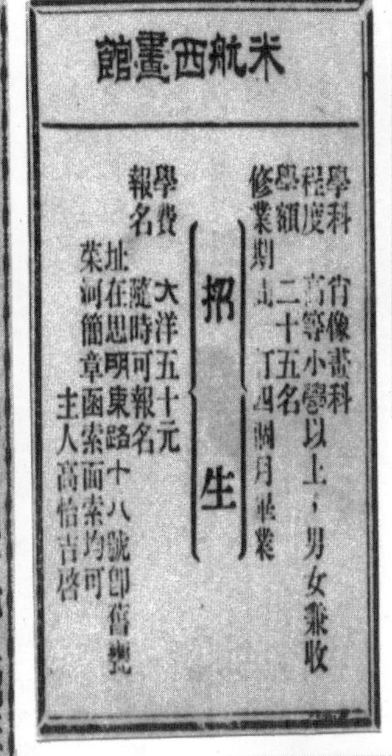

米航西畫館

招生

學科　肖像畫科

程度　高等小學以上，男女兼收

學額　二十五名

修業期　四個月畢業

學費　大洋五十元

報名　隨時可報名

址　在思明東路十八號即舊菜河

簡章函索面索均可

主人高怡吉啓

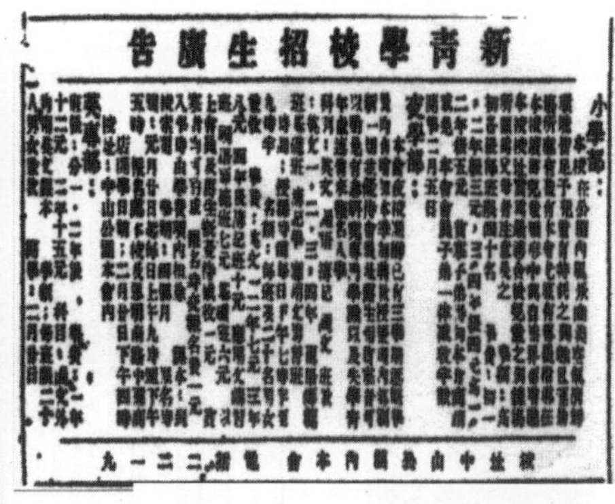

新青學校招生廣告

小學部

校址中山路內本會　電話二一一九

福建省衛生行政醫師訓練班招生廣告

一、訓練地點：南京衛生署

二、名額：暫定二十五名

三、校考：凡有醫師證書或曾領過宇醫師證書年在四十歲以下者於一月十日起至二十日止攜帶證明文件及最近四寸半身像片三張履歷二份在福建省政府民政廳衛生科報名一月二十二日至二十三日在衛生科舉行考試

四、考試科目：黨義。常識。基本醫學。臨床醫學。口試。體格檢查。

印有簡章備索

（九日）

廈門語言美術研究社招生

一、科別　語學科　英文　法文　西班牙文　世界語　美術科　圖畫　女子手藝（註：畢業後本社能介紹升學美術大學繼續研究）

二、級別　各科分初級及研究級兩組

三、期限　各一年惟世界語科只限半年

四、學費　語學科初學級每月三元研究級每月五元什費每月五角美術科各級每月均五元什費每月五角

校址：鼓浪嶼泉州路B一三八號二樓　報名時間：下午六時至九時

臺灣省警務處保警總隊招考學警通告

一、本部奉國防部轉令編遞設一四〇一……電令准在閩招考學警一千名。二、名額：廈門區五十名。三、資格：凡年滿二十歲至三十歲體格健全曾在初中畢業或同等學力者。四、報名及考試時間：自二月二十日起至二月二十六日止（隨帶身份證隨到隨考）五、報名手續：須繳學歷證件……最近脫帽二寸半身照片二張。六、考試科目：1，體格檢查2、學科：國文、算術、常識、口試。七、待遇：只委任待遇五十五元餉給起支（自入隊日起）錄取後隨即入隊赴台（旅費由公家供給）

總隊長陳孝強

墨隱山房英漢專修科招生

學科　英漢課本由教師指定之

學金　專修一科或兩科每月概收學金拾元　於入學時繳清

時間　分上下午兩級上午九時半至十一時半　下午一時半至三時半

程度　須有初中一年級以上或同等學力者　年齡暫不拘限

上課　國歷二月廿六號

報名處　本嶼烏埭角經記書局吳先生及本處報名　時須繳報名費一元

鼓浪嶼烏埭角A三四九號三樓

晉江墨隱山房啓

欲於最短期間學得一藝之長者請來加入

廈門畫社附設暑期肖像畫研究班

學員加入手續便當於期時間保證成功滿意畢業自國曆七月十日開課起不論何時均可入學學費輕省并有免費條例學員不拘男女不限各界教室佈置空氣調爽光線十足詳細章程函取面索已備奉送教室暫設在思明東路廈門商店三樓有意研究者請速加入

東亞化學工業社招生

函授函校保證速成功（住址）廈門中山路中華戲院對面斜左角

本社開辦傳習所專培養實驗實用之化學工業專門人才指導實驗製造輕本厚利免稅器易製造易成功易銷售之貨品俾學者不論大小資本可實行製造人人能謀生自立畢業學員千餘人遍佈南洋及國內各處成設廠製造營售或任人技師成績均甚佳有南洋暨國內各處學員成功開業報告之信件掛貼在社以供參閱本社有各種大規模器具機械可供學員實驗及參觀如製洋燭之活動機器製肥皂之器切皂機壓皂機製造罐頭餅乾製造味素粉之化學鍋等皆係大工廠必用之器本社各種齊備學員有工廠大規模製造之應用機器設備智識畢業後欲任工廠技師即有勝任之把握不論男女老少凡有志者均可報名學習科目如各色肥田粉　各種肥皂　乾電池　洋燭　蚊香圈　牛乳　罐頭　味素粉　醬油　餅乾　化學蜜　化學醬　菓子露　香椒醬　化學棉　藥水洗染　冰糖　白糖　銀盾　玻璃鏡　甘油　汽油　各種酒料　中西藥品　化裝品　日用品等數百種

東界鄉復旦國民學校秋季招生廣告

宗旨及名額　本校爲推廣教育培植人材起見於本學再行續辦招收國民一二三四年級學生各廿五名

學膳費　學費概免膳費每月小洋四元午膳者每月小洋二元寄宿生被帳自備，床桌由本校供給

報名時期　有志向學者不拘男女生於陽曆八月十日以前到本鄉成章布店內報名額滿不收

試驗日期　定陽曆八月十五日在本校考試甄別插班

開學　日期本校定八月廿日開學（即古曆七月廿日）

中華民國十三年七月　日　校長許竹林啓

雙十商業中學校招生（男女）

學額—補習班一級四十名　初中第一年級上學期一級四十名　初中第一二年下學期插班生各十名

投考資格—凡在高級小學畢業班修滿一學期高小畢業生之程度較差或有同等學力者得投考補習班　凡在高級小學畢業者得投考第一年級　凡在初中修滿一學期以上者得按程序投考插班

投考手續—學生投考報名時應繳畢業文憑或修業證書　考試科目—凡投考補習班及初中第一年級者須受三民國文英文及算術試驗投考第二年插班者須受三民國文英文及代數試驗

報名日期—自國曆二月一日至起考試日止

考試日期—二月十二十三兩日

註冊日期—二月十四十五兩日

校址—廈門外清箭場仔

電話四八號

廈門私立雙十中學鳴謝啓事

本校董　胡文虎先生慨捐建築金乙萬元建設虎豹體育館乙座俾本校中學部五百餘學生于健康訓練倍覺利便熱誠義舉深爲感激特登報端以揚仁風並致謝忱

私立雙十中學校長黃其華

廿五年一月十五日

私立福建學院新生廣告　大學部　高中部　初中部　男女

本院續招大學部法律系政治經濟系一年級生及二年級編級生又高中部初中部一年級生及二年級編級生茲定自八月八日起報名至二十日止大學部各級入學試驗定八月二十三日舉行高中部初中部入學試驗第一次定八月十五日起舉行第二次定八月二十三日起舉行有志入學者務於報名期內隨帶四寸半身相片二張及報名費（大學洋一元高中五角初中三角）畢業證書或轉學證書（附成績單）到本院報名繳納關於入學資格或試驗科目逕向招生處索閱詳章可也

董事長楊樹莊　院長何公敢

白水井　電話四五零一

检验员
3

廈門同文校友會募捐建築會所小啓

敬啓者本會於去年會集時卽議決建築一同文校友會會所經開會由執行委員等計劃勘定地址繪就圖式估定價數擬就勸募辦法訂立捐冊公舉黃校友濤爲募捐主任陳校友清笵張校友振漢爲副主任分赴各位校友及校友親屬暨諸熱心家鼎力募捐合應具函登報先容統祈我校友暨其親屬等竭情傾助共襄盛舉成茲廣廈於以表現我校友之精神及其親屬等愛護之熱忱諒我親愛諸校友及素所欽仰諸親屬等必表同情而予以樂助也此致

同文諸校友及其親屬暨熱心家鈞鑒

民國十八年十二月　同文校友會執行委員會

厦門英德助產講習所招生

本所此次招生以培養產科人材灌輸醫學及接產技能使一般女子得謀高尚之職業起見爲宗旨
所址厦門市思明南路三二三號卽舊後路頭美國醫院內

注意
凡經本所修業後可在本所附設產科醫院實習
（函索簡章附郵五分卽寄）

上海中國體育學校招生簡章

一、宗旨　本校以養成中小學校體育教師及童子軍教練員爲宗旨
二、年限　三年畢業童子軍專修科六個月畢業
三、資格　初中畢業童子軍專修科須在高中畢業
四、報名　報名處思明縣指委會訓練部日期二月底截止　須繳報名費五元（不取者發還錄取後改作保證金畢業時發還報名不考或取而不到者不還）考試日期臨時通知最近四寸半身照片一張及學校畢業證書

倘有詳細簡章可到思明縣黨務指委會訓練部領取

上海中國體育學校厦門招生處

國立海疆學校三十六年度招生通告

一、科別及名額：五年制商業師範兩科一上新生各四十名，二年制各科備於南洋招收僑生）二、投考資格：實足年齡在十五歲以上二十一歲以下具有公立或已立案之私立初級中學或同等學校畢業者（七）師範學校畢業服務三年期滿者 三、報名手續：1.填報名單二份 2.繳報名費一萬元 3.繳驗畢業證書或證明文件 4.呈繳最近二寸半身像片三張（背面寫姓名） 5.學歷表二份 四、報名日期：八月五日起至八月八日止 五、考試日期：八月十二、十三日兩天 六、報名及考試地點：1.晉江本校 2.福州倉前山英華高中 3.廣州報名地點暫定廣州西關寶華路二十七號樓下 一招生簡章函索附郵卽寄）

校長葉龍光啓

集美中等各校第二一次招生

（一）報名日期：二月十二，十三，十五兩日（二）考試日期：二月十四，十五兩日（三）報名及考試地點：集美本校（四）簡章：函索卽寄

中信會計學社暨鼓浪嶼分社春季招生及續招函授生通告

（一）編制：初級班，高級班，會計專修班。（二）名額：一百名（男女兼收）。（三）報名：卽日起至十五日止。報名處：厦門鎮邦路六號，鼓浪嶼龍頭路允升綢布莊。（四）開學：二月十五日　簡章向報名處索閱，函授簡章請附郵票三元卽奉。

社長楊子江

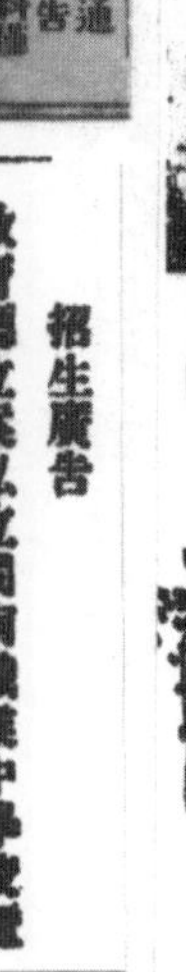

招生廣告

教育廳立案私立閩南職業中學校暨厦門分校
縣民小學校

新招學額　中學部　商科一二三年暨印刷科籐竹科均收編級生（高四選本不收轉學生）
小學部　新招蒙養一級餘自初級一年第二學期至高級二年第二學期皆視舊生遺額酌收編級生

入學試驗　第一次二月四日
第二次二月十二日

校址　一在鼓浪嶼和記渡
一在厦門彩馬街

校長葉谷虛啓

集美小學記

嘉庚校主親書小學記

總會童軍幹部人員訓練班

在廈招考學員　考試設在市府

廈門市政府奉總會命令在廈招考學員已定三月九日檢查體格，十日考黨義，國文，常識，數學(代數，幾何)十一日考三級課程史地。如體格檢查不及格者，不得參加第二場考試。

投考資格，以高中畢業程度，現任童子軍團長或教練經已登記童子軍服務員。此次本省分福州廈門二地考試，全省共考選學員十名云。

大同小學童子軍團實施

童軍中心訓練

市立大同小學校，因鑒於童子軍事業，關係兒童的身心及品格訓練至深且大，在民國六七年間開創設童子軍，但經了不久，因主持乏人，遂停止訓練，去年該校長伍遠資倡議繼續創辦，乃聘陳永年為總教練，全校兒童踴躍呈蓬勃之象，本學期遂將童子軍訓練，為全校之中心訓練，由校長任團長，各教師任各科教練，并將童子軍列入為必修課程云。

教育局立案 鼓浪嶼私立福民小學校

招生

一 學額

甲 新招　初級一年第一學期二班年齡七歲以上

乙 插班生　自初級二年一學期至高級二年第一學期均酌量招收插班生

二 新生入學規定

甲 報名時須先繳交一大元(正式錄取時抵充學費考後不上課則不退還)

乙 凡欲投考高級二年者須繳交轉學證書及高一上下學期學科成績表

丙 初級部須試國文算術及口試常識初級四年以上則需試三民(且須候審查見考生個別先試後一星期發方能錄為正式生)。

丁 初級三年以上須立志願書及保證書

三 納費

甲 初級一年七大元　乙 初級二年八大元　丙 初級三年九大元　丁 初級四年十大元　戊 高級一年十二大元　己 高級二年十五大元　庚 宿舍費每人[illegible]大元　辛 [illegible]自初級四至高一每生大洋一元　壬 保證金新生二大元　癸 [illegible]
[illegible]一併先交大洋大元(待[illegible]時[illegible]退還)且不拘新舊生均須將各費繳完方許上課

四 減費生辦法

本校[illegible]子弟[illegible]名[illegible](未[illegible])[illegible]

五 開校日程

八月廿二三日(星期一二)新生交費[illegible]

又新美術研究院招生廣告

壽君冲霄。畢業於上海新華藝術大學，曾受國民革命軍西北軍委任藝術科事宜。又在泉州開其成績展覽會。為當地人士所贊許。茲設在廈招生研究。許卓然等愛為之介，有心藝術者。盍興乎來。

中西畫系教授科目　中國畫系　西洋畫系（附設肖像科）　教授　美學．藝術論　中國西洋繪畫史　古詩學　及畫理各科如入中國畫系者並可兼習西洋畫入西洋畫系者並可兼習中國畫視學者之性質如何臨時規定

開學日期（古曆八月二十日）

時間以（四個月為限）事額（以十名為限）

學費三（十大元入學時繳清半數）

校址暫（假晴逐巷門牌二十四號）

報名處　昌言小報　鷺州小報　鼎美洋行　黃泉圖茶莊　典寶街和昌麗兒局樓上

介紹人　陳延修　許卓然　陳台拔　納趙建　莊文泉　潘雨峯　黃義生　王宗世　許世昌　林遠峯　林亭涑　黃篤奕

考試委員會通函

逕啓者：數年前閩南大會議決傳道師考試一案業經舉行兩次，每次赴考者亦有人及格，照傳道公會規例，宜增加東仝。惜有多人尚未應試，故今年夏季擬再舉行第三次，用再函請台端，屆期踴躍參加。至於考試科目，不論初次未考或與第一二次考舉，均照附表按級預備——一俟各期考試完畢，則可進名矣。考期及地點，容再函告。端此，并請道綏！

〔附列考試科目表於下〕：

中華基督教閩南大會考試委員　力戈登　高來芳　禮振鐸　陳秋卿　蘇為霖　莊瀚波　仝啓

廿四年二月　日

華英學校十週年紀念

溽島菲濱隔一泓　傳來異域闢新黌
者番蓂厤迴天幹　是處槐陰萃國英
六代笙歌觀樂遍　一堂絃誦受陶成
他年濟濟歸來日　吾道其南與有榮

集美中學校長賀鑑千祝

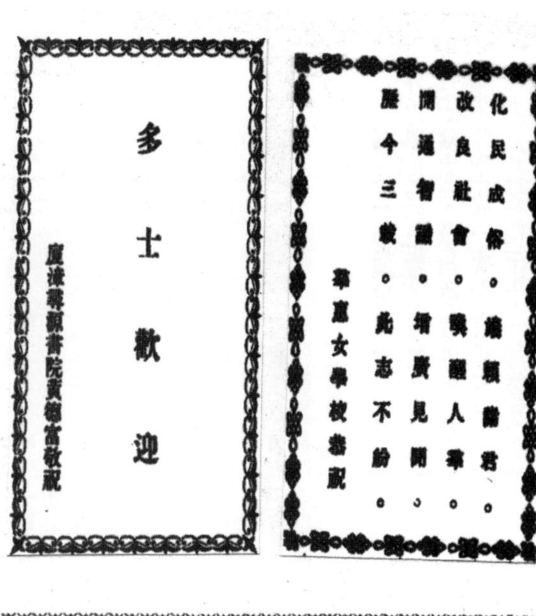

多士歡迎

廈港尋源書院黃錦富敬祝

化民成俗。端賴諸君。
改良社會。喚醒人羣。
開通智識。增廣見聞。
歷今三載。此志不紛。

華英女學校恭祝

哪呀華英學校十週年紀念

華人遠處南洋，對於僑生兒童宜予以良好教育。兒童在校如受正當之教育，則不特可得學識之訓練，且能陶鑄高尚之人格，此事最爲重要！是故慷慨解囊，以助斯校，誠我僑胞應負之責任也。

廈門大學校長林文慶

廈門基督教青年會

廿五週年紀念

世風衰邁　亂潮傾瀉　際此百危之秋
亡羊失其牧者　唯茲偉會　心慈識卓
砥柱中流　宏張四育　振我固有光輝
利民兼謀福國　救災黎於水火　本博愛
於基督　念有五載　勞瘁不辭　偉功厚
德　後進導師　願我有爲青年　步後塵
於靡涯　爰申數言　聊表欽祝微意

懷仁女中華光團敬祝

告白刊例

一　本報告白每𠂆分七層算刊登告白不及一百字者概以一百字算價

二　刊登二號字每行九字每次印費二角不及一行者以一行算價

三　刊登四號字每行十四字印費一角不滿一行者以一行算價

四　圖標花邊照四號字面積算價雕費另加

五　登六次者九折

六　登一月者八折

七　登半年以上者面議

八　登在新聞版內者及論前者刊資面議但論前告白以六十字爲限

九　訂定不印或縮短日期刊資概不退還

十　鳴冤洩忿須有妥實舖保蓋印圖章

十一　關於重要事件須向編輯人面議

售報價目

本埠按次送
全年五元
半年二元八角
一個月五角
零賣每張二分五釐

外埠外國
報費先付
每日二張
代派已酬

郵費照加
空函不應
早期停刊
不得多取

外埠加郵價目

▲中國內地　逐日寄每月加郵四角五占
　　　　　　三日寄每月加郵三角

▲南洋外國　三日寄每月加郵六角

徵收外埠報資廣告

外埠閱報諸公鑒敬者敝報定章報資除本埠按月收取外外埠以每半年徵收一次計去年下半季自六月爲始核至十一月終又屆半年之期凡外埠本館經理或直接購閱諸君乞將報資報費一併於月內　見惠以挹經濟而資周轉曷勝禱盼之至

厦門日報敬

本館兼辦印刷事業廣告

本公司不惜巨資親往外洋名廠選購頭等印機鉛字及各種花邊銅模既精且富永印　官商紳學各界文件傳單銷單廣告暨各種書籍嶄新出色實爲裨益文化實業起見非同營味射利者比價料從廉以圖應學久遠倘蒙惠　顧請至本公司面議可也

本館特告

移所廣告

本報館于六月廿六日遷林磁街路頭街美時行內外埠諸君如有函件請直寄該處接洽此佈

本館啓

本館特別廣告

李竹蘇君現爲本館總司理自此之後凡本館之股票報資之收單暨告刊費之收單以及各項往來之銀信或緊要之信件皆須有李君親筆簽字及蓋有本報圖章者方能爲憑特此廣告以免後論

諸君購閱本報無論內地外埠如因寄送遺失乞即日惠函本館寫字樓以便補送至於定購本報或議登廣告祈移玉本館寫字樓與總司理李竹蘇君面訂或惠函商議亦可不得與派報人相商以杜流弊

又住居古浪嶼者如欲購閱本報請至龍頭恒發號傳九老爺處掛號專此特白

民呼日報特別廣告

本報已定本月念六日出版[illegible]一[illegible]發行大聲疾呼爲民請命之宗旨（二）[illegible]令[illegible]上之[illegible]不受官款不收外股[illegible]（三）[illegible]編輯總目[illegible]論之部[illegible]紀事之部[illegible]叢錄之部[illegible]（四）[illegible]世界觀念[illegible]（五）[illegible]本報[illegible]組織備極艱辛[illegible]取價不得不獨高[illegible]（六）[illegible]數千份[illegible]出版時僅於本埠送閱一日（七）[illegible]特別券[illegible]本報四大張[illegible]六十名人肖像[illegible]特送六十名人[illegible]外埠展限一月（八）[illegible]商學界告白十日（九）[illegible]博徵海內外名人各種著作[illegible]（十）[illegible]

代理告白

仰光中華日報近已開辦其論說宏深探訪周詳誠見聞之廣博也留心時事者請向本館商定自當依期照寄無誤合此佈聞謹啟

全年報資十五盾半年八盾閏月及遠近郵費各照加

福建日報有限公司謹啓

本館所定廣告刊費原爲定價低讓登半年或全年以與及撥學校或地方公益或國民教學等事乞玉本館寫字樓直接與總司理李君面商自當格外從減少數目務以勸盛舉

本館特白

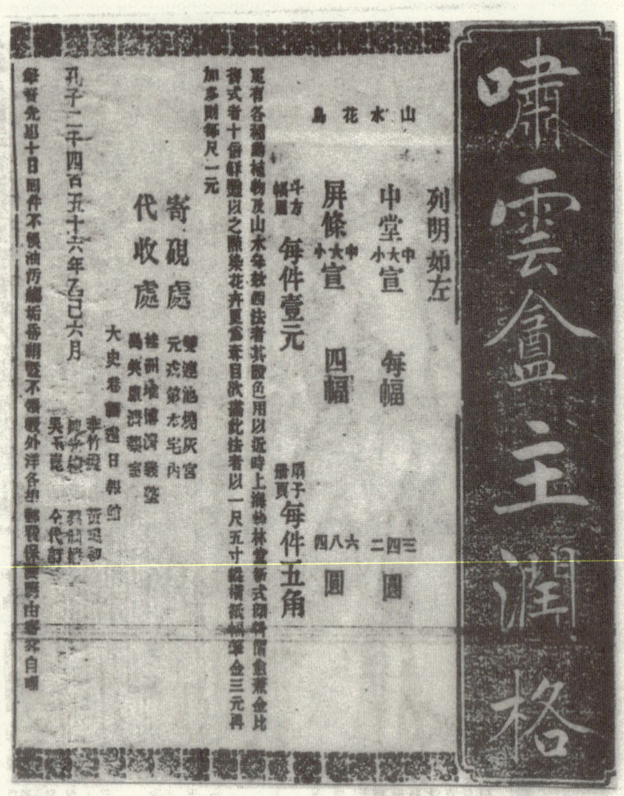

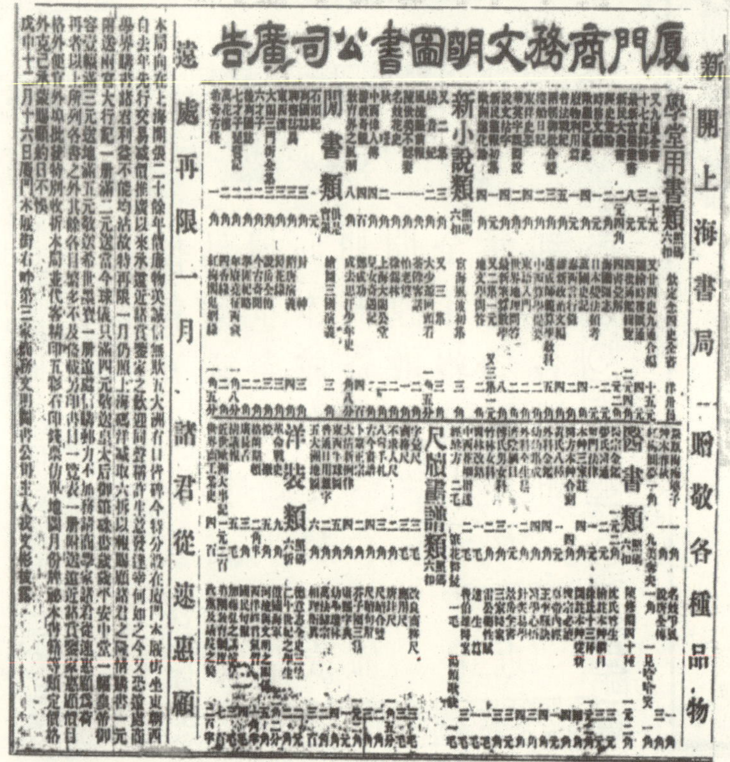

新到
宣統帝像發售
石埕旭昇

本刊每册定價一角

外埠附郵十分即寄

遊覽旅行家必攜

廈島風光

新畫刊出世

本刊內容之特色

（一）廈門新興都市黨政學警機關[illegible]陸空諸般建設以及山岩寺院名勝巒蹤迹攬共薈聚會精華完全攝影是皆圖之特色（二）附以淺畧文字說明並將廈門沿革今昔情形及附遊覽觀感便俾可供豪興之寫意以編成頁合成册務期人手一編

足以襯臨遊覽之慨贈人已玩最爾相合宜之特色

中華寫眞時報社廈門分社啓

分社址在：廈門定安路一一一號二樓（原名塔仔街）

餽贈親友無上珍品

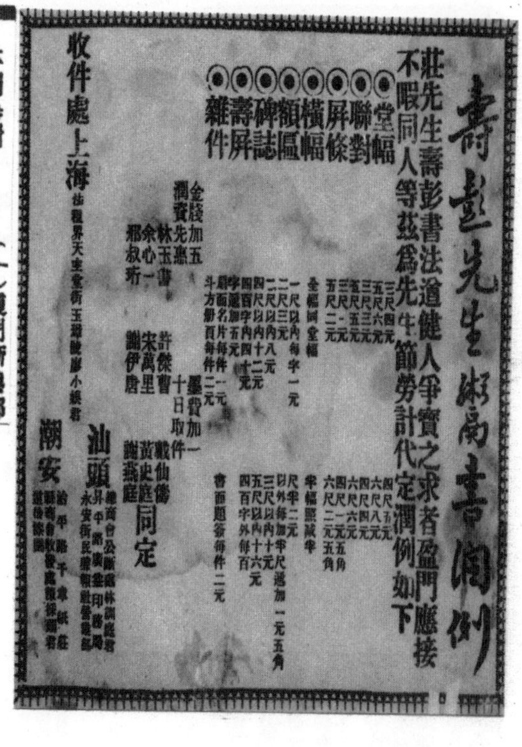

羅丹鬻書潤例

羅子稱華閩之連城人也年少有才氣喜臨池上溯殷周秦漢下及魏晉唐宋心慕手追其得於碑帖之工力最深又善擘窠大字筆勢沈雄渾厚神似翁松禪茲以寄寓鷺門求者日衆苦於應付同人因勸其鬻書資限制爰以代訂潤例如左

品類	尺寸	潤資	附註
楹聯	四尺	二元	每加一尺加一元
中堂	四尺	四元	每加一尺加一元
屏幅	四尺四幅	四元	每加一尺加二元
橫幅	每幅	二元	過四尺加一尺一元
直幅	每幅	二元	過四尺加一尺一元
匾額	每字	一元	以一尺爲限過大加倍
册頁	每件	二元	
扇面	每件	二元	摺扇紈扇均同

泥金綾絹等件倍潤

壽屏碑誌等件另議　潤資先惠約期取件

收件處　廈門大同路鳳行印刷社　廈門磁街綿利銀莊　廈門大同路永康成莊　廈門後廳街木商公會黃吉市　上海老北門計家街永康成申　漳州府口街素位山房　漳州龍溪高中江連欽君　龍巖新華印務公司　連城文亨廣生堂藥局

介紹人　大醒　李思賢　馬弈鏡　陳鏊安　黃吉甫　鄭煦　王卓生　杜保祺　陳丹初　黃鏡弼　郭建猷　曾民　李繡伊　林學大　陳小鵬　黃省堂　盧嚴　謝雲薤　李鈞朝　范體仁　陳瑞淸　黃篤弈　楊廣堂　蘇警予

以筆畫爲次序

贈送日歷

本社備有上海福音書局出版之光愛月份牌及靈食日歷二者甚合於靈修佈道之用茲爲優待惠顧諸君雅意凡購滿大洋式元者附贈光愛月份牌一幅購滿五元者附送靈食日歷壹個拾元以上者二種同時贈送存貨無多購完爲限良機幸勿錯過

廈門聖教書社謹啓

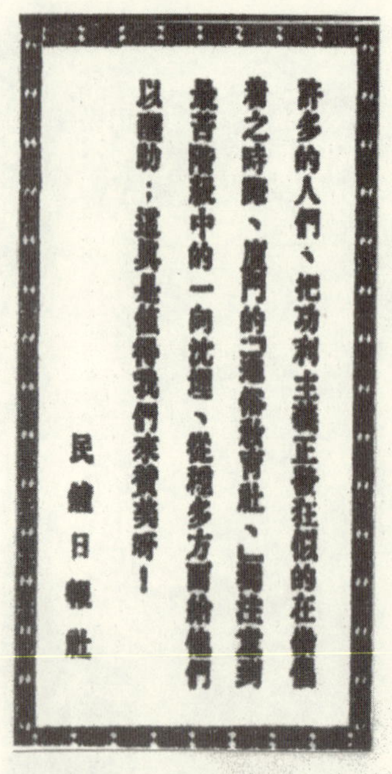

許多的人們、把功利主義正當在似的在做着之時際、廈門的『通俗教育社』、偏注意到最苦隱藏中的一向沈埋、從種多方面給他們以援助；這真是值得我們來贊美呀！
民鐘日報社

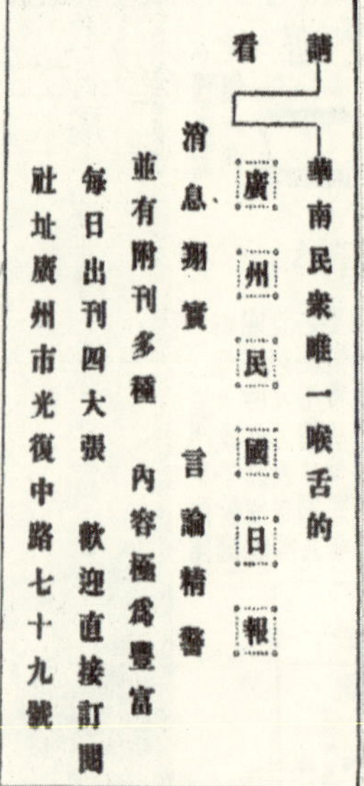

請看
華南民衆唯一喉舌的
廣州民國日報
消息翔實 言論精警
並有附刊多種 內容極為豐富
每日出刊四大張 歡迎直接訂閱
社址廣州市光復中路七十九號

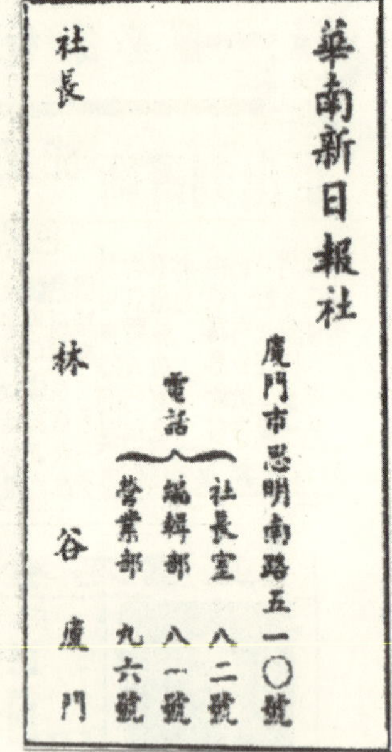

華南新日報社
廈門市思明南路五一〇號
電話
社長室 八二號
編輯部 八一號
營業部 九六號
社長
林谷 廈門

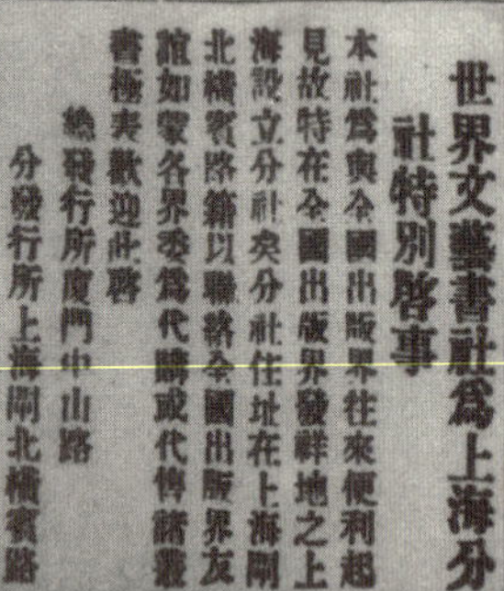

世界文藝書社為上海分社特別啓事
本社為與全國出版界往來便利起見故特在全國出版界發祥地之上海設立分社矣分社住址在上海閘北横濱路藉以聯絡全國出版界友誼如蒙各界委為代購或代售諸叢書極表歡迎此啓
總發行所廈門中山路
分發行所上海閘北横濱路

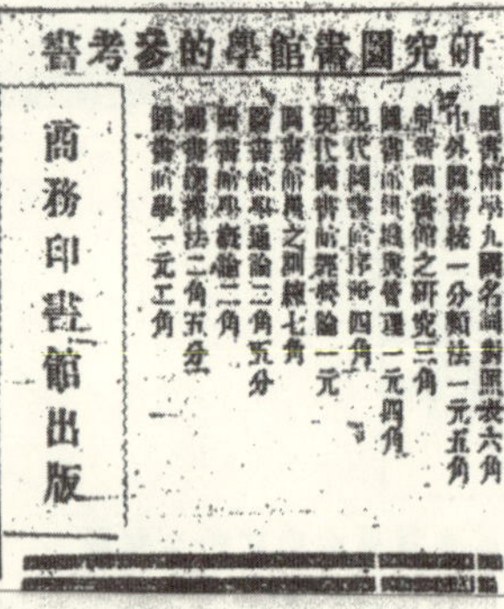

商學日報招登廣告啓事

商學日報為吾廈商學兩界同志所組織言論公正透闢報告敏捷準確為黨國忠實之公僕為民衆誠摯之代表誠報界之明星而人人必讀之刊物也現在籌備業已就緒定三月十日出版家戶踴躍廣告効力宏大且仿各國最新廣告之方法編製收費甚廉茲將廣告分類列左希各界注意

(一)普通廣告『式樣詞句本報均可代為修飾圖版亦可代辦照收手續費務期式樣美觀詞句明暢圖版清晰閱者悅目』

(二)分類廣告『分門別類使讀者得以最短之時間得到最詳盡之指示內分飲食業醫藥業五金業綢布業珠寶業旅館業照像業等等眉目清晣極易引人注意』

(三)廣告『凡求事聘人尋友叮失租房購地以及種種小聲明等項事均可登入』

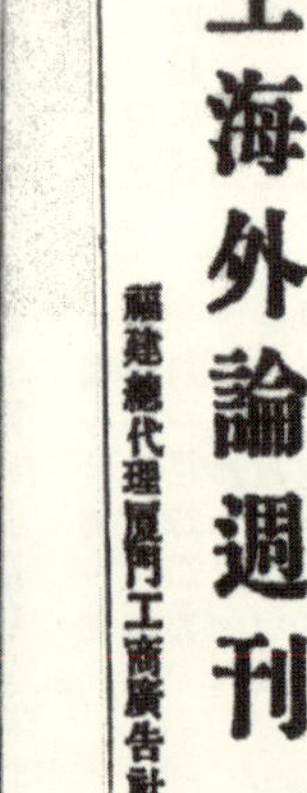

上海外論週刊
福建總代理廈門工商廣告社

華藝
照相電版
思明東路一門牌卅五號

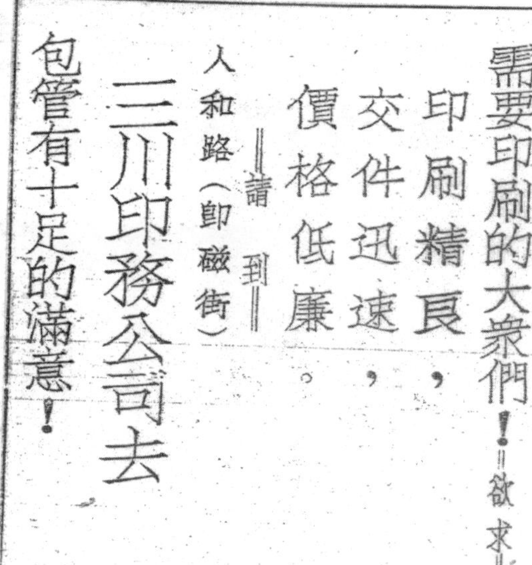
需要印刷的大衆們！
欲求：
印刷精良，
交件迅速，
價格低廉。
請到
三川印務公司去
人和路（即磁街）
包管有十足的滿意！

國產紙
專營洋紙批發
油墨
昌明紙行
廈門
中山路一〇一一〇二號
電報掛號：五五五七
電話：六〇三號

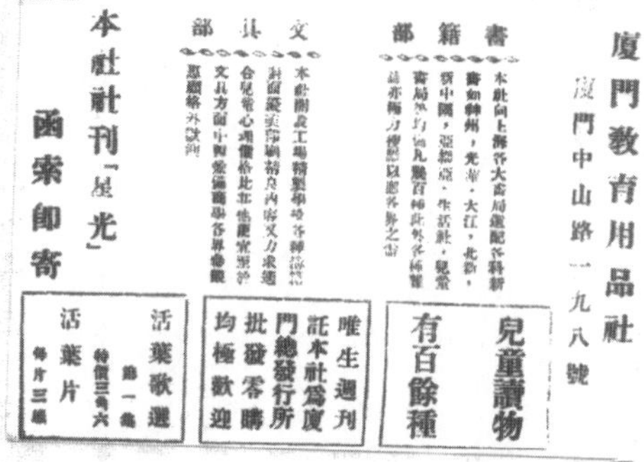
廈門教育用品社
廈門中山路一九八號
書籍部
文具部
本社社刊「星光」
函索即寄
兒童讀物
有百餘種
唯生週刊
託本社爲廈門總發行所
批發零購
均極歡迎
活葉歌選
第一集
特價三角六
活葉片

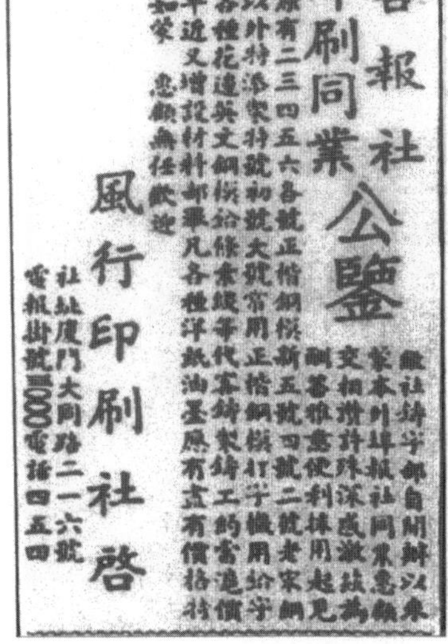
各報社
印刷同業
公鑒
敝社鑄字部自開辦以來
蒙本外埠報社同業惠顧
交相贊許殊深感激茲為
酬答雅意便利採用起見
廉如蒙惠顧無任歡迎
風行印刷社啓
社址廈門大同路二一六號
電報掛號三〇〇〇
電話四五四

廈門大同路中市
風行
承印
圖書 文憑
書籍 證書
報章 商標
雜誌 匯票
鈔票 傳單
禮券 名片
等等 等等

翔文書局
專行
冬季大廉價二個月
各貨全部價出售不顧血本
廉價一覽

民鐘日報啓明印務公司廣告

鉛字爲印刷之源凡同業原有鉛字歷時稍久者必有字體磨損或欠缺者本公司爲便利社會計無論零售今購價格一律價目與上海同而實際較上海廉蓋赴滬購字一副其運費關稅裝箱起卸等費佔全價之一部份每副字必須多此百數十元也諸君必能悉深如蒙惠顧無任歡迎

本公司銅模係聘請上海名手所製先將原字雕刻加深然後電鑄成模故澆出鉛字筆劃清深不易磨損

本公司鑄字材料或選用上等青鉛再和硬鉛點錫分量配合適當或係購用外國鑄字配合其佳者改鑄故本公司所澆出之鉛字與上海各大廠出品質料無異

廈門
中華印書館
電話號碼八六五號
批發中西文具
環球雜貨
中山路門牌一一八號

△贈送日歷

本社備有上海福音書局出版之光愛月份牌及靈食日歷二者甚合於靈修佈道之用茲爲優待惠顧諸君雅意凡購滿大洋弍元者附贈光愛月份牌一幅購滿五元者附送靈食日歷壹個拾元以上者二種同時贈送存貨無多購完爲限良機幸勿錯過

廈門聖教書社謹啓

欲求印刷之精良，迅速，廉價者
請到大同路明明印刷公司來！
營業要目
歐洲各國洋紙
益華國貨油墨
各種印刷材料
中西廣告日曆
批發零售均所歡迎

風行印刷社

廈鼓唯一鑄字所

一九四二年印刷界大貢獻!!

本社近由上海辦到，最新出品、最流行、各號正楷、老宋、日文、西文、銅模，特聘專門技術人才，自鑄各式鉛字；字體個個秀麗，字畫筆筆明朗，並新辦電機，出品迅速，印刷之精良，可並駕歐美；服務之週到，冠乎全廈；如蒙惠顧，隨時電話通知，當即趨前接洽，價廉物美，定能使君滿意也。

地址：大同路
電話：四五四

定價：全年十二冊連寄費大洋五角
編輯者：集友學校農藝新報社
發行所：集友農場出版部
印刷者：思明南路公利印務館

本刊廣告價目

面積	一期價格	三期價格	半年價格	全年價格
全面	廿元	五十四元	三百元	五百五十元
半面	十元	二十八元	一百五十六元	二百八十元
四分之一	六元	十六元	八十四元	一百五十元
六分之一	四元	十元	五十元	九十元

代售處：廈門新民書社
廈門兒童日報社

恭賀
新禧
本報全體鞠躬

本刊啓事

(一)本刊歡迎投稿，凡有關於農村確實消息，農村實地調查，農民實際生活，和畜牧栽種論文，見賜者，一經登載，當酌贈本報。

(二)本刊歡迎定閱。

(三)本刊歡迎交換。

(四)接洽地方：福建省廈門市模範村，本校農場出版部。

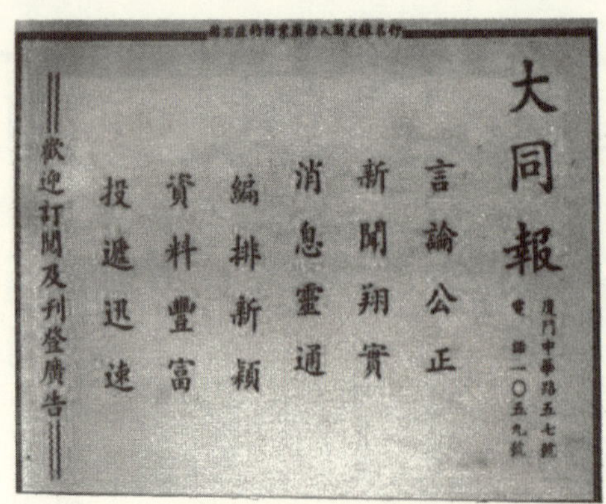

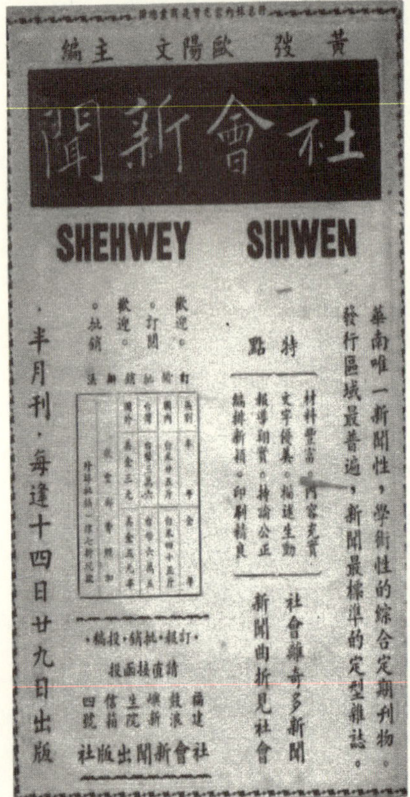

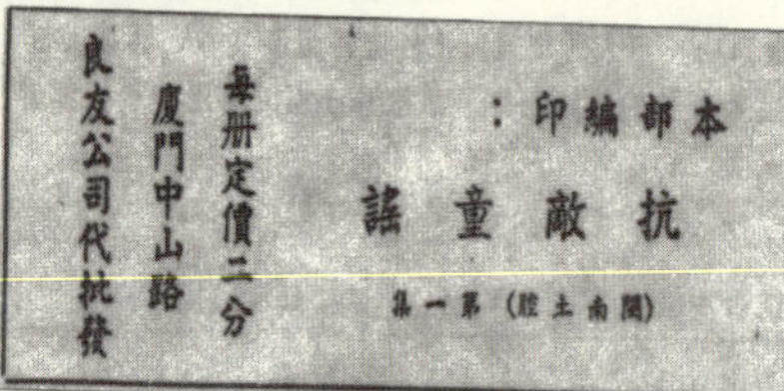

長風書店
中山路二二一號A
開明書店
布面燙金裝幀
附銅版插圖十餘幅
長風日記
全册上等道林紙精印
廿二開本四百頁巨册
恭祝太平年
特價發售九千元

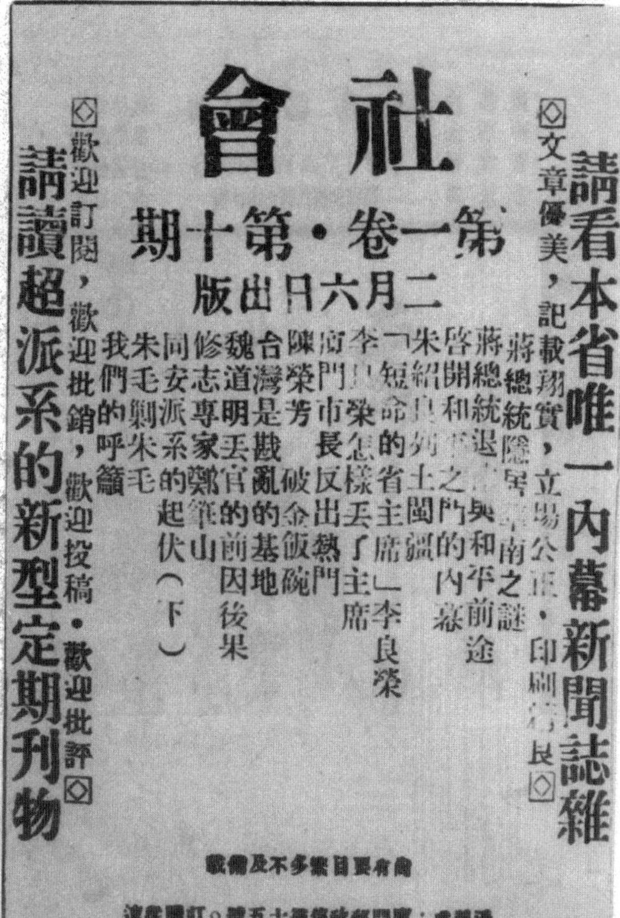

南聲出版社社長陳蕭嚴啓事

[illegible]

《新生活圖說》每冊五分
●歡迎附印 僅收成本
●推行甚廣 定價低廉
世界書局最新出版

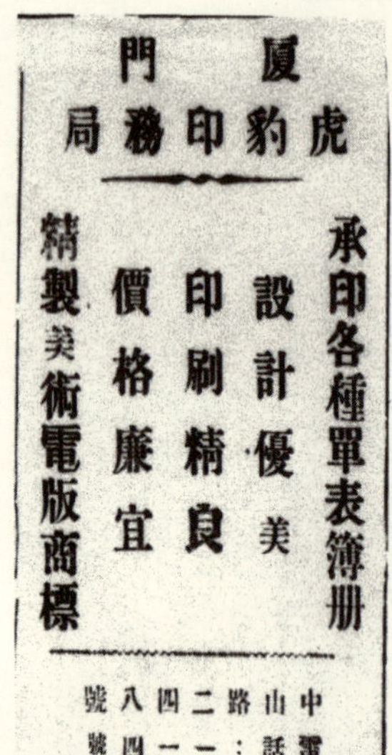

廈門
虎豹印務局
承印各種單表簿冊
設計優美
印刷精良
價格廉宜
精製美術電版商標
中山路二四八號
電話：一一四號

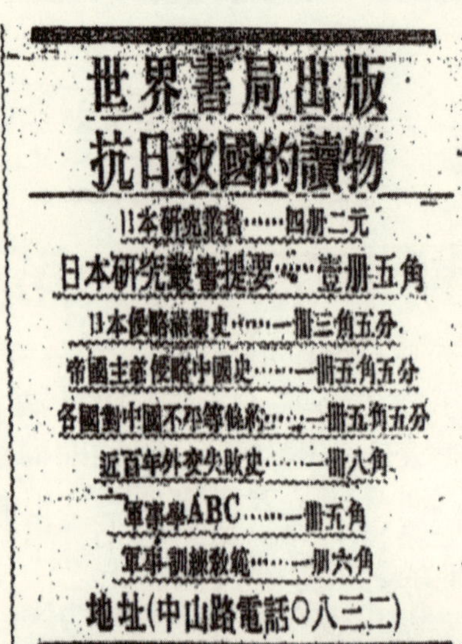

世界書局出版
抗日救國的讀物
日本研究叢書……四冊二元
日本研究叢書提要……壹冊五角
日本侵略滿蒙史……一冊三角五分
帝國主義侵略中國史……一冊五角五分
各國對中國不平等條約……一冊五角五分
近百年外交失敗史……一冊八角
軍事學ABC……一冊五角
軍事訓練教範……一冊六角
地址(中山路電話〇八三二)

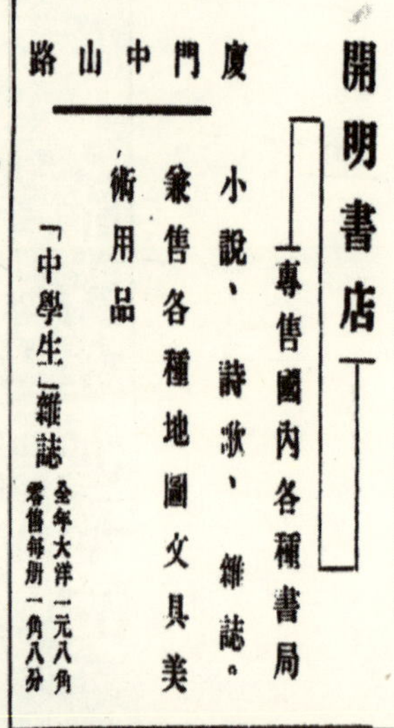

開明書店
專售國內各種書局
小說、詩歌、雜誌。
兼售各種地圖文具美術用品
「中學生」雜誌
全年大洋一元八角
零售每冊一角八分
廈門中山路

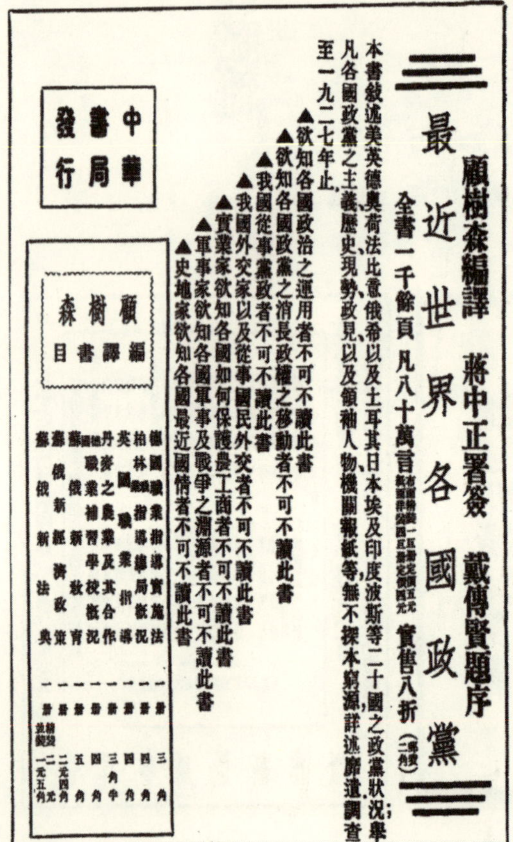

顧樹森編譯 蔣中正署簽 戴傳賢題序
最近世界各國政黨
全書一千餘頁 凡八十萬言 實售八折
本書敍述美英德奧荷法比意俄希以及土耳其日本埃及印度波斯等二十國之政黨狀況；舉凡各國政黨之主義歷史現勢政見以及領袖人物機關報紙等無不探本窮源，詳述靡遺，調查至一九二七年止。
▲欲知各國政治之運用者不可不讀此書
▲欲知各國政黨之消長政權之移動者不可不讀此書
▲我國從事黨政者不可不讀此書
▲我國外交家以及從事國民外交者不可不讀此書
▲實業家欲知各國如何保護農工商者不可不讀此書
▲軍事家欲知各國軍事及戰爭之淵源者不可不讀此書
▲史地家欲知各國最近國情者不可不讀此書
中華書局發行
顧樹森編譯書目
德國職業指導實施法 一冊 三角
英國職業指導 一冊 四角
丹麥之農業及其合作 一冊 三角半
蘇俄新教育 一冊 五角
蘇俄新經濟政策 一冊
蘇俄新法典 一冊

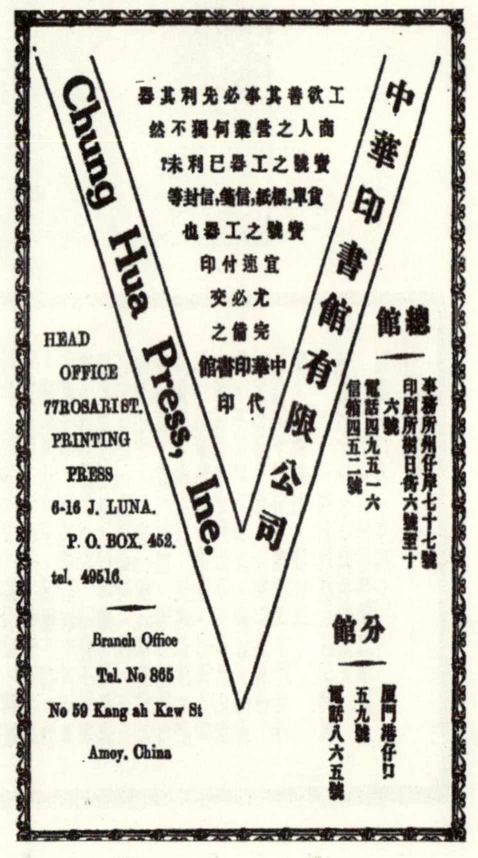

中華印書館有限公司
Chung Hua Press, Inc.
工欲善其事必先利其器
商人之營業何獨不然
貴號之工器已利未?
貨單,標紙,信箋,信封等
貴號之工器也
宜速付印
尤必交
完備之
中華印書館
代印
總館
事務所州仔岸七十七號
印刷所樹日街六號至十六號
電話四九五一六
信箱四五二號
分館
廈門港仔口五九號
電話八六五號
HEAD OFFICE
77ROSARI ST.
PRINTING PRESS
6-16 J. LUNA.
P. O. BOX. 452.
tel. 49516.
Branch Office
Tel. No 865
No 59 Kang ah Kaw St
Amoy, China

精印各種鉛石印件
約期準確　價格從廉
振華印書館
廈門市人和路三一號
電話五七六號

啟新印書局
印刷鑄字所

鼓浪嶼龍頭八十五號　電話一五一號

本局承印中西書報雜誌刊物及一切文件并各種西式簿記表格兼印白話字詩歌書報倘蒙賜顧無任歡迎

本所爲印刷業利便起見不惜巨資添設各號中西字模特聘經驗宏富技師製鑄中西鉛字白話字花邊及一切鉛用零件應有盡有至於原料概用上等配鑄堅強經久耐用而字身亦絕無高低大小之弊定價低廉交貨迅速凡我同業盍興乎來

啓新印書局
精鑄英漢鉛字
承印中西文件
代辦中西各種紙張
住址鼓浪嶼廿七號
電話：一九七

閩南職業中學校印刷科啓事

邇近以來。歐風美雨。文化猛進。印刷事業之需要。較前尤盛。所以印刷業處於目今之社會。固有一日不可缺少之概。非僅宣傳文化是賴。且對美術方面。亦頗有關係。本校有鑒於斯。爲倡辦職業教育。造就人材起見。附設印刷科有年。成績早已昭著。茲再擴充印刷事業。添設最新花邊字粒。特聘精良技師。對於印刷材料悉心研究。精益求精。設備完全。交貨迅速。取價低廉。倘蒙惠顧諸君贊許。無任歡迎。茲將營業數目開列於左：

承印　書籍　報章　簿册　單據
傳單　招貼　卡片　商標

住址廈門鼓浪嶼河記崎
閩南職業中學校印刷科
（電話一六五）

欲求印刷精美
請到
南新印刷局
住址局口街頭

洛陽社啓事

敝社於八月十五日實行遷回原址大同路佛手巷口左畔第三間交易貨色美備價目極爲克己諸君惠顧請到該處爲荷

廈門大同路原名石埕街洛陽社書紙儀器館謹啓

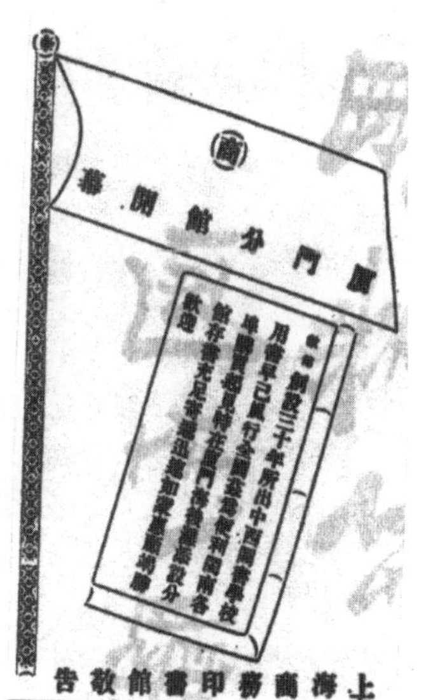

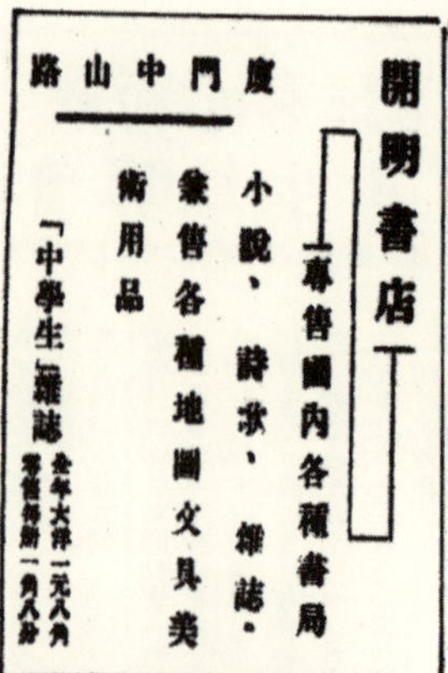

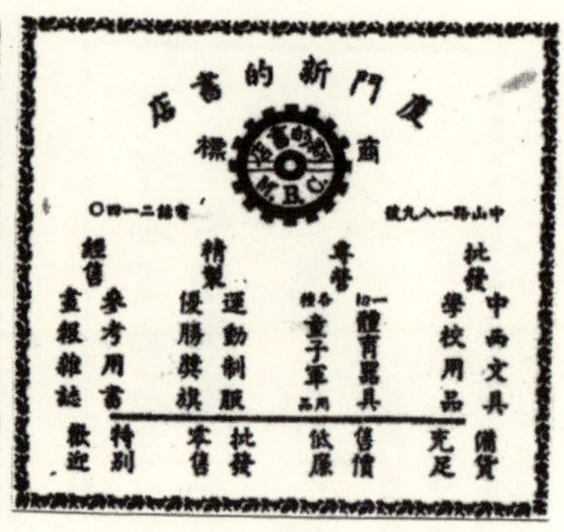

擴大徵求定戶

新綠書店

地址厦門中山路一二九號

電話八一九號

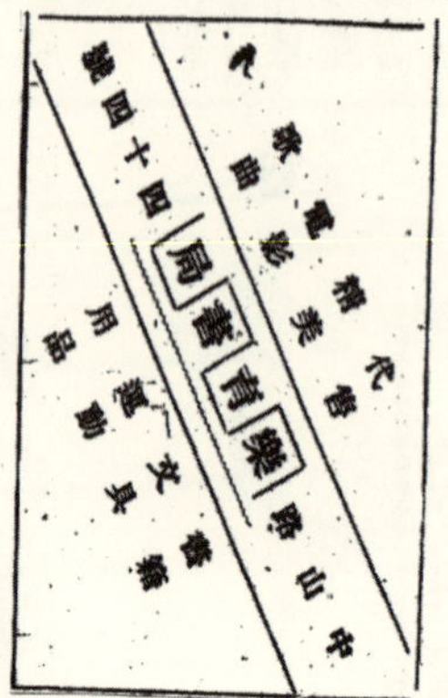

新的書店

電話 2140

住址 厦門中山

營業要目

書報雜誌　體育用品　運動服裝　中西文具

附設童子軍用品部各種用品特別經

福建總經理天津利生工廠一切標準體育用品

創設最早　信用可靠　貨物齊備　價目克己

道南書社

正中書局閩南特約經銷處

厦門昇平路九號

電話：五八九　電報掛號○三八九

營業要目

審定本教科書　國定本教科書　圖書雜誌　教育用具　體育用具　樂器玩具

歡迎參觀

歡迎指導

備貨充足　價目克己　零售批發　均所歡迎

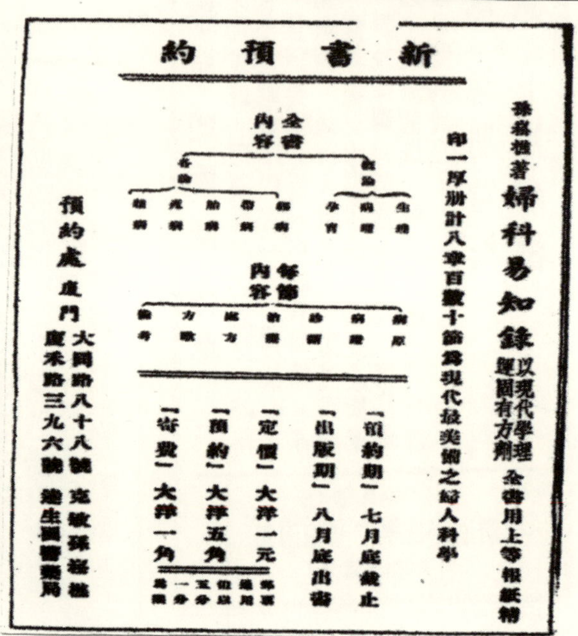

清史列傳

全八十冊　連史紙三十二元　有光紙十八元

有清三百年歷史，在國史中占最重要位置，年代最近，關係最切，一也。上結帝制，下啟共和，二也。破閉關自守之習，通東西文化之郵，三也。然研究清史，苦無完備之書。本局有鑒於此，爰從清代國史館蒐集稿鈔副整理印行。正傳凡二千人，附傳一千四百人，附見者三千餘人。各傳照原文不改一字，實清史之稿本。將來清史館清史告成，必加刪訂。欲觀廬山真面目者，不可不閱此書。

二十四史輯要

二十四史，浩如煙海，卷帙繁重，購既不易，閱讀又苦無從下手。本書選輯二十四史重要各篇，首尾完具，不加刪節。凡歷朝大事位置，暨重要人物，著名書志，大體已備，僅及原書十分之一。不惟易購易讀，抑亦易於下手。初中教員暨高中大學學生，尤宜人手一編，既習歷史，又助文學也。

全三十六冊　連史紙十五元　有光紙九元

中華書局發行

門　廈

大同路洛陽社書紙儀器館啓

敝社專售各機關表簿學校用品社會文件貨色極爲完備價廉物美最新出版教育廳審定福建全省鄉土教科書全部四冊材料充足編纂新穎深合小學史地補充課本之用各界諸君惠顧無任歡迎

◉惠贈書報鳴謝廣告

十二年五月起

香港李崇珍先生　公平月刊　第一二號

香港中華聖教總會　傳道書　一本

廈門中華中學校　光華月刊　第一二期

廈門時潮日報　報紙一份　（逐期）

新嘉坡許其文先生　影片一幅

劉五店閩報社公佈

上海商務印書館聲明商務印刷所並非本館附設之印刷所啓事

查商務印刷所並非商務印書館印刷所之簡稱，茲因廈門圖書館某報載有關於商務印刷所之消息，極易引起誤會。又館某廣告欄中刊登商務印刷所之廣告有「商務印書館圖書編輯部」字樣，非由於說刊即由於該圖影射，尤易引起誤會。除函該商號其更正外，合併聲明。

上海商務印書館謹啓

廿一年六月日

總理遺著及其譯本

商務印書館發行

＊三民主義　一冊　硬布面定價八角　紙面四角

卷首列中山先生遺像、遺囑、及陵墓圖案等銅版精圖六幅。

英譯三民主義　畢範宇譯　一冊　精裝本布面定價四元　普通本紙面二元

San Min Chu I, The Three Principles of the People

此書由美國人畢範宇（Frank W. Price）博士根據本館發行之修正第十版三民主義迻譯而成，並經太平洋國交會議中國出席代表陳立廷君加以校訂，譯文忠實流暢，能將原書意旨曲曲達出。更於佛講之前附加簡括之提要，專門名詞及引用典實亦加註釋，使讀者益覺便利。

＊建國方略　一冊　硬布面定價一元　紙面八角

書內所附港口鐵路圖，均依原稿最新繪製，異常清晰。

＊孫文學說（建國方略之一）……一冊　定價二角

＊實業計畫（建國方略之二）……一冊　定價二角五分

＊民權初步（建國方略之三）……一冊　定價二角

五權憲法……一冊　定價五分

軍人精神教育……一冊　定價一角

加＊各書現售特價七折

商務印書館

自製國貨

圖書畫冊　屏聯膀幅

[illegible]

理化器械　標本模型　幻燈影片　地球儀

[illegible]

中西文具　繪圖器械　教育玩具

[illegible]

新式華文打字機

[illegible]

印刷機器　鉛字銅模　印刷油墨

[illegible]

風琴樂器

[illegible]

運動用品

[illegible]

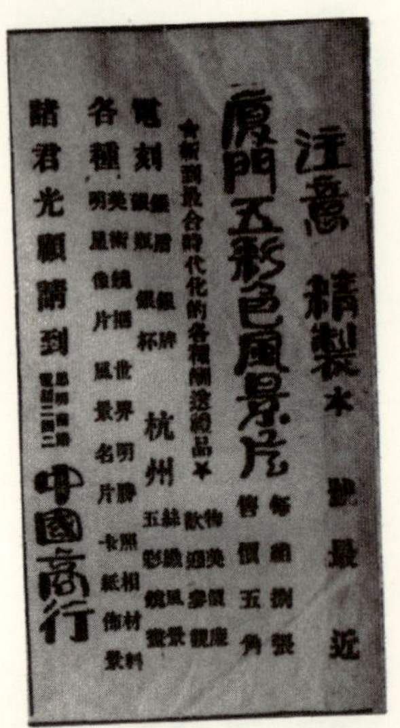

徵求各省方志廣告

查方志一門，關係地方文獻，至爲重要，自國民政府成立以來，對於地方志乘，多所改革，自應及時蒐集，蔚成大觀，以供參攷，本館經呈請思明縣教育局，轉呈福建省教育廳，通行各省徵求各縣方志在案，但各省寄贈者不少，而未寄者尚多，敬請熱心人士，如有新編舊藏各方志惠然寄贈，以惠士林爲荷！

思明縣公立廈門圖書館啓

道南旬刊

社址：鼓浪嶼和記崎道南報社

報費：國內全年連郵費大洋五角

國外全年連郵費大洋一元五角

編輯：梁谷盧

特約撰述員：高崇芳（泉州）劉向榮（漳州）吳炳耀（泉州）林輔枝（南靖）駱旭昌（惠安）吳乃衍（永春）

特約通訊員：鄧秉農林欽敏（漳州）許子儒（泉州）吳維敏（永春）林朝賢（同安）黃衛民（金門）吳茂爵（漳浦）黃應求（詔安）李元軒（平和）張明華（南靖）蘇福標（北溪）黃耀週（汀洲）黃鵬翔（惠安）吳敏儒（石碼）賀炳奎（廈門）盧傳濟（禾山）

重印廈門志出售廣告

舊廈門志修於清道光年間板存本會現已重印每部大洋二元五角外埠另加郵費大洋五角各界要者可向廈門霞溪阿頂阿巷壹號本會購取

廈門玉紫財產管理委員會啓

陳烈甫教授著：

菲遊觀感記

南洋問題觀感著作

關心南洋問題的人：不可不讀；

到過南洋的人：不可不讀；

準備出洋的人：不可不讀。

要目

一、[illegible]
二、[illegible]
三、[illegible]天地人
四、和平的使命
五、說一「似」不好
六、[illegible]
七、[illegible]
八、[illegible]
九、華僑教育
十、[illegible]
十一、國民外交
十二、[illegible]
十三、[illegible]
十四、[illegible]
十五、[illegible]
十六、[illegible]

徵求各圖書館消息啟事

本館擬闢中外圖書館消息一欄，專載各圖書館消息，請各圖書館，將所有概況，章程，規則，及各刊物，寄本館館報編輯部，自當摘要登載，以靈通各圖書館消息此啓

思明縣公立廈門圖書館啓

徵求鷺江志啓事

查廈門前有薛起鳳所著鷺江志一書現已絕版如有家藏是書希即通函本館議定價值爲荷

本館啓

福建商工半月刊籌備出版

福建商工半月刊，係本號編者，梁暉君所發起。梁君深覺商工乃立國根本大計。國家盛衰強弱，視工商業之能否發展爲依歸。處此廿世紀。各帝國主義者，莫不以專事生產，擴充市場，施行傾銷政策，爭以經濟力擴張之侵略。由此觀之。是工商業爲目前亟應研究之一途徑。本刊以工商調查。工商研究及改進爲立場。其他關於社會經濟。各種新聞時事。新智識介紹。無不詳載俱備。材料豐富。報份廣多。福，廈，漳，泉，各大商家。各大工廠。欲刊廣告諸君。請早預定。

總辦事處廈門中山路十三號二樓

壽世醫報

醫學家陳煥雲主編

壹周紀念 優待定戶

●是研究醫學民族健康的喉舌●

●是保障民衆健康幸福的南針●

內容一班

1. 自由論壇
2. 長壽名著
3. 學術研究
4. 臨床實驗
5. 方藥討論
6. 實用方劑
7. 衛生常識
8. 民間治療
9. 醫藥登訊
10. 杏林文藝

級價：每月一冊 出版一冊；全年十冊 6 12 月停；零售每冊 大洋五分；訂閱全年 大洋五角

△週年紀念……訂閱全年……半價犧牲▽

▣特價徵求紀念定戶三千戶！

▣訂閱全年連郵祇收二角五分！

▣日期自本年六月底訂閱爲限！

▣欲補第一卷全年祇收大洋四角！

訂閱處：吳縣壽世醫報社

蘇州臨頓路北倒方巷中

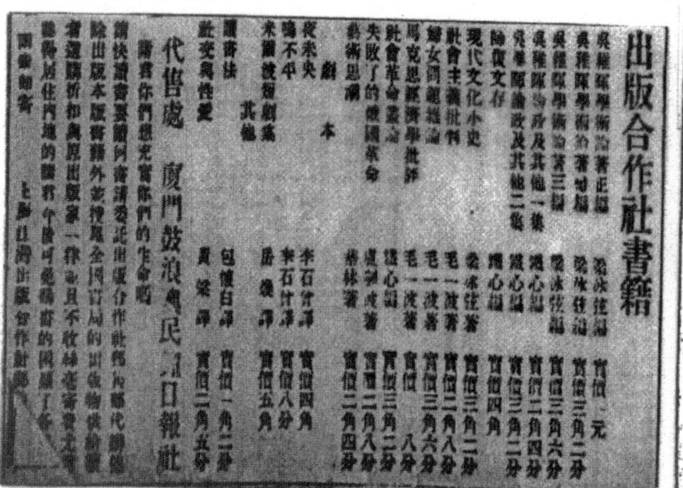

出版合作社書籍

吳稚暉學術論著正編 梁冰弦編 實價一元
吳稚暉學術論著續編 梁冰弦編 實價三角二分
吳稚暉學術論著三編 梁冰弦編 實價三角六分
吳稚暉論婦及其他一集 無心編 實價二角四分
現代文化小史 實價三角二分
社會主義批判 毛一波著 實價二角八分
婦女問題雜論 毛一波著 實價三角六分
馬克思經濟學批評 毛一波著 實價八分
社會革命叢論 遺心編 實價三角二分
失敗了的俄國革命 實價二角八分
藝術思潮 楊林著 實價二角四分

劇本

夜未央 李石曾譯 實價四角
鳴不平 李石曾譯 實價八分

其他

讀書法 實價一角二分
社會與性愛 黃□譯 實價二角五分

代售處 廈門鼓浪嶼民鐘日報社

寄售泉南指譜重編廣告

泉南指譜重編一書，爲廈紳林霽秋先生所著，先生素於閩南歌曲，音律，樂譜，積三十餘年之研究，旁搜博採，探本窮源，對於藝術民俗，有莫大之貢獻，全部六巨册，皆其親筆謄真，發竹影印，定價大洋二十元，預約十元，外埠酌加郵資大洋一元，現存書無多，先生爲廣流傳起見，特願照收預約價目，要者可匯款寄交本館，自當將該書照寄不誤。

思明縣公立廈門圖書館啓

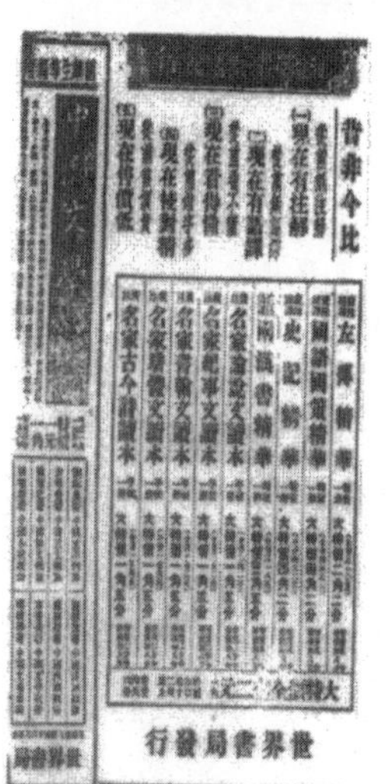

世界書局發行

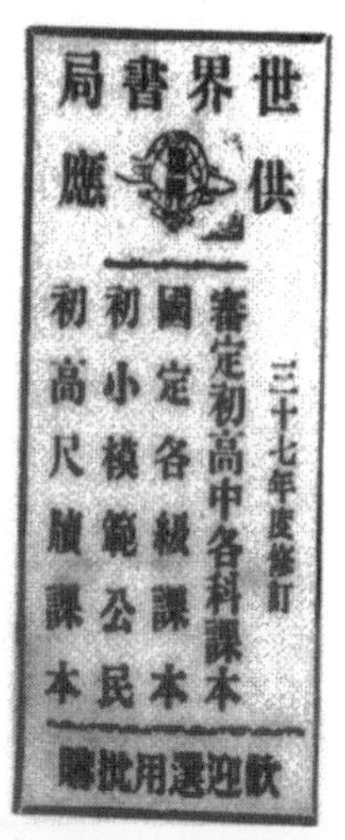

世界書局供應

三十七年度修訂
審定初高中各科課本
國定各級課本
初小模範公民
初高尺牘課本

歡迎選用批購

中華書局

教育類新書

福建科學研究社

最近出版新書預告——福建

代人生地理志

最新近代初級中學算學教本 現已付印 每部定價二元

最新近代初級中學代數教本 每冊定價六角

最近代新初級小學常識教本 每冊定價五角

特約批發處

總發行所 廈門石埕街 洛陽書社

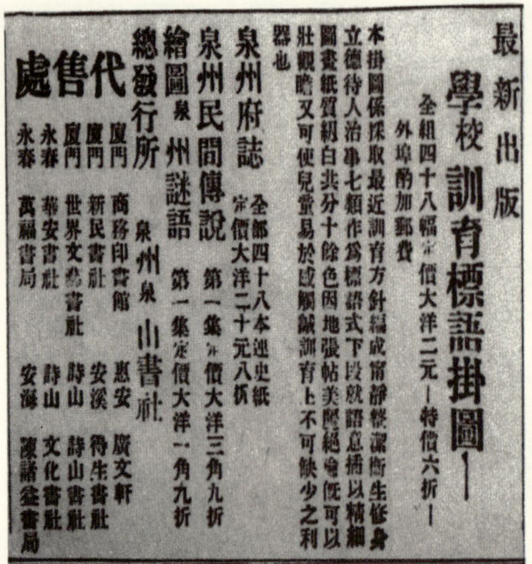

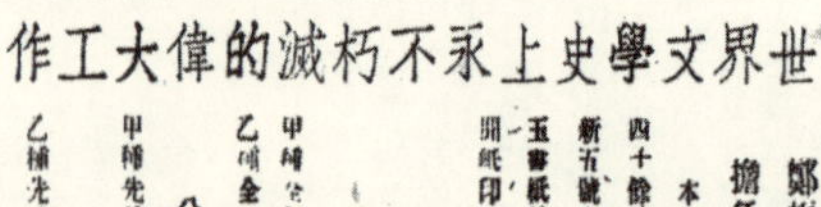

世界文庫

鄭振鐸主編全國百數十位名作家擔任編譯

本文庫每月出版一冊，全年十二冊，每冊四十餘萬字，全年五百萬字，用二十三開大本新五號字排印，分甲乙兩種：甲種用上等乳黃玉書紙精印，沖皮面燙金精裝；乙種用上等新聞紙印，硬面精裝。堂皇高雅，精美無比。

預定辦法

一次預定

甲種全年十四元 半年七元五角

乙種全年九元 半年四元六角

分期預定

甲種先付五元自第二月起每月付一元 連付十個月(共十五元)

乙種先付三元自二月起每月七角 連付十個月(共付十元)

甲乙種每本加郵一角六分

世界書局出版

求學必備·字典·辭典

寸半英漢字典 簡明英漢字典 模範英漢辭典 模範漢英辭典 英漢兩用辭典 英漢四用辭典

標準學生字典 圖解國音字典 標準音小字典 小學作文辭典 世界漢英辭典 英文作文辭典

地址思明南路 電話九一四

傅東華主編

創作文庫

三十六開本 道林紙精裝 軟布面燙金 精美便攜

現代文壇收穫的總匯 未來文學史料的初基

小坡的生日 反攻 如蕤集 西柳集 旅途隨筆 將軍 青的花 取火者的逮捕 邊城 蒟僾集 女性 片雲集 中書集 罪惡的黑手 桑允達 沉默 驢子和騾子 浮生集 山胡桃集 歐遊漫憶

生活書店廈門分店

思明南路

教育廳審查最新語體福建全省鄉土教科書完全出版了

全書四冊每冊實價八分

教育廳批詞

呈件均悉查此項書本遵照部令不能作爲教科之用應改爲小學史地補充課本以符定章仰即遵照又原書已通令省立各小學暨各縣教育局一律採用矣併即知照此批

通飭全省各小學採用最新語體鄉土教科書由令

省立各小學

省立各高級中學設有小學

各縣教育局

案據福州洛陽社經理陳敬丞呈稱竊經理前呈最新語體福建全省鄉土教科書全部計四冊懇請鈞核業蒙批示在案近查十八年十二月二十五日教育部准中國國民黨中央執行委員會訓練部咨據廣東省執行委員會訓練部呈據潮安縣訓練部請中央轉教育部令全國各縣市教育行政機關編定鄉土史地爲各地方小學補充課本業經教育部令仰轉飭各縣市教育行政機關遵照辦理在案足見鄉土一科爲增長兒童社會智識之要需經理謹將所修改福建全省鄉土教科書四冊呈請鑒核並准予通令各縣教育局轉令所屬小學採用無任感激等情并附呈書本據此除批示并分令外合行令仰該校長局長轉飭所屬即便採用作爲小學史地補充課本可也此令

商務印書館廈門分館

特將暢銷書籍壹千餘種

七折賤售 十天

六月九日起至十八日止

附設文具部 儀器特別便宜

存數無多 購請從速

廉價書籍 請君選購

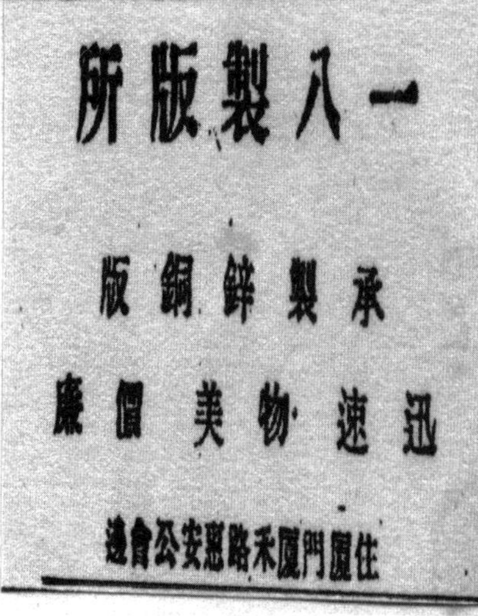

徽章!!

本號經理精製機關團體學校各種徽章獎牌畢業紀念章帽花紐扣銅牌鐵印戒指皮帶扣等應有盡有歡迎定製

質料好 樣式巧

不但技術精 而且成品牢

交貨快 價公道

祇求生產多 不計利潤少

↑接受比較與指導↓

↑歡迎外埠代理推銷↓

經理處振合行

橫竹路三十四號

電話：九六五號

新生美術電版社
精工製造寅
版鋅版各種
幼燈片
彙畫
美術圖案價
格低廉
小學路一一二

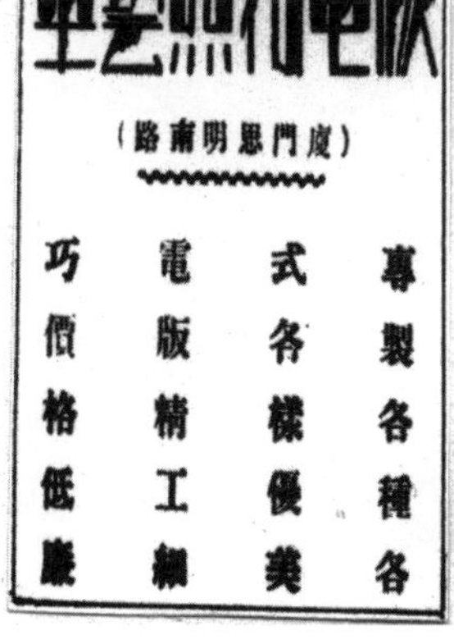

華藝照相電版
(廈門思明南路)
專製各種各式各樣優美電版精工細巧價格低廉

恭賀新禧

泰山電版徽章製造所祝

泰山路十五號三樓

電話九五一號

華大洋紙文具公司

中山路二二五 電話六八六

經售
中西文具
洋紙油墨
各種簿記
自來水筆

世界馳名
福建總代理
漳州
正錦魏家
麗華齋
八寶印色

粉竹齋紙莊

敝號開設廈門曾四崎
頂門牌一百四十二號
已歷多 深蒙各界嘉
許銘感無中茲因擴張
生理不辭勞苦親赴
滬上海各處採辦選
擇極精白結紙張及湖
筆徽墨及各種封信箋
各類一切貨辦備物等價
廉格外克己以副諸君
雅意倘蒙光顧無任歡
迎 粉竹齋主人謹啟

南大文具公司
經理魏文安
廈門市大漢路二二五號
電話九一八番

兒童書局
廈門分店
店主魏文安
本店鼓浪嶼大埭路A四四二號
電話五一三七番

歡迎參觀

廈門
我們的教育用品社
專營中西教育用品
兼售各種雜誌新書

中山路

鼓浪嶼
大新文具店
烏埭角

經售學校文具紙
筆國內著名小說
雜誌以及各樣面
巾牙刷雜貨

南大文具公司
經理魏文安
廈門市大漢路二二五號
電話九一八番

廈門教育用品社
廈門中山路一九八號

書籍部
本社向上海各大書局選配各種新書如時兆，光華，大江，北新，華中國，現代，生活社，開明[illegible]

文具部
本社[illegible]

兒童讀物
有百餘種

唯生週刊
託本社爲廈門總發行所
批發零購
均極歡迎

活葉歌選
第一輯
[illegible]
活葉片
每片三[illegible]

本社社刊「曙光」
函索即寄

青白體育童子軍用品公司
廈門中山路七十二號
專辦一切體育童子軍用品
為減輕童子軍負担全部用品一律低價發售
總經理天津春合體育用品廠標準體育用品

開幕伊始
價目特廉
歡迎參觀

新德教育用品社
〈營業要目〉
專辦各大名廠標準
體育器具
批發學校應用各種
教育用品
精製各式優美
運動服裝
貨品齊備
價格克己
惠臨參觀
無任歡迎
地址：鼓浪嶼大埭路A一九七號

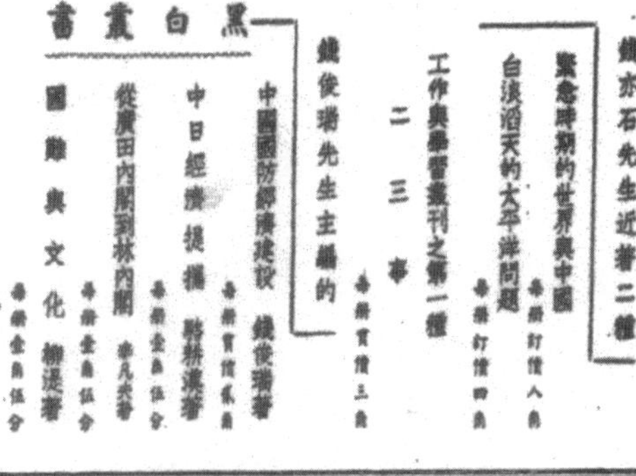

大中書店

TAH CHUNG CO.

經售學校用品

圖書紙料糖菓

餅乾中外什貨

精工修理各種

自來筆

承刻美術印章

鼓浪嶼 大埭路A373

為何林語堂先生勸人用

求解作文兩用 **英漢模範字典** 增訂本

Model English-Chinese Dictionary

With Illustrative Examples

林先生說：……模範以求解作文兩用爲主旨，多列成語，引證用法，得社會歡迎，獨步一時，乃理所當然，字典有定義而不舉例，猶如畫像有輪廓而無眉目，空空洞洞，令人疑神疑鬼，某字在某句是此義也，是彼義也，捉摸莫定。一有例句，則前之所謂輪廓者，骨肉髣盎眉目畢現矣。……此書字義不用英漢雙解，而以餘出地位，作舉例之用，然後解之，亦是一辦法。此次增訂本，添加單字，例句，頁數，總計較原本爲十七與十四之比，又於原有種種附錄之外，增補「注音人名地名表」(約七十頁，)及「略語表」，自然益臻美備。吾前曾勸學生以此字典作自修英文成語之用，每字咀嚼其用法，不徹底不放鬆，實爲增進英文之最好良法，因用法既已了然，又句句已經譯出，便利無比也。市上有所謂英文成語辭典，乃專講冷僻字句，切不可讀，因冷僻成語最難應用，程度尚低者運用不來，反成笑話。故反以此字典爲最好研究通用成語之書。

張世鎏 平海瀾 厲志雲 陸學煥 合編

硬布面精裝 一千七百餘頁

商務印書館發行

經售各國洋紙油墨

中西簿記教育用品

華大洋紙文具公司

本店中山路二二五號電話六八六

分店大中路六十八號電話四三六

電報掛號四七八六

俊德集郵服務社

開幕預告

本社爲謀海内外集郵同志之便利起見，仿照歐美各國成例，創設大規模之集郵服務社，內分

郵票流通部
定期投標拍賣部
集郵研究會
門市部
郵購部
出版部

厦門市中山路 門牌九十號 電話一一七七

從事買賣交換中外古今郵票及集郵用品，本社新由歐美運到各國郵票二十餘萬枚，種類不同者計達三萬八千餘種之多，現正極力籌備中，一俟各種章程，刊物，表式編印就緒後，即擇日正式開幕，謹此預告

俊德集郵服務社披露

上海托先施永安文具部代售

藝術界異軍突起之

雪濤書畫社開幕

本社代辦壽慶慶聯及各種書畫件篆刻石章代求代售本外埠名家書畫炭粉肖像藝術照相等價廉物美與衆不同一試便知歡迎到社參觀

社址厦門思明東路三號

主任林子白啓

更正廣告

查本館聲第四期第六面及第五期第七面，廣告欄，登載商務印書館圖書館部，其「書館」二字係「刷所」之誤，經由原登廣告人，上海商務印刷所。來函請爲更正，自應照登，俾免誤會。

厦門圖書館啓

營業種目

雕花傢俬定做新式傢具並轉
上海訂購精製沙發椅子全庫
古董書畫端硯礦石玉器古銅

長樂室

古玩商 傢俬部

營業主 程 錦 臺

厦門市大同路門牌一六〇一六二號

漫祺美術佈景畫社

主辦人徐漫祺啓

各種無不優美
藝術精巧克己
可爲永遠念品
適合時代異新
廣告電影幻燈
油畫粉彩放大
五彩磁質石像
專辦美術佈景

接洽處：厦門中華路美新照像館
厦門定安路時事夕報二樓

十、中西医药

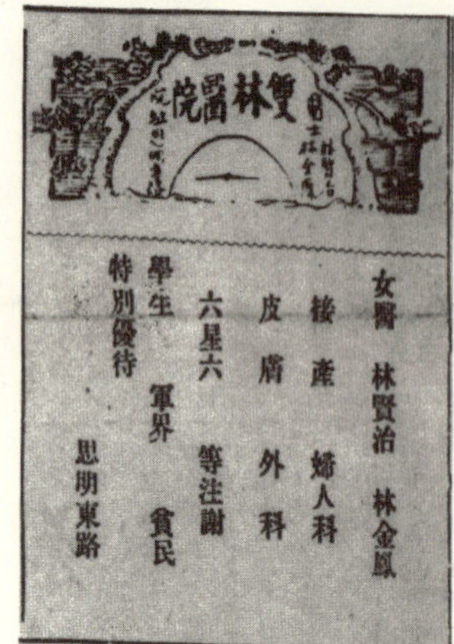

雙林醫院

女醫　林賢治　林金鳳

接產　婦人科

皮膚　外科

六星六　等注謝

學生　軍界　貧民

特別優待

思明東路

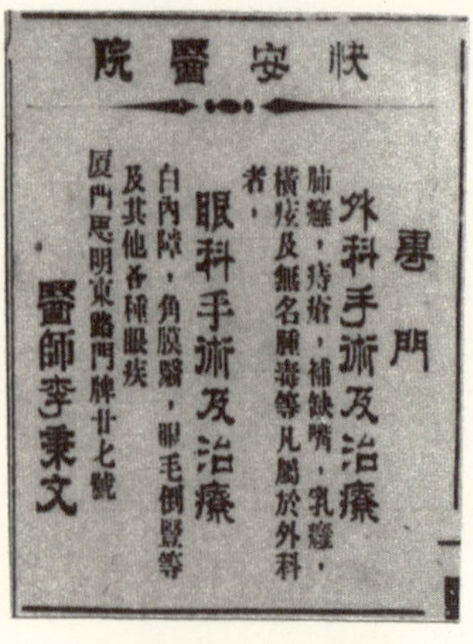

快安醫院

專門

外科手術及治療

肺癰，痔術，補缺嘴，乳癰，橫痃及無名腫毒等凡屬於外科者，

眼科手術及治療

白內障，角膜翳，睫毛倒竪等及其他各種眼疾

厦門思明東路門牌廿七號

醫師李秉文

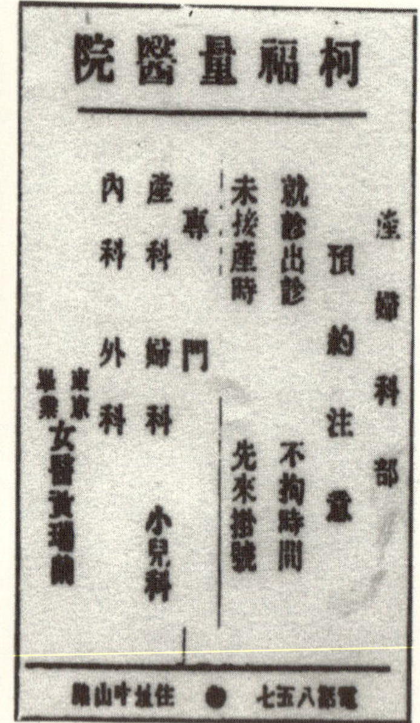

柯福量醫院

產婦科部

預約注意

就診出診　不拘時間

未接產時　先來掛號

專門

產科　婦科　小兒科

內科　外科

東京畢業女醫黃瑞蘭

電話八五七　住址中山路

慕德醫院

禾山蓮坂社府內電話禾山五十三

醫師　謝水雙

女醫　廖鵠橋

白鳥醫院

電話三一五番

男子十五六才ノ日本語及文字ヲ解スル者一名入用希望者來談

鼓浪嶼

吳約翰齒科醫院

龍頭街菜市

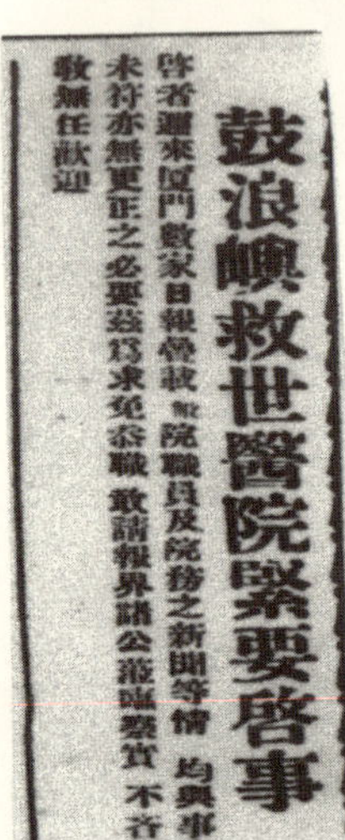

鼓浪嶼救世醫院緊要啓事

啓者邇來厦門數家日報登載敝院職員及院務之新聞等情　均與事實未符亦無更正之必要茲爲求免尸職　敬請報界諸公詳細察實　不吝指教無任歡迎

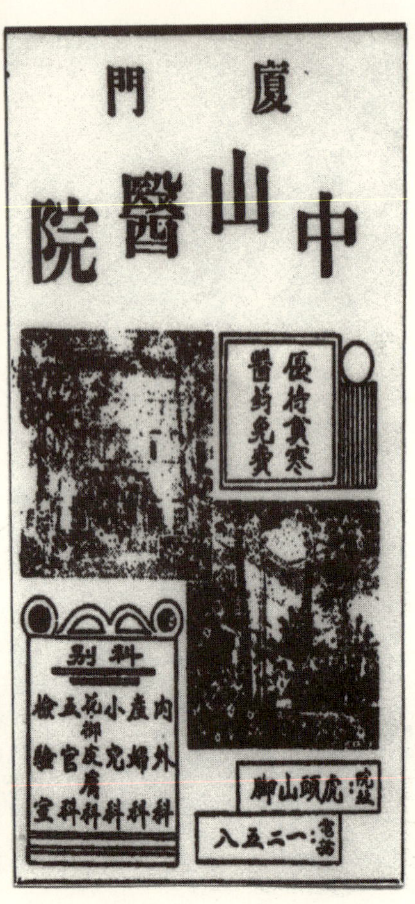

厦門

中山醫院

優待貧寒

醫藥免費

科別

內外科

產婦科

小兒科

花柳皮膚科

五官科

檢驗室

院址：虎頭山腳

電話：一二五八

愛克司光線診斷治療

公園南路 體仁醫院 一一二五

精治內外各科

鼇栄河分設體仁醫院眼科部

（電話三三四）

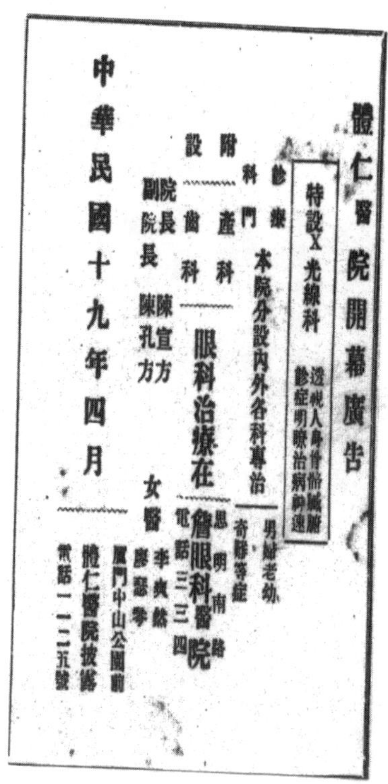

體仁醫院開幕廣告

特設X光線科 透視人身骨骼臟腑 診症明瞭治病神速

診療科門 本院分設內外各科專治 男婦老幼 奇難等症

附設 產科 齒科 眼科治療在 思明南路 詹眼科醫院 電話三三四

院長 陳宣方 副院長 陳孔方 女醫 李爽然 廖懿學

厦門中山公園前 體仁醫院披露 電話一一二五號

中華民國十九年四月

體仁醫院之外觀全景

◎名稱……體仁醫院

◎創立……民國元年

◎科目……內外科、小兒科、花柳科、眼科、齒科、愛克司光線等

◎院址……公園南路

◎院長……陳宣方

◎特種要項……該院特設愛克司光線

體仁醫院

診療科門 內科▲外科▲產科▲齒科▲ 兒科▲花柳▲痔瘡▲雜症▲

X光線科 透視人身骨骼臟腑 診症明瞭治病神速

眼科 眼科專門治療所在思明南路詹眼科醫院◎

院址 廈門中山公園前——電話一一二五◎

眼科電話三三四號——

醫學士陳有年
專門內科小兒科
有年醫院
思明東路門牌三四號
電話二四六號

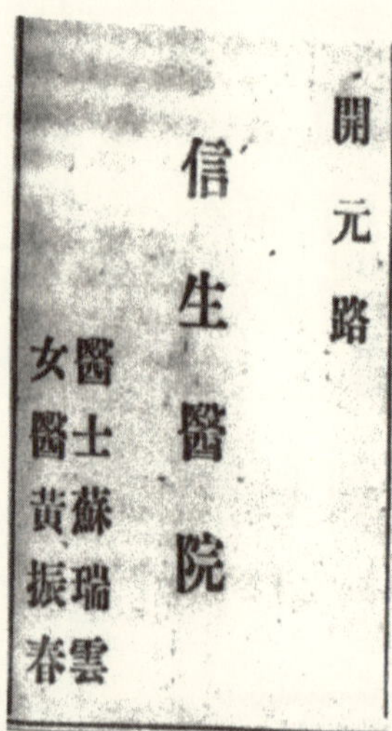

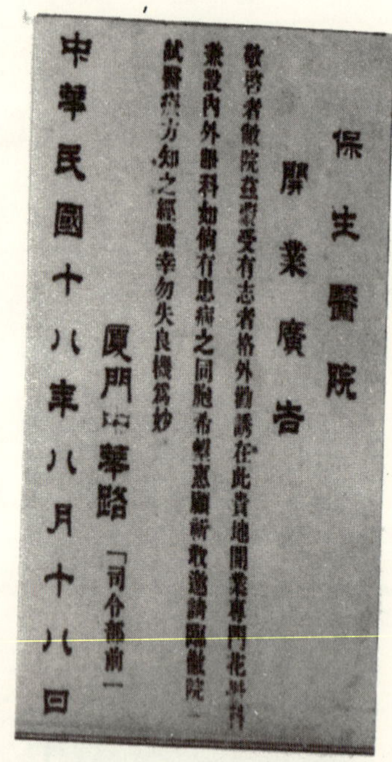
保生醫院
開業廣告
敬啓者敝院茲蒙受有志者格外勸誘在此貴地開業專門花柳科
兼設內外婦科如倘有患病之同胞希賜惠顧祈敢邀請賜顧敝院一
試醫術方知之經驗幸勿失良機爲妙
廈門中華路「司令部前」
中華民國十八年八月十八日

思明北後海墘天威醫院
夏天炎暑
防疫注射
醫師周森然
本醫院備有
新鮮液苗防
疫注射
花柳科
均有各種注
射特效藥卽
有患者請到
思明北路後
海墘
天威醫院
醫師周森然

英德醫院
思明南路三二三卽舊後路頭
產科
小兒科
內外科
花柳科
眼科
醫師李金英
產科女醫潘阿涼

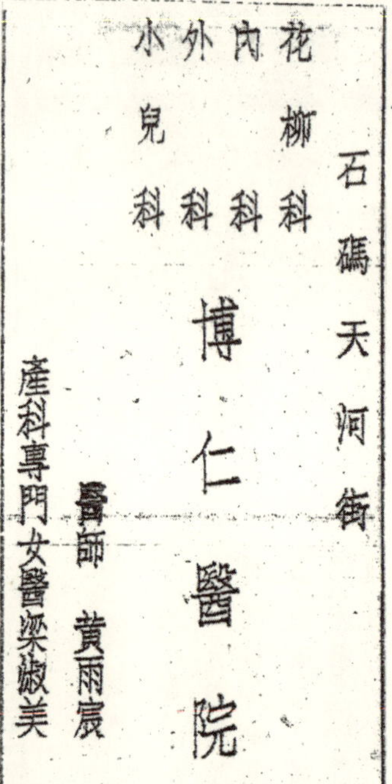

石碼天河街
花柳科
內科
外科
小兒科
博仁醫院
醫師黃雨宸
產科專門女醫梁淑美

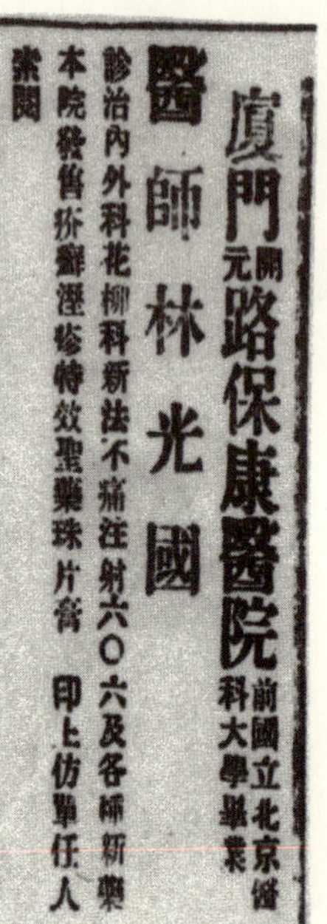

廈門開元路保康醫院
前國立北京醫科大學畢業
醫師林光國
診治內外科花柳科新法不痛注射六〇六及各種新藥
本院發售拆癬溼疹特效聖藥珠片膏　印上仿單任人
索閱

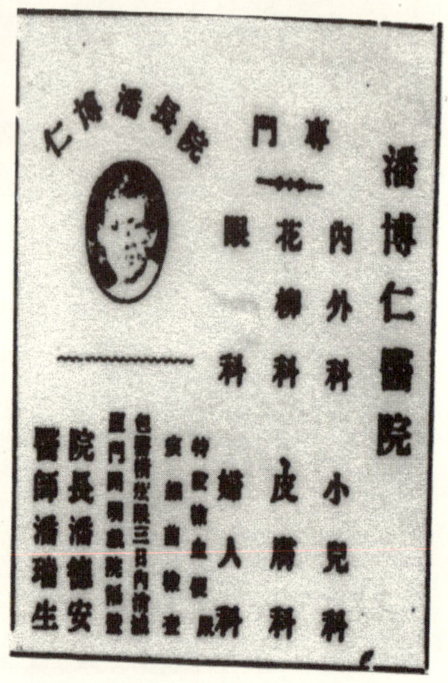

鼓浪嶼
中央醫院廣告
(電話鼓三〇七)
本院設立各科如左
(一)內科
(二)外科
(三)小兒科
(四)花柳皮梅科
專門 肺炎症舉手
診療時間 上午八時至午後五時止急症不在此限
醫師李鴻欽

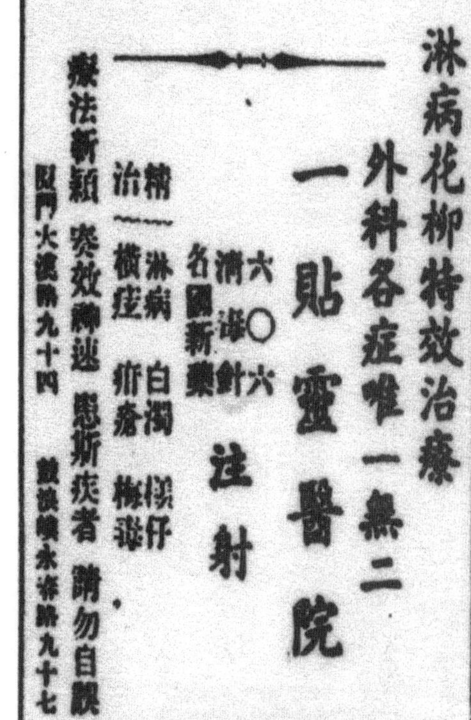
淋病花柳特效治療
外科各症唯一無二
一貼靈醫院
六〇六 淸海針 注射
名國新藥
專治 淋病 白濁 橫痃 疳瘡 梅毒
療法新穎 奏效神速 患斯疾者 請勿自誤
廈門大漢路九十四 鼓浪嶼永春路九十七

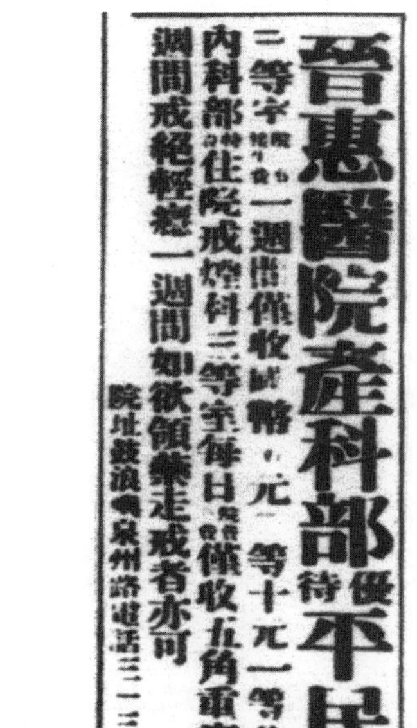
普惠醫院產科部優待平民通告
二等十元 一等廿元
內科部附設住院戒煙科三等室每日僅收五角重癮二週間戒絕輕癮一週間如欲領藥走戒者亦可
院址鼓浪嶼泉州路電話三一三

鼓浪嶼
壽祺醫院
廈門分院
中山路十二號
醫師 劉壽祺 張玺洋
電話二六〇號

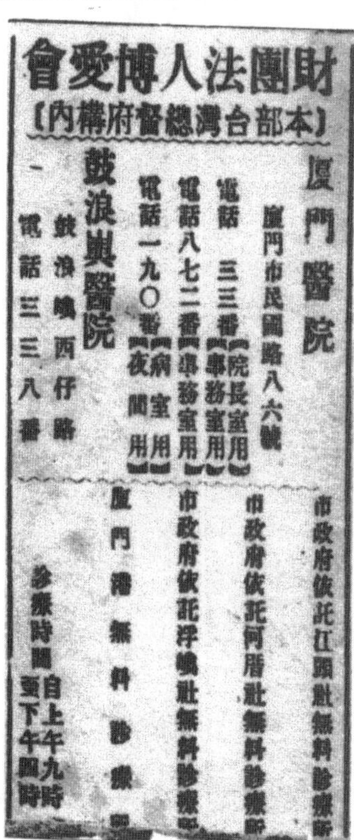
專門
婦女科 小兒科
外科
花柳症跌打損傷眼病
各得包醫
廈門民生路門牌一三五號
芳春醫院院長
醫師楊劍峯
助手楊萬貴
女醫師陳芳英
財團法人博愛會
(本部台灣總督府構內)
廈門醫院
廈門市民國路八六號
電話 三三番(院長室用)(事務室用)
電話八七二番(事務室用)
電話一九〇番(病室用)(夜間用)
鼓浪嶼醫院
鼓浪嶼西仔路
電話三三八番
市政府依託江頭社無料診療所
市政府依託何厝社無料診療所
市政府依託浮嶼社無料診療所
廈門港無料診療所
診療時間 自上午九時至下午四時

陳世澤痔瘡專門
治療中可照常工作
厦門中山路三四一號

陳世澤痔瘡專門
厦門市大漢路三三九號二樓
電話呼出一九一番

△介紹痔瘡良醫▽
陳世澤先生痔瘡專門醫師也
世澤痔瘡專門醫院
特設女治療所女醫曾阿慰
介紹人

痔瘡痔瘻專科
女醫劉例瑛
治療所鼓浪嶼大宮路七四十三號

厦門世澤痔瘡專門醫院
陳世澤先生痔瘡專門醫師也
漳州分院——特設女治療所
女醫士曾阿慰
介紹人
仝啓

陳世澤
痔瘡專門
治療中可照常工作
厦門市中山路三四一號

仲甫痔漏花柳專門醫院
介紹人

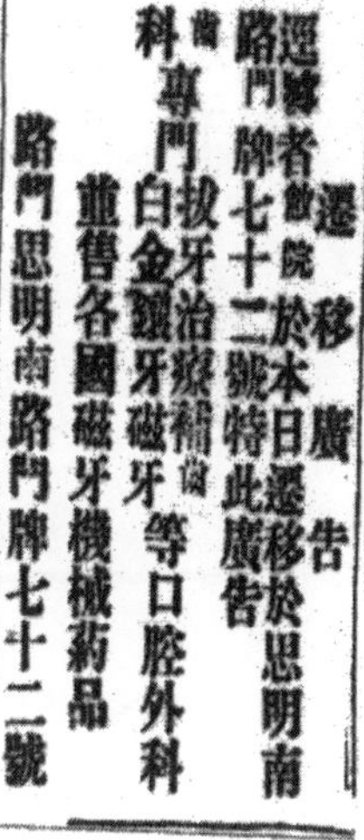

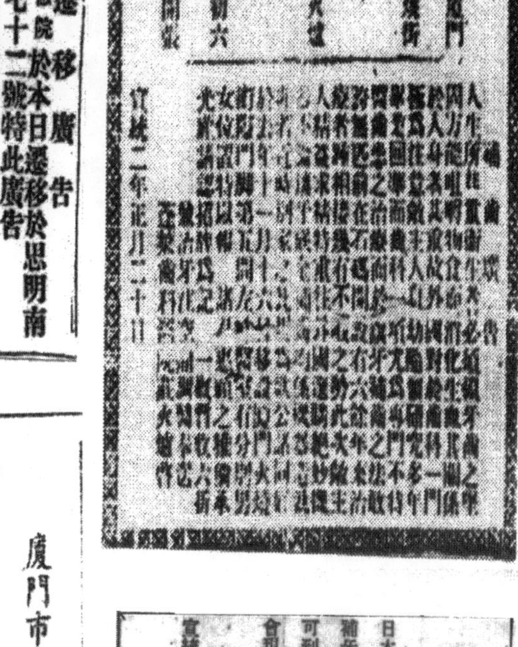

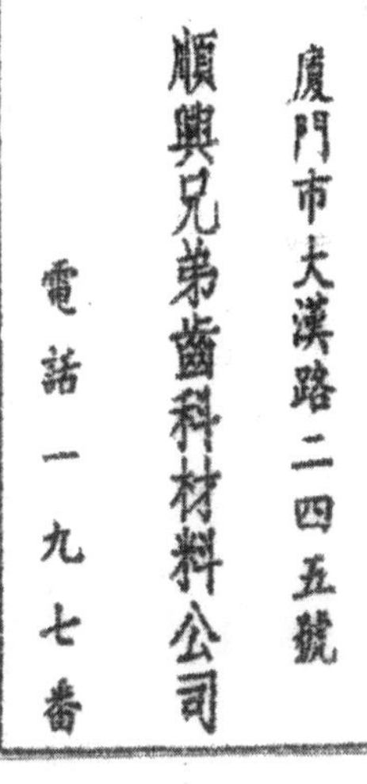

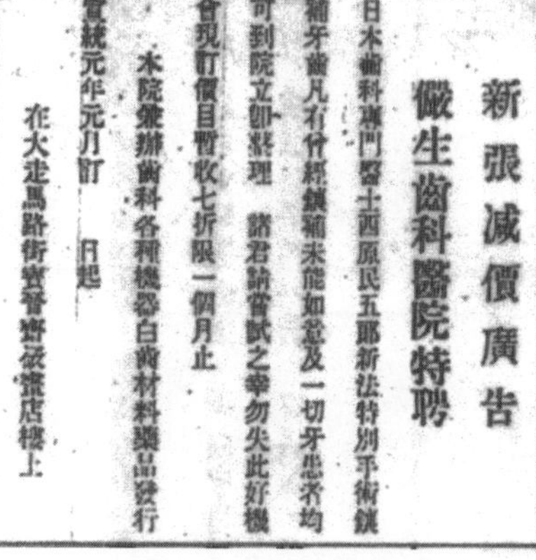

張國榮齒科醫所

精治齒病等症補綴一切假齒

診療時間 早上九時起 下午五時止 星期停診

思明北路尾 嶼浮角車站

張楚翹牙科

有牙患者注意

本院開設中山路六十五號即中華戲院對斜精工鑲牙科一切取價從廉

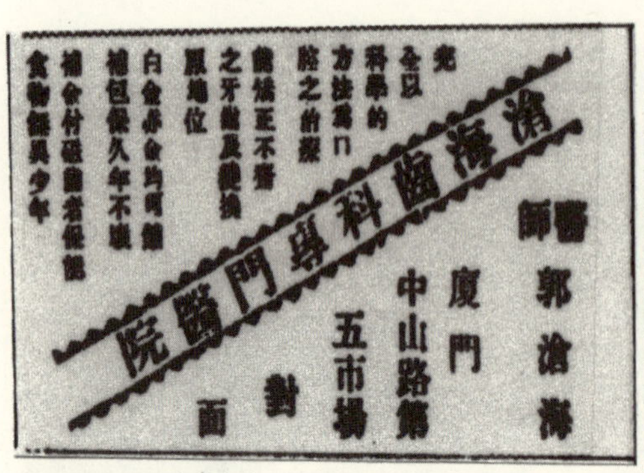

遷移廣告

敝院開業以來已歷數載明來至受惠顧有加業務得以日進殊深感激惟敝院現已遷移大使宮街（即局口街頭）

電話六二四

王士欽齒科醫院啓

永安牙病院

齒科醫師陳如生

科目 口腔外科 兒童齒科 保存齒科 鑲補齒科

時間 上午八時至十二時 下午一時至四時

梁家欣齒科分院遷移通告

逕者敝號前因廈市市區改良曾設分號於古浪嶼現因廈市店屋經已竣便由本日起遷移新店（住址廈門中山路門牌六十一號東南明像館對面倘有以前未了手續請移玉到新店接洽是荷

梁家欣謙兄弟齒科分設在鼓通告

一設廈門開元路 電話一一二〇

一設鼓浪嶼河仔墘 尤升布莊二樓 電話二四八號

大漢路三三一號二階（通半行ノ隣リ）

文雅齒科專門醫院

院主 張文雅

分院 鼓浪嶼烏埭角A四二號（電話「鼓」二〇二號）

保齡齒科醫院 劉客湘先生

（其他齒科一般）

特設 齒科專門技術研究所 有志願研究無任歡迎

院址 廈門大中路三九號

介紹人 黃澤成 林維原

吳約翰齒科醫院

專治齒痛保無後患

精補牙損定能永固

男女牙醫 吳約翰 林素琴 仝啓

PAINLESS DENTISTRY

Dr. John Wu. Dr. S. K. Lim.

Special Vacation Only 7 a.m. To 8 p. m.

A 135 Lingtow Street, Kulangsu. Tele. No. 156

專門治療補齒

特別優待男女學界

暑期診療時間

自上午七時至下午八時

鼓浪嶼龍頭街美華對面二樓

電話一五六號

男牙醫界 吳約翰

女牙醫界 林素琴

（原牌標華自強戒煙公司為杜絶冒牌起見具
稟大憲批准立案改用）

興華大藥房自強戒烟丸增價

廣告

謹啓者本藥房總理醫學暨藥性研究禁煙以悲憫自救
乙巳年創製自強戒烟丸以來藥品精求道地修合
不厭精詳時閱六年心如一日經蒙各　大憲俯賜
化驗並獎准許行世之良藥皆因[illegible]煙之要速衛生
之者經久驗中外紳商共信無使費除癮如人心不
古假冒紛紜不加整頓良莠難辨欲絶其弊飭所
屬委作整頓抽新之法蒙　大憲立案自宣統元年
孟冬為始改用興華大藥房牌號以杜作偽仰將前
之孫華自強招牌一併消滅業經登報聲明歸
總理暨自後發行丸藥悉用興華招牌自認新式花
邊[illegible]函仿單加請蓋朱圖章印標并房屋詳式為憑
倘仍有冒用振華自強招牌者皆屬假冒欺人諸君
萬勿受愚更恐戒煙之志不[illegible]半途中惜從新改求
之際不得不照常不價發兑以副諸君子熱心之盛
情而本藥房虧耗既屬不貲祇以價昂貨未得已
上海總行自本年二月十五日始無論外埠內地分
售暨批一例價加二成閩門係為同人照顧力求[illegible]
兩月准四月十五日起亦照上海總行一例非敢聲
價自高實因藥品高貴非比市上賤價次藥用嗎啡
合米可同日而語想戒煙諸君志在斷癮當無從不
在價目上計較而過遠也為特先行標明定荷鑒原
再此布告自強戒煙丸每打洋二元每瓶大洋一元二角
每匣三角五分外埠函購者原班郵件經理批發
生旋發補丸自迷中西各種丸藥蛇膽水烟
自製香料各種名目分詳仿單
總行在上海新北門內安仁街南首始創老店
分發行在閩門二十四崎頭興華大藥房便來

上海興華大藥房　總理馮永思
協理張承志　竹州[illegible]啓
閩門總發行所經理人[illegible]啓

新張減價廣告

徽生齒科醫院特聘

日本齒科專門醫士西原民五郎新法特別手術鑲
補牙齒凡有曾經鑲補未能如意及一切牙患者均
可到院立即整理　諸君請嘗試之幸勿失此好機
會現訂價目暫收七折限一個月止
本院兼辦齒科各種機器白齒材料藥品發行
宣統元年元月訂　日起
在大走馬路街[illegible]店樓上

專治內科、皮膚科、花柳科、產婦人科

陳眼科醫院

廈門市大中路二七號

電話一一一八番

發明藥房

專門眼科

免用刀針

目沙輕者治療三天即愈免用刀針

瞳人散大　乾花瞖症　頭瘋貫眼　日暗鷄眼

新舊白瞖　努肉攀睛　風火熱目　新舊眼淚

瘋痘爛眩　見症便知　外抹內服　限日包愈

廈門新名開禾路舊名魚仔市門牌四七號

國醫陳清文

嗎些文眼科

逕啟者本醫師究研眼科一症經歷二十餘年曾在賔助廣東汕頭香港等埠旅醫所到各地救人無數去歲來厦者救病人眼疾專治偽膜白點宵眼等症無論初犯久年諸眼疾請速來本醫局診治光明希勿誤失良機為荷

思明南路門牌二十八號醫師嗎些文啟

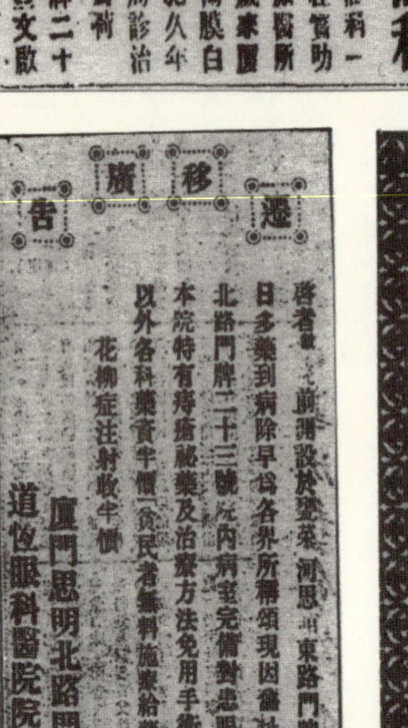

遷移廣告
啟者敝院前開設於
河思明東路門牌四十八號開業以來就診日多藥到病除早為各界所稱頌現因舊址不足應用特遷移於思明北路門牌二十三號院內病室完備對患眼疾者到院洗眼治療無料
本院特有痔瘡秘藥及治療方法免用手術包愈斷根來院注療無料
以外各科藥費半價「貧民者無料施診給藥」
花柳症注射收半價
廈門思明北路門牌二十三號啟
道恆眼科醫院院主劉道恆

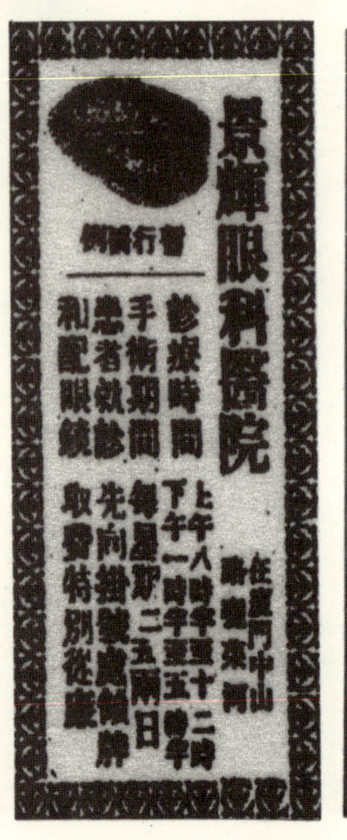

景輝眼科醫院
在廈門中山
暫行簡例
診療時間　上午八時半至十二時　下午一時半至五時半
手術期間　每星期二五兩日
患者就診　先向掛號處領牌
割配眼鏡　取費特別從廉

許葆棟眼科醫院

專治各種眼疾患

院址鼓浪嶼黑拉路L十二號

電話鼓十八番

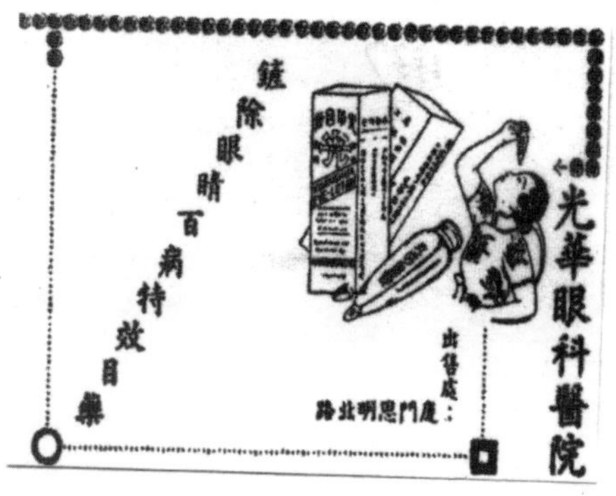

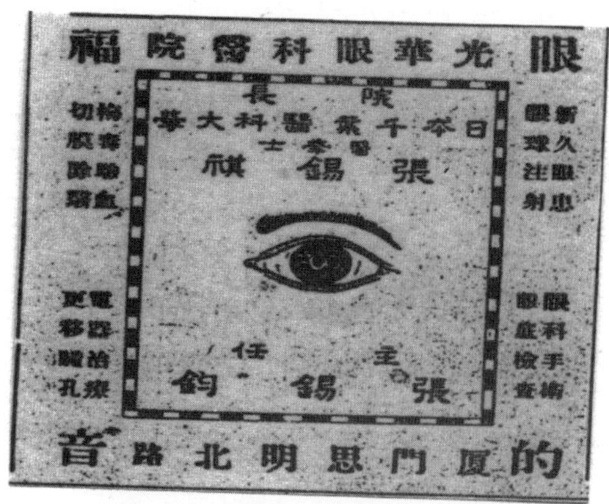

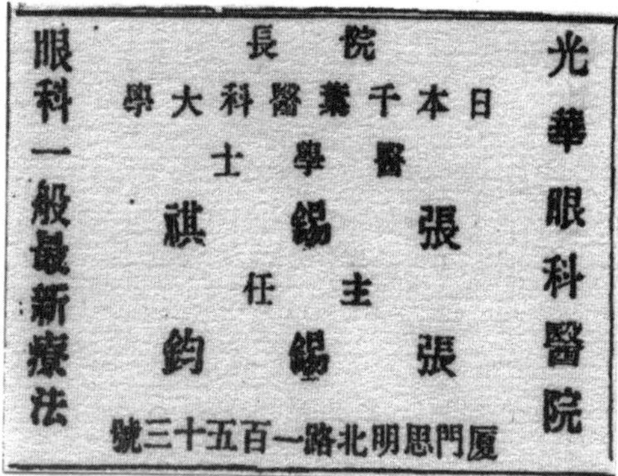

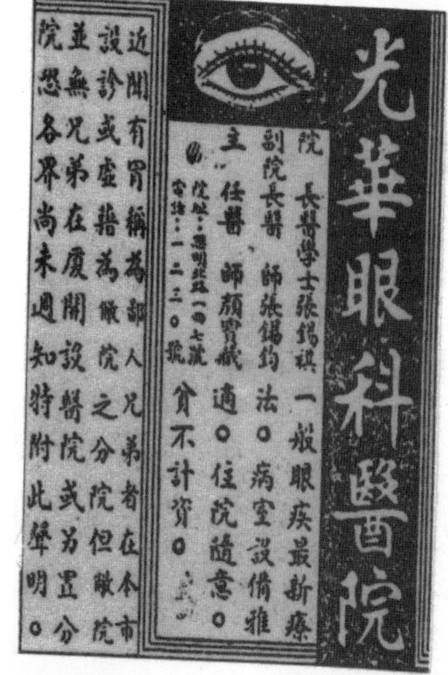

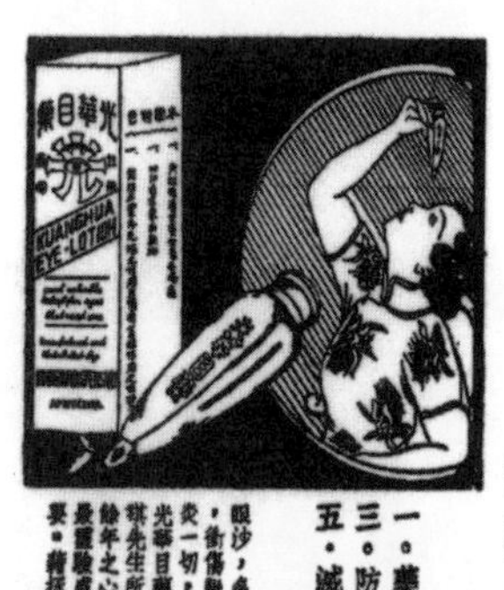

光華目藥是

患眼疾者之無上福音

黑暗迷濛中之照明燈

解決一切眼疾之聖劑

本目藥有六大特色

一、藥品純良，配製得法　二、價目便宜，効力立見

三、防禦外線，保證靈驗　四、裝潢美觀，便於攜帶

五、滅菌消毒，絕對安全　六、用法簡便，婦孺皆能

◎適應症

眼沙，多勿，均目下，血叉眼，爛目眼，眼花眼，流淚怕光眼，紅腫，衝傷眼，眼疑痒，疲勞眼，風火眼，急性紅膜炎，角膜炎，及外眼炎一切，每瓶價定大洋二角。

光華目藥，保中國新進眼科專家，現任上海東南醫學院眼科教授，張錫祺先生所監製，張先生因久痛心吾國眼疾猖獗蔓延，故不辭辛煩費十餘年之心血，從臨床上數十萬患者所得到，適合醫療上合理的方法之最靈驗成方，經敝藥房如法配製此最新發明之光華目藥以應社會之需要，轉拯斯疾於危殆之中，誠濟世之良劑也。

總批發廈門思明北路光華目藥房

各埠各藥房均有代售

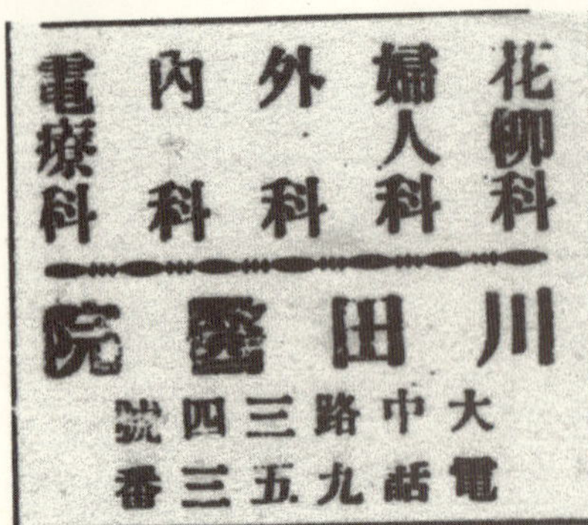

思明東路月眉池
建德醫院
醫學士程水源
電話九三八號

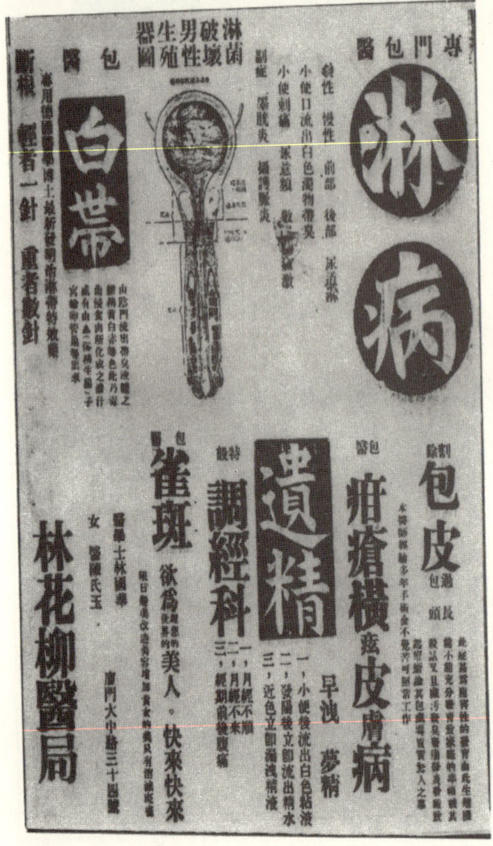

仁義醫院新開業大犧牲三十天
專門外科花柳科
外科花柳手術免費注射收半價 貧者不計藥資
敬送 特效
院長謝瑞生
本院廈門鎮邦路(偏港仔口街門牌三十七號)

淋病專門
特設淋疾根治強力殺菌
經普通療法而不能告癒者來院歡迎
藥費優待發明淋病特效藥醫師林耀星
保安花柳科醫院
廈門市中華路八五號

俊明醫院
電話八四八號
臨時診所在 五崎脚
本院在麒麟山建築中
內設
內科 幼科 外科
產科 眼科 女科
醫士 蘇炳耀 許學尹 白耀宗
院長 醫學士翁俊明

壽源診所
醫師李炳坤
內外科○眼科
花柳科○兒科
廈門古營路三十四號

花柳外科
愛民診所
中山路○六號
治精
花柳外科
皮膚特効
治療靈藥
注射手術
無痛速愈
費廉

回春診所
皮膚病科
婦人科
痔 肛門 科
特設洗滌
白濁白帶
花柳外科
大中路三四號

花柳福音限期包愈
花柳之疾爲害殊深若不及早乘治則傷身害命之禍立至矣可不懼哉鄙人承先嚴遺傳對于花柳一科頗有經驗倘蒙問津定副所望請予不信姑試之當知言之不謬也
莊豐榮授男景文 啓
住內武廟門牌十二號

花柳痔瘡
專門
仲甫診所
醫師陳萬士
中山路一八八號
電話二〇一一

內科
外科
花柳科
婦人科
川田醫院
大中路三四號
電話九五三番

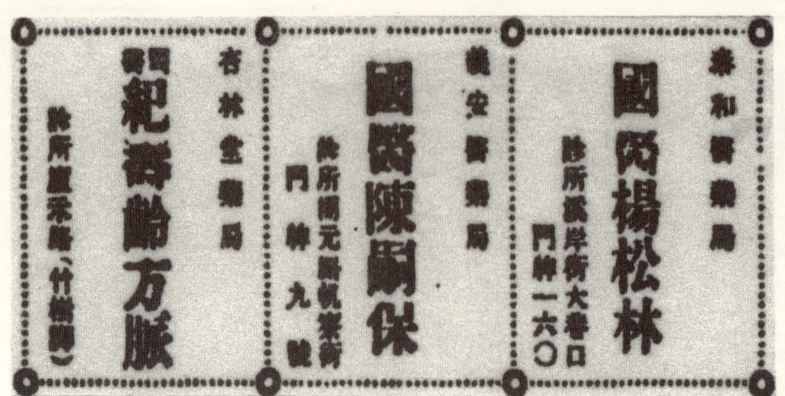

國醫師唐嘉善

精理男婦老幼方脉

診所定安路八號

永春藥舖

國醫黃德民方脉

時間 就診上午八時至十二時 出診下午二時至六時

如遇急症不在此限

住廈門廈禾路開禾路轉角

萬壽堂參藥局

壽福國藥第二分號

上海 韓典 醫士

專治驗治之症‧自製特效奇藥‧痛瘋‧科‧久病穴腸‧鍼灸科。

思明北路十五號

痲瘋專門

國醫蕭又村祕製特效痲瘋丸

確能治愈久年出面痲瘋外埠患者可將病狀函示幷附手續費四角郵票通用經覆函寄費賬衆無不衆到病除包醫面議平民減收半費

診療所廈門石路街門牌九號

兼治瘰癧花柳眼科喉科兒科婦科一切內外各雜症

國醫陳蔡質咸文甫診所 專治男婦兒科

診治時間 上午八時至十一時 下午二時至五時

病者如有危急要症不在此例

診所 陸安東路門牌八十七號

漢醫李秋田

廈門市局口街一二八號

電話九四六番

最新發明之法戒煙二星期斷瘾復元健
全僅收醫藥費拾元以冀普及

陳天恩
陳希佐
醫師戒煙
無痛苦
免住院

本醫師於前清時創設去毒社戒煙局在小走馬路榕林內(即今之青年會會址)歷十餘載戒除煙瘾数千人閤廈週知

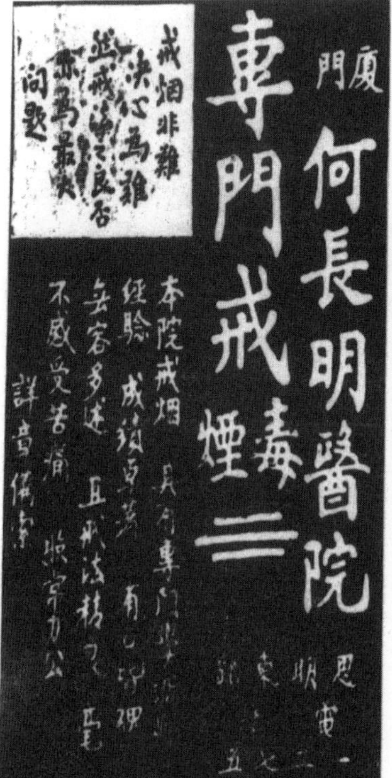

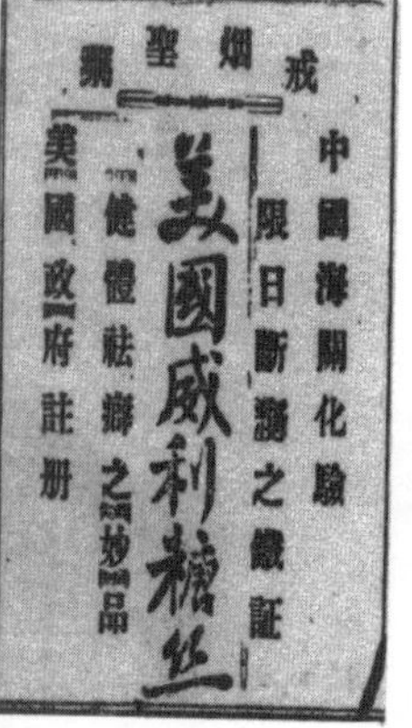

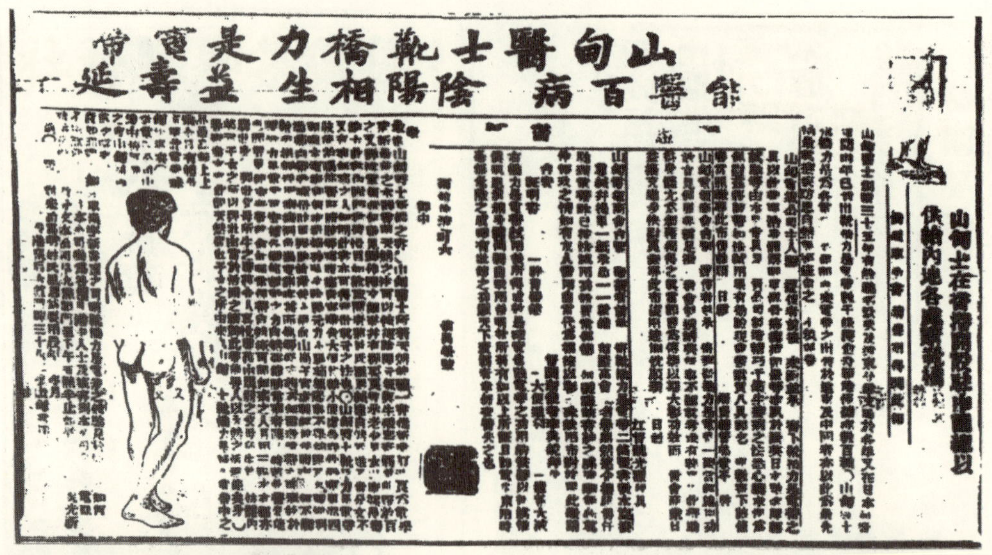

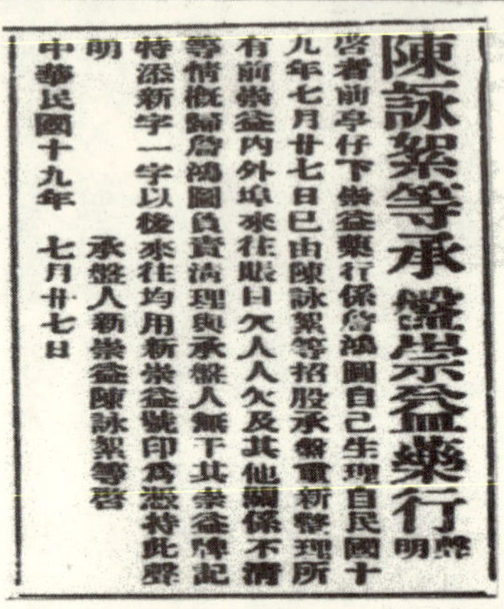
陳詠絮等承盤崇益藥行聲明

啓者前亭仔下崇益藥行係詹鴻圖自己生理自民國十九年七月廿七日已由陳詠絮等招股承盤重新整理所有前崇益內外埠來往賬目欠人人欠及其他關係不清等情概歸詹鴻圖負責清理與承盤人無干其崇益牌記特添新字一字以後來往均用新崇益號印為憑特此聲明

中華民國十九年 七月廿七日 承盤人新崇益陳詠絮等啓

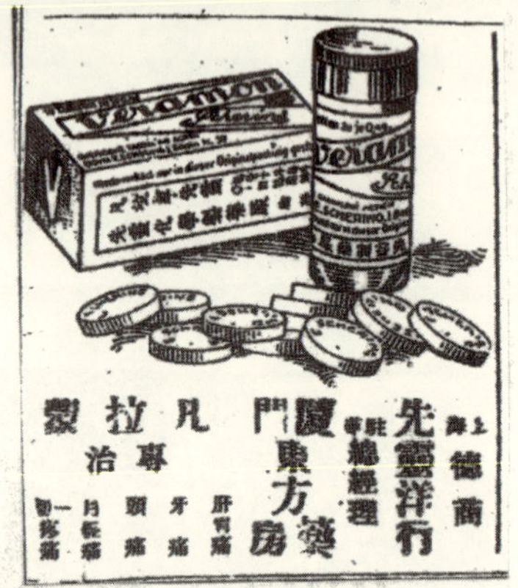

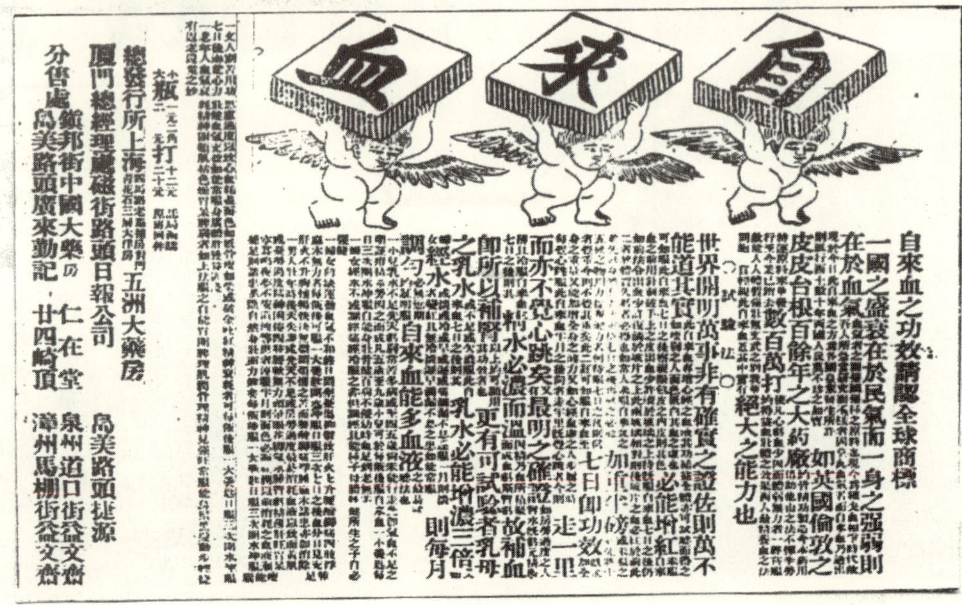

退股廣告

厦門廟巷街永福堂藥酒生理於宣統元年□月間開設厦邊經陳春源得三份高文使得一份厦門林正道得四份合計邊因各得對半令邊經陳春源高文使因事□不暇及特於本二月間邀同代表人資錄堂重整理退股之事現經林正道將永福堂在欠賬項算至本年三月二十九日止列明結賬繳交資錄堂收執其陳春源高文使應得之額照分撥算即日退股清楚此後永福堂生理盈虧均歸厦門林正道自執與退經陳春源高文使毫無干涉並因資錄欲於日內便欲返還特此布告以杜後論

宣統二年四月初九日

[illegible] 陳春源 [illegible] 高文使 代表人資錄堂啟

厦門同泰參行監製眉壽堂參茸佐元酒廣告

蓋聞參可延命非藥無以神其效茸能補血非酒無以速其功邇來文明發達優勝競爭社會中人咸知奮其精神竭其能力講求自強顧人之精神能力非有衛生補助之法則過用精神者易傷腦筋心血過用能力者難免體憊身疲此本行思有以益於社會而想最便衛生之良法搜求秘方詳加研究而蒸製參茸佐元酒也此酒非但加重參茸能補氣血並佐以純良藥餌功用益宏非惟腎水虧耗手足不仁陰虛陽虛年老衰怯等症服之立能轉弱為強延年益壽即身體素壯之人常飲此酒亦必煥發精神究長力開胃發顏舒筋活絡且蒸釀醇和氣味香洌多飲無碍成口渴常飲可獲身輕講求衛生者請一試之便知言者非誣本行在厦門廟後街開張參行自監製以來中外各埠遠近馳名自問頗可信心用敢登諸廣告謹定價銀每斤兌洋五角諸君光顧請認明本行福祿壽商標為記庶不致悞

茲將本行葯酒銷售各埠列後

香港 汕頭 暹羅 [illegible] 小呂宋

上海 實力[illegible] 三巴壠 檳榔嶼 吉隆坡

告白

屈臣氏大藥房亞洲東方之最著也向者祇有香港一所為首屈一指嗣因商務蒸蒸日上四方人士聞風向慕卽復分開於長江内地及天津上海福州廣東廈門鼓浪嶼等處茲者鼓浪嶼屈臣大藥房自承德建之舊址重自更新開辦之後歷今數載商業日見興盛品物又復加增頻年以來購自英美德法諸國者多係上品而假庄賤貨概置不辦目下新到之貨物甚多不惟藥品精良卽食料香水美酒玩物莫不儲積兼收採辦美備誠藥房中之巨擘也另藥房之内特建啊囒水機器廠中有新式水漏連續於汽筒直透半里甘泉之水井以之製造各色啊囒水參配秘方藥料氣味清香淨潔無疵益人身體殊非淺鮮頃者屈臣藥房主人鶴君又復採買新式照像影鏡並光亮鏡頭數款以及各種玩物食物藥品珍糖賜顧者有目共賞移玉商酌價值從廉自不必遠求外國矣

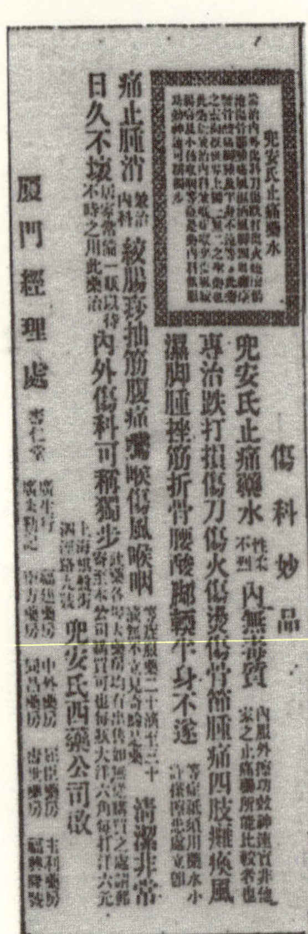
傷科妙品
兜安氏止痛藥水
內無毒質
清潔非常
專治跌打損傷刀傷火傷湯傷骨節腫痛四肢癱瘓風濕脚腫抽筋折骨腰酸脚軟半身不遂
痛止腫消
日久不壞
內外傷科可稱獨步
兜安氏西藥公司啟
廈門經理處

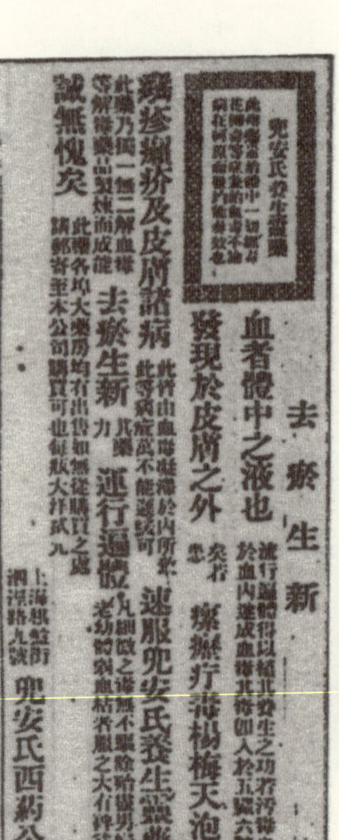
去瘀生新
血者體中之液也
發現於皮膚之外
瘰癧疔毒楊梅天泡疥風濕脚氣
速服兜安氏養生靈藥
運行遍體
去瘀生新
發生之名
誠無愧矣
兜安氏西藥公司啟

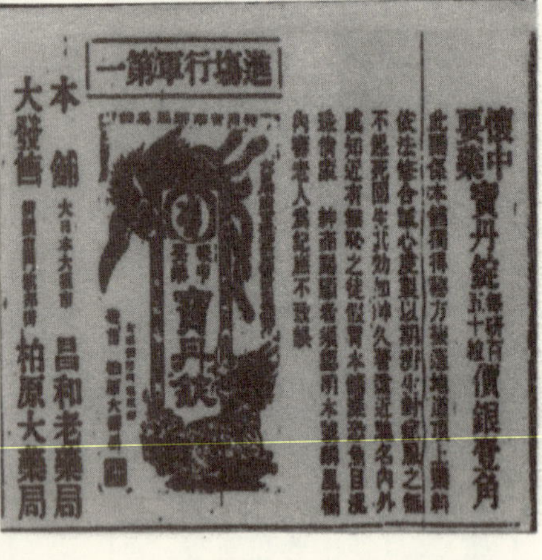
進場行軍第一
懷中要藥 寶丹錠
本舖 大日本大阪市
大發售
昌和老藥局
柏原大藥局

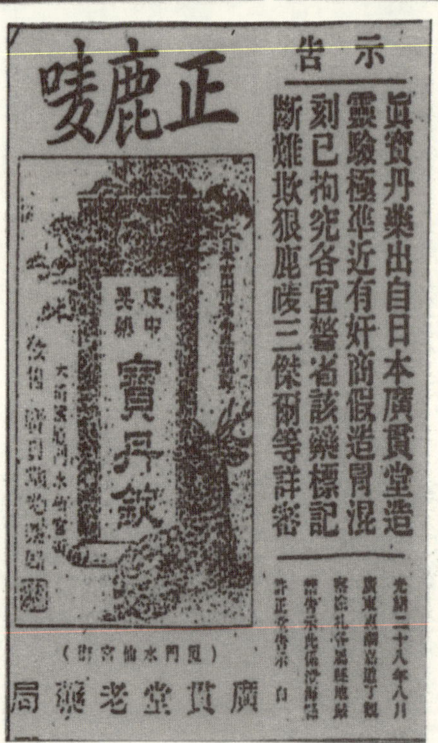
正鹿嘜
示告
寶丹錠
廣貫堂老藥局

特訂售賣處
廈門
福源堂大藥房
化食消毒排瘴防疫
東瀛第一
備急聖藥
JINTAN
起死回生
仁丹

廣告

竊以膏丹丸散神仙難辨一語近幾成爲口頭禪然製造家正利用其難辨途得以假冒僞藥遂其射利之手段購用者恐其有碍衛生於是咸有慎擇之心誠是故膏丹丸散爲衛生之物而鑒別真僞尤爲衛生之先圖也李君梓初今年創設廣東省城仁安街之岐生園選料照製萬應膏救人豆蔻油及各項丸散諸爲良方上藥弟等皆親試而奇效且目擊各友信用無不奏効如神者也弟因試驗甚靈遂考究其由始知李君梓初原作生藥行生理多年且前經曾製香港流曠南最行時之藥數年既得秘方復料製造而所用藥料皆由自己生藥行揀選上品故與別家不同也弟等爲恐購用藥丸稍不慎擇致碍衛生起見用特將岐生園之真料藥丸據實表彰俾四方君子知所問津云爾並將其各埠寄售店號列左庶便購買

一厦門洪本部長發內陳仲銓

一香港文咸東街五十二號永豐隆生藥行

一安南提岸岐生堂

一安南西貢德生號

許玉池　柳玉堤

光緒三十四年　月　日　王子玉

王國屬、陳仰朱　謹啓

參茸酒減價三天

厦門

同泰參茸行監製眉壽堂參茸佐元酒

本行創製參茸佐元酒選料精良並揀選正地鹿茸參加料製造歷有年所久蒙中外歡迎爭相購辦尚未減價開張茲定二月初二日開張格外廉宜限三天止降收八折每斤原價四角收銀叁角弍占每叁斤原價壹元收銀捌角以答　諸君垂愛之雅荷　惠顧請速到廟後街本行內採買幸勿延悞此酒功用極大難以盡述茲將已經神効諸症先行列左

一治腎水虧耗　一治陰虛陽虛　一治手足痲痹

一治氣血衰弱　一治精冷陽痿　一治脾胃衰弱

一治筋骨疼痛　一治心胃氣痛　一治水積盛脹

一治肢體痲木　一治婦人白帶　一治五痨七傷

宣統元年元月　日　主人謹啓

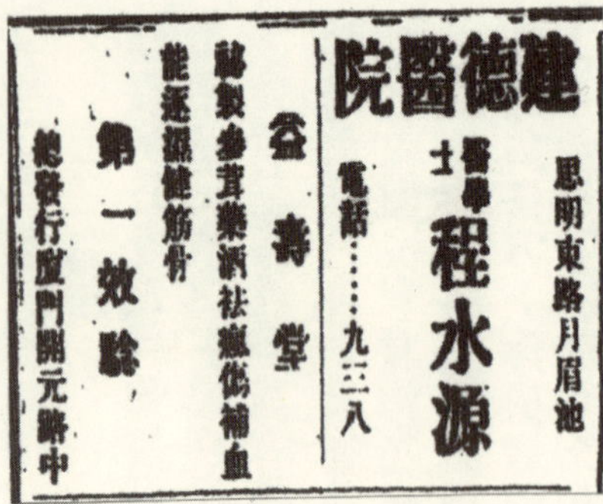

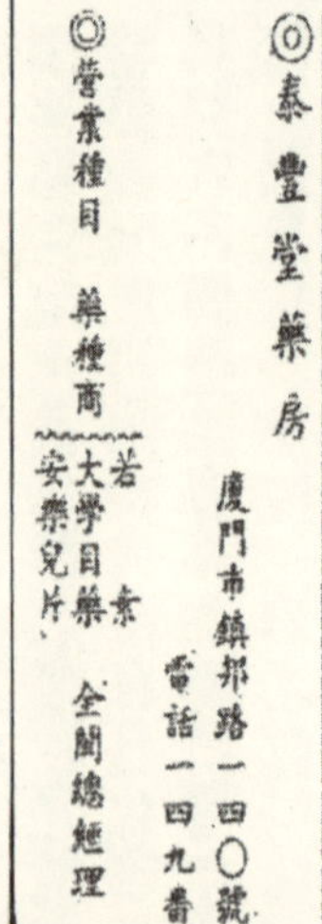

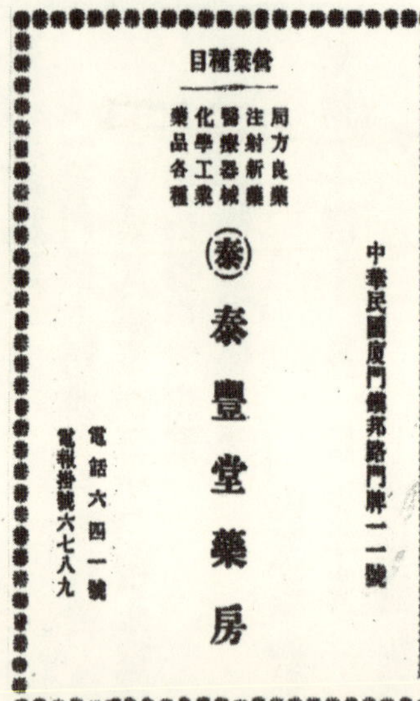

斷絕癱瘓之良方

諸君欲除癱瘓、當先服袪癱丸壹盒、斷絕後、再服補血丸壹盒、身體必能康強、且無後患、

靈驗袪癱丸 每盒四角 每打四元

靈驗癱症補血丸 每盒八角 每打八元

▲廈門舊路頭體仁堂監製

本堂醫士張少軒寶吉披露

安樂兒片本舖

泰豐堂藥房

廈門市鎮邦路一四○號

電話一四九番

營業種目

泰豐大藥房藥種批發商

藥種賣藥 各國洋酒

滋養强壯劑 醫療器械

繃帶材料 刷毛類各種

各色染料 薰物線香

玻璃製品具 工業用品

營業種目

局方良藥

注射新藥

醫療器械

化學工業

藥品各種

(泰)

泰豐堂藥房

中華民國廈門鎮邦路

門牌一一六號

電話六四一號

電報掛號六七八九

廈門行醫五十餘年
陳天恩率男希聖 醫學博士
上海聖約翰醫科大學醫學士醫學博士
北平協和大學耳鼻喉科醫師
香港大學熱帶病公共衛生學畢業
診所：廈門昇平路四十八號
著名暈船特効藥、基士令。一服全程不暈、航海必備
肚液消化粉即猪肚粉
老醫師年逾古稀恕不出診

蟹標D·D·T·殺蟲水
功效特强……殺蟲最靈
華安藥房經理
廈門中山路一〇三號

包醫香港脚

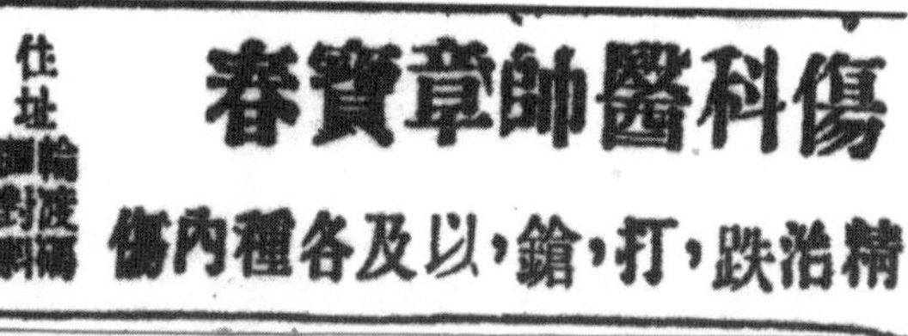

傷科醫師章寶春
精治跌，打，鎗，以及各種內傷
住址

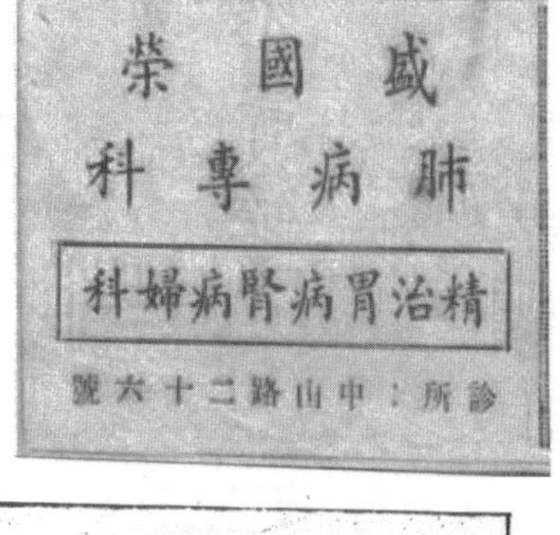

盛國榮
肺病專科
精治胃病腎病婦科
診所：中山路二十六號

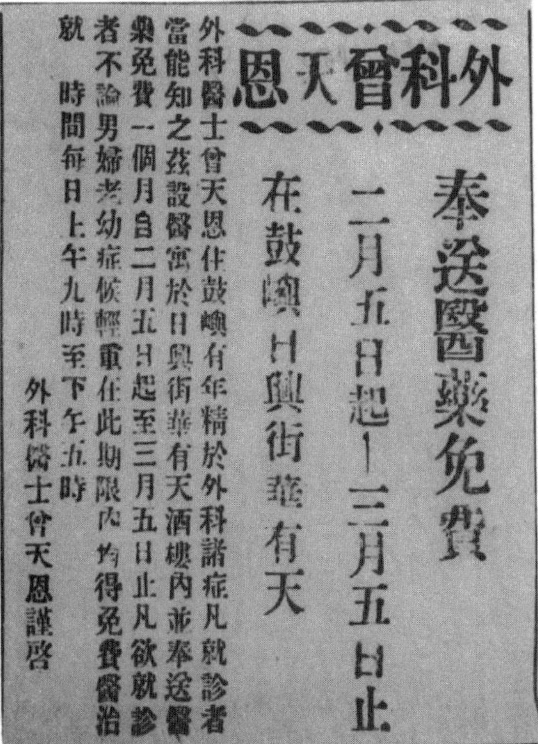

外科曾天恩
奉送醫藥免費
二月五日起—三月五日止
在鼓嶼日興街華有天
外科醫士曾天恩住鼓嶼有年精於外科諸症凡就診者當能知之茲設醫寓於日興街華有天酒樓內並奉送醫藥免費一個月自二月五日起至三月五日止凡欲就診者不論男婦老幼症候輕重在此期限內均得免費醫治
就診時間每日上午九時至下午五時
外科醫士曾天恩謹啓

介紹良醫盛國榮啟事

成藥翹首

本商店創設於南洋羣島瀛粵潮汕各地分設來廈凡二十餘年經售中西名家正莊藥品歷向不賣僞藥不貪厚利有口皆碑無論環境如何惡劣堅持本旨以利物救人爲已任常備救急扶危丹膏丸散衛生補品藥隊利濟人羣者倘希留意庶不致誤買僞藥也

廈門鎮邦路五十八號

會豐商店謹啓

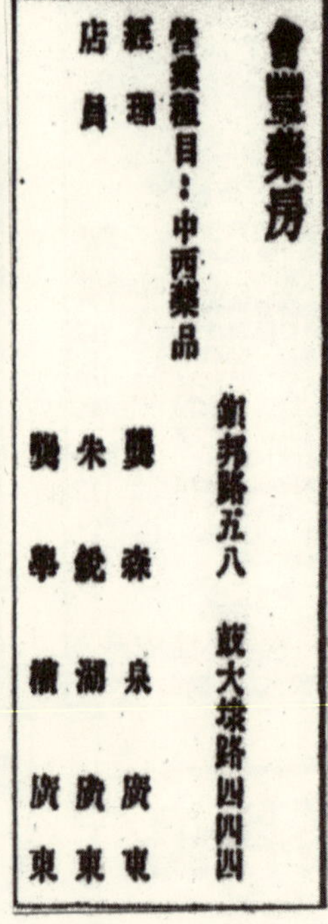

會豐藥房
營業種目：中西藥品
鎮邦路五八 鼓大埭路四四四
經理
店員
朱銳湖 廣東
廣東
廣東

廈門港仔口

會豐商店廣告

啟者本商店創設於廣州潮汕上海南洋羣島數十年民國十七年開設來廈專辦寰球中西馳名藥品各藥俱皆親自到該店面購買確信正貨荷蒙各界諸君贊許貨眞價實有口皆碑常備大帮上海雷允上六神丸施德之濟衆水馮存仁再造丸京都同仁堂安宮牛黃丸廣東陳李濟各項臘丸敬和堂烏鷄白鳳丸各種丸散潘務庵紅靈丹保嬰丹廣芝館行軍散馬百良珍珠散何熙明驚風散錢樹田回春丹老威藥房立止氣痛散各種良藥香港瑞昌鸚鵡牌眉壽種子丸各種良藥福至藥行白濁消淋丸韋廉士兜安氏各種藥品各嘜鱉魚肝油發售藥品太多不能盡錄 諸君採買請認招牌庶不致悞

廈門中山路二五七

白記藥房

電話一二二六

△批售▽

各國原料藥
便藥注射藥
化學藥發售
照相材料乾
奶粉菓子露
香料如鹹賜
顧格外克己

△經理▽

德國拜耳藥廠
德國邢倫藥廠
德國馬丁廠
英國好立克公司
美國乾奶公司
廣東二天堂藥行

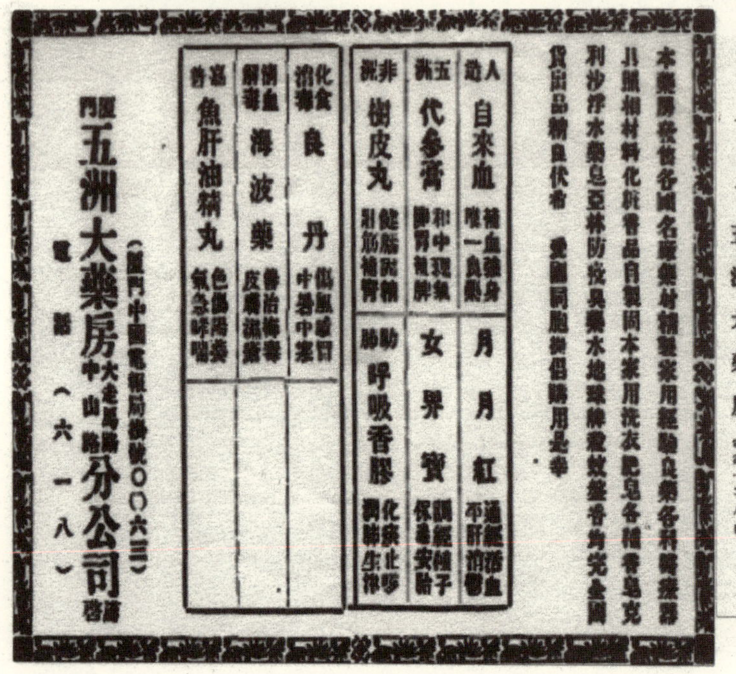

本藥房發售各國名廠藥材精製家用經驗良藥各科醫療器
照相材料化妝香品自製固本家用洗衣肥皂各種香皂克
利沙淨水藥皂亞林防疫臭藥水地球牌蚊蟲香均完全國
貨出品精良伏希 愛國同胞倚侶購用是幸
人造 自來血 補血強身 唯一良藥
五洲 代參膏 和中理氣 助胃健脾
非洲 樹皮丸 健腦強精
月月紅 通經活血 平肝消鬱
女界寶 調經種子 保產安胎
助肺 呼吸香膠 化痰止咳 潤肺生津
化食消滯 良丹 傷風感冒 中暑中寒
海波藥
魚肝油精丸
廈門 五洲大藥房 大走馬路 中山路 分公司謹啓
（廈門中國電報局掛號〇〇六三）
電話（六一一八）

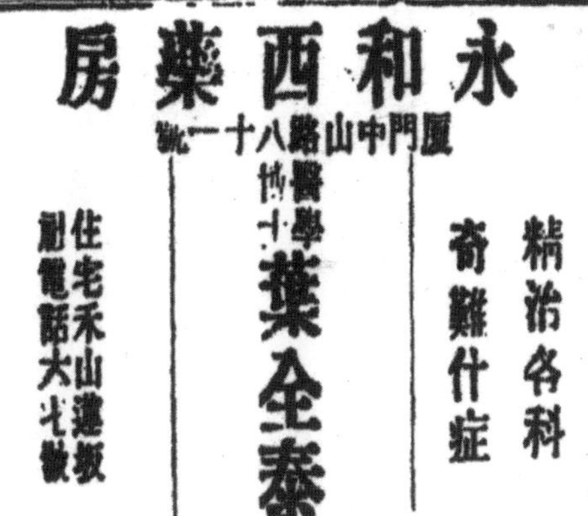
永和西藥房
廈門中山路八十一號
醫學博士
葉全泰
精治各科
奇難什症
住宅禾山蓮坂
附電話大屯號

一點黑迹雀斑面疱皺紋都沒有
喲！
面皰闆省稱瘢
各埠
大藥房百貨店均售
閩南經理廈門中山路華英藥房

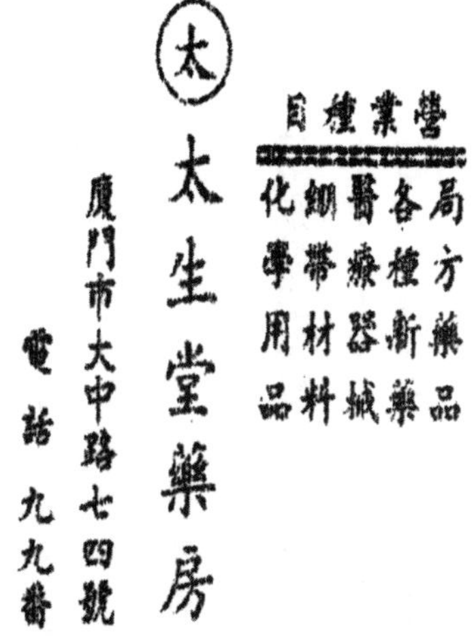
太
太生堂藥房
廈門市大中路七四號
電話九九番
營業種目
局方藥品
各種新藥
醫療器械
繃帶材料
化學用品

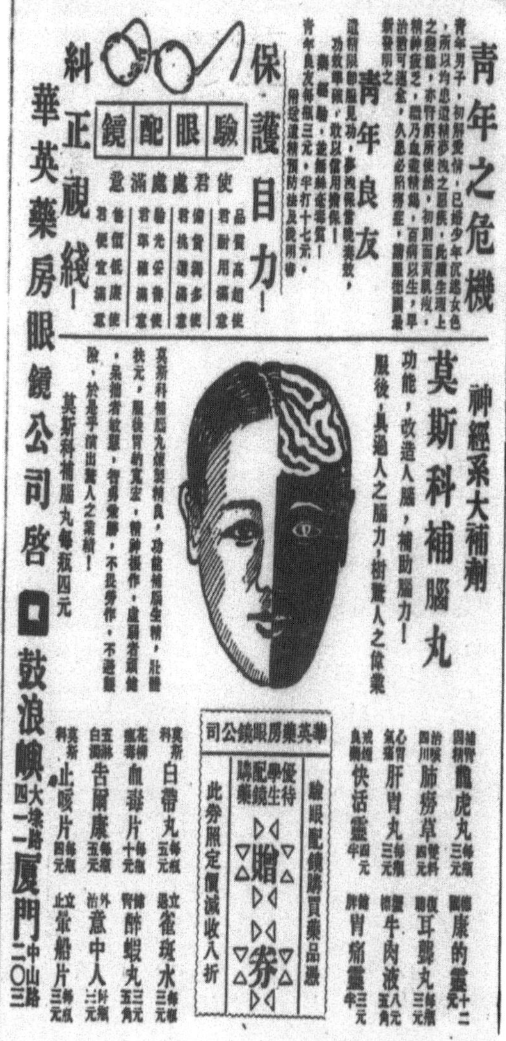
青年之危機
青年良友
保護目力！
驗眼配鏡
使君處處滿意
糾正視綫！
華英藥房眼鏡公司啓
鼓浪嶼大埭路四一一
廈門中山路二〇三
神經系大補劑
莫斯科補腦丸
功能，改造人腦，補助腦力！
服後，具過人之腦力，樹驚人之偉業
莫斯科補腦丸每瓶四元
華英藥房眼鏡公司
驗眼配鏡購買藥品憑
優待學生配鏡購藥
贈券
此券照定價減收八折
龍虎丸
肺癆草
肝胃丸
快活靈
康的靈
耳聾丸
牛肉液
胃痛靈
白帶丸
血毒片
告爾康
止咳片
雀斑水
酢蝦丸
意中人
暈船片

華英大藥房
經售中西
各種良藥
兼辦眼鏡
自來水筆
貨臻上乘
售價低廉
華英藥房謹啓
鼓浪嶼大埭路四一一
廈門大中路二〇三
太陽眼鏡
夏令配戴
安全安第一
華英太陽眼鏡
特價犧牲品每副祇售八元
華英藥房經理
血毒片
不論久年惡毒
保擔痊癒假貨
一服可愈

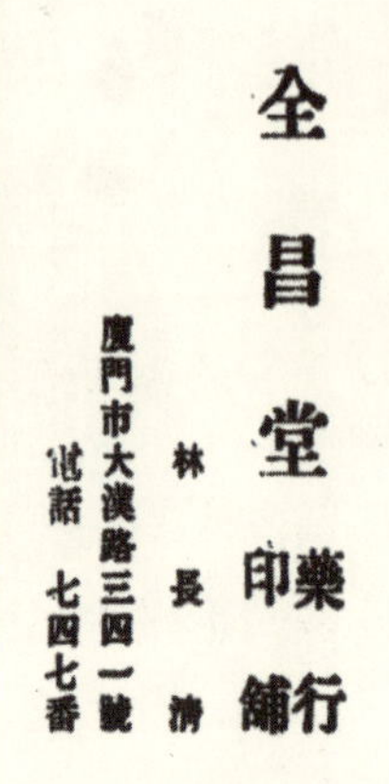
全昌堂
藥行
印鋪
林長清
廈門市大漢路三四一號
電話七四七番

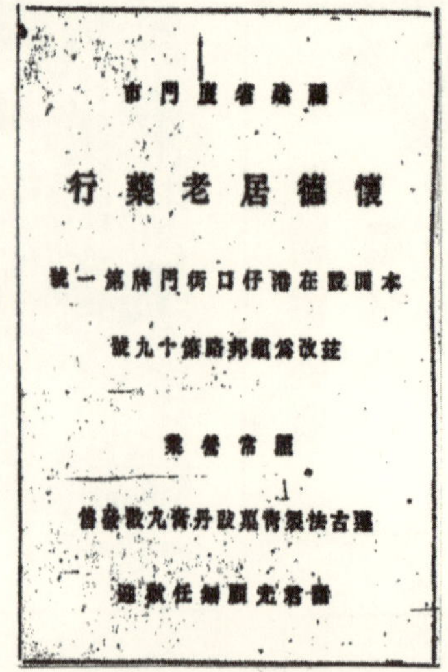
福建省廈門市
懷德居老藥行
本園設在港仔口街門牌第一號
茲改為鎮邦路第十九號
照常營業
選古快製膏丹散丸藥發售
諸君光顧無任歡迎

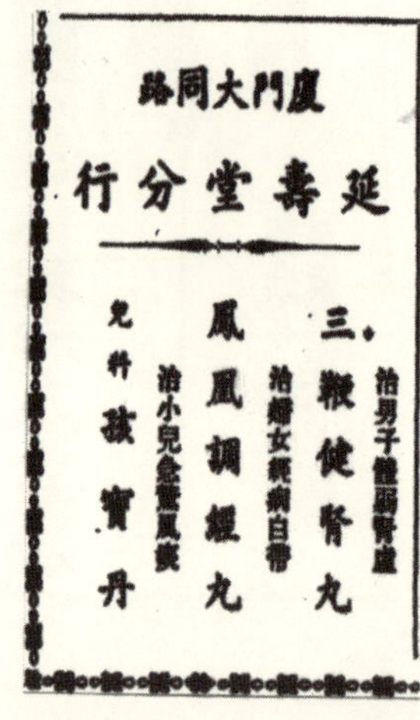
廈門大同路
延壽堂分行
三鞭健腎丸 治男子體弱腎虛
鳳凰調經丸 治婦女經病白帶
兒科救寶丹 治小兒急驚風痰

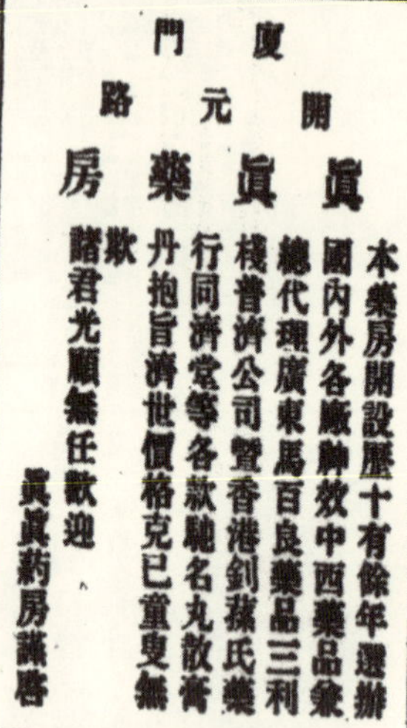
廈門
開元路
眞眞藥房
本藥房開設歷十有餘年選辦國內外各廠靈效中西藥品兼總代理廣東馬百良藥品三利棧普濟公司暨香港劉蘇氏藥行同濟堂等各款馳名丸散膏丹抱旨濟世價格克已童叟無欺諸君光顧無任歡迎
眞眞藥房謹啓

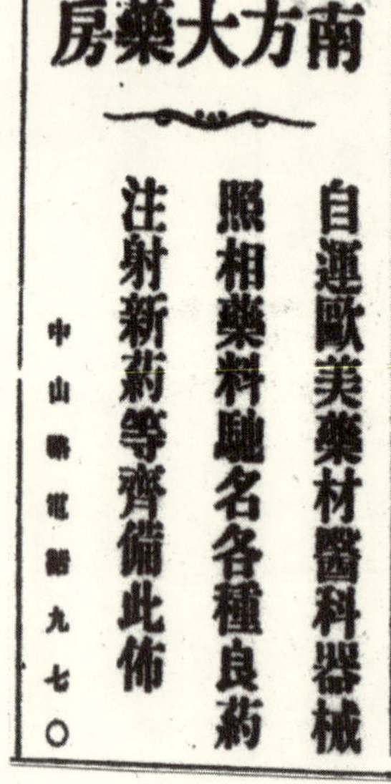
南方大藥房
自運歐美藥材醫科器械
照相藥料馳名各種良葯
注射新葯等齊備此佈
中山路電話九七〇

廈門
源榮泰記藥行
人和路廿五號 電話七六四號
恭賀新禧
本號專營 地道藥材
國內名藥 零沽批發
無任歡迎 海外託辦
信用可靠 簡便迅捷

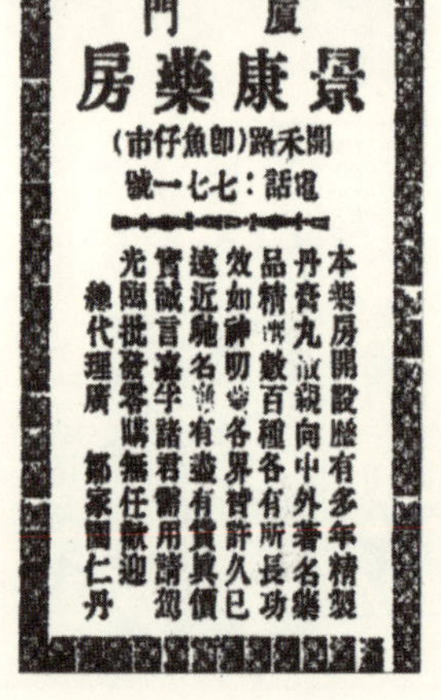
廈門
景康藥房
開禾路(即魚仔市)
電話：七一七一號
本藥房開設歷有多年精製丹膏丸散親向中外著名藥品精料數百種各有所長功效如神即蒙各界贊許久已遠近馳名兼有盡有貨眞價實誠言無二諸君光顧批發零購無任歡迎
總代理廣鄒家園仁丹

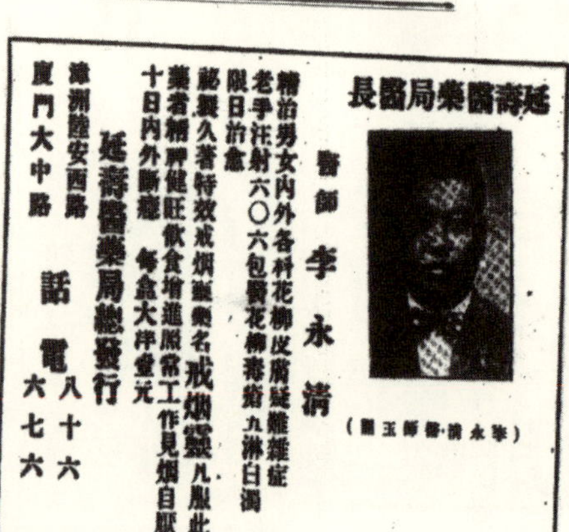
延壽醫藥局醫長
醫師李永清
(李永清醫師玉照)
精治男女內外各科花柳皮膚疑難雜症
老手注射六〇六包醫花柳毒瘡九淋白濁
限日治愈
新製久著特效戒烟藥名戒烟鹽凡服此
藥者精神健旺飲食增進照常工作見烟自厭
十日內外斷癮 每盒大洋壹元
延壽醫藥局總發行
漳州馳安西路
廈門大中路
電話八十六
六七六

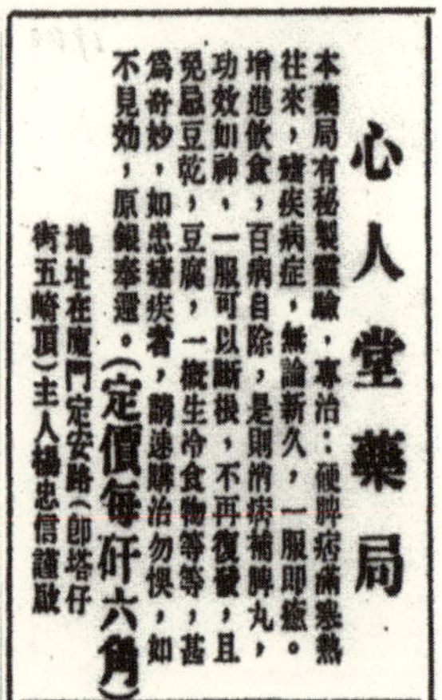
心人堂藥局
本藥局有秘製靈驗，專治：硬脾痞滿悲熱往來，積痰病症，無論新久，一服即愈。增進飲食，百病自除，是則消痞補脾丸，功效如神，一服可以斷根，不再復發，且免忌豆乾，豆腐，一概生冷食物等等，甚爲奇妙，如患諸疾者，請速購治勿悞，如不見効，原銀奉還。(定價每矸六角)
地址在廈門定安路(即塔仔街五崎頂)主人楊忠信謹啟

▲提倡國貨

東亞工業社招學員

本社根據科學原理專門研究製造新發明日用品化裝品藥品各種特設函授函授以便有志者研究保證成功

詳細章程函索即寄

在中山路華洋藥房二樓

▲電醫術

▲催眠術

陽萎不舉神經衰弱房事早泄虛勞傷症風症骨痛手足失力半身不遂內外痔瘡下消白濁白帶不論新久奇難怪症凡服藥注射無效之症均能根治

附設華洋藥房樓上

專辦中西各種正庄藥品

大同藥房

廈門市大同路四三〇號

鼓浪嶼大埭路四五五號

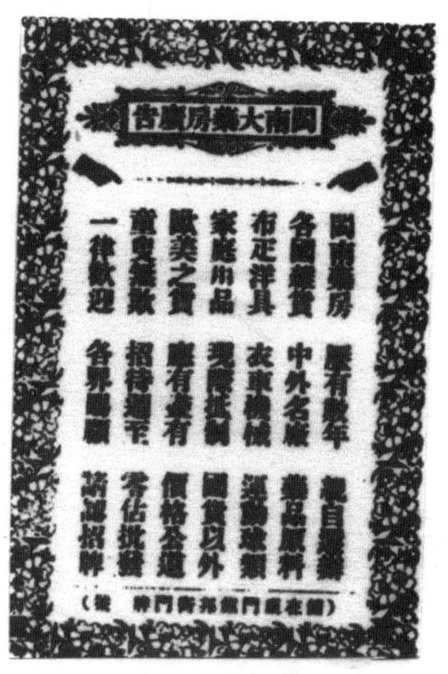

奇藥若無効可還

新發明包除面部[illegible]斑點

雀斑藥水 保無瘢跡 定價一元

面兆藥水 隨時見效 定價五角

白面素 面能細白 定價五角

玉容丸 換棟花面 定價一元

發毛藥 生眉毛髮 定價一元

白牙水 隨便變白 定價五角

癬藥水 包醫除根 定價三角

白帶丸 一服定痊 定價二元

白濁丸 保斷根 定價八角

痔瘡散 淨根脫 定價一元

中山路中華戲院側面斜角

華洋藥房總發行

正德大藥房　廈門大中路門牌二號

電話：一四二七號　電報掛號：七八七一號

經售各國名廠新藥及醫用器材

東西藥房廣告

本藥房自運泰西各國名廠各種靈藥醫家器械產科齒科各種器具玻璃器工業藥品製造順氣神効散化學品化粧香品電氣材料照相用品等並承辦十字會海陸軍醫院繃帶材料及委托買賣兼運染料發盤此佈

東西藥房

住廈門石埕街現大同路

華德專門脫痔

免用針刀

脫落

乃收醫金

大史巷益源藥行披露

厦門白記藥房
中山路二五七
電話一二二大
本藥房經理各大藥廠
英國好立克牛乳粉有限公司

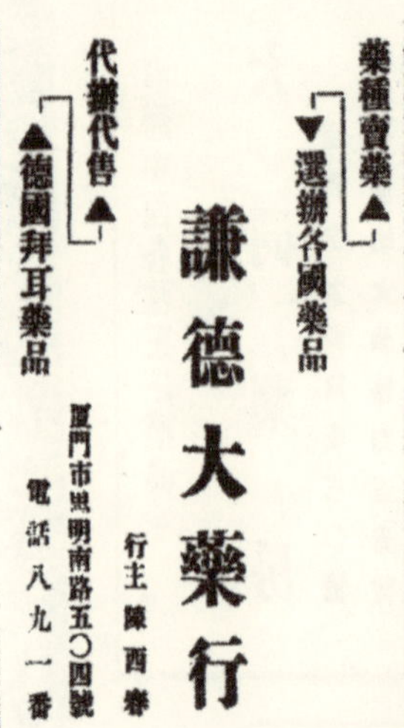
藥種賣藥
選辦各國藥品
代辦代售
德國拜耳藥品
謙德大藥行
行主 陳西春
厦門市思明南路五〇四號
電話八九一番

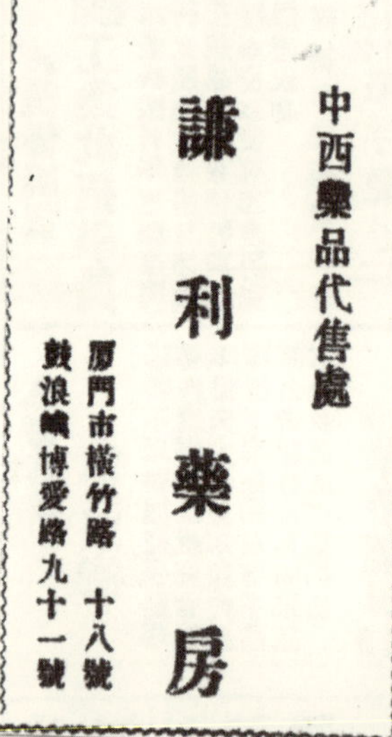
中西藥品代售處
謙利藥房
厦門市橫竹路十八號
鼓浪嶼博愛路九十一號

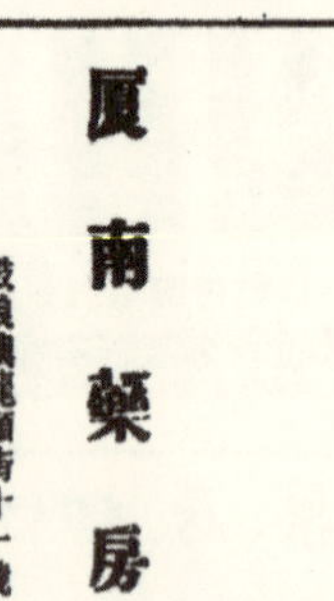
厦南藥房
鼓浪嶼龍頭街十一號
電話二七二番

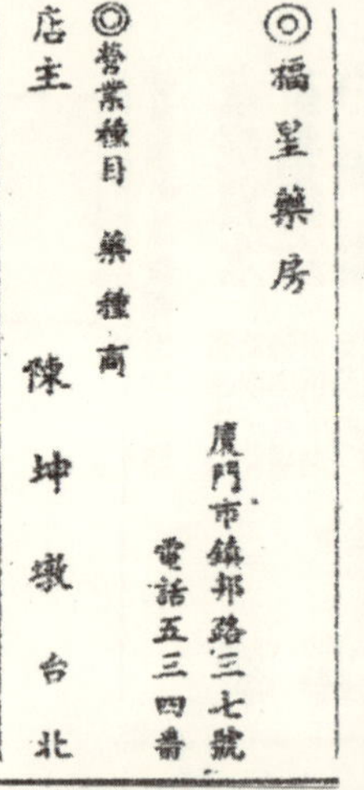
◎福星藥房
◎營業種目 藥種商
店主 陳坤墩 台北
厦門市鎮邦路三七號
電話五三四番

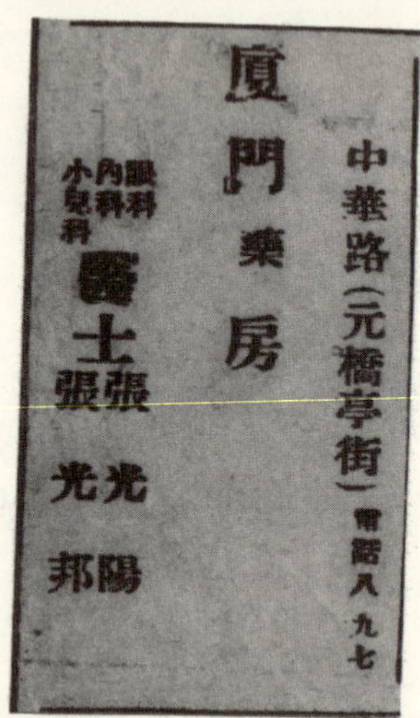
中華路(元橋亭街)
電話八九七
厦門藥房
眼科 內科 小兒科
醫士
張光陽
張光邦

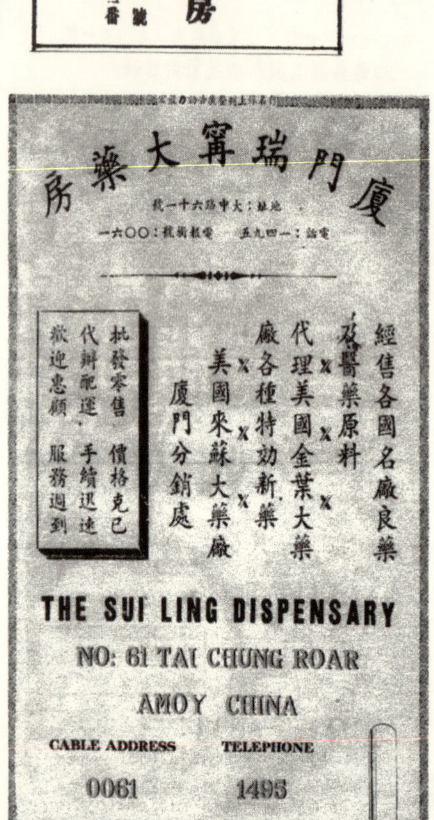
厦門瑞寧大藥房
地址：大中路六十一號
電話：一四九五 電報掛號：〇〇六一
經售各國名廠良藥
及醫藥原料
代理美國金葉大藥廠各種特效新藥
美國來蘇大藥廠
厦門分銷處
批發零售 價格克己
代辦郵運 手續迅速
歡迎惠顧 服務週到
THE SUI LING DISPENSARY
NO: 61 TAI CHUNG ROAR
AMOY CHINA
CABLE ADDRESS 0061
TELEPHONE 1495

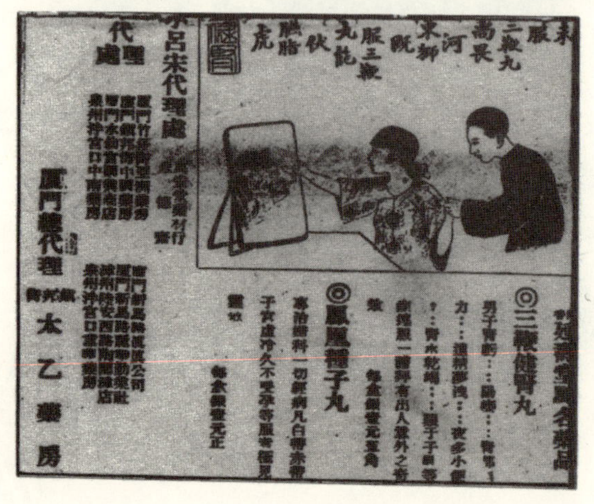
呂宋代理處
代理處
厦門總代理
太乙藥房

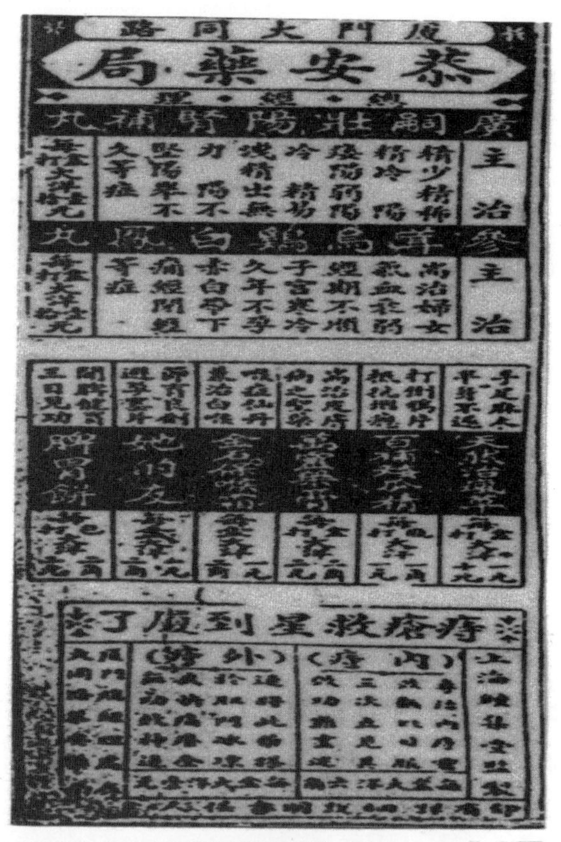
廈門大同路
慈安藥局
總經理
廣嗣壯陽補腎丸
主治
參茸烏鷄白鳳丸
主治
痔瘡救星到廈了

瑞安新藥房
專辦
中外藥品
醫藥器材
地址：鎮邦路110號
電話：一二一號

慈安藥局
住廈門大同路
丸散丹膏老舖
廣嗣壯陽丸
烏鷄白鳳丸
安宮牛黃丸
清心牛黃丸
紫雪丹
至寶丹
保嬰丹
回春丹
八寶牛黃散
銀花露
金汁水
枇杷膏
瓊玉膏
脾胃餅
歡迎僑胞通信

營業種目
廣
廣生堂藥房
廈門市大漢路二〇〇號
店主簡士元
電話一四五番
廣生堂大藥房
本店廈門市大漢路二百號 電話一四五番
支店廣東市海珠南路八號 電話一四二六八番
貿易商
廣
廣生洋行
店主簡士元

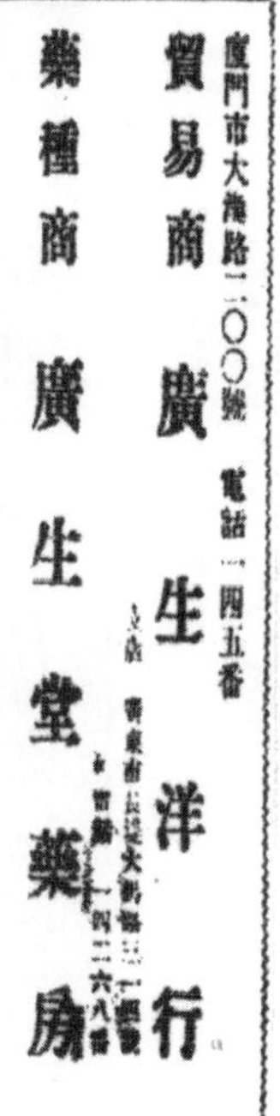
廈門市大漢路二〇〇號 電話一四五番
貿易商
廣生洋行
藥種商
廣生堂藥房

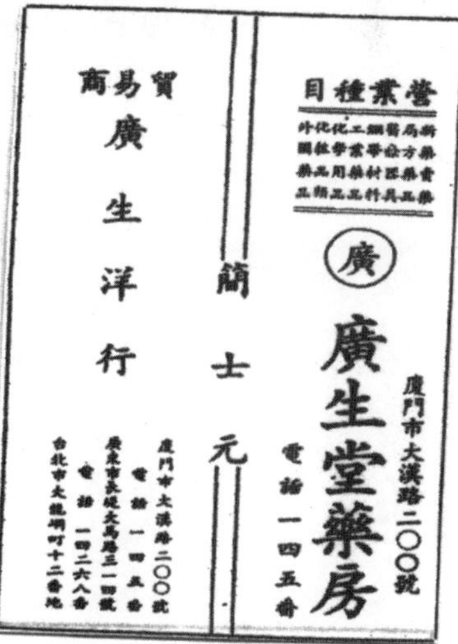
營業種目
廣
廣生堂藥房
廈門市大漢路二〇〇號
電話一四五番
貿易商
廣生洋行
簡士元

厦門總店：開禾路門牌十八號

太

批發零售

清香茶油

福

太乙瘋傷藥酒

和

蓋露名煙

價極克己

泉州支店南街花橋亭五四〇號

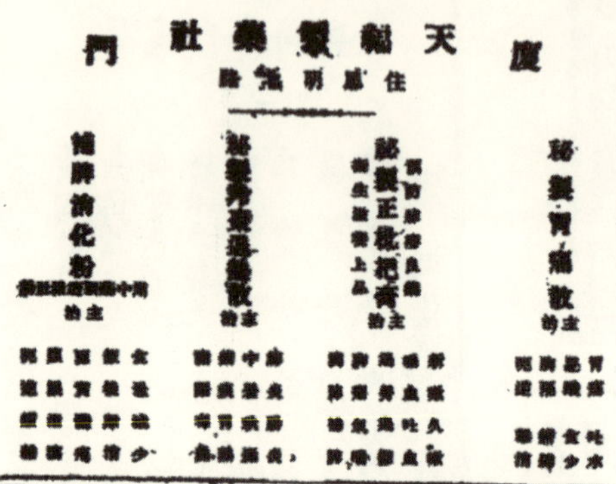

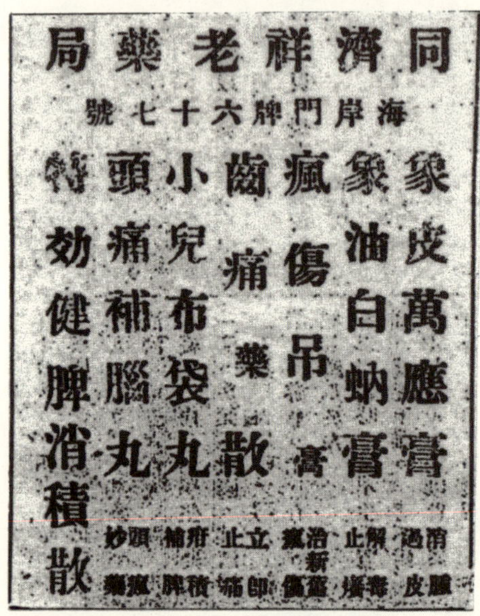

各埠代理
廈門港仔口會豐商店總經理
敬和堂
烏雞白鳳丸

廈門

東方藥房有限公司

註冊商標

特製荷蘭水

提防假冒

本公司特設新式機器特製雪汽水專辦歐西各國名廠大宗原料藥品醫家器具各種馳名良藥西洋雜貨食品化妝品種種俱備如荷惠顧極表歡迎本總房住廈門港仔口電話四七三製造汽水廠住鼓浪嶼龍頭電話一五九第二製冰廠住廈門沙波頭電話二八三汽水分廠在福州南台倉前山地土廟

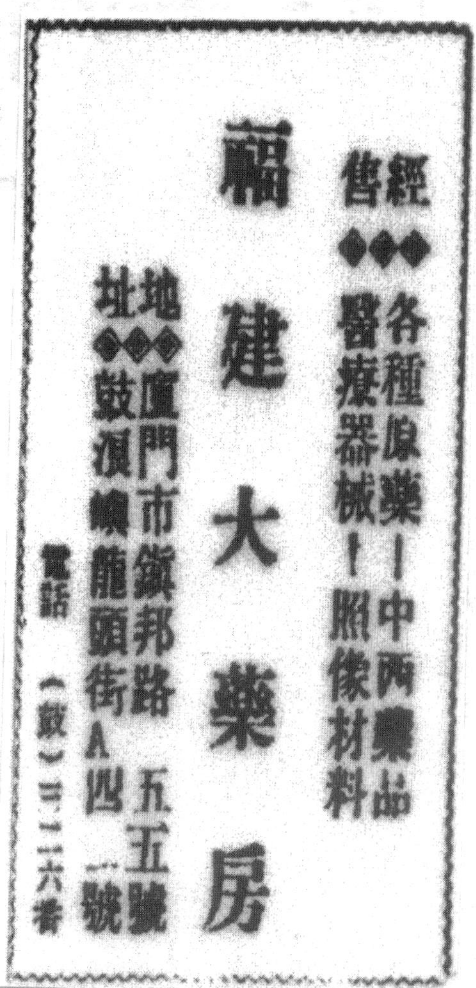

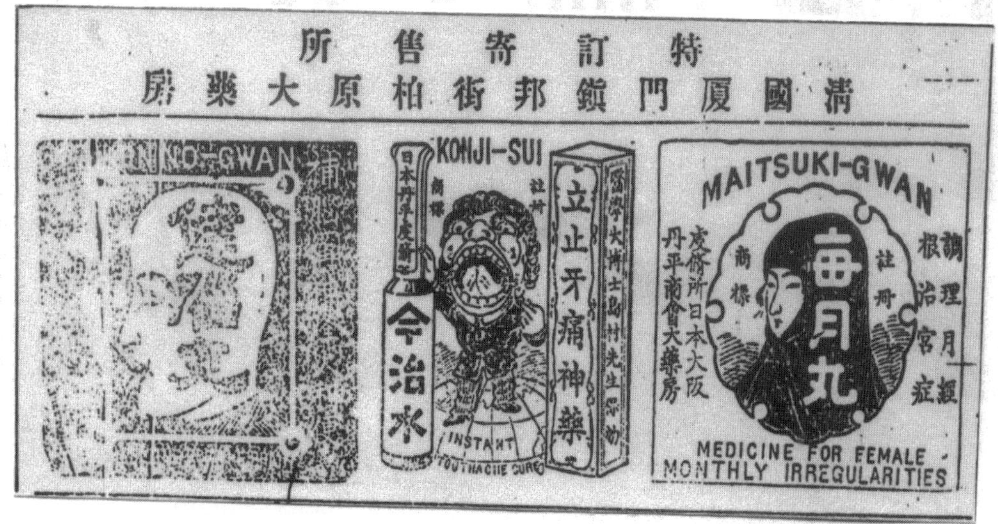

瑞芳參行
来貨直接
價錢公道
靈驗
安宫牛癀散
廈門大同路電話八三四號

廈門德大參行
大同路一四○號 電話八八○ 電報掛號八八○○
香港分行德輔道西四十五號
電話二三○一九電報掛號九七一六
TAK TAI GINSENG FIRM
No. 45 DES VOEUX RD. WEST HONG KONG
CABLE ADDRESS: 9716 TEL. 23019
HEAD OFFICE TAI TUNG ROAD, AMOY
恭賀
上海香港
均設分莊
不惜偽貨
價格公平
零沽批發
一律歡迎
貨如不合
可退回換
新禧

總代理
漳州著名正馨元
僧帽八寶片仔癀
正大協記行
住横竹路口
經售名家丹膏丸散

一大參行
鼓浪嶼龍頭街
廈門大同路
總行·香港南北行街
光一公司
光大參行
精選地道
四季宜服

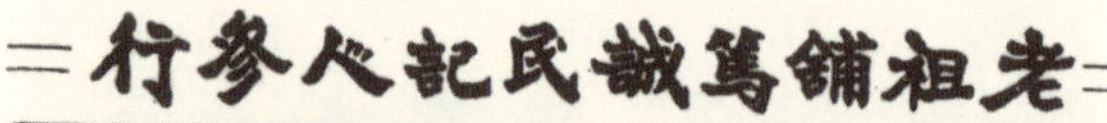
老祖舖篤誠民記人參行

Ginseng, deers' horns
Swallows' nests, and
Cinnamon for sale.
總發行：廈門中山路二二七 電話六七三
中外各埠均有分售

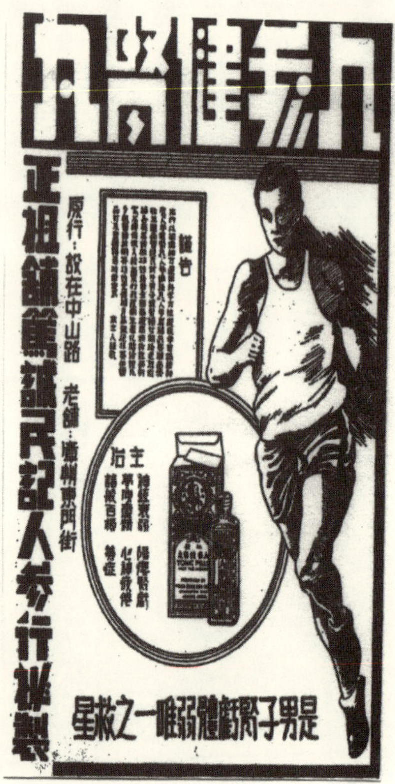
正祖舖篤誠民記人參行監製
原行：設在中山路
老舖：漳州東門街
主治
是男子腎虧體弱唯一之救星

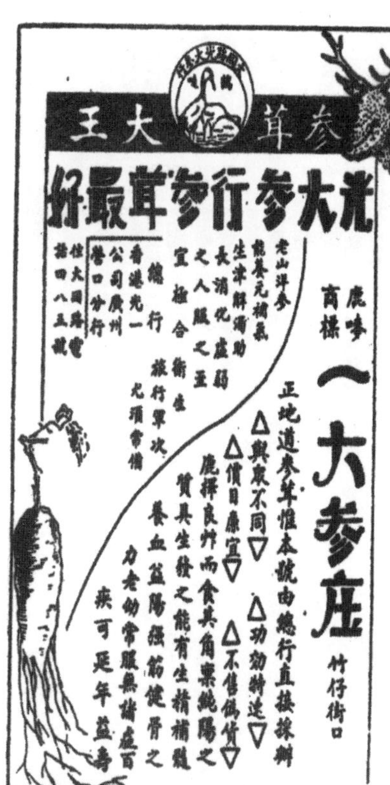

光大參行

參茸燕耳
八寶幼藥
批發零售
無任歡迎

行址：廈門大同路四六五號

廈門市開元路一八二號

◇開元參藥行

選辦正莊

參茸燕桂 地道藥材

自製特効 丹膏丸散

代理盛德堂特効丸散

廈門大同路

瑞芳參行具有數十年之歷史有事實上之證明確實參茸界唯一專賣正貨之參行兼製安宮牛黃散純以珍貴藥品配合而成功效之偉藥力之强誠有起死回生之力

大同路中

電話八三四號

泉城吳苑志同記三房眞正祖傳秘方神麯廣告

敢者吳苑志神麯創設二百餘年以來並未另設分支者因高祖吳亦飛所得仙傳秘方遺命後世子孫祗以當事一人相承接製而已其餘概不私傳以杜混雜而防贋人故也父緒閩多年當事秘製獨精營欲貽余接當嫁於定省時密授良方又於製造時命毅尼頰不幸於甲辰捐館禍起蕭墻戈操同室或恃矜衈上或齒誘莫遏且植徒眾陳市冒眞僞之貨無從識別以致仙傳眞方至幾埋沒不彰而世傳祖業亦岌岌可危可不嘅然切念高祖留良方以活人何忍及嗣而墜今幸　撫莛盤頓商務　各大憲俯恤下情恩准分棧發售以杜假冒乃就祖號分設泉州府城內考棚口按轅巷觀音亭頂南畔第十二間又設廈門新路頭將苑志號再加同記三房以昭核實而防混冒自乙巳四月初一起每觔減價一百六十文限以二十個月爲止仍照原價遠近官紳士商如欲光顧請認苑志同記三房方是祖遺世傳秘方誌

廣告

竊以膏丹丸散神仙難辨一語近幾成爲口頭禪然製造家正料用其類辨證得以假冒爲眞還其射利之念與購用者亦莫辨衛生於是咸有惜擇之心誘是故膏丹丸散爲衛生之物而醫則眞爲尤爲宜生之先導也李君梓初今分創設廣東省[illegible]仁安衛生之岐生園選料精製眞藥者散又豆蔻油及各項丸散並爲良方上藥弟等將試而奏效且自歷各友信用無不奏效如神者也弟因試驗誠實並考究其內情知李君梓初原作生藥行生理多年且精通醫製藥港深嶺南最行時之醫數十年既得秘方復精製造而所用藥料均由自己生藥行揀選上品故與別家不同也弟等爲恐購用藥丸者不識僞致碍衛生起見用特將岐生園之眞料藥丸建宜表彰俾四方君子知所問津云爾並將其各埠寄售店號列左贏便購買

一廈門洪本部長發內陳仲淦

一香港文咸東街五十二號永豐隆生藥行

一安南堤岸岐生堂

一安南西貢岐生堂

光緒三十四年　月　日　許玉池　柳玉堤　王子玉　王顧周　陳仰棠　謹啓

壯精補腎丸

人生所長欲求盛世者全賴乎精也腎也精腎足則身壯力健百病不侵凡人不能少精腎精腎者立身之上將也吾同胞往往不惜精腎有虧尅伐甚至精敗腎虧致有身體疲倦四肢無力飲食少進面黃肌瘦耳鳴眼花頭暈腦脹夢遺滑精陽物不舉諸虛百損五勞七傷婦女七情憂鬱生育維艱形容萎頓精[illegible]食不消化血氣不調經脈反胃泄瀉痢疾轉來腹痛赤白帶下戒煙人精虛腎虧肢軟不振元氣衰弱作事易倦一切之症不勝枚舉本主人發明壯精補腎丸以上諸症治之有回天再造之功誠驅疾之大王造世之上將也每盒價洋一元服法另詳仿單遠方函購信資自給原班回件

上海尚文門內時雨藥房謹識

病痊鳴謝
林君仙樵玉照
實內於……補知
……大醫生紅色補丸……

華大寶利醫生新發明無腥味鱉魚肝油

廈門代售處

美國華大寶利醫生大藥行

燕醫生補血藥

治愈余之病乃愛理士紅衣補丸

望閱者 注意 注意 大有奇功

愛理士紅衣補丸主治各症略列

廈門總批發處

愛理士紅衣補丸治愈腎經虧損及小溲頻數承袁君鏡如惠來證書並玉照

荊南袁鏡如客於安徽和州……

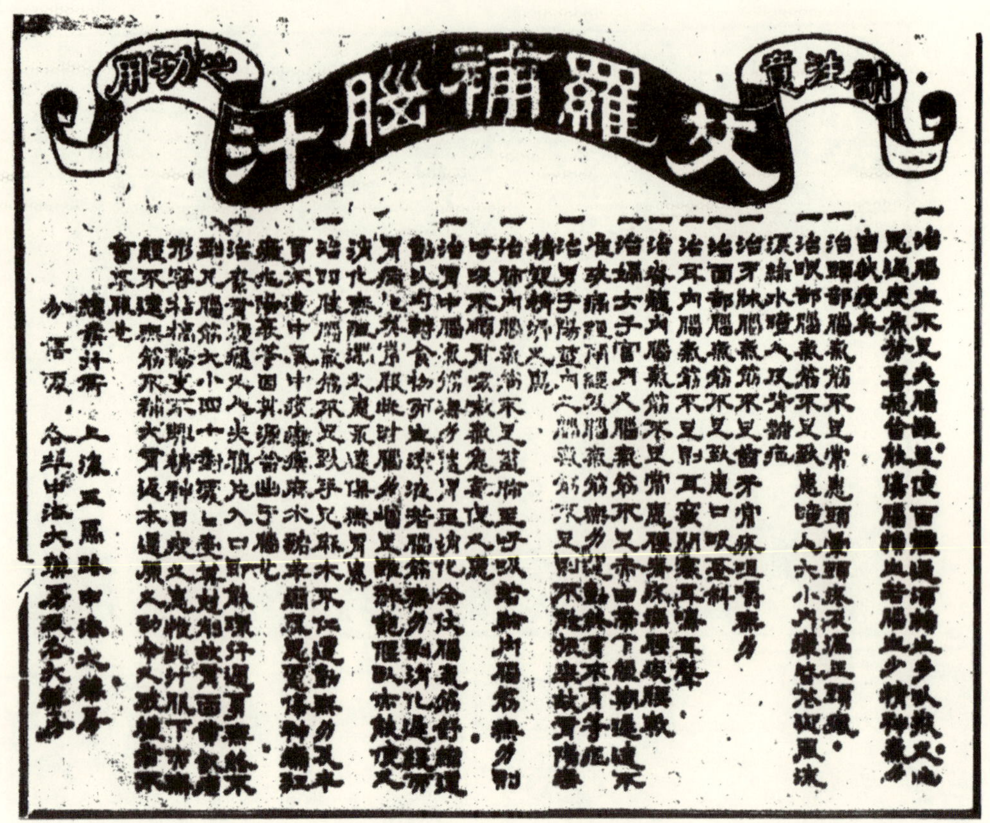
艾羅補腦汁

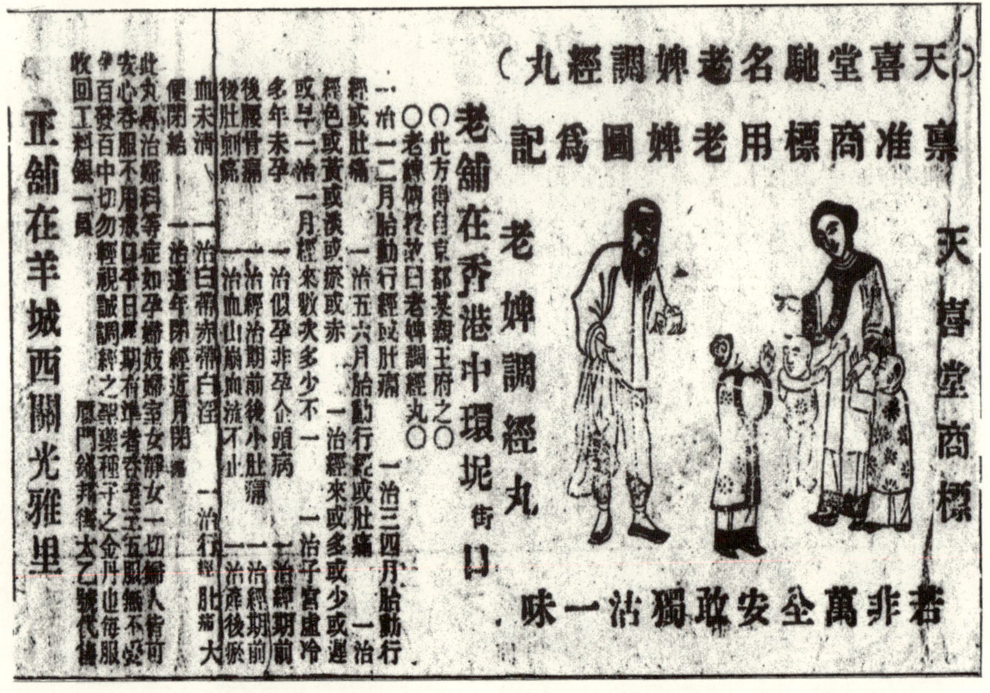
天喜堂馳名老婢調經丸
禀准商標用老婢圖為記
天喜堂商標
老婢調經丸
老舖在香港中環坭街口
○此方得自京都某親王府之○
○老婢傳授故曰老婢調經丸○
一治一二月胎動行經或肚痛
一治三四月胎動行經或肚痛
一治五六月胎動行經或肚痛
一治經色或黃或淡或瘀或赤
一治經來或多或少或遲或早
一治一月經來數次多少不一
一治子宮虛冷多年未孕
一治假孕非孕介頭病
一治經期前後腰骨痛
一治經期前後小肚痛
一治經期前後肚刺痛
一治血山崩血流不止
一治產後瘀血未清
一治白帶赤帶白淫
一治行經肚痛大便閉結
一治遠年閉經近月閉經
此丸專治婦科等症如孕婦妓婦室女靜女一切婦人皆可安心吞服不用忌口每日照期有準者吞五服無不受孕百發百中切勿輕視誠調經之聖藥種子之金丹也每服收回工料銀一毫
厦門鎮邦街太乙號代售
正舖在羊城西關光雅里
君非萬全安敢獨沽一味

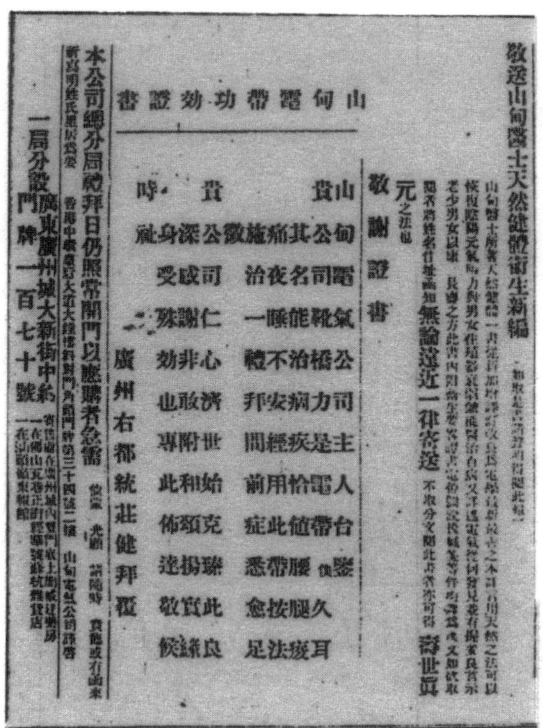

敬送山旬醫士天然健體衛生新編

無論遠近一律寄送

敬謝證書

山旬電帶功效證書

廣州右都統莊健拜覆

本公司總分局禮拜日仍照常開門以應購者急需

一局分設廣東廣州城大新街中約門牌一百七十號

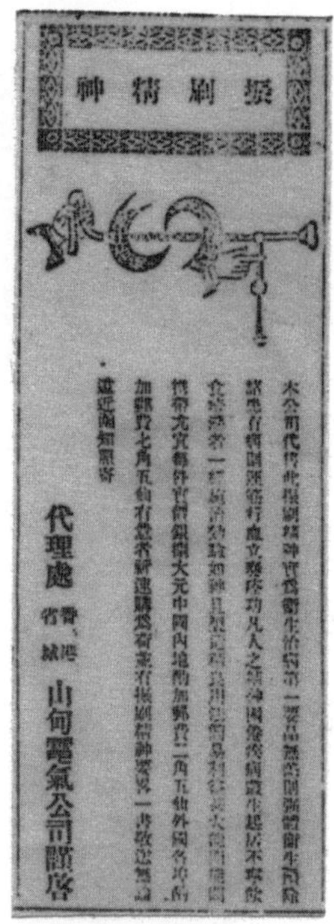

振刷精神

代理處 香港、省城 山旬電氣公司謹啓

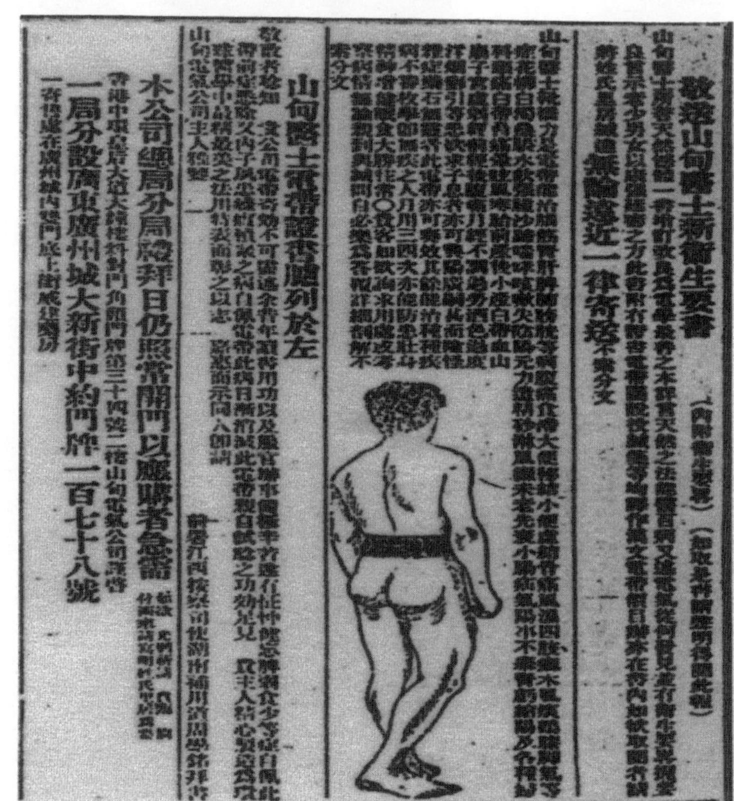

敬送山旬醫士新衛生要書

無論遠近一律寄送不費分文

山旬醫士電帶證書摘列於左

本公司總局分局禮拜日仍照常開門以應購者急需

一局分設廣東廣州城大新街中約門牌一百七十八號

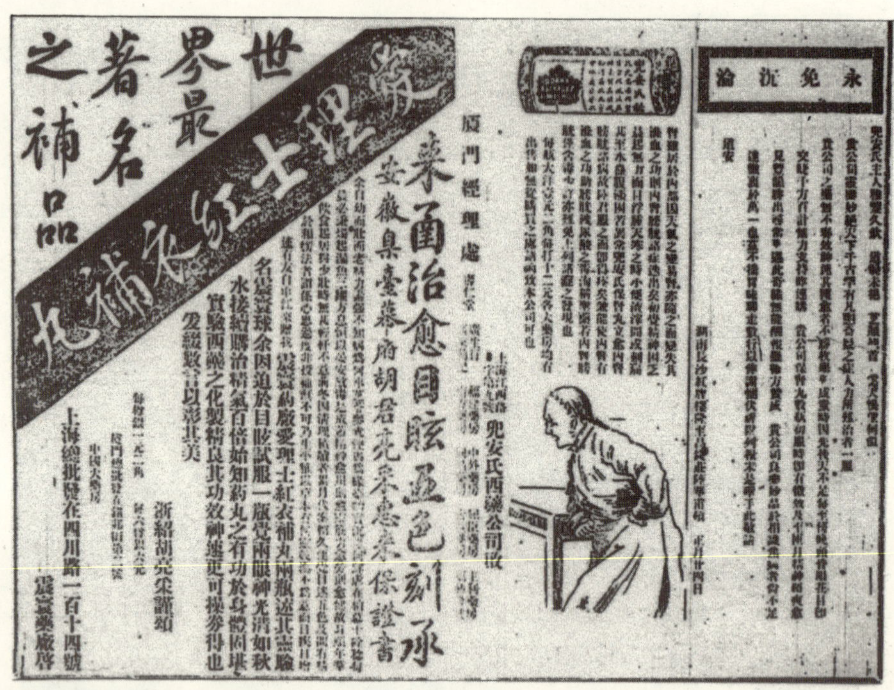
世界最著名之補品
愛理士紅衣補丸
永免沉淪
兜安氏西藥公司啟
厦門經理處
來函治愈目眩盈色刻承
安徽臬臺幕府胡君亮采惠承保證書
浙紹胡亮采謹頌
上海總批發在四川路一百十四號
震寰藥廠啓

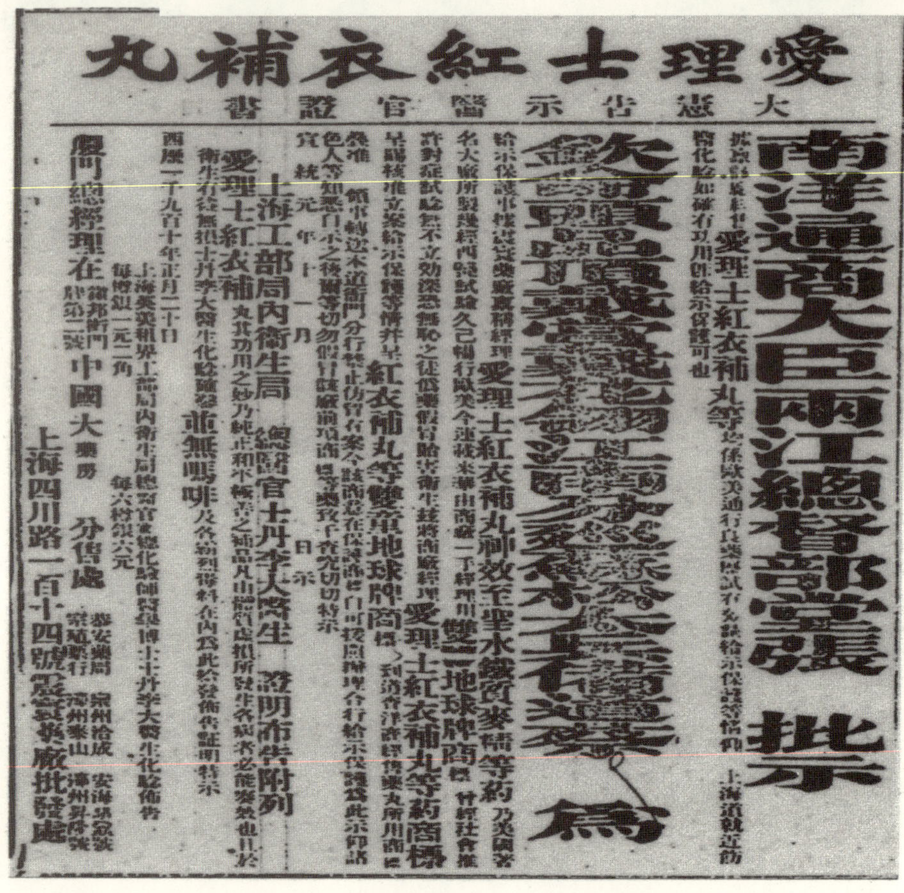
愛理士紅衣補丸
大憲告示醫官證書
南洋通商大臣兩江總督部堂張 批示
愛理士紅衣補丸
紅衣補丸
上海工部局內衛生局
總醫官士丹李大醫生
證明布告附列
愛理士紅衣補
並無嗎啡
宣統元年十一月 日示
西歷一千九百十年正月二十日
厦門總經理在
中國大藥房
分售處
上海四川路一百十四號震寰藥廠批發處

施德之

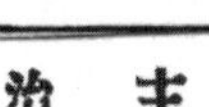

時疫急痧　霍亂吐瀉
中風中痰　頭暈肚痛
四時感冒　乍寒乍熱
無名腫毒　皮膚諸疾

閩南總代理
廈門大中路
宜生藥行

上海施德之藥局總發行

萬壽齋
新發明特效聖藥
調經理帶丸
專治婦女月經不順白帶頸行血貧身瘦面色青黃手足麻木頭眩目昏子宮寒冷多病不孕等症
萬壽丹
專治男人血氣不足腎虛精冷色青顏白腰膝酸痛精滑不禁頭昏目眩陽痿健忘老年無子
廈門棋杆巷第十號

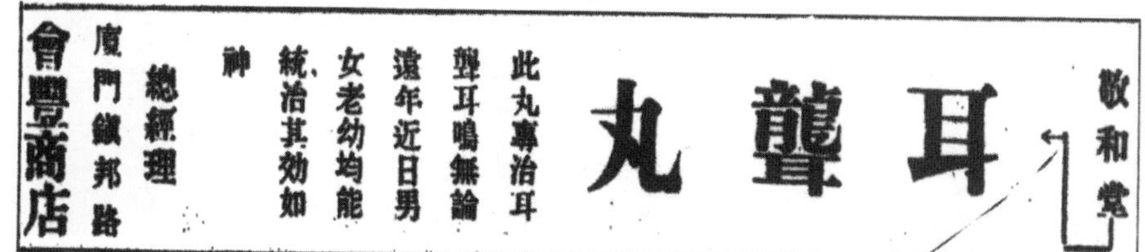

敬和堂
耳聾丸
此丸專治耳聾耳鳴無論遠年近日男女老幼均能統治其効如神
總經理
廈門鎮邦路
會豐商店

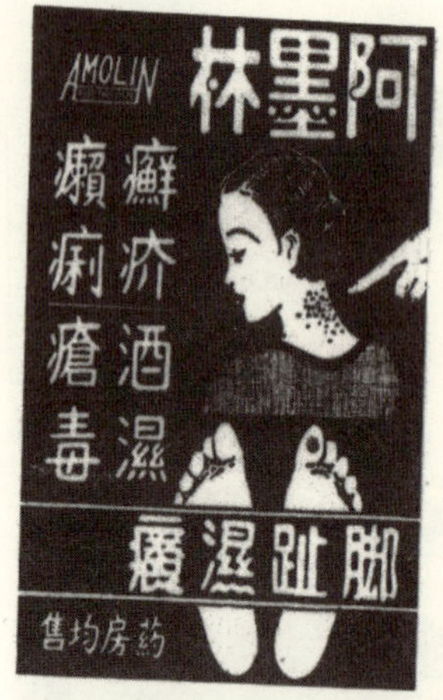

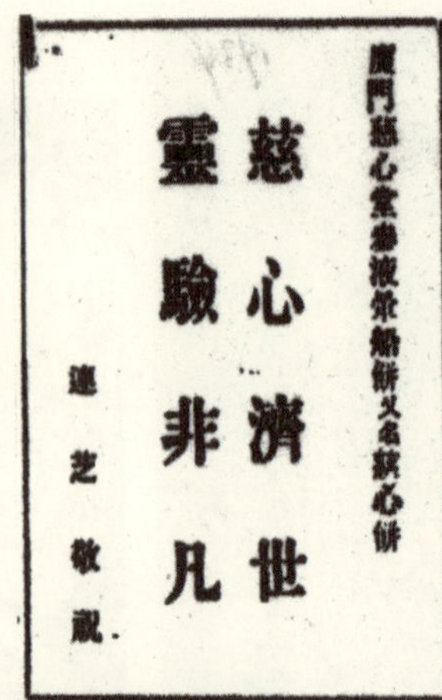

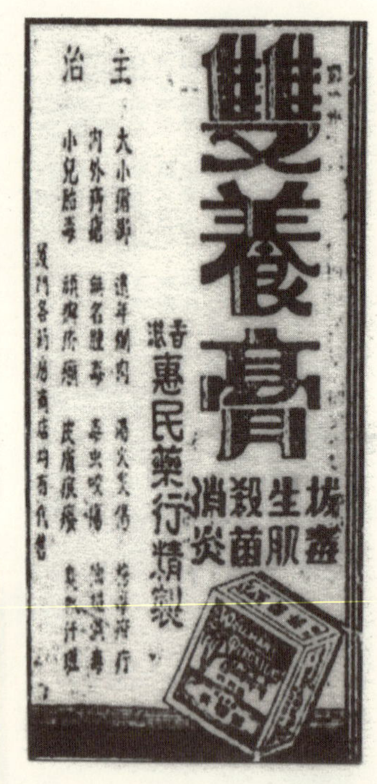

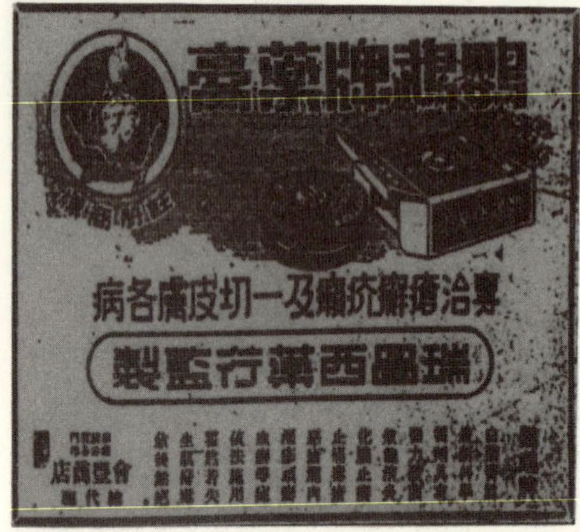

生肌收口特效藥

八寶胶臁膏

平安堂藥號經售

住址：廈門定安路（即塔仔街）

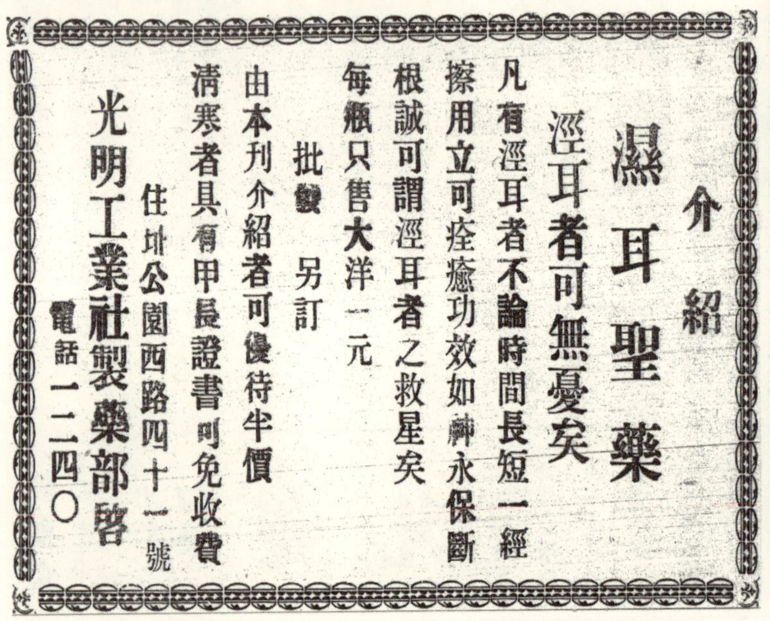

介紹

濕耳聖藥

逕耳者可無憂矣

凡有逕耳者不論時間長短一經擦用立可痊癒功效如神永保斷根誠可謂逕耳者之救星矣

每瓶只售大洋一元

批發 另訂

由本刊介紹者可優待半價

清寒者具有甲長證書可免收費

住址公園西路四十一號

光明工業社製藥部啓

電話一二二四〇

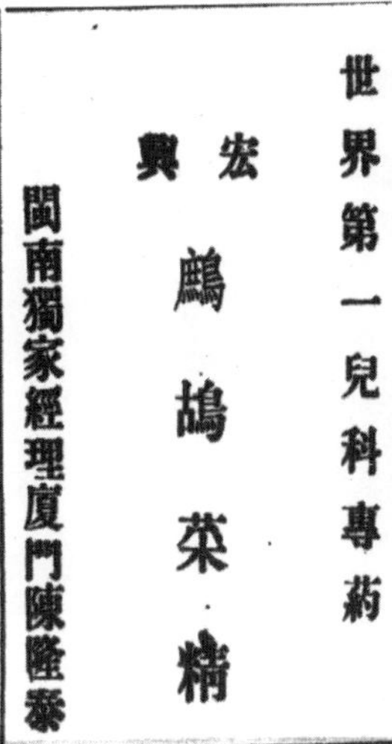

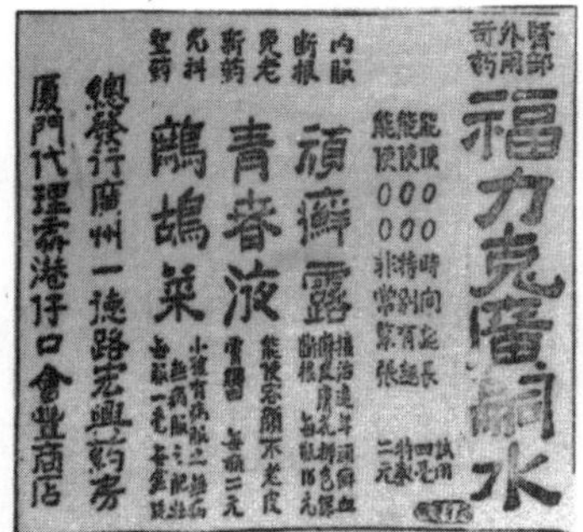

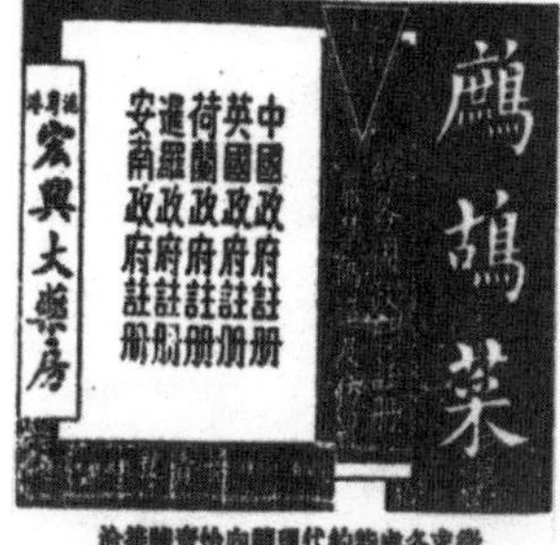

廣州 香港 上海 二天堂大

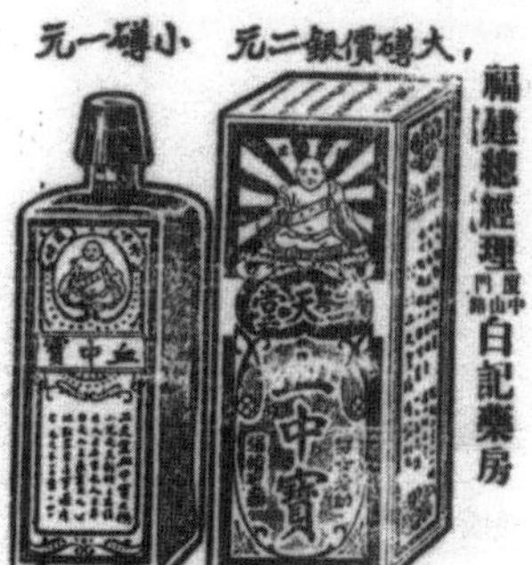

補血補腦 潤肺提神 生津止渴 男子強腎 婦女調經 老人氣虛 滋補聖藥 服血中寶 能除百病

防病

虎標永安堂廈門分行

住址:中山路 電話:九三二

家居行旅 有備無患

虎標五種良藥

萬金油 八卦丹 頭痛粉 清快水 止痛散

虎標永安堂廈門分行

行址:中山路二四六 電話:五〇五

藥中之王 能治萬病

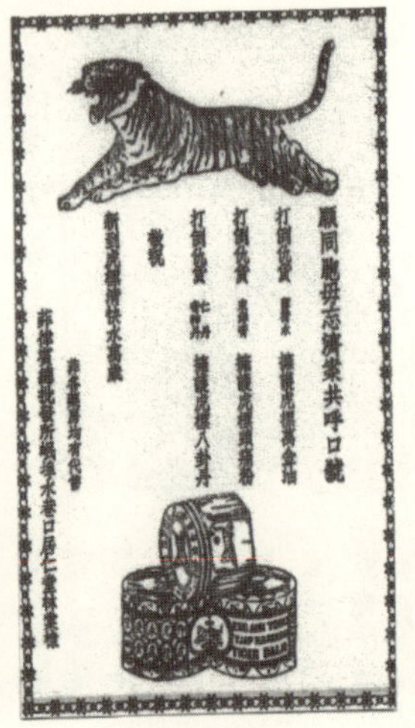

開設迄今三百餘年藥丸老舖

各種藥丸

正和六味地黄丸

治腎水不足虛火上升遺精夢泄牙齒浮痛長服滋陰降火之靈關水通泄三四次氣味源疇藥丸不壞色如貢幾方和本號秘製聖藥

廈門鎮邦路正和藥丸行啟

中外註册

濟世堂改煙膏廣告

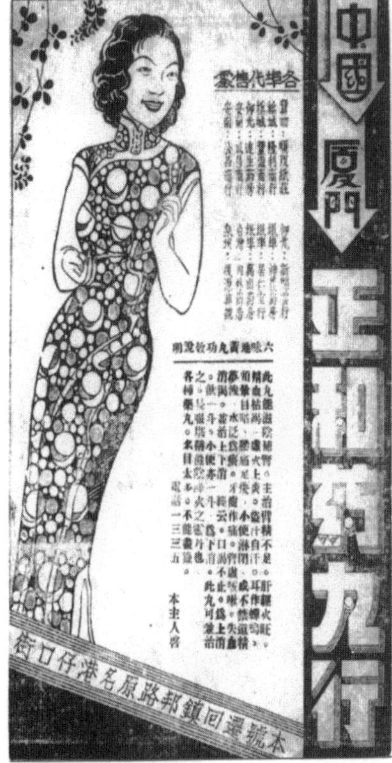

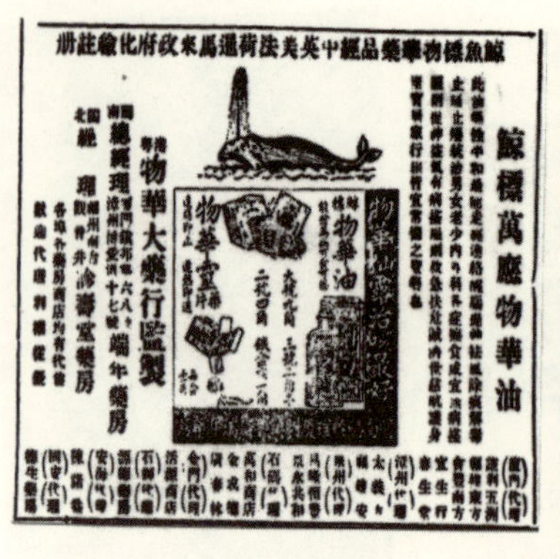

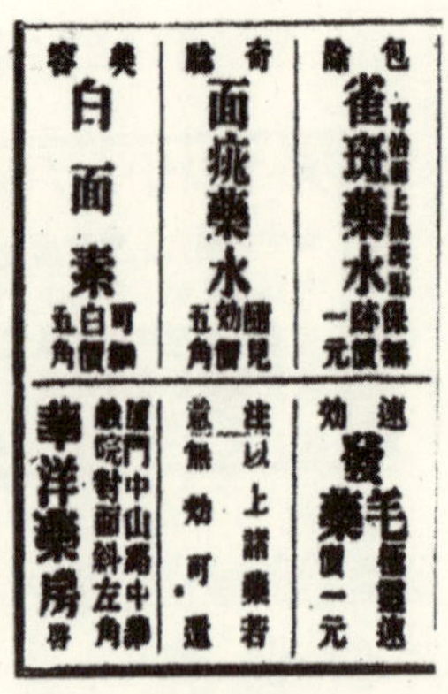

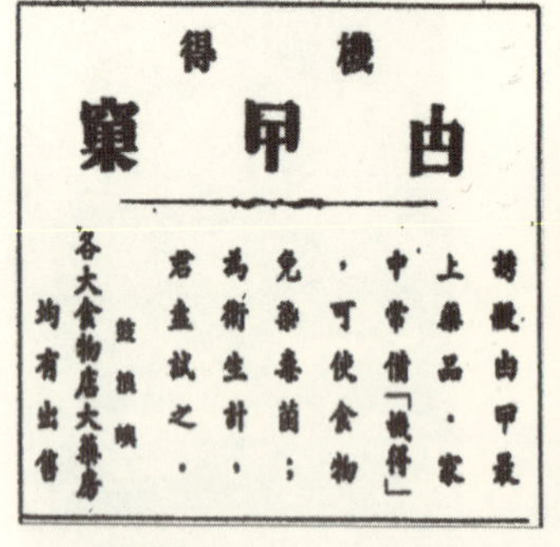

逢痛必止・快過打針
檸檬精
常服清熱去溼消滯除痰。用必滿意到處歡迎
海狗丸 鳳凰蛋 檸檬露 威斯 檸檬油
香港大道中廣州一德路普濟檸檬精藥行出品
厦門代理大中路六十號亞洲藥房

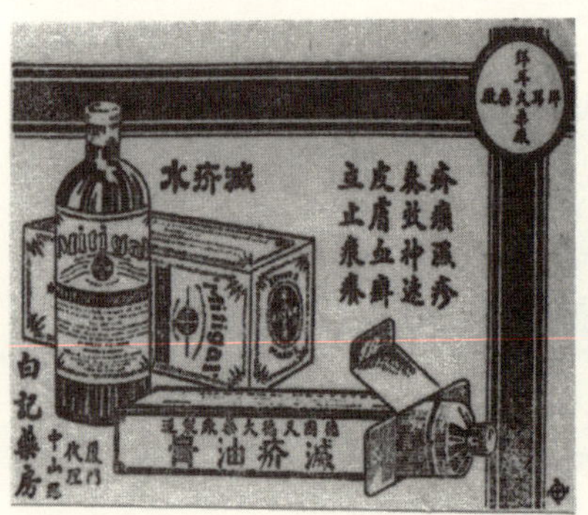

痢疾聖藥
超記商店總發行
癒我痢疾首推獅標
特効千金散不為功
定價每包大洋四角
打四元
發明者陳行超監製
閩南總經理
中山路
白記藥房

康健之路
人造自來血
補針 補藥 補片
五洲藥廠出品
廈門中山路 鼓浪嶼龍頭路
五洲大藥房發行

婦女經病白帶
服香港
天壽堂姑嫂丸
永無不育之苦
若你身體如斯衰弱請服
海狗鞭健腎丸
閩南總經理
廈門大中路
宜生藥行

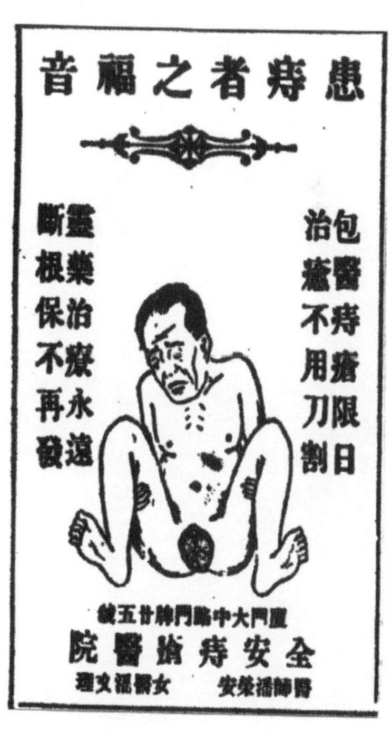
患痔者之福音
包醫痔瘡限日
治癒不用刀割
靈藥治療永遠
斷根保不再發
廈門大中路門牌廿五號
全安痔瘡醫院
醫師潘榮安 女醫潘文理

治療瘋濕骨痛簡便法

人生百病，以瘋濕骨痛為多，甚至半身不遂，四肢麻木，倘仰失其自由者，其苦楚尤甚！春生堂補腎祛瘋健補筋骨藥酒，歷有百年經驗，精益求精，舉凡瘋濕病痛，筋骨疼痛，不論久年初起，一經服用，莫不藥到病除，且價格低廉，服法簡便，以是極代價而獲得治療良藥，故各界樂用，遠邇馳名，咸推為藥酒中之上品焉。

總發行所 廈門開禾路春生堂藥酒發行所

各埠大小酒店 均有代售

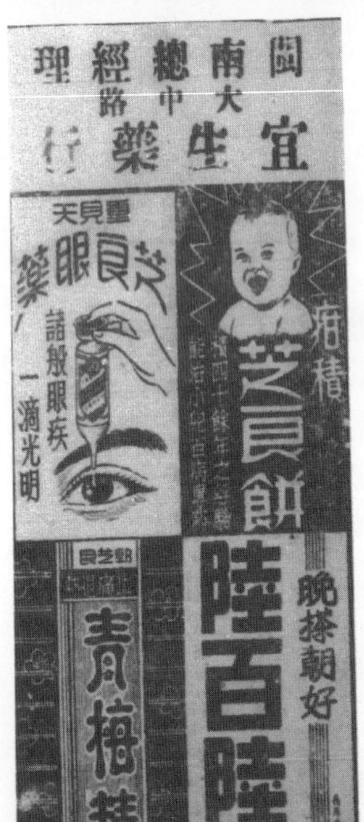

咳嗽唯一良藥
天時無定 易於傷風咳嗽
服 咳舒鈣
立即舒暢 化痰止咳 滋味甘美 易於服用
新光藥廠著名出品
本外埠藥房均售
福建省總經銷
正德大藥房
廈門大中路二號 電話三二九

喉症須知
蓋口喉爲吾生飲食門戶氣機出入爲全身最關要之處
時患存亡性命係焉倘一乎病危在頃刻所貴得者能識
染症之原分別診治鄙人承祖傳秘製喉症神驗藥散百
發百中倘患斯症者爲醫所誤或多時失治致喉咽痛
胸滿痰湧飲食睡眠均不安適者蓋已在危險中矣應先
服草藥及藥湯然後以神驗藥散吹入喉中方得見効否
則藥散吹入喉中患處未幾痰涎湧勝飛濺而出該藥散
無從發展其靈性故必需草藥及藥湯以爲先導耳患斯
症者幸注意焉
診治處 鼓浪嶼龍頭街協源堂藥局內
鼓浪嶼龍頭日興街門牌A字四十三號
廈門開元路即「新馬路」門牌八十六號
益壽堂參藥行內
貧窮者醫藥費免
兼治幼兒疒症雜症等
特製 幼兒香種疒散 急慢驚風散 痔瘡散 痢疾散 新傷跌打傷藥 眼症藥丸藥水
祖傳專門 喉科醫士 黃世照謹啓

唐拾義
久咳丸
有根本治咳之功
治咳老醫師製
各處藥房均有代售
廈門
鎮邦路五八號
會豐商店經理

李棣華
止咳靈丹
咳症特效良藥
逢咳必止
應驗如神
總經理
廈門鎮邦路五八號
會豐商店

王道止咳
陳一鳴化痰止咳丸

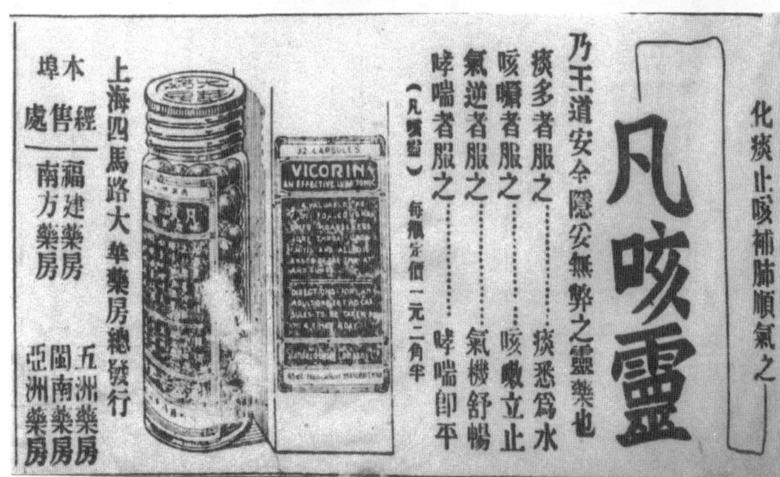
化痰止咳補肺順氣之
凡咳靈
乃王道安全隱妥無弊之靈藥也
痰多者服之……痰悉爲水
咳嗽者服之……咳嗽立止
氣逆者服之……氣機舒暢
哮喘者服之……哮喘即平
（凡咳靈） 每瓶定價一元二角半
上海四馬路大華藥房總發行
本埠經售處
福建藥房
南方藥房
五洲藥房
閩南藥房
亞洲藥房
32 CAPSULES
VICORIN

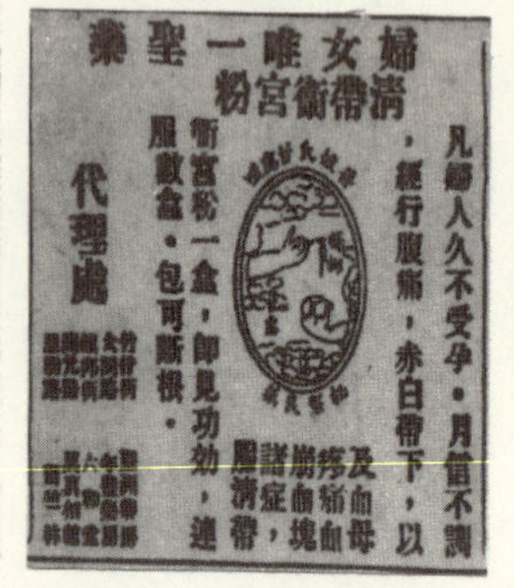

萬壽齋

廈門棋杆巷第十號

新發明特效聖藥

經理生帶丸

專治婦女月經不順白帶盛行自貧身瘦面色青黃手足痲木頭眩目昏子宮寒冷多病不孕等症

萬壽丹

專治男人血氣不足腎虛精冷色青顏白腰膝酸痛精滑不禁頭昏目眩陽痿健忘老年無子

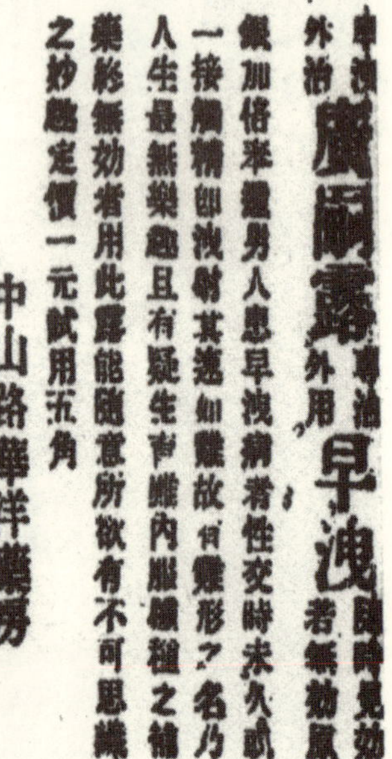

福建
天福製藥社正枇杷膏
預防肺癆良藥
衛生飲料上品
主治
新咳久咳 吐血嗆血
喉乾失津 時常喘嗽
神經衰弱 胸痛氣塞
潤肺化痰 補肺健胃
廈門思明北路

服了長壽露
包爾多壽

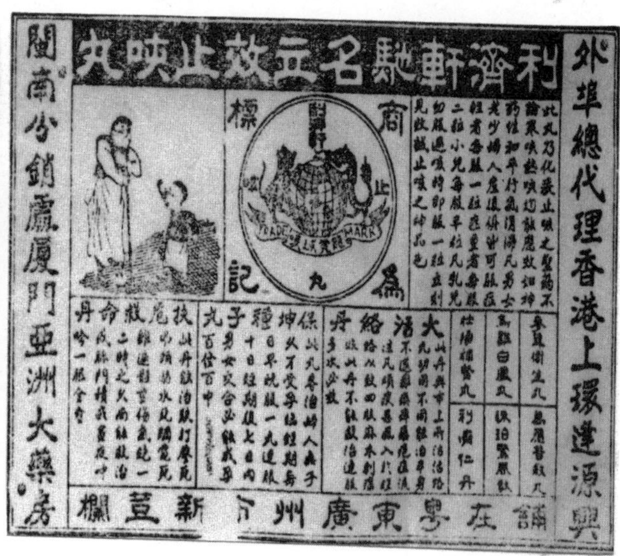
利濟軒馳名豆效止咳丸
外埠總代理香港上環達源興
閩南分銷處廈門亞洲大藥房
商標 爲記
保坤種子丸
大活絡丹
扶危救命丹
舖在粵東廣州下新荳欄

惠民療肺止咳露
請喝療肺止咳露
好止得咳
總經理 香港惠民公司
各埠藥房大百貨店有代售
會豐商店

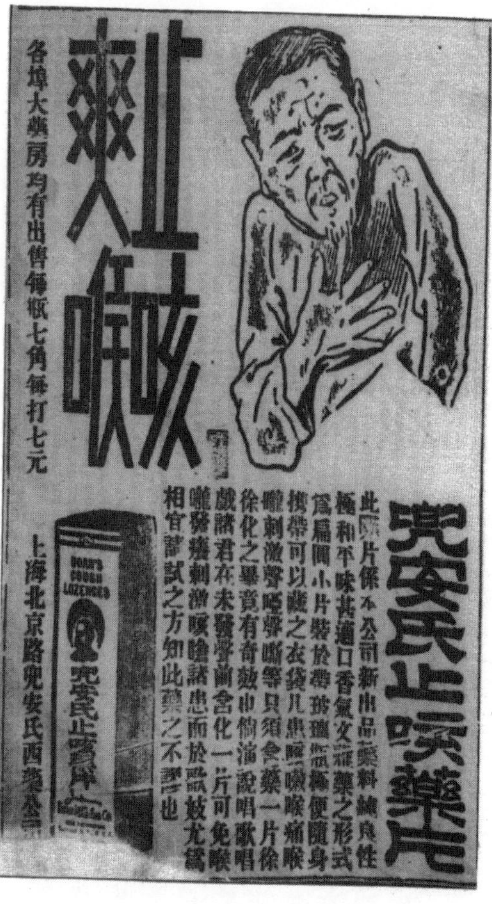
止咳嗽
各埠大藥房均有出售每瓶七角每打七元
兜安氏止咳藥片
上海北京路兜安氏西藥公司

保肺糖漿
太和大藥房

馳譽已久，
治癆止咳聖藥！
四川
肺癆草
專治
價目
四〇四白濁丸
廈門中山路二〇三號
華安藥房經售

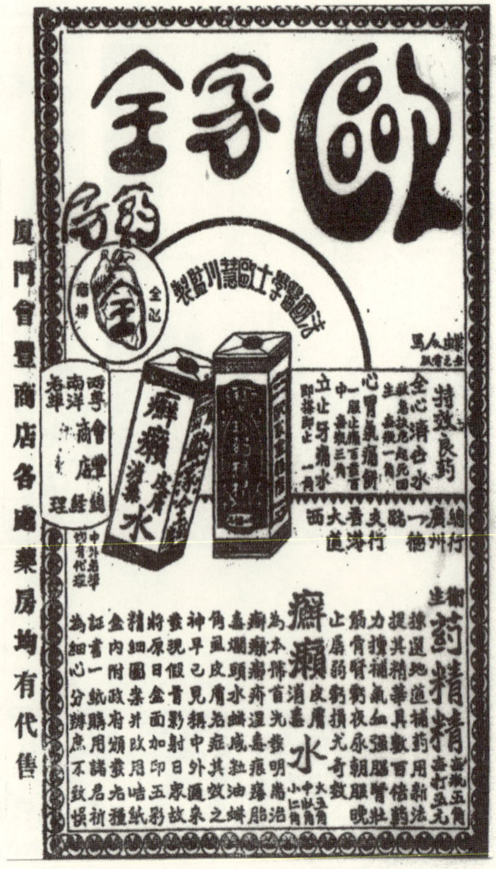
歐家全
藥房
法國醫學士歐蕙川監製
特效良藥
全心消毒水
癬癩消毒水
衛生藥精精
兩粵會豐商店經理
廈門會豐商店各處藥房均有代售

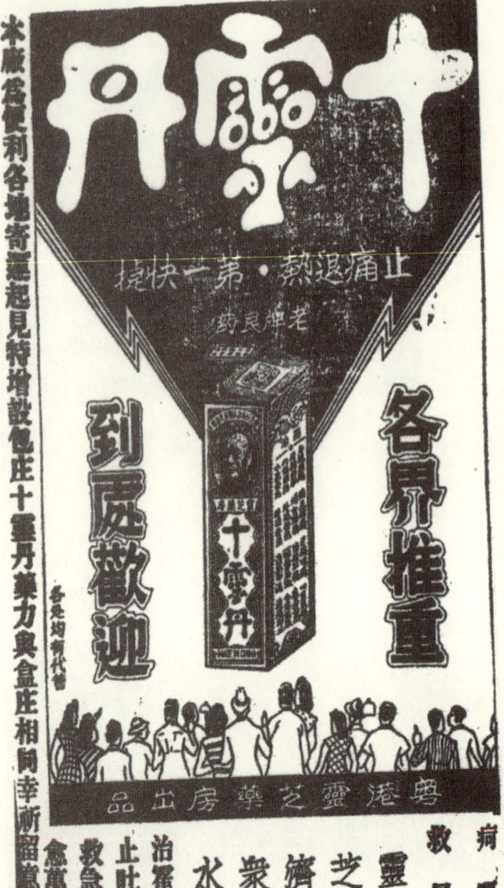
十靈丹
止痛退熱·第一快捷
老牌良藥
各界推重
到處歡迎
粵港靈芝藥房出品
靈芝濟衆水
治霍亂
止吐瀉
救急症
愈萬病
各處藥房商店均有代售

痰咳
痰嗽
成績
最高
潘高壽
川貝枇杷露
獨家始創
影射宜防

痲瘋聖藥
由星運到一批
痲瘋症專家 陳清輝醫師 許悅清女醫師
監製七十二症痲瘋通治丸
購買處：本市開元路一四一號 陳清輝醫師

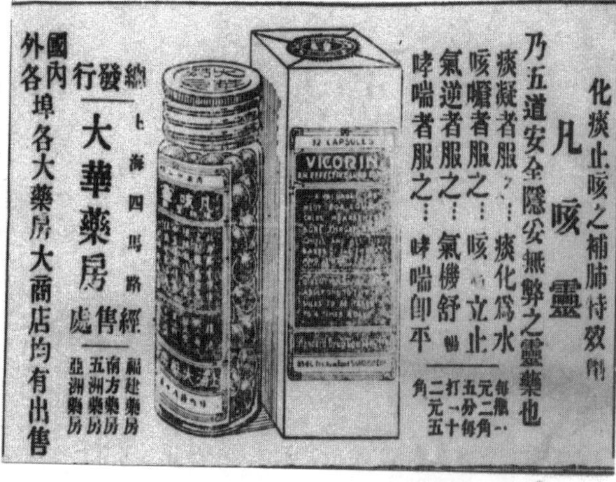

市上頭痛藥傷風藥
種類之多不可勝數
其中多數對於內部
生机有劇烈之騷擾
甚且有危害之反應
惟此藥乃一種溫和
天然補的治療聖藥

廈門
總經售處福建大藥房啟

招牌老！貨售真！
千載萬年名不朽

福建漳州天益壽中藥房

精辦參茸燕桂
貨真價實
特選 正吉林老山人參
選辦南北地道藥材
精製各種丹膏丸散
片仔癀
烏鷄丸
麻瘋丸
保嬰散
餘不盡錄
外埠郵購 無任歡迎

漳州葡記釀酒廠出品
兼理總發行
純粹國貨
化學釀成
歡迎各埠代理

LITCHI
銀杯牌

Jelsol

此藥專治氣喘氣急呼吸
艱難乾燥熱症久年氣管
枝炎痙攣性的咳嗽腦系
頭痛等症此藥已經多數
醫家所確認及大推許者

到處風行
檸檬精
速濟必止 快過打針
清熱去濕 消滯除痰
普濟
海狗丸
巢卵
鳳凰蛋
MISS WHITE
蜜斯威
港粵中國普濟藥行出品
澳湛
本埠各大藥房均有代售

二十世紀，科學發明，人事可勝天，良藥可醫廢疾，男子腎部虛弱，精神疲困，不獨腰筋骨亂，房事無趣，勢必子嗣維艱，壽元短促，興言及此，能不寒心，欲圖補救，能奏速效者，舍香港天壽堂海狗腰健腎丸，不為功也，男子常服，能使腎部日加強壯，氣血流行脈絡活動。
人人可服 家家可用
天壽堂藥行
海狗鞭健腎丸
總行 香港德輔道中 分行 廣州市十八甫
代理處 廈門大中路宜生藥行
中外各埠商店藥房均有代售
電話一三七一

五洲乳白魚肝油
上海 五洲 藥房 出品
地球牌
魚肝油

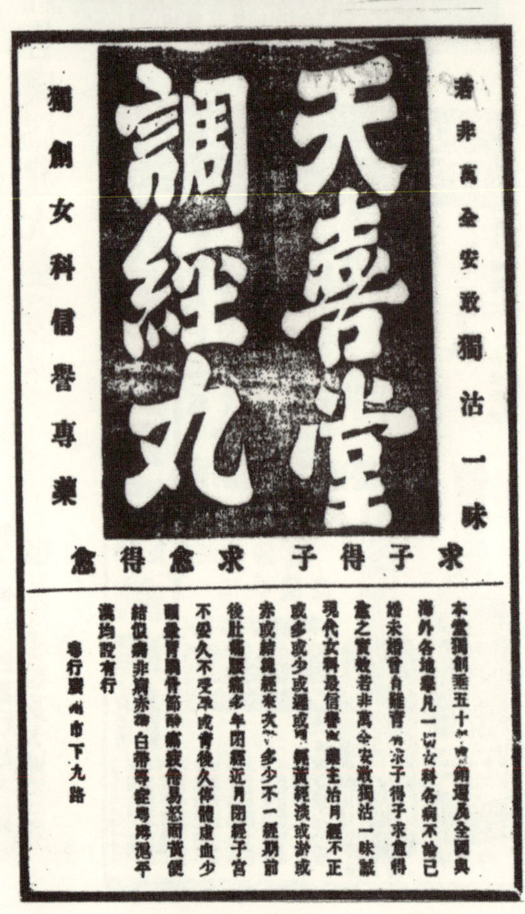
若非萬全安敢獨沽一味
天壽堂
調經丸
獨創女科信譽專業
求子得子 求愈得愈
專行廣州市下九路

普濟
海狗丸
巢卵
鳳凰蛋

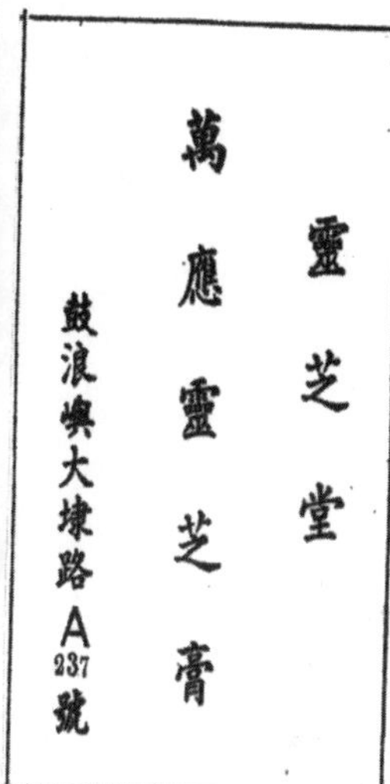

止痛專藥

自然散

每包壹毫　每盒五毫

特徵　本藥止痛力非常偉大，不特毫無習慣性，且絕無其他流弊，即在產婦生產時期內服之，誠稀有衛生並無併發防礙，可爲證明。

性狀　結晶體色微黃味略苦，爲一種最新化合品，分子式爲 C34H46N8O5，並非混合各藥劑，更非用普通之阿士匹林製成，溶解於熱水，難溶於冷水。

功用　普治一切疼痛，無論內外各科任何疼痛均可立減停止，且功效能於三十分之短少時間可以表現作用。

主治　頭痛、牙痛、耳痛、眼痛、心痛、胸痛、腹痛、石痛、腎石痛、神經痛、胃痛（即氣痛）、月經痛、折骨痛、風濕骨痛及其任何痛症均可治療。

全國總經理　廈門陳匯泰藥行

地址開禾路　電話二二九七

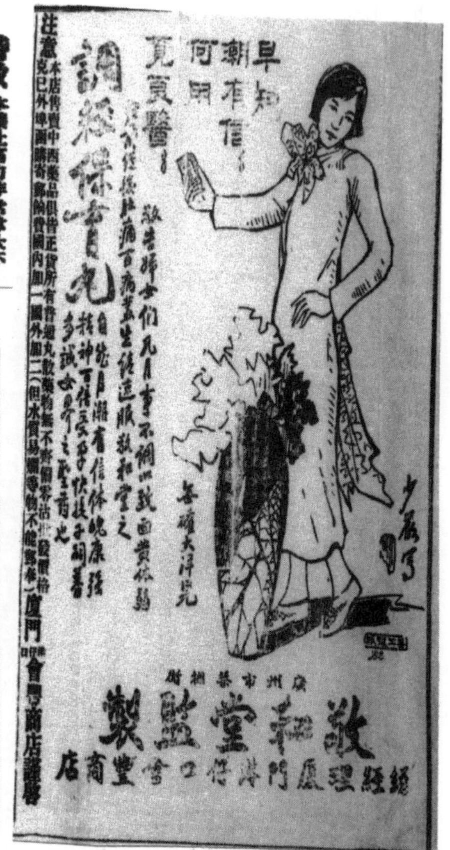

欲作雄偉男子 欲得對方歡愛
欲免花柳傳染 欲增甜蜜時間
須用
和合水
可以達到目的
價目每瓶三角 半打一元六角 一打三元
郵寄自一瓶至三瓶加郵費一角一分每打加一角
閩省總經理廈門市大中路宜生藥行

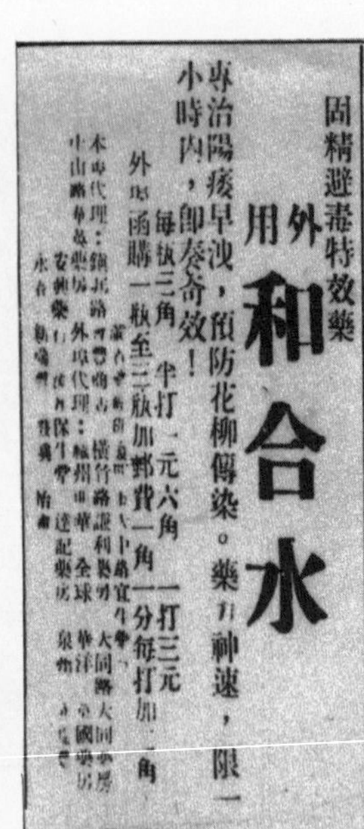
固精避毒特效藥
外用
和合水
專治陽痿早洩，預防花柳傳染。藥力神速，限一小時內，即奏奇效！
每瓶三角 半打一元六角 一打三元
外埠函購一瓶至三瓶加郵費一角一分每打加一角

女子玩弄男子
青年良友
四川肺癆草
立治白髮藥
廈門

廣州市大新路
何世昌
烏雞白鳳丸
主治 婦女 諸病 月經 不調 白帶 白濁 經閉 腹痛
極品衛生丸
主治 先天 不足 血氣 虧虛 勞心 過度 精神 衰弱
振興國藥 道古滑魂
廈門經理
國興商行
大同藥房
謙利藥房
會豐商店
宜生藥行
福州 漳州
泉州 承定
各埠藥店
均有代售

贈送萬人渴望之香港
天壽堂姑嫂美人圖經已運到天姿豔麗名貴絕倫凡購
海狗鞭健腎丸姑嫂丸均有贈送
香港姑創只有一家
天壽堂藥行
姑嫂丸
海狗鞭健腎丸
男子腎虛第一
中外各埠均有代理

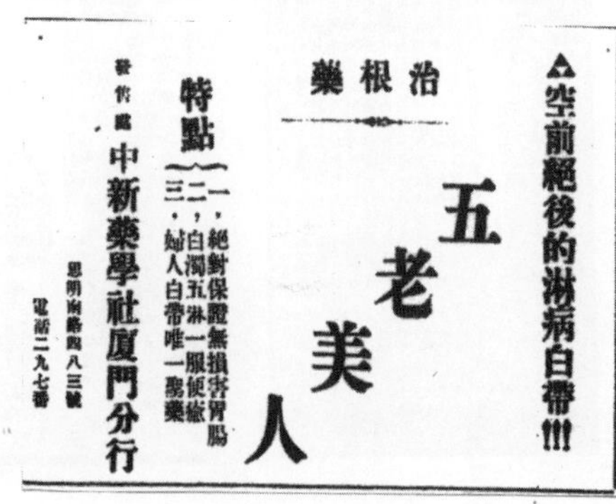
空前絕後的淋病白帶!!!
治根藥
五老美人
特點
一，絕對保證無損害腎腸
二，白濁五淋一服便癒
三，婦人白帶唯一聖藥
發行所 中新藥學社廈門分行
思明南路四八三號
電話二九七番

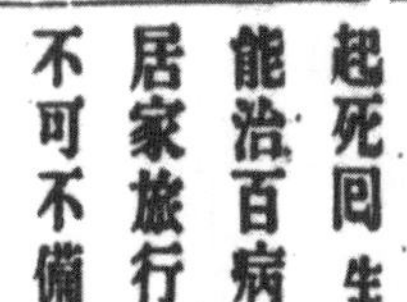

施德之神功濟衆水

危急存亡中之救星

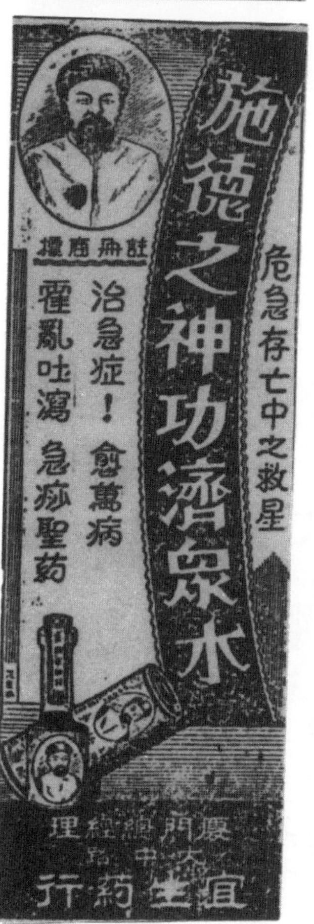

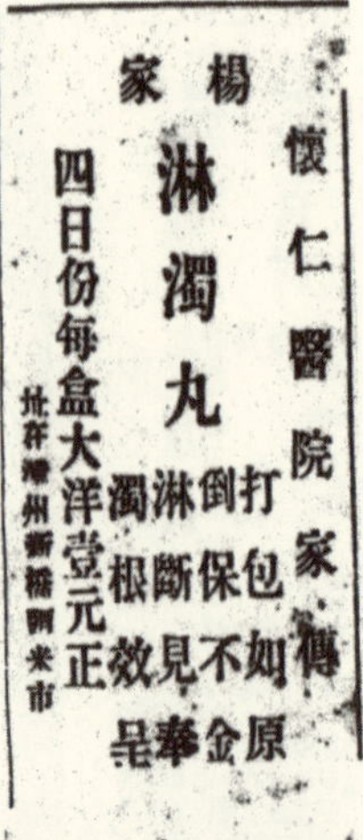

馳名中外須防假冒

▲欲求子嗣者注意

▲婦女體弱者注意

▲有子宮病者注意

定價 一粒庄一盒大洋一元 每粒一元 二粒庄一盒大洋二元 四粒庄一盒洋一元 每粒二角半

朔望日九折 廈門外武廟 嘉隆合記啓

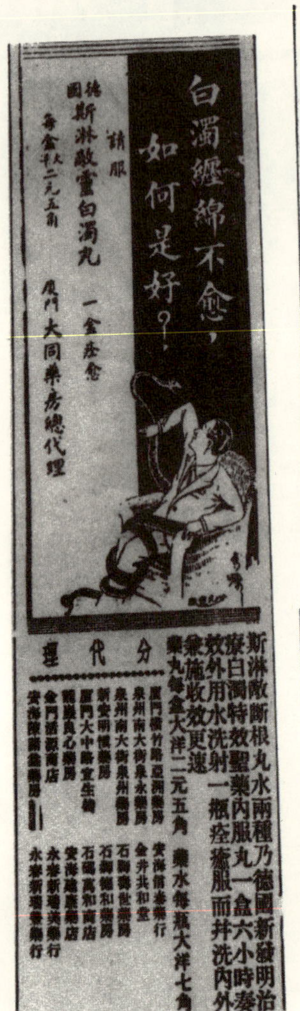

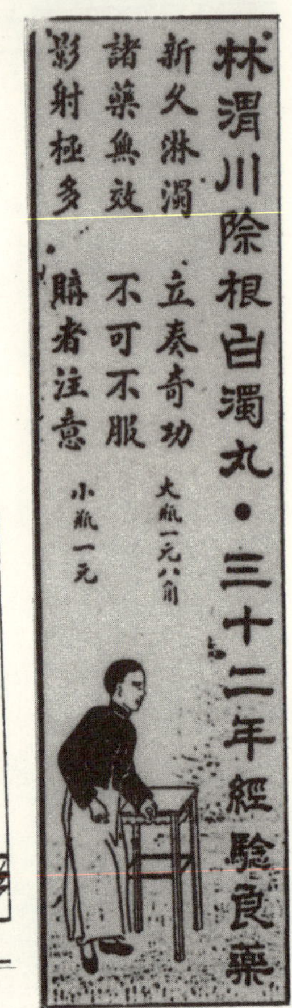

肺寶(PULMOSAN)
補肺治咳之聖藥
PULMOSAN LUNG TONIC COUGH REMEDY
H. SCHLOTEN
Shanghai, Post Office Box 230
功能減少激刺緩和咳嗽時之痛苦增多黏液分泌及治療呼吸器官發炎等症靈效如神實為他藥所不及歷蒙各大醫生開方採用以之醫治傷風新久枝氣管炎哮喘聲嘶咳嗽受涼流行性感冒肺炎以及肺結核等病莫不着手成春
本埠零售每瓶一元五角
上海九江路十九號
郵政信箱第二三〇
廈門中山路白記藥房啓

肺
腎
專醫痛症快過打針
中國
出品
廈門 各藥店均有 代售

世界肺病新藥
郘雅士
PASANA
民生藥房

主治
早期衰老 一般虛弱
神經衰弱 發育不良
戒除烟癮 性欲減退
士博賜保命
蛋黃素賜保命合併注射劑
腳氣治療新药
倂得命
為治療腳氣之特效藥，常服可防止腳氣病發作，滋補身體，增加食慾。
五洲藥房發行

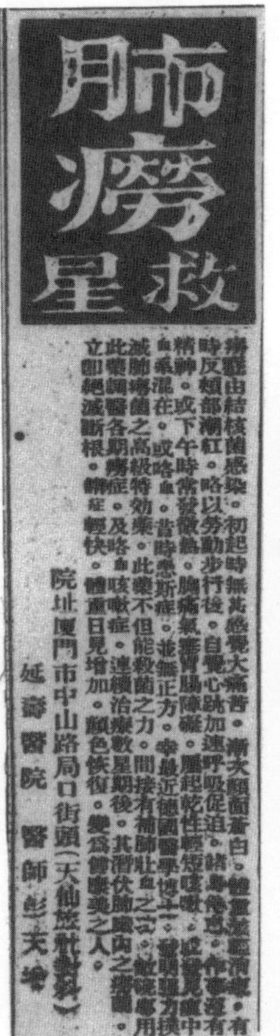
肺癆救星
院址廈門市中山路局口街頭（天仙旅社對面）
延壽醫院

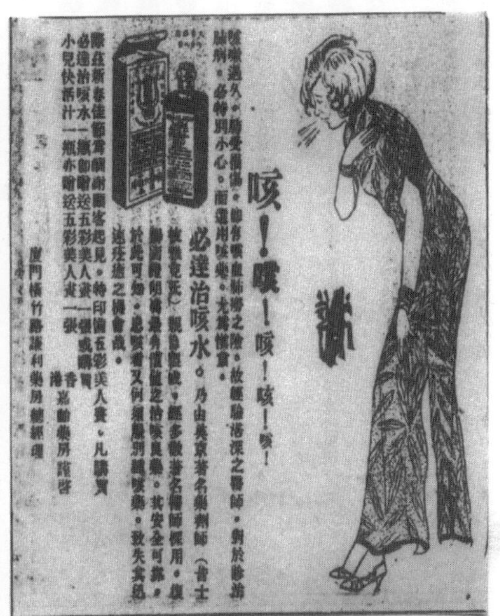
咳！嗽！咳！咳！嗽！
必達治咳水
廈門橫竹路泰利藥房總經理
香港嘉齡藥房謹啓

新到德國製肺癆良藥

「肺病救星」

經售處：民安藥房

开平路壹號

電話二一三號

肺癆救星

肺癆，久嗽咯血症，敝院，有到最近德國醫學博士，所發明撲滅肺癆菌之高級特效藥，能醫肺癆，第一，第二，第三期，及久年咳嗽咯血症，治療二星期後，其潛伏肺臟內之肺癆菌，立即斷根絕滅，咳嗽止退，胸痛氣寒發熱盜汗消除，食慾昂進，體重增加，顏色恢復，精神爽快，變為康健之人，（貧者藥資輕減），

院址廈門中山路天仙旅社對斜　原名局口街頭

延壽醫院

上海　肺癆專家　黃鳴皋醫士　專治　肺癆吐血戒煙　兼　男婦內外雜症

發明　肺癆特效藥　肺命及何，戒斷癮特效藥九如再生丸

附服藥者之來函於后

肺癆救星斷癮良藥名不虛傳

廈門廣禾路三二四號

九如藥局

鳴皋大醫士大鑒逕啓者敝患肺癆廿年服中西藥未得告痊幸遇友人戚留君報以先生發明有肺癆特效藥肺命戒煙丹集美學校曾患癆咯血嘶疼痛服伊曾日服此藥治痊肺癆及久咳者多人敝當向實驗採服二旬彿覺完全健康爾介紹與十四位同病者服之結果治痊十人又戒煙得效藥九如再生丸與廿三人服之結果全數斷癮異常則靈藥來示稱兩藥已呈請衛生署化驗候接到證書後方擬配銷似此果屬鄭重個此項靈藥若早一日出世即早一日救人還望先行製配應市毋過泥形式坐誤濟世之功且對醫業亦大有關至某方將來歸敝經理與否自有權衡決奮勉強來日兩藥裝璜向須注意敝擬月尾出外一次二藥請各配一打候取專此順頌壹安

同安仁德里李[illegible]璣謹啓　廿二年九月二日

斷絕癆疾之良方

諸君欲除癆疾、當先服祛癆丸壹盒、斷絕後、再服補血丸壹盒、身體必能康強、且無後患、

靈驗祛癆丸　每盒四角　每打四元

靈驗癆症補血丸　每盒八角　每打八元

廈門舊路頭體仁堂監製

本堂醫士張少軒　寶吉　披露

宏興

你的小孩昨夜吃了鷓鴣菜今天見了會令你歡喜無限你的小孩今夜吃了鷓鴣菜明天會令你感覺到鷓鴣菜之功力如何偉大而神秘你的小孩今夜吃了鷓鴣菜後天會令你銘心刻骨永遠不忘鷓鴣菜

鷓鴣菜能助小孩身體發育使成健全之體格鷓鴣菜能助小孩骨骼有長係無歡肯之虞鷓鴣菜能使小孩血液旺盛抵抗一切病菌之侵入鷓鴣菜兼能清潔腸胃驅除小兒疳積

總發行所廣州一德路　宏興大藥房

海底山
治淋斷根
德國新藥
海底山詳細說明書函索必寄
腸胃病特效藥
鐳錠新胃寶
鐳錠新胃寶每盒大洋一元
新藥
內服
德國新三六〇六每盒大洋一元五角
美商三德洋行總經理

上海中西大藥房發行
胃倫
痰敵
明星香水

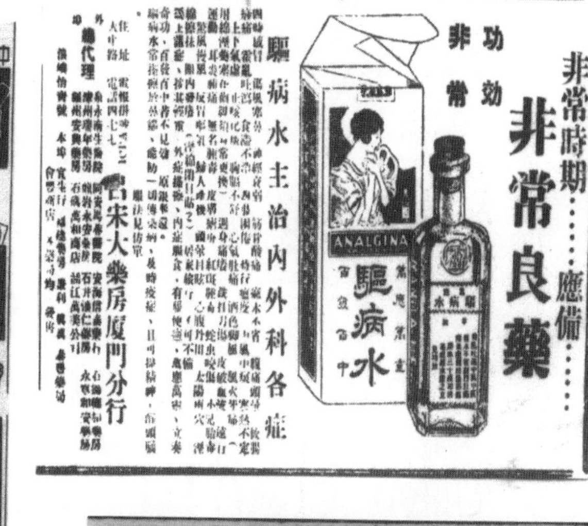
非常時期……應備……
非常良藥
功効非常
驅病水
ANALGINA
驅病水主治內外科各症
晉宋大藥房廈門分行

愛兒康
寶塔糖
普勒生
愛爾康
麥精魚肝油
上海愛爾康製藥廠出品
閩南總經理

適應時令能治病防病
享譽最久銷流最廣之
何家園
中國
銀粒
仁丹
美英製版
救急保康
居行良藥
總批發
廣州光復南路二十三号
電報掛号六七三三
廈門總代理大中路宜生藥行

阿司匹靈
BAYER
拜耳

美國新到的
白喉特效藥
白喉血清
疾患特效藥
各種化膿性
盤尼西林
營養大補品
維他命丸
經售處
民安藥行

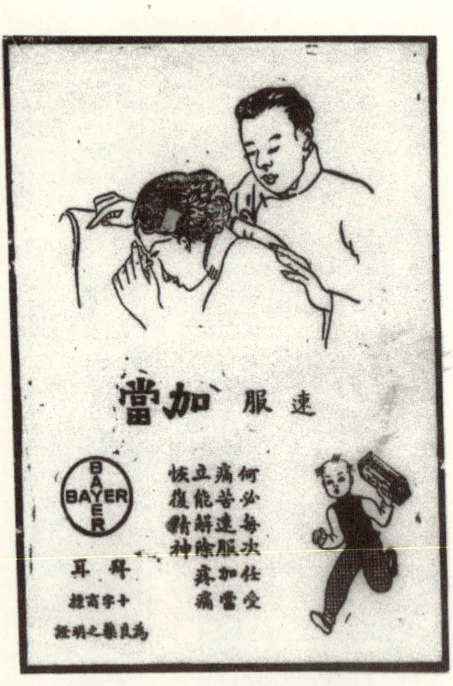
速服加當
何必每次任受痛苦
速服加當
立能解除痛
恢復精神
BAYER
拜耳
十字商標
為良藥之明證

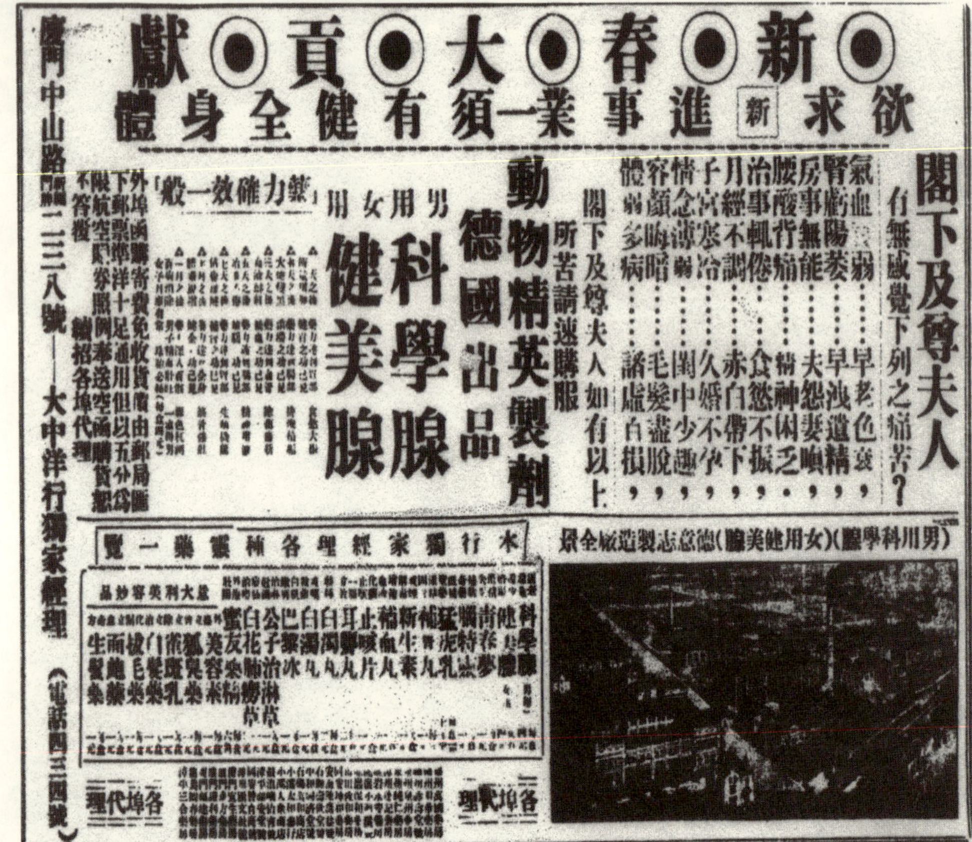
新春大貢獻
欲求新進事業一須有健全身體
閣下及尊夫人有無感覺下列之痛苦？
氣血衰弱……早老色衰，
腎虧陽萎……早洩遺精，
房事無能……夫怨妻嘆，
腰酸背痛……精神困乏，
治事輒倦……食慾不振，
月經不調……赤白帶下，
子宮寒冷……久婚不孕，
情念薄弱……閨中少趣，
容顏晦暗……毛髮盡脫，
體弱多病……諸虛百損，
閣下及尊夫人如有以上所苦請速購服
動物精英製劑
德國出品
男用 科學腺
女用 健美腺
「藥力確效一般」
外埠函購寄費免收貨價由郵局匯下郵票滙洋十足通用但以五分爲限航空匯券照例奉送空函購貨恕不答復
續招各埠代理
廈門中山路門牌一一三八號——大中洋行獨家經理（電話四三四號）
本行獨家經理各種靈藥一覽
（男用科學腺）（女用健美腺）德意志製造廠全景
各埠代理

解百勒
麥精魚肝油
'KEPLER'
COD LIVER OIL WITH MALT EXTRACT
吾人每於炎熱之秋常覺食慾不振以致營養缺乏身力疲憊補救之道惟有於普通食品之外添加「解百勒」麥精魚肝油因其富含人身營養所不可少之維他命甲乙丁解百勒麥精魚肝油味美易化老幼咸宜誠為無上之補食也
BURROUGHS WELLCOME & CO.
LONDON AND SHANGHAI
寶威大藥行

五洲乳白魚肝油
地球麥精魚肝油
五洲大藥房發行

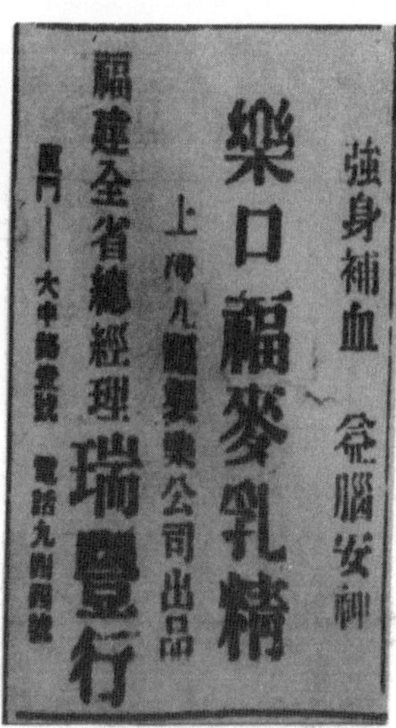
強身補血 益腦安神
樂口福麥乳精
上海九福製藥公司出品
福建全省總經理瑞豐行

光和熊膽油
眼鏡嘜
總經理 港仔口會豐商店

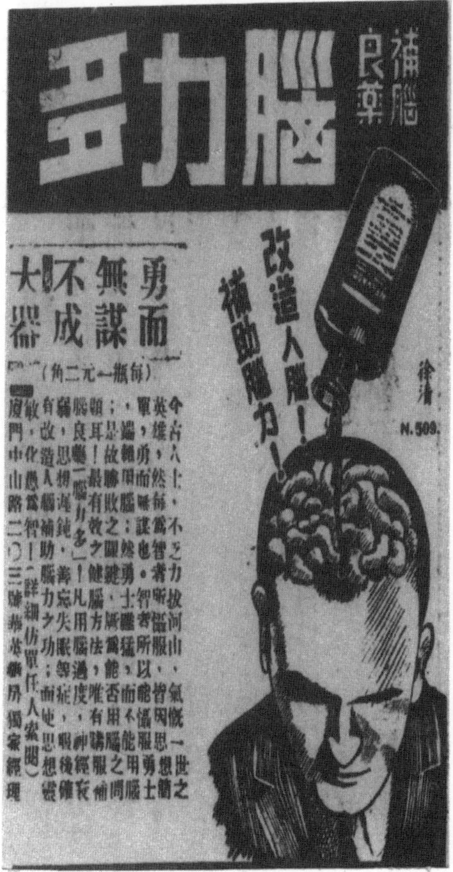
補腦良藥
腦力多
改造人腦！
補助腦力！
勇而無謀 不成大器
（每瓶一元二角）

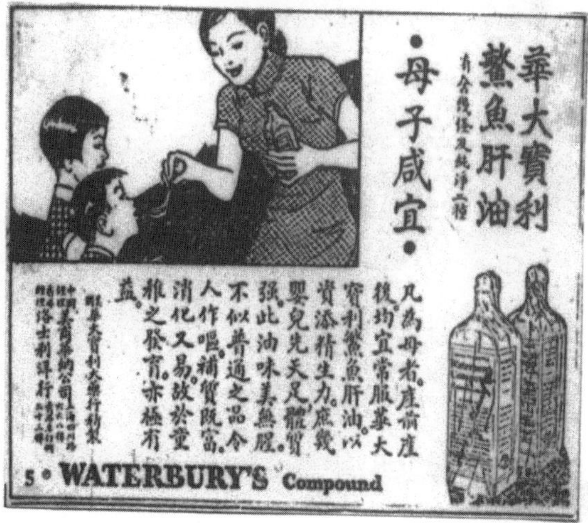
華大賓利
鰲魚肝油
·母子咸宜·
凡為母者，產前產後均宜常服華大賓利鰲魚肝油，以資添精生力，庶幾嬰兒先天足，體質強。此油味美無腥，不似普通之品令人作嘔，補質既富，消化又易，故於童稚之發育，亦極有益。
WATERBURY'S Compound

厦門

屈臣氏老藥房

專售 中西良藥

總代售 華利藥房 牛痘苗

住鎮邦路（原名島美街）

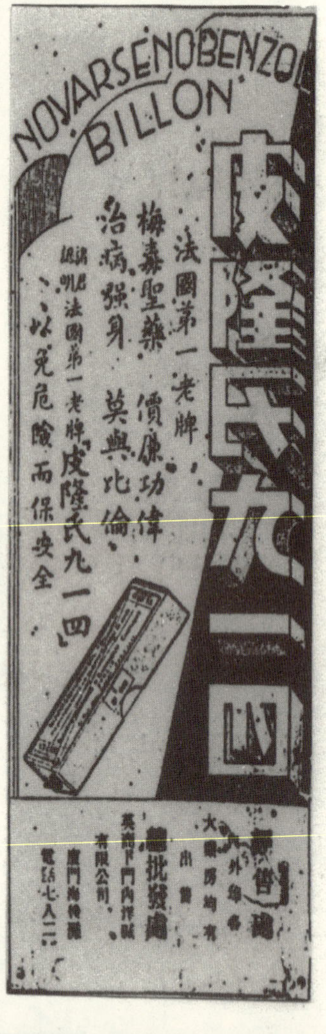

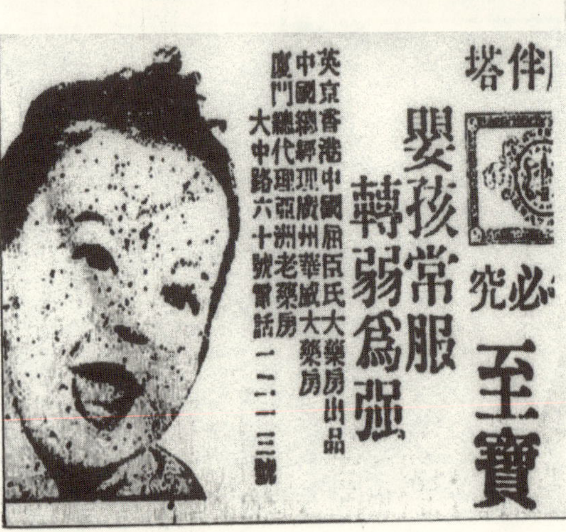

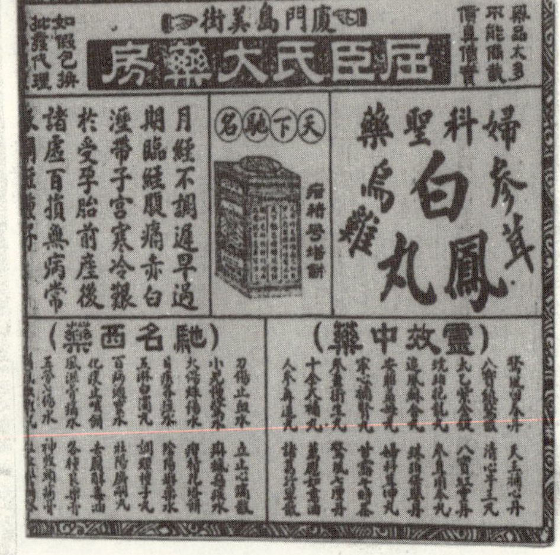

強身強國　治已治人

請用孟斯黎博士

所發明各種良藥

男女 愛的靈

四川白花 肺癆草

白濁丸

猛虎丸

友藥精

大中洋行經理

廈門中山路二三八號

老牌靈芝藥房

時疫瘟疫・霍亂抽筋

靈芝濟衆水

痾嘔肚痛　絞腸急痧

止痛　退熱

十靈丹

家庭良葯

廈門宜生藥房

總發行

泉州

開元寺秋水軒

百草神粬　萬應茶餅　五痔肥兒

批售零售　無不歡迎

泉廈價格一律・

廈門代售處開元路一百卅號豐盛

虎標

萬金油　八卦丹　頭痛粉　清快水　止痛散

居家旅行常備聖藥

星加坡仰光永安堂虎標大藥房製煉各種良藥
人們安全的保障
萬金油
仰光永安堂虎豹萬金油
閩南總經理廈門水仙宮宜生棧

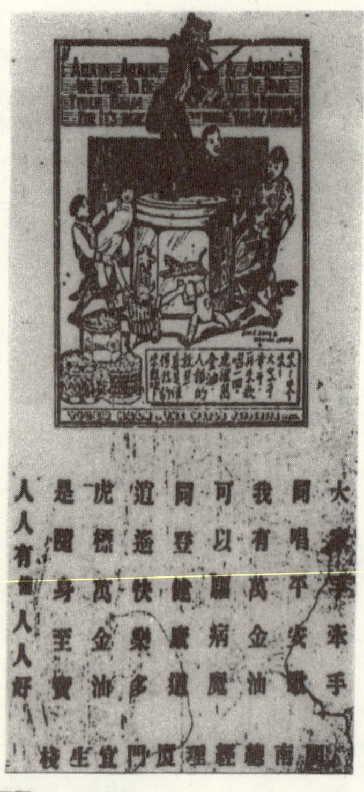
大眾齊拍手
同唱平安歌
我有萬金油
可以驅病魔
同登健康道
逍遙快樂多
虎標萬金油
是隨身至寶
人人有，人人好
閩南總經理廈門宜生棧

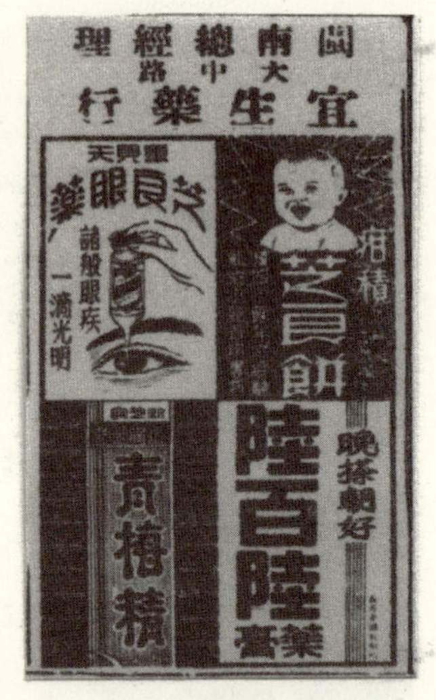
閩南總經理
大中路
宜生藥行
芝良眼藥
諸般眼疾
一滴光明
晚搽朝好
陸百陸
藥膏
青梅精

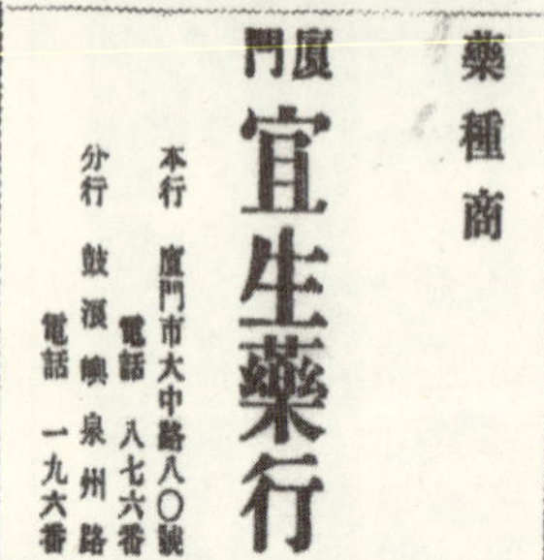
藥種商
廈門
宜生藥行
本行 廈門市大中路八〇號 電話 八七六番
分行 鼓浪嶼泉州路 電話 一九六番

閣下亦常爲癰疾痔魔所困乎？
▲曷不速服↓
夏醫生補血消痔丸
爲君療除一切痛苦！
君苟不幸身沾痔疾，纏綿不斷，或脾臟脹服，腹中積滯不消，以致氣血虛弱，精神萎靡等症，乃深感罹病之苦疼，而急於訪求療病之良藥，盍用夏醫生補血消痔丸，當能爲君根治之。
夏醫生
補血消痔丸
主治
廈門宜生藥行
可免再發，
又能調脾補血，俾
復康健，大有神益焉。
此善治久痔消痔之良藥君其用之

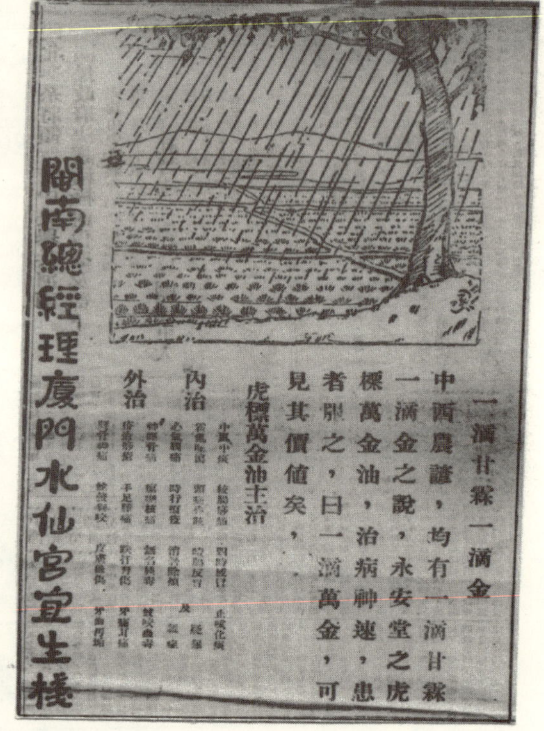
一滴甘霖一滴金
中西農諺，均有一滴甘霖一滴金之說，永安堂之虎標萬金油，治病神速，患者賜之，曰一滴萬金，可見其價值矣，
虎標萬金油主治
內治
外治
閩南總經理廈門水仙宮宜生棧

百年老號中外馳名
烏雞白鳳丸
廣州市槳欄街敬和堂監製
調經活血
婦科聖藥
培元健腎丸
耳聾耳鳴丸
廈門
鎮邦街
會豐商店總經理
電話：二一四三一號

肥兒疳積餅
商標
元凱氏藥房
YUAN KAISZE DISPENSARY
竊夫小兒脾胃嫩柔一切生冷油膩肥甘不化等物尤
宜慎忌或寒冷失察初則煩燥多啼漸則面黃肌瘦腹
大成積成疳泄瀉發熱似癆非癆甚則胃閉不食或多
食不飽等症大抵肚腹積食不消或雜食不化積聚生
蟲若不急治恐脾胃衰敗夥有性命之虞本藥房秘製
此疳積餅善治五疳蟲積肚痛四肌困倦消瘦皮黃諸
般蟲症惟服此餅自然蟲積消除且能倍補脾胃肌肉
日長無論孩童長幼有病服之立能病愈無病服之能
開胃進食永無積滯之患誠乃保赤扶元之聖藥也此
餅屢經試驗確有開胃消夾之功效故俗呼（夾食餅
服法小兒三四歲每服一片至二片七八歲每服二片
至四片如服後小便黃色此是藥力之徵實無妨礙
定價銀
大盒八角
小盒四角
每包一角
第四版
廈門五崎頂倍文齋書館承印

外用專治早洩 解救靈驗加倍

廣嗣露

男人患早洩病者性交時未久或一觸精卽出射甚速如豎蚊〃蠅形〃名乃人生最痛苦者且有礙生育者用此露藥塗長時間而使男女增加愛情有非常之奧妙兼能預防花柳等凡患早洩病者請一試之若無效原銀十倍奉還

定價 小五角四用十次 大一元可用廿餘次

外埠函購加寄費五分

廈門中山路中華戲院對面斜左角仰祥藥房發行

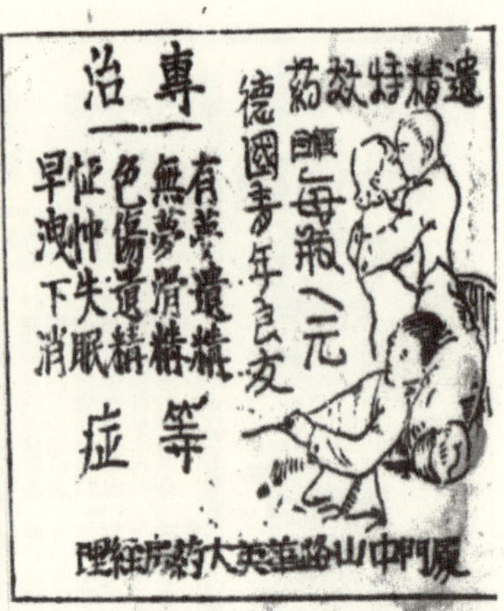

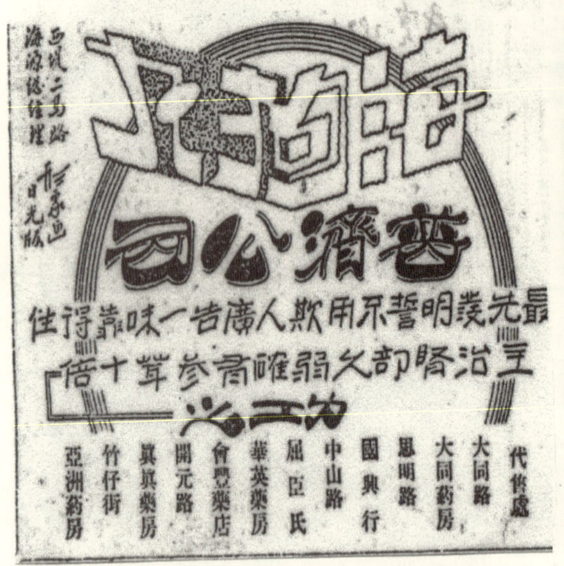

房事不滿足！

海狗鞭健腎丸

香港天壽堂姑嫂丸

廈門西藥房總經理

二十世紀，科學發明，人事可勝天，良藥可療廢疾，男子腎部虛弱，精神疲困，不獨腦筋昏亂，房事無趣，勢必子嗣維艱，壽元短促，與言及此，能不寒心，欲圖補救，能奏速效者，舍香港天壽堂海狗鞭健腎丸，不爲功也，男子常服，能使腎部日加強壯，氣血流行脈絡活動。

◀人人可服 家家可用▶

海狗鞭健腎丸

天壽堂藥行

腎部虛弱 服一樽升 立奏奇功

姑嫂丸

總行 香港德輔道中 分行 廣州市十八甫

代理處 廈門大中路宜生藥行 電話一三七一

△中外各埠商店藥房均有代理▽

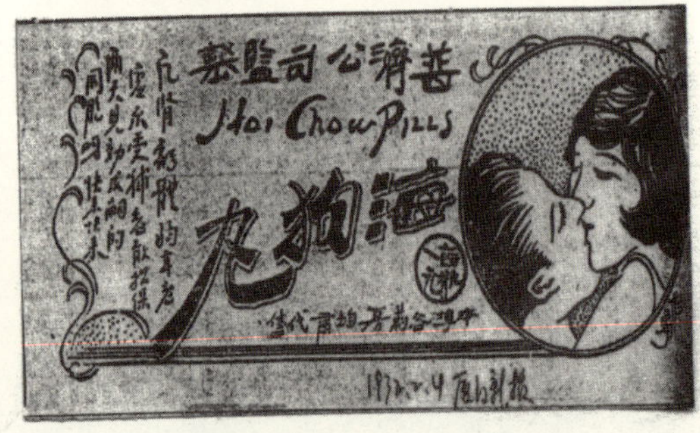

馮大柑萬應喉藥散

PANG TAI CHP THROAT POWDER

中央衛生部化驗登記成字第一四四九號

主治一切喉病老幼均宜

常人用之 防止發生喉痛

臨病用之 立用立刻奏效

包裝：紅盒庄 棕盒庄 藍盒庄

馮大柑喉藥局馮柱卿醫師監製

發行所兼事務所

廈門中山路二六六號電話六六九號

香港華打行二樓三號電話二〇八八九號

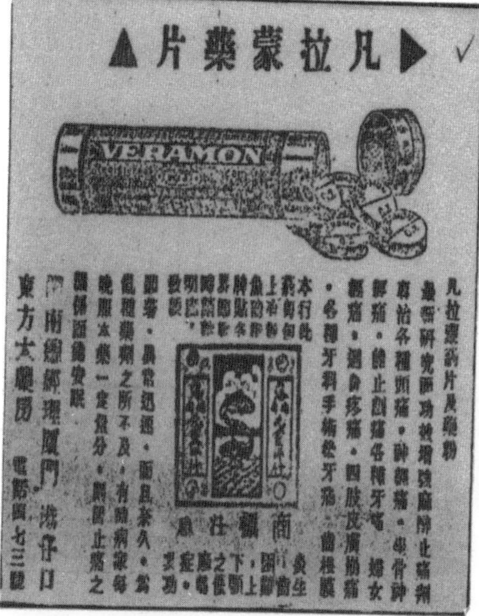

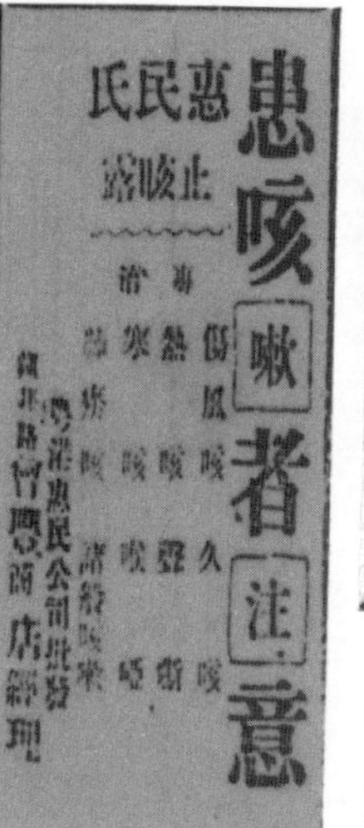

強身強國　治已治人

請用孟斯黎博士

所發明各種良藥

愛的靈

肺癆草

白濁丸

猛虎丸

友藥精

大中洋行經理

廈門中山路二三八號

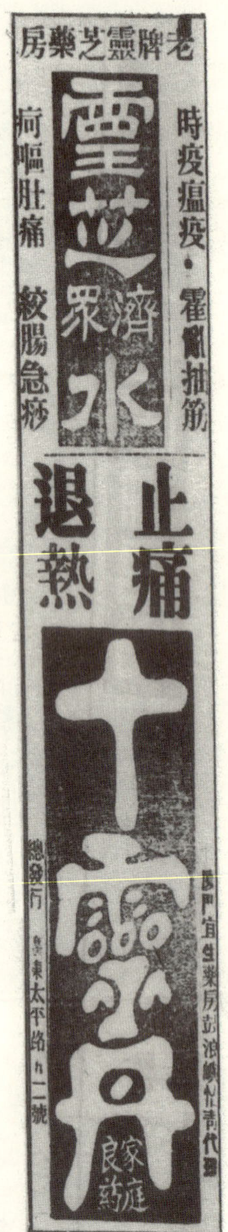

泉州

開元寺秋水軒

百草神麯　萬應茶餅　五疳肥兒

批售零售　無不歡迎

泉廈價格一律・廈門代售處開元路一百卌號豐盛

虎標

萬金油　八卦丹　頭痛粉　清快水　止痛散

居家旅行　常備聖藥

十一、娱乐休闲

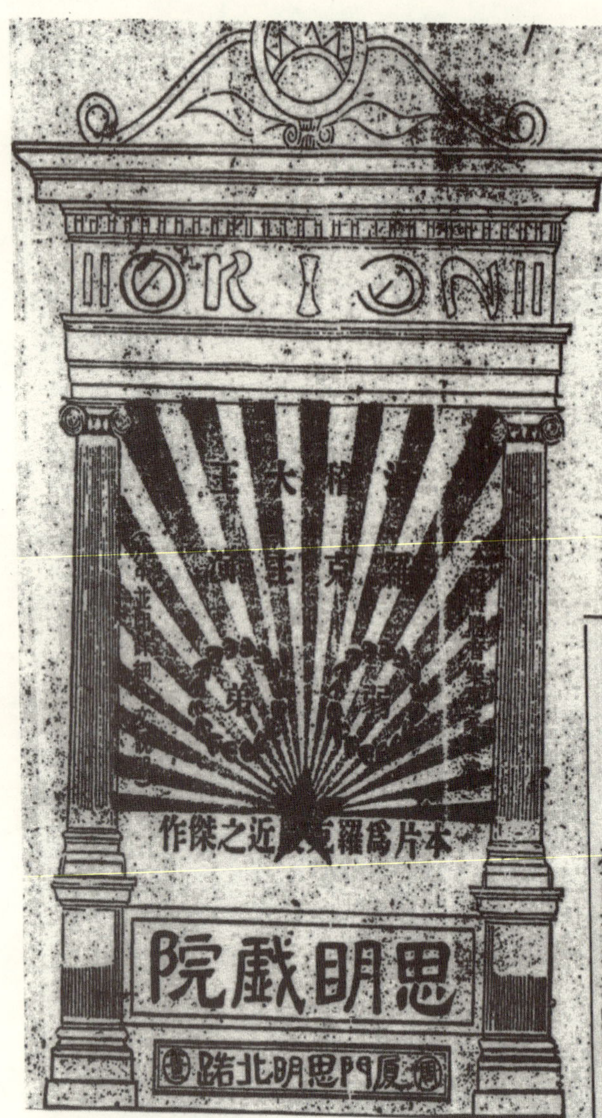

思明影院特別通告

今天 國際攝影社最近從晉北前綫帶給我們的戰影

星期六公映 第八路軍戰紀

從第八路軍誕生地施殿說起，一直到加入國軍，出發前綫，屢出奇兵，斬將搴旗，收復重關，原原本本，描寫無遺。

看 娘子關前。壯士如何鏖兵浴血！

平型山下。將軍怎樣奪關擒虜！

全日三場 三時間：二時半。晚間七時半。九時正。

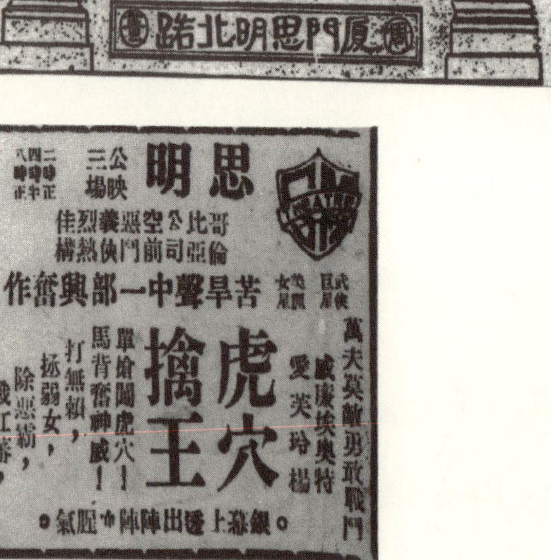

思明戲院
為本院空前未有的偉大貢獻
開電影史上最新的歌舞大觀
RIO RITA
麗娃栗妲

思明戲院
今天日夜開映
（星期日星期一兩日）
滑稽人明星
「僕頓」主演傑作
新西遊記
西方遊牧滑稽笑片
ORION THEATRE

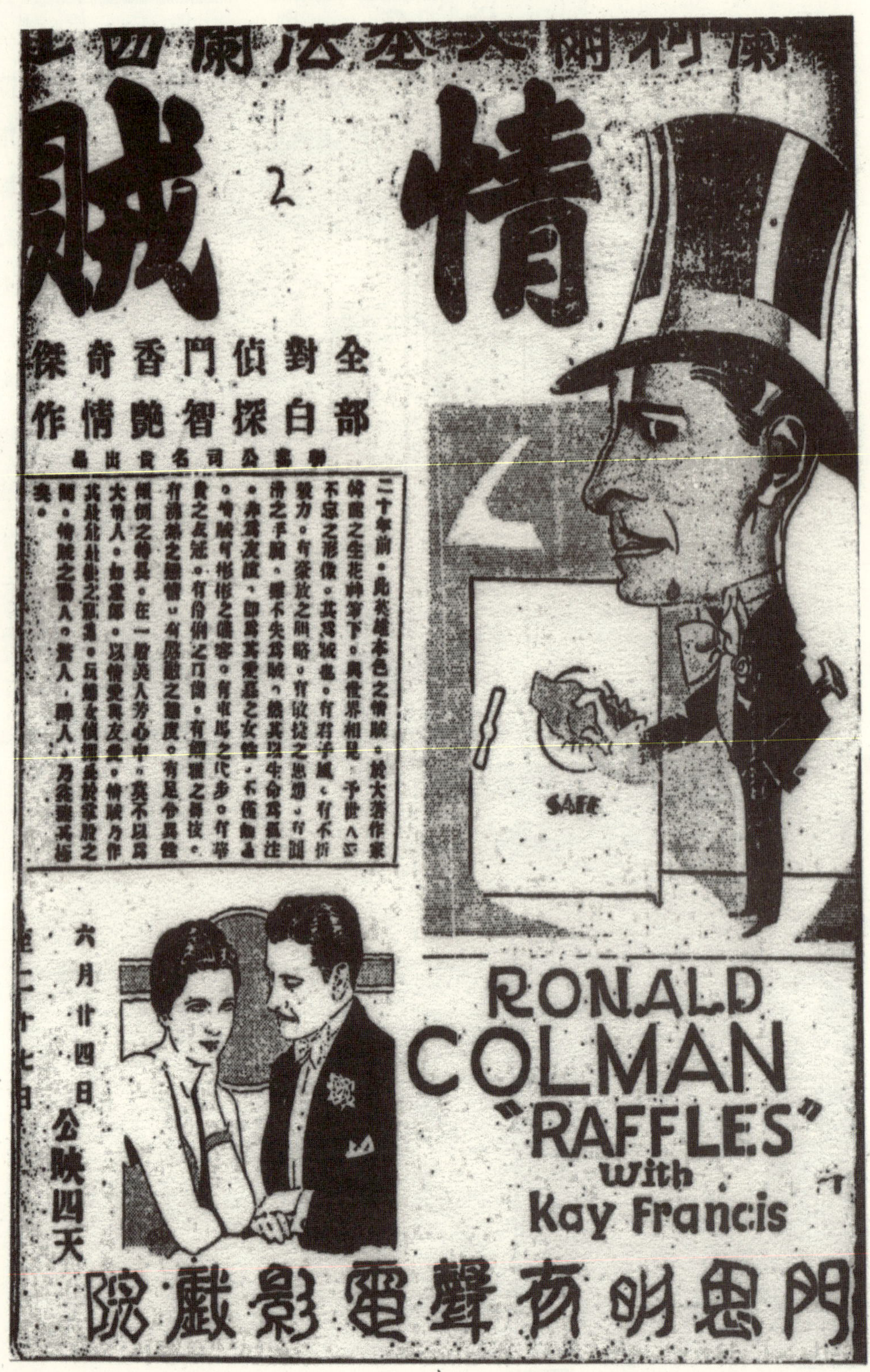

蘭利爾文基法蘭西

情賊

全部對白偵探鬥智香艷奇情傑作

聯藝公司名貴出品

二十年前。此英雄本色之情賊。於大著作家幹龍之生花妙筆下。與世界相見。予世人以不忘之形像。其為賊也。有君子風。有不折毅力。有豪放之膽略。有欲捉之思想。有圓滑之手腕。雖不失為賊。然其以生命為孤注。非為衣食。即為其愛慕之女性。不惜如此。情賊有彬彬之儀容。有中郎之代步。有華貴之衣飾。有伶俐之口齒。有翩躚之舞技。有溫柔之戀情。有感動之態度。有足令異性傾倒之特長。在一般美人芳心中。莫不以為大情人。如意郎。以情愛其友愛。情賊乃作其最後之冒險。[illegible]之間。情賊之情人。[illegible]矣。

六月廿四日至二十七日 公映四天

門思明有聲電影戲院

思明戲院
福建唯一最美備有聲電影戲院
廈門思明東路電話○八一○號
浪跡歌王
劇情大全
舉世推崇歌劇泰斗現代第一風流藝術大家
羅蘭士鐵拔 美艷明星 嘉芙蓮黛奧雲合演
——熱烈纏綿。純潔高尚。可歌可泣——
全部五彩鮮艷富麗名貴空前熱烈名畫
內容優點
劫富濟貧 鋤好除桀 柔情俠骨 神武亢爽 漫野奔馳 鐵蹄矯健 山巒深處 悲歌長嘯 仁風俠舉 草野稱王 英雄本色 慷慨激昂 貴爲公主 推襟送抱 一世豪傑 孰不傾倒
LAWRENCE TIBBETT and CATHERINE DALE OWEN IN THE ROGUE SONG
五月十三日起映四天
歌唱十餘段，在美國舞台，每唱十分鐘。酬費金三千元，合華幣萬餘元。價值之昂貴，可以想見。米高梅公司特以優厚之代價。聘爲是片之主角。扮爲一綠林好漢與貴族公主之風流史。驚險雄壯，足以奪人之魄；溫馨柔膩，不啻醉骨銷魂。並全部用天然彩色攝製，竟成影壇破天荒巨片。部之空前。實無愧色。
Metro-Goldwyn-Mayer ALL TALKING PICTURE

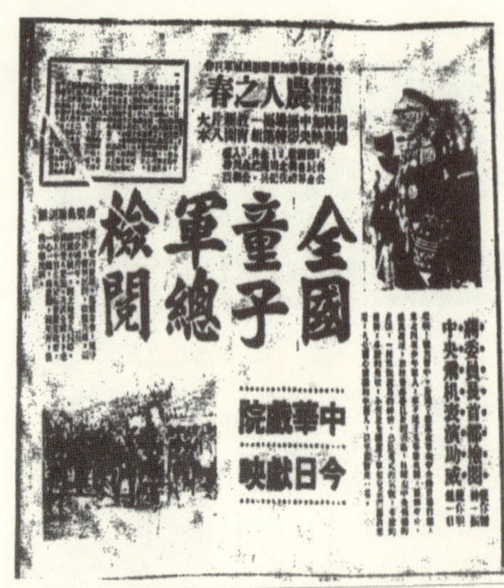
農人之春
全國童子軍總檢閱
中華戲院
今日獻映

聯華影業公司偉大鉅片
民國廿四年國片運動示威炮
大路
二十位大明星偉大力作

思明影院
今天日夜三場
二時正
四時半
八時半
公映
聯列甯影片廠反帝特種影片
愛護祖國

明星影片公司空前希世全部國語對白粵劇歌唱聲片
注意公映日期及地點
張石川導演
麥夫人
胡蝶
充滿了幽柔的南國情調洋溢着美妙的浪漫氣息

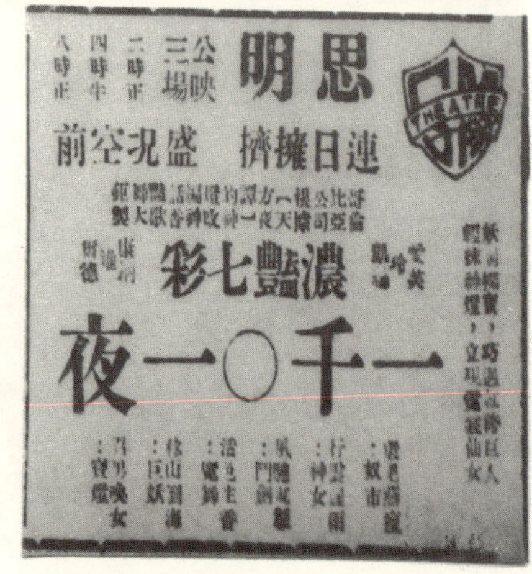
思明
三場公映
二時正
四時半
八時正
連日擁擠 盛況空前
THEATRE
濃豔七彩
一千〇一夜

電話一〇六八
院址中山路
CHUNG HWA THERTRE
中華戲院
聲線最清晰・光線最顯明・選片最嚴格
星期三起每日三場：(一)二時十五分(二)四時四十五分(三)八時半
霍士公司二百萬金遠勝「蓬車」之鉅製
名導演魯爾華許最得意之生平傑構
西狩記
馬格麗卓芝合演
明星約翰威主演
外埠來…為優待觀客
此片乃霍士最光榮偉大傑作本院選為初次開映霍士影片之紀念品其價值可知
The BIG TRAIL
中華戲院
雌蜂島
中華戲院
CHUNG HWA THEATRE
史賓塞屈賽主演
轟炸東京記
Spencer Tracy Phillis Thaxter IN "Thirty Seconds OverTokyo"
近日公映
霍士傳記悲壯戰事巨片
西營十虎將
"TEN GENTLEMEN FROM WEST POINT"
下期公映
霍士出品五彩巨片
洛特都瓦爾主演
蹄聲豔影
Roddy Mcdowall in "MY FRIEND FLICKA"
民國卅五年十月十八日 中華戲院 第一號 第六十七期
樓下座對號坐位
CHUNG HWA THEATRE
中華
中原時間 每日二場 下午 二時正 四時半
同是天涯淪落人
大華超特國產哀豔悽惋社會巨片

中華戲院
訂國曆二月十三日起連映兩天
每日開映三場
第一場下午二時 第二場下午四時半
第三場晚間八時
劇目
冒險武術片
黃金魔
曹元愷導演
優待顧客券資廉宜
價目
日場 二角 四角 夜場 三角 六角
THEATRE REPUBLIC.

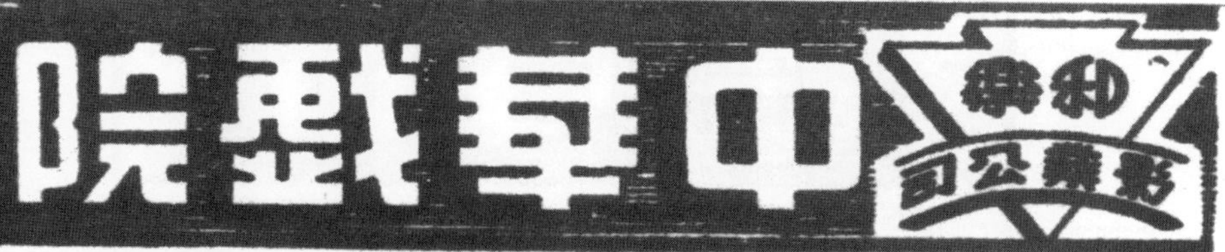

CHUNG HWA THEATRE

今日三場 二時半 五時半 八時半

美高梅出品驚險激烈戰事偉大巨片

史賓塞屈賽 主演

轟炸東京記

Spencer Tracey Phillis Thrxter IN "Thirty Seconds OverTokyo"

地毯式炸東京 空戰絕頂緊張 驚險怵目驚心

近日公映

霍士傳記悲壯戰事巨片

主演

"TEN GENTLEMEN FROM WEST POINT"

下期公映

霍士出品五彩巨片

洛特都瓦爾 主演

蹄聲驄影

Roddy Mcdowall in "MY FRIEND FLICKA"

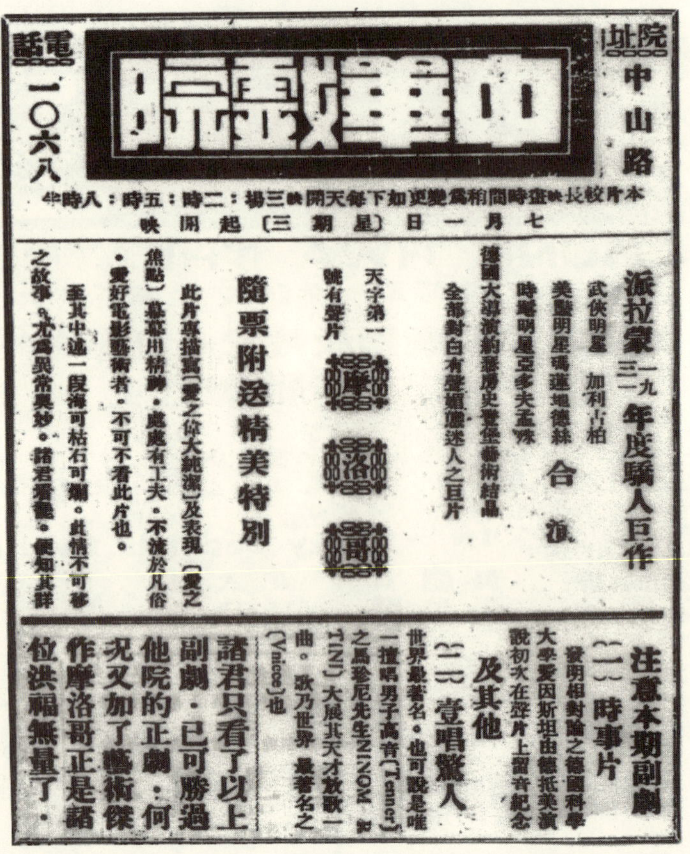
院址 中山路
中華戲院
電話 一〇六八
本片較長映時每場時間稍為變更如下每天開映三場：二時：五時：八時半
七月一日（星期三）起開映
派拉蒙一九三一年度驕人巨作
武俠明星 加利古柏
美豔明星 瑪蓮堤德絲
時髦明星 亞多夫孟珠
合演
德國大導演約瑟房史登堡藝術結晶
全部對白有聲媚態迷人之巨片
天字第一號有聲片
摩洛哥
隨票附送精美特別
此片專描寫〔愛之偉大純潔〕及表現〔愛之焦點〕幕幕用精神．處處有工夫．不流於凡俗．愛好電影藝術者．不可不看此片也。
至其中述一段海可枯石可爛．此情不可移之故事。尤爲異常美妙。諸君看罷．便知其詳
注意本期副劇
（一）時事片
發明相對論之德國科學大學家因斯坦由德抵美演說初次在聲片上留音紀念
及其他
（二）壹唱驚人
世界最著名．也可說是唯一撞唱男子高音〔Tenner〕之馬珍尼先生〔NINOM TINI〕大展其天才放歌一曲。歌乃世界最著名之〔Vnicce〕也
諸君只看了以上副劇．已可勝過他院的正劇：何況又加了藝術傑作摩洛哥正是諸位洪福無量了．

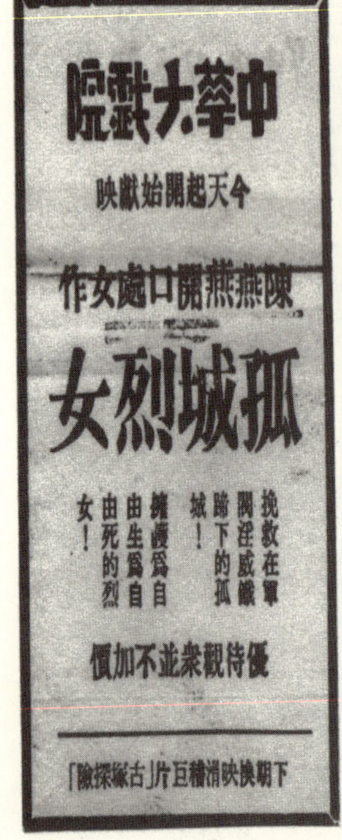
中華大戲院
今天起開始獻映
陳燕燕開口處女作
孤城烈女
挽救在軍閥淫威鐵蹄下的孤城！
擁護爲自由生爲自由死的烈女！
優待觀衆並不加價
下期換映消補巨片「古塚探險」

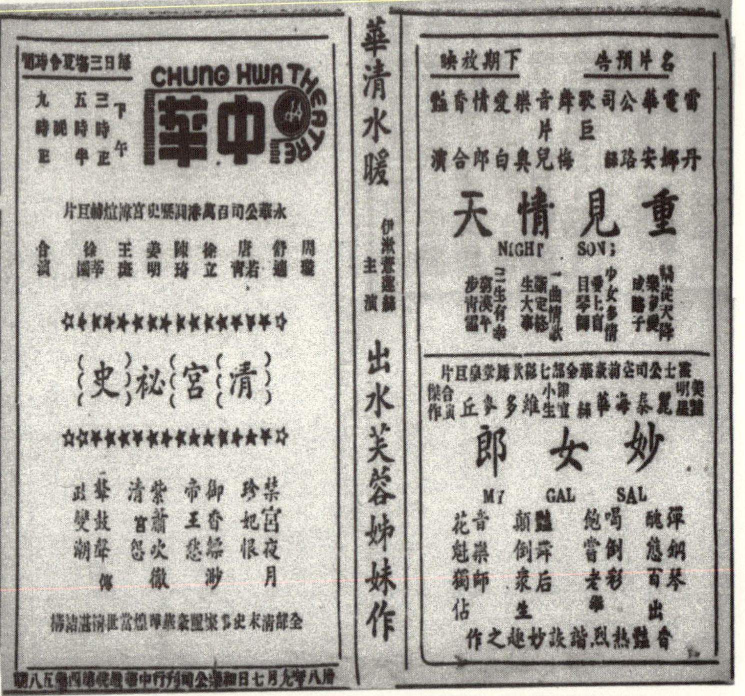
CHUNG HWA THEATRE
中華
每日三場夏令時間
下午三時正 五時半 晚九時正
周璇 舒適 唐若青 徐立 陳琦 姜明 王斑 徐莘園 合演
清宮秘史
禁宮夜月
珍妃恨
御香縹緲
帝王愁
紫蕭吹徹
清宮怨
鼙鼓聲傳
政變潮
華清水暖
主演
出水芙蓉姊妹作
名片預告
下期放映
雷電華公司歌舞音樂愛情香豔巨片
丹娜安路絲 梅兒奧白郎合演
重見情天
NIGHT SONG
妙女郎
MY GAL SAL
香豔熱烈諧談妙趣之作

開明

3時　5時半　9時一刻

燕雙飛

開明

三時　五時半　九時一刻

華納　驚險間諜片

亨弗萊鮑嘉主演

橫渡太平洋

用苦肉計

太平洋上驚心間諜生死戰

CARMEN THEATRE

開明

下午二時半　晚七時正

今天隆重獻映

千呼萬喚　望眼幾穿

金城影片公司　唯一哀悽淒涼古裝偉大巨片

雪梅思君

全部純粹廈語對白

一九五〇年一月二十日刊行

開明戲院

夏令鐘點　三時　五時正　九時半

民主世界

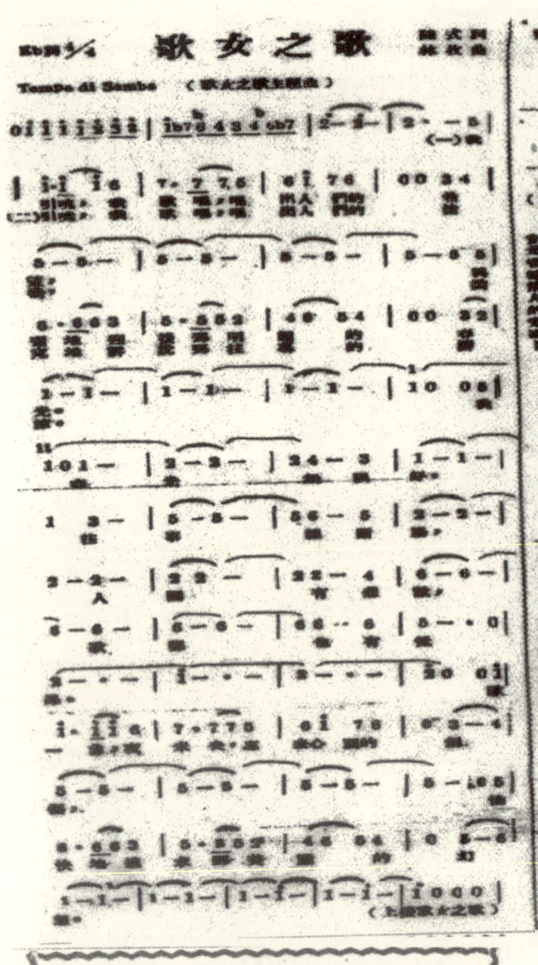
歌女之歌
Tempo di Sambo

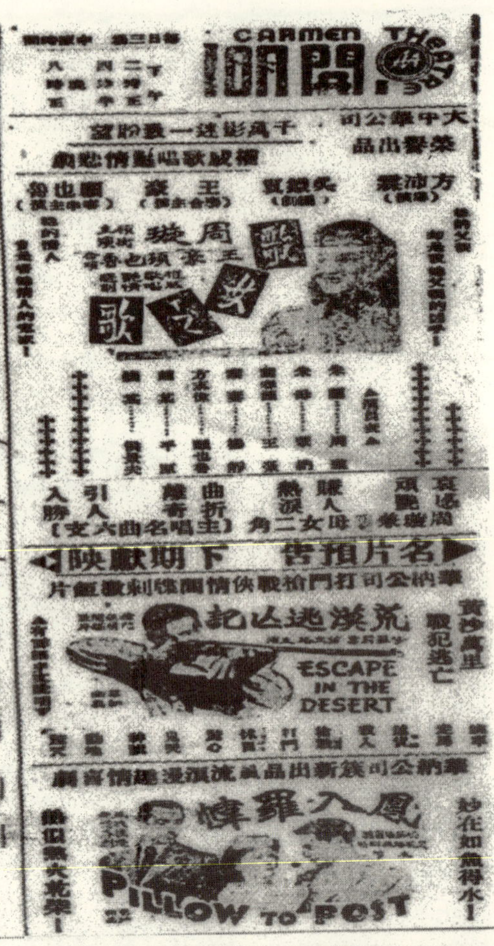
CARMEN THEATRE
開明
歌女之歌
荒漠逃亡記
ESCAPE IN THE DESERT
鳳入羅幃
PILLOW TO POST

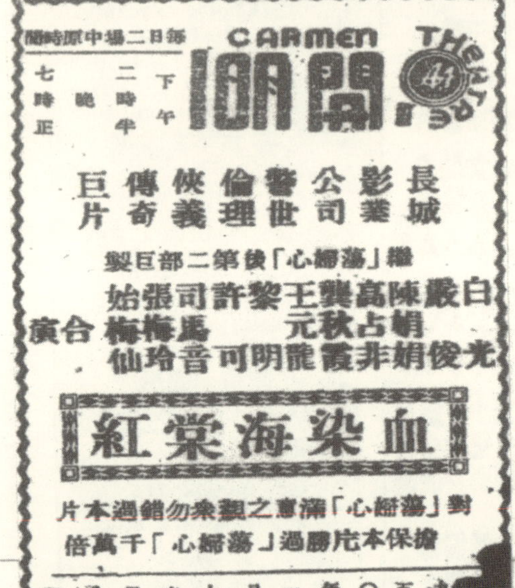
每日二場中原時間
下午二時半
晚七時正
CARMEN THEATRE
開明
長城影業公司
警世倫理俠義傳奇巨片
繼「蕩婦心」後第二部巨製
白光 嚴俊 陳娟娟 高占非 龔秋霞 王元龍 黎明 許可 司馬音 張梅玲
合演
血染海棠紅
對「蕩婦心」滿意之觀衆勿錯過本片
擔保本片勝過「蕩婦心」千萬倍
一九五〇年一月十六日刊印

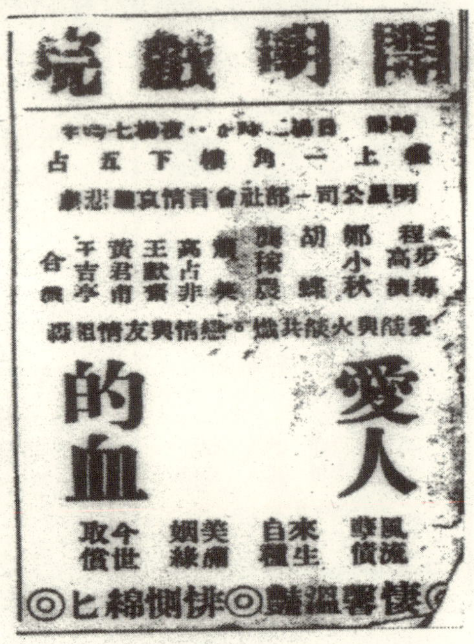
開明戲院
明星公司一部社會言情哀艷悲劇
合演
愛人的血

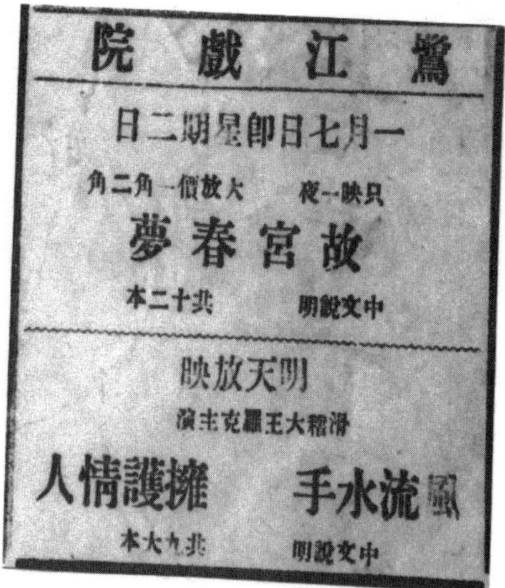
鷺江戲院
一月七日即星期二日
只映一夜
大放價一角二角
故宮春夢
中文說明
共十二本
明天放映
滑稽大王羅克主演
風流水手
擁護情人
中文說明
共九大本

草埔仔頂
鷺江戲院
古曆十月廿五晚七點一刻開演
世界滑稽大王羅克主演
怕難為情
八大本
（加映孔子劇一本）
價目
特等六角
頭等四角
普通二角
童子半價

鼓浪嶼鷺江戲院
草埔仔頂
三十日即（星期二）三十一日即（星期三）連映兩天
范朋克主演
荒唐俠

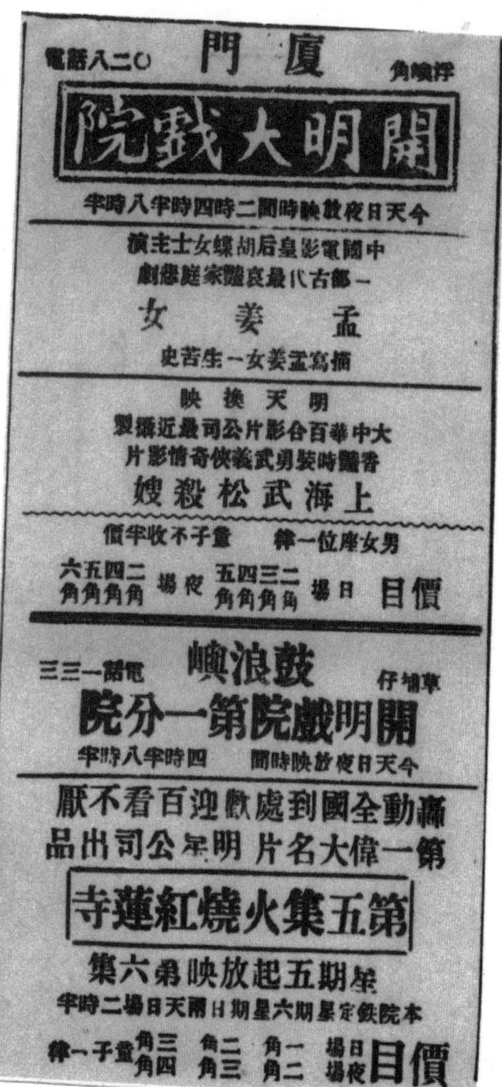
浮嶼角
廈門
電話○二八
開明大戲院
今天日夜放映時間二時四時半八時半
中國電影皇后胡蝶女士主演
一部古代最哀豔家庭悲劇
孟姜女
插寫孟姜女一生苦史
明天換映
大中華百合影片公司最近攝製
香豔時裝勇武義俠奇情影片
上海武松殺嫂
男女座位一律
童子不收半價
價目
日場 二角 三角 四角 五角
夜場 二角 四角 五角 六角
草埔仔
鼓浪嶼
電話一三三
開明戲院第一分院
今天日夜放映時間
四時半八時半
轟動全國到處歡迎百看不厭
第一偉大名片
明星公司出品
第五集火燒紅蓮寺
星期五起放映第六集
本院鐵定星期六星期日開天日場二時半
價目
日場 一角 二角 三角
夜場 二角 三角 四角
童子一律

鷺江戲院

續映十二月廿八廿九日即星期六星期日

知行學社新劇股

租演新劇雨天

卅一日星期一二日迭映兩天

范明克主演

[illegible]唐俠

風流滑稽佳片

鷺江戲院

一月七日即星期二日

兵錢一毫　大錢價一角二角

故宮春夢

中文說明　共十二本

明天放映

滑稽大王羅克主演

風流水手　擁護情人

中文說明　共七大本

承買鷺江戲院廣告

啓者鄙人有向過鼓浪嶼草埔仔頂鷺江戲院股東代表邱士傳蘇行三莊清醒等承買鷺江戲院瓦屋全座（地皮不在此內）及電影機發電機各附屬品并家器椅桌等物　各件開列細單）經已議妥價格雙方均得同意該款除扣還租金外其餘額數即日付交邱、傳蘇行三莊清醒等收訖凡有與該院來往者務遍向其理會與鄙人無干此後營業改爲鷺江戲院有記合此聲明

鼓浪嶼草埔仔頂吳有恩謹啓

出賣鷺江戲院及機器等廣告

敬啓者本院地址係前向吳有恩君租借早已滿期刊還應拆還原址經敝股東會議委任邱士傳蘇行三莊清醒爲代表決將本院全座（地皮不在內）及機器家器等（各件開列細單）概行出賣與有恩價已議妥其項即日交付邱士傳蘇行三莊清醒收訖該院及器物等隨付吳有恩君前去掌管聽其自由不敢異言暨鷺江戲院向與各號來往仍由敝院理會與吳君有恩無涉合應聲明

中華民國十九年四月八日

鷺江戲院謹啓

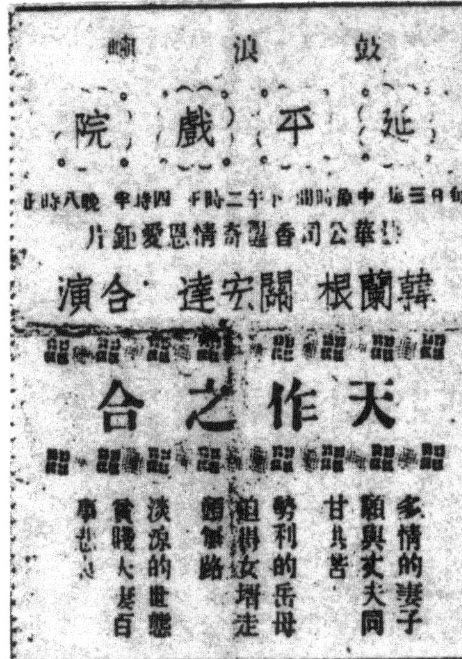
鼓浪嶼
延平戲院
韓蘭根 關宏達 合演
天作之合
多情的妻子
願與丈夫同甘共苦
勢利的岳母
淡淚的世態

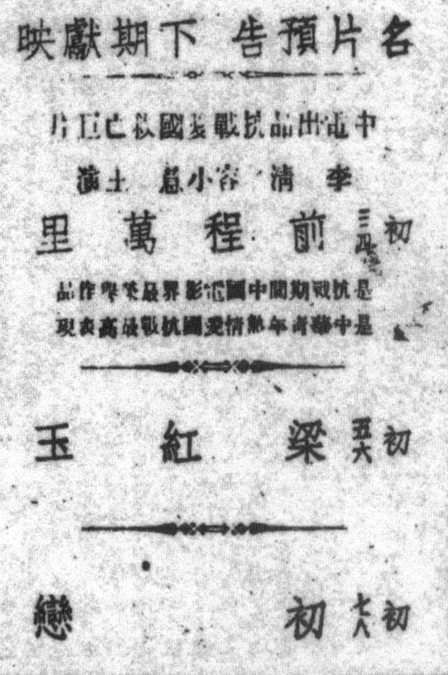
名片預告 下期獻映
初三四 前程萬里
初五六 粱紅玉
初七八 初戀

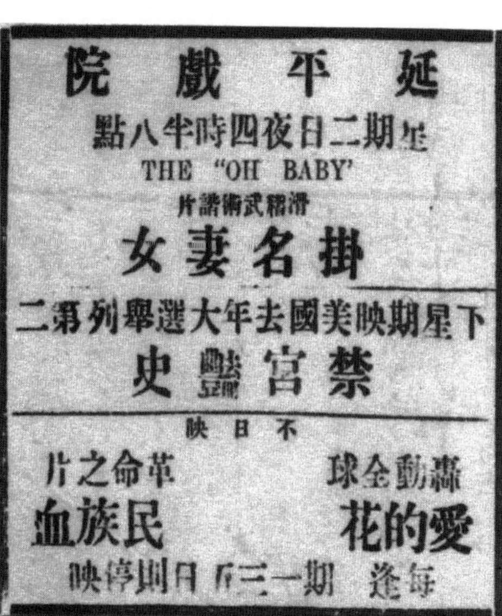
延平戲院
THE "OH BABY'
掛名妻女
下星期映美國去年大選舉列第二
禁宮艷史
不日映
轟動全球
愛的花
革命之片
民族血
每逢星期一三五日則停映

鼓浪嶼戲院
日場六時一刻
夜場九時一刻
陳雲裳 梅熹 領銜主演
蘇武牧羊
持節至忠，丹心貫日！
出使匈奴，留名青史！

鼓浪嶼戲院
相思債
主演

延平戲院
星期日星期一日夜兩場二點半八點
中國歷史巨片
三國誌
美人計
特別優待顧客日戲一角二角三角四角
夜戲二角三角四角六角
下期映 大笑劇
卓別林 十八種
日戲逐日開映

鼓浪嶼影戲院
院址 擇壇路
電話 二四二
裝設美國西電公司最新有聲機器
院內空氣
寒暑溫和
發音清晰
光線顯明
精心搜羅
中外名畫
增進社會
教育常識

延平戲院
星期二日夜四時半八點
THE "OH BABY'
滑稽武術諸片
掛名妻女
下星期映美國去年大選舉列第二
禁宮艷史
不日映
轟動全球
愛的花
革命之片
民族血
每逢期一三五日則停映

THE VEWUS THEATRE
延平戲院
日場價目
夜場價目
初八日日戲
全本萬花船

延平戲院
星期二日夜四時半八點
THE "OH BABY'
滑稽武術諸片
掛名妻女
下星期映美國去年大選舉列第二
禁宮艷史
不日映
轟動全球
愛的花
革命之片
民族血

嶼光戲院

預告

譽滿東方

人皆歡迎

黑貓

不日在本院開演

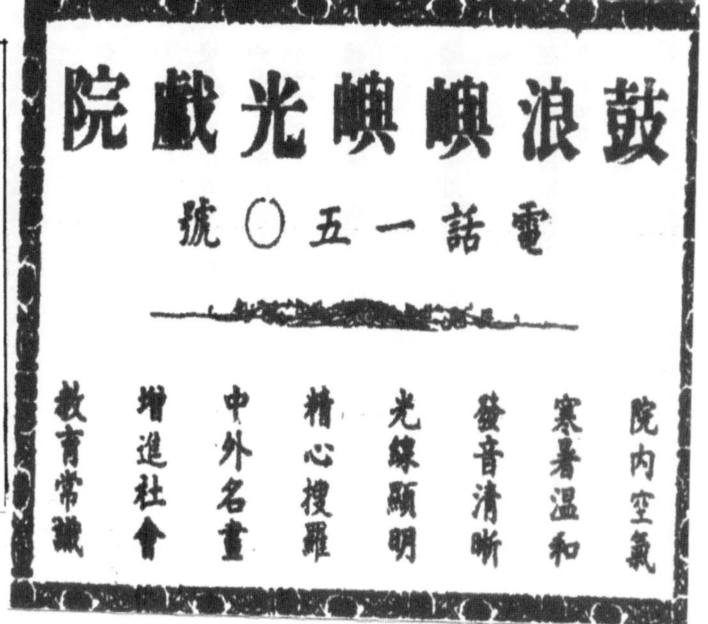

鼓浪嶼

嶼光戲院

開幕廣告

吾鼓近兩年來人煙雖較七年前爲減少惟對於建設則大有一日千里之湧進如旅社酒館舞場醫院種種應有盡有無所不備然於大規模之戲院獨付缺如邦人每引爲遺憾敝同人有　及此竭盡心力特在龍頭街河仔乾建立一最新式之戲院專以演映著名珍貴中外畫片及特色京省各班坐位寬涼裝璜精緻光線充足招待週到茲不惜巨資特聘閩班舊賽樂演唱經於昨初五日開鑼此班不獨具有演唱絕技且其佈景又有可驚人處如真山真雨真水真火五花十色無微不至誠吾人之眼福願各界士女盡興乎來

本日夜劇目列下

日戲。　夜戲

長坂坡　打花古

玉堂春　包公昇天

鼓浪嶼嶼光戲院謹佈

鼓浪嶼嶼光戲院

每日三場：貳時正：四時半：八時正

今日公映 "TO-DAY"

EDWARD G. ROBINSON IN.

THE LAST GANGSTER

美高梅社會緊張刺激巨片

社會暴徒

有益於世的影品！顯示暴徒的結局！

元月十六日星期四獻映

黃天霸

顧蘭君　李英　聯合主演

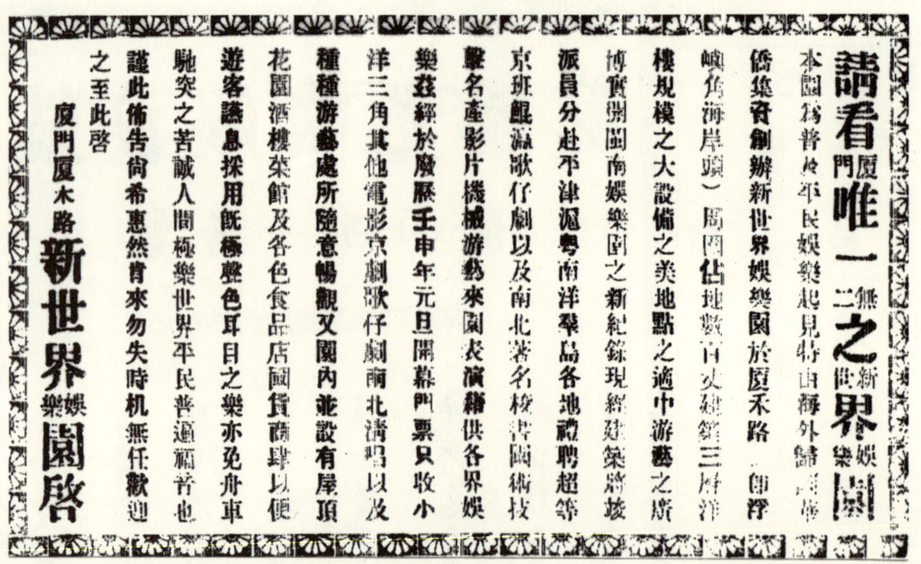
請看厦門唯一無二之新世界娛樂園
本園爲普及平民娛樂起見特由海外歸國華僑集資創辦新世界娛樂園於厦禾路（即浮嶼角海岸頭）購置佔地數百丈建築三層洋樓規模之大設備之美地點之適中游藝之廣博實爲閩南娛樂園之新紀錄現經建築將竣派員分赴平津滬粵南洋羣島各地禮聘超等京班甌滬歌仔劇以及南北著名校書國術技擊名產影片機械游藝來園表演藉供各界娛樂茲經於廢曆壬申年元旦開幕門票只收小洋三角其他電影京劇歌仔劇南北清唱以及種種游藝處所隨意暢觀又園內並設有屋頂花園酒樓菜館及各色食品店國貨商肆以便遊客憩息採用既極聲色耳目之樂亦免舟車馳突之苦誠人間極樂世界平民普遍福音也謹此佈告尚希惠然肯來勿失時机無任歡迎之至此啓
厦門厦木路新世界娛樂園啓

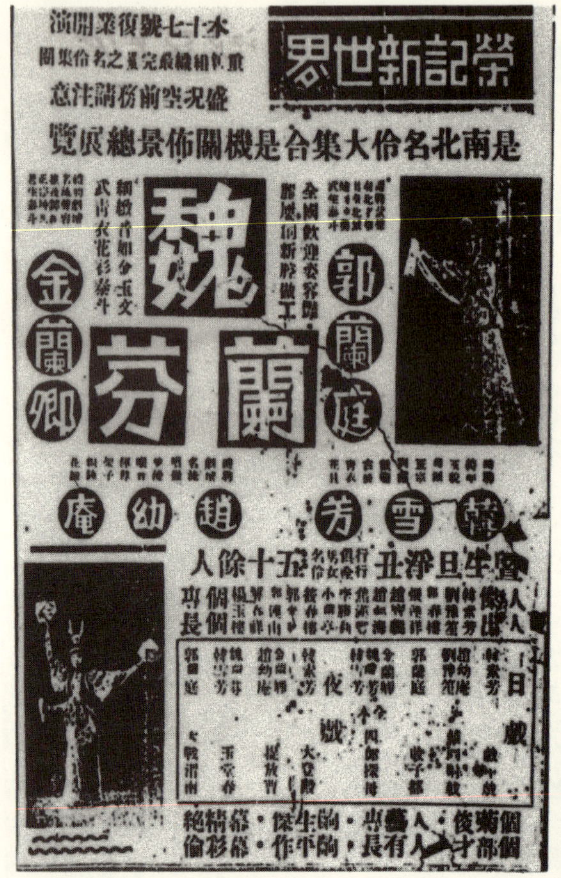
榮記新世界
本十七號復業開演
盛況空前務請注意
是南北名伶大集合是機關佈景總展覽
魏蘭芬
郭蘭庭
金蘭卿
趙幼庵
雪芳
生旦淨丑名伶五十餘人
日戲
夜戲

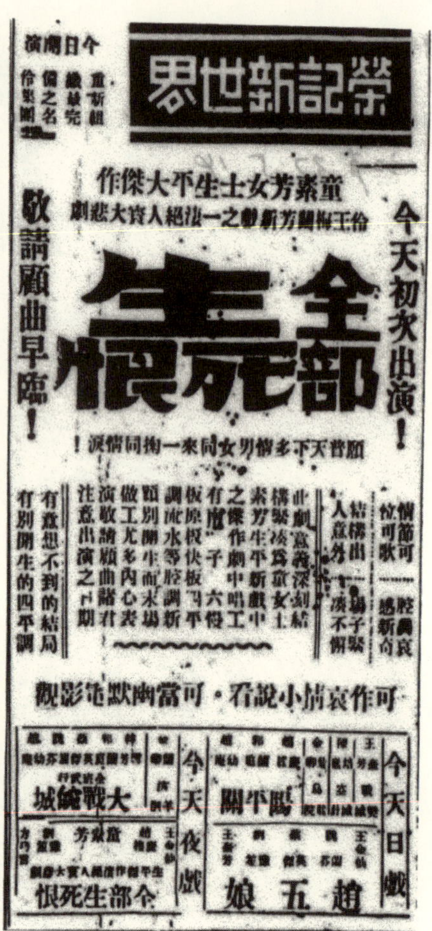
榮記新世界
今日開演
童素芳女士生平大傑作
全部生死恨
今天初次出演！
敬請顧曲早臨！
可作哀情小說看·可當幽默電影觀
今天日戲
趙五娘
今天夜戲
全部生死恨

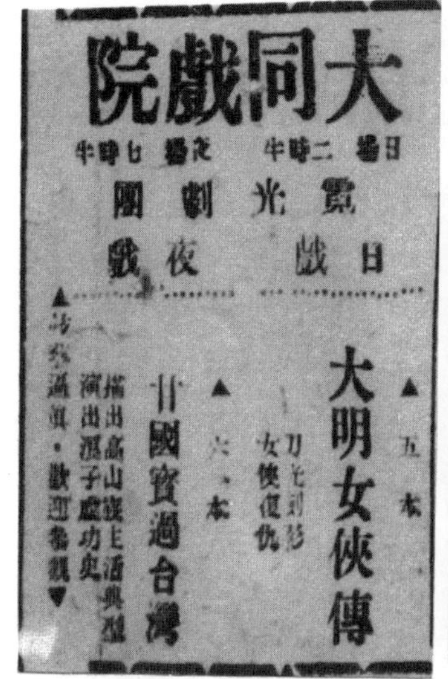
大同戲院
覺光劇團
日戲
夜戲
大明女俠傳
廿國寶過台灣

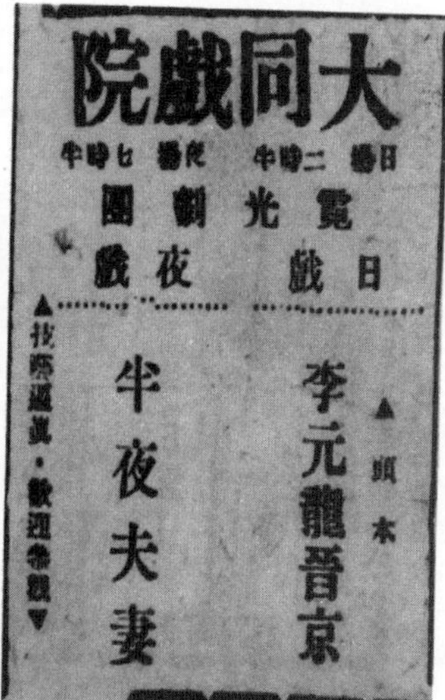
大同戲院
覺光劇團
日戲
夜戲
李元龍晉京
半夜夫妻

傘兵
飛虎劇團
平劇公演
地點：大同路・大同戲院

大同戲院
李三娘
張慧琳

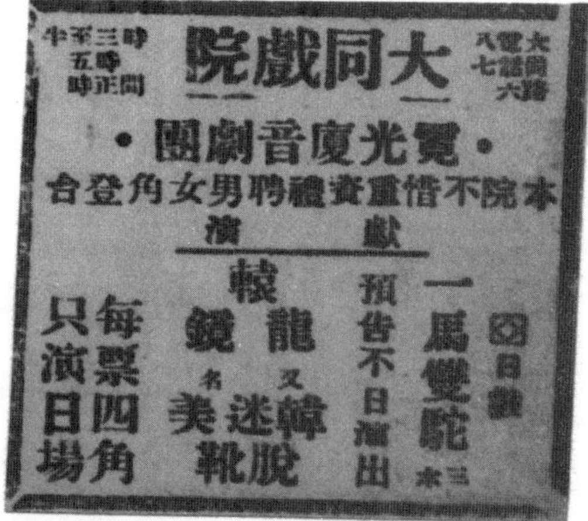
大同戲院
・覺光粵音劇團・
本院不惜重資禮聘男女角登台
獻演
一馬雙駝
韓龍鏡
每票四角
只演日場

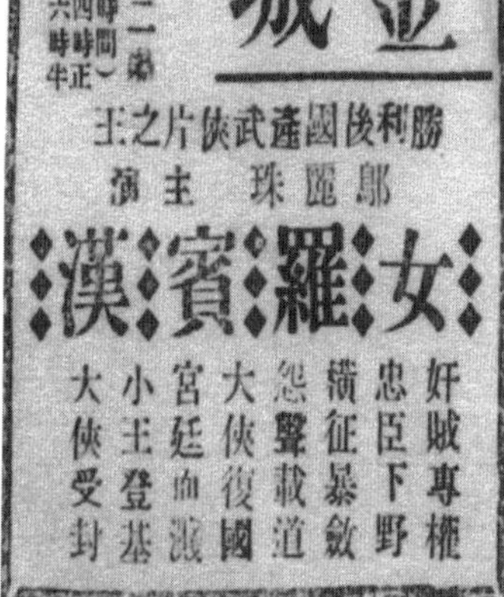
金城
女羅賓漢

金城
胡蝶
夜來香

金城
周璇
王豪
歌女之歌

Y.M.C.A
青年會電影部
十二月九日
即星期一起映
每日開映三場
武俠巨片
俠義君子
Richard Barthelmess
In
"The Amateur Gentleman"

Feb. 24th. & 25th. Monday and Tuesday At 2:00 4:30 8:00 P.M.

青年會電影

打破戲以往規　座位不分等第　劵資非常便宜

二月廿四日起卽是期一二連映二天每日特映三場

時間　第一場下午二時　第二場下午四時半　第三場晚間八時正

武術愛情佳片

威廉白謨　偉大傑作

熱情勇士

國家出品　美國第一

"FIGHTING YOUTH"

演員表

WILLIAM FAIRBANKS……………Dick Covington
PAULINE GARON……………Jean Manley
George Periolat……………Judge Manley
Wm. Norton Bailey……………Harold Brentty
Pat Harmon……………Paddy O'Ryan
Frank Hagney……………"Murdering" Mooney
Tom Carr……………Gangster
Jack Critten……………Referee

青年會露台電影
世界著名尚武愛情巨片
情海血
美國最著名之電影明星
約翰白蘭穆亞傑作
（共十大本 一次映完）
片內加印華文說明由潘毅華譯述
JOHN BARYMORE in "THE SEA BEAST"
時間
古曆五月廿三日
連映二天
日場 下午四時半
夜場 晚間八時十
本星期六下午二時半特別加映一場優待學生一律三角
券價
日場 是會友三角 非會友四角
夜場 是會友四角 非會友五角

青年會影戲部
轟動世界第一名貴歷史巨片
黑奴魂
Sequel to
"SIMON CALLED PETER"
by ROBERT KEABLE
with
MARIE PREVOST
MONTE BLUE
JOHN PATRICK
JOHN ROCHE
ETTA LEE
Wm. C. DAVIDSON
HARRY BEAUMONT
又名黑奴籲天錄全部共十三大本一次映完
座位有限
元月十六七八映開
時間 上午二點正 下午四點半 夜場八點正
每日開映三場
券資 日場 是會友三角 非會友四角
夜場 是會友四角 非會友五角
諸君早臨

三春戲院

院址車加轆巷 電話五四八

時間 日場二時四時半 夜場八時半 每日映三場

價目 日場 有座二角 統廂三角 夜場 有座三角 統廂四角

上海明星影片公司出品

第八集

火燒紅蓮寺

一部劍術幻影 有神仙變化 有武術冒險 有隱身奇幻

武俠巨片 有飛人飛刀 有機關活動 有空中鬥法

導演 張石川 主演 湯傑 朱飛 王夢石

明天接映 第九集 火燒紅蓮寺 由一集至十五集止

坐位無多 導演張石川

諸君早臨 主演 夏佩珍 朱飛 胡蝶 鄭小秋 王獻齋

龍山戲院

院址後海乾　電話一〇四五

國曆十二月十六日即星期二起開演

日夜二場

Follies of Melody

本日登台表演節目

節目	主角
(一)木蘭從軍歌劇	全體
(二)蝴蝶舞歌舞	梁賽珊
(三)人面桃花清唱	潘文霞
(四)卸而司登舞踏	梁賽珠
(五)蜂嬉蝶歌舞	傅文瑞英
(六)外國武松打虎歌劇	俞鳴飛　荀維新　孫民輝　沈麗紗
(七)三蝶戀花歌舞	梁賽珠　賽珊　潘文霞　文娟　傅瑞英　鄔志瑜
(八)落花流水清唱	李文惠
(九)逃婚歌劇	俞鴻飛

時間　日場三時　夜場八時一刻

日場　特別大一元　前座小八角　後座小四角

夜場　特別大二元四　前座小一元　後座小六角

群芳女歌劇團

特請京津蘇滬陝杭男女藝員 滬廢新製廣緞行並服裝 五色電光佈景 連台文武新戲豔麗服式 改良幻術機關大有可觀

價目												
日場	特等	小洋八角	頭等	小洋六角	普通	小洋三角	普僕	半價				
夜場	特等	大洋元	頭等	小洋一元	普通	小洋六角	普僕	半價				

新曆四月二日下午二時開演

清官冊

別宮

哭祖廟

遺翠花

「全戲行」宏碧緣（余千救主）

問樵鬧府

孟姜女（萬里尋夫）

新曆四月二夜七時半開演

七八本 二度梅

太古洋行廣告

太古車糖局

太古

太極牌

幼車糖四方角糖顆粒冰糖等茶室日常應用物品極合衛生婚姻禮品又極雅觀且價格低廉諸君不信請嘗試之當知美謬也

太古輪船公司

字號

廈門實叻日期准確每逢拜三行船位寬闊通風水途快捷安招待週到伙食茶水充足利便盍於此凡我僑胞盍興乎來

南星樂園
定本月九日只映一天
新人影片公司奇情巨片
前集金縷恨
王元龍 李曼麗 毛劍佩 合演
明天換映後集金縷恨
價目
二角 四角
日夜一律
童子半價
NAN SING
電話一八四
住思明南路

南星樂園
十二月卅日起放映前集
正月一日起接映後集
明星影　公　最偉大哀艷巨片
是異軍突起攀登藝術最高峯之哀情劇
紅淚影
胡蝶 夏佩珍 鄭小秋 三大明星合演大貢獻
鄭正秋先生編劇導演說明的名電影

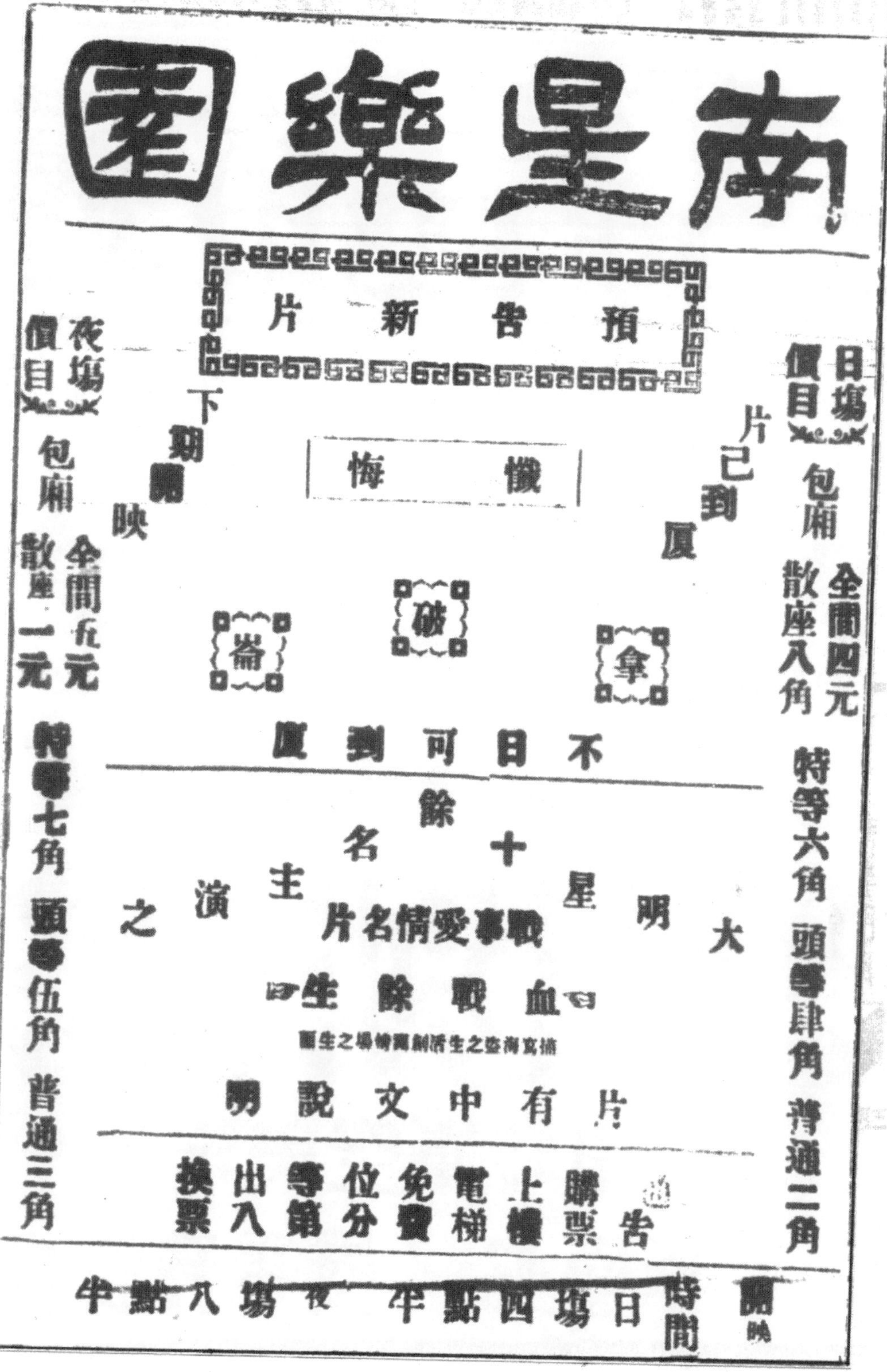
南星樂園
預告新片
懺悔
下期開映
片已到厦
拿破崙
不日可到厦
大明星十餘名主演之
戰事愛情名片
血戰餘生
片有中文說明
告
購票上樓
電梯免費
位分等第
出入換票
開映時間
日場四點半
夜場八點半
夜場價目
包廂全間五元
散座一元
特等七角
頭等伍角
普通三角
日場價目
包廂全間四元
散座八角
特等六角
頭等肆角
普通二角

通俗教育社

今日放映

有聲電影

籌募社教經費

今天放映二場 四時半 七時半

票資：一律金圓六元

美國出品笑料百出 滑稽大巨片

卓別麟

加映美空軍特寫戰片

自設發電機 聲影極明晰

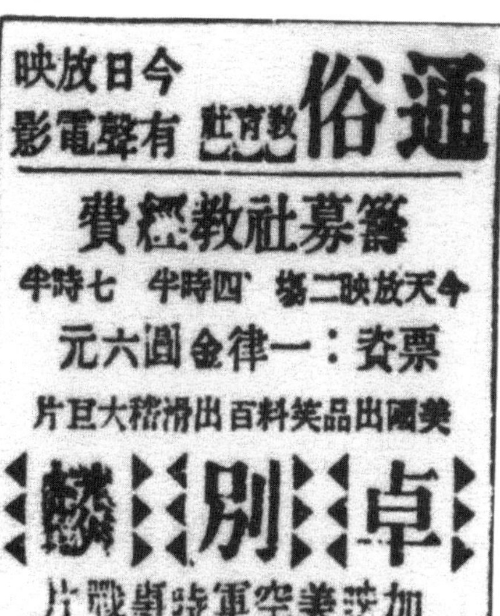
通俗
教育社
有聲電影
今日放映
籌募社教經費
今天放映二場 四時半 七時半
票價：一律金圓六元
美國出品笑料百出滑稽大旦片
卓別麟
加映美空軍時事戰片
自設發電機 聲影極明晰

電話一一六〇
本日放映
艷情
情場
奪艷
名片
價目
不日放映
關東大俠
百花台
同心劫

禾山區江頭街
江頭戲院
主事 林身

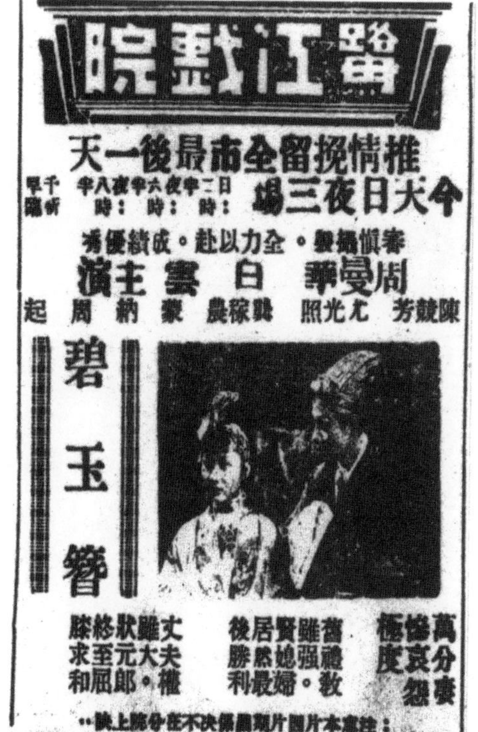
鷺江戲院
摧情挽留全市最後一天
今天日夜三場
周曼華 白雲 主演
碧玉簪

鷺江戲院
顧蘭君 梅熹 主演
兒女英雄傳
十三妹大破能仁寺

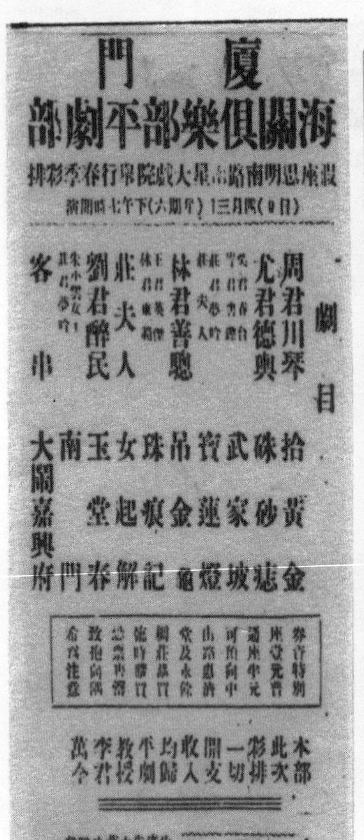

厦門海後路三八號三階

中華電影股份有限公司

厦門辦事處

電話一〇六四番

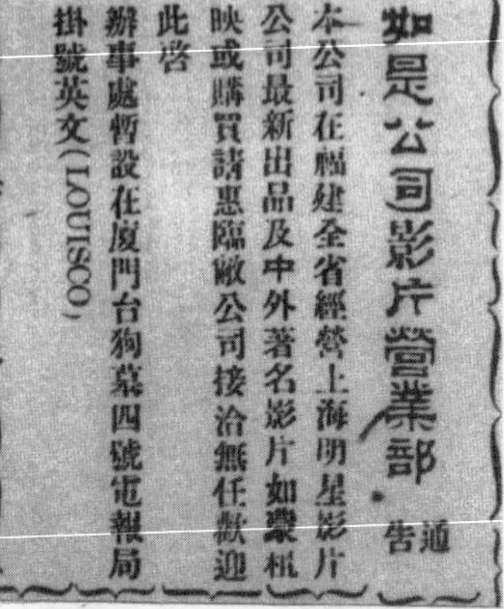

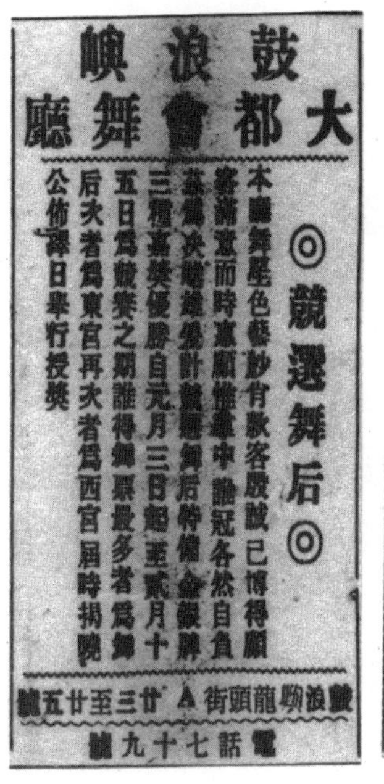
鼓浪嶼
大都會舞廳
◎競選舞后◎
鼓浪嶼龍頭街A廿三至廿五號
電話七十九號

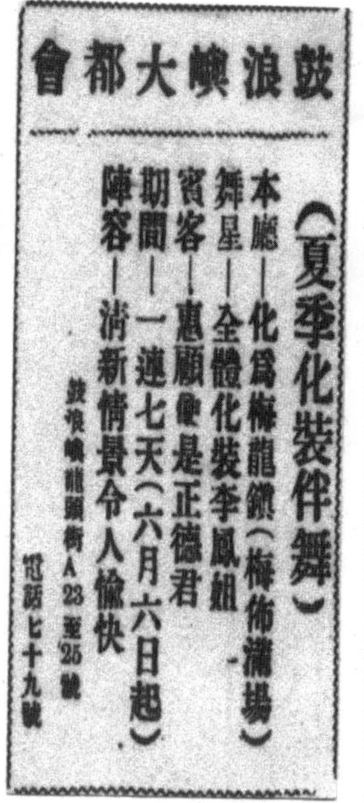
鼓浪嶼大都會
（夏季化裝伴舞）
本廳—化爲梅龍鎮（梅佈滿場）
舞星—全體化裝李鳳姐
賓客—惠顧便是正德君
期間—一連七天（六月六日起）
陣容—清新情景令人愉快
鼓浪嶼龍頭街A23至25號
電話七十九號

鼓浪嶼高尚娛樂場所
黑貓舞廳
◎◎增設夏令露天花園舞場◎◎
場所。堂皇壯麗
舞女。嬌艷優秀
音樂。幽雅怡情
招待。慇懃親切
茶點。衛生適口
（本廳堂皇場所）
鼓浪嶼中路 電話二九〇號 二一二號
（增設夏令露天花園舞場）
BLACK CAT DANCING HALL
Best Orchestra, Pretty Dancers, Nice Hall and Beautiful Garden
Cold Drinks Etc. The Best of It's Kind in Town.
E184 Central Road. Kulangsu
Tels: Nos. 290 And 212

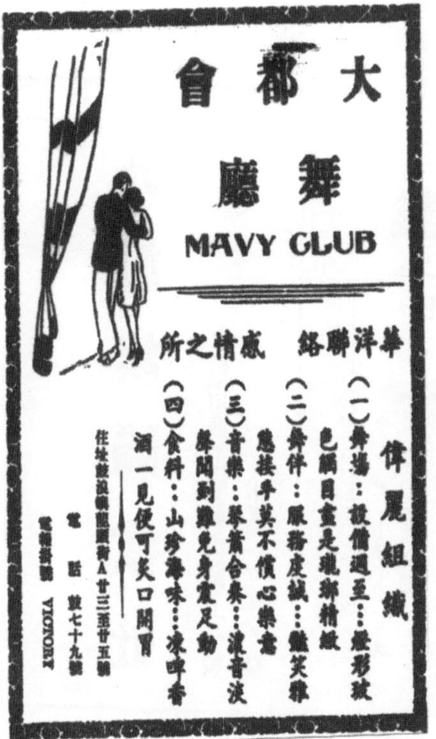
大都會
舞廳
MAVY CLUB
華洋聯絡 感情之所
偉麗組織
（一）舞場：設備週至
（二）舞伴：服務虔誠
（三）音樂：琴簧合奏
（四）食料：山珍海味
住址鼓浪嶼龍頭街A廿三至廿五號
電話 七十九號
VICTORY

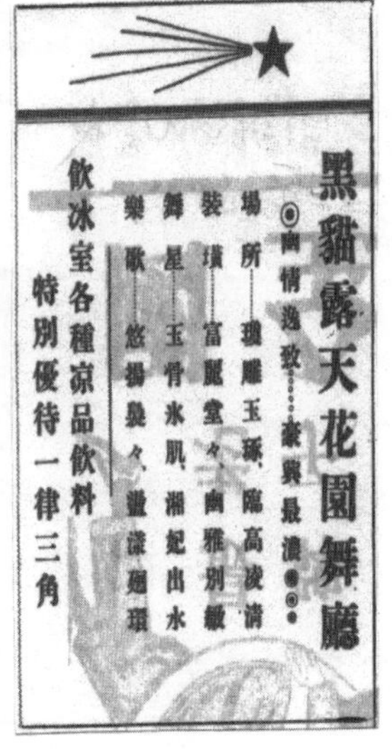
黑貓露天花園舞廳
◎幽情逸致……豪興最濃◎
場所……瑰麗玉琢，臨高凌清
裝璜……富麗堂々，幽雅別緻
舞星……玉骨冰肌，湘妃出水
樂歌……悠揚裊々，盪漾廻環
飲冰室各種凉品飲料
特別優待一律三角

BLACK CAT DANCING HALL
黑貓舞廳
鼓浪嶼最高尚美備娛樂場所
場所 堂皇壯麗
舞女 嬌艷窈窕
音樂 幽雅怡情
招待 慇懃週到
添設夏令露天花園舞池
配備艷花異草美景

厦門
蝴蝶
全廈惟一社交殿堂
日華親善機關
思明南路 電話二五三 三四五號
四樓午後八時起
羅集各埠麗人伴舞
特聘著名樂隊配奏
茶舞會
每星期二，四，六
新時間午後五時至七時
三樓正午起 中西時菜大小宴會 特聘女給親切招待

興南俱樂部
廈門市水仙路十一號
電話 總務室專用七二九番 三樓一般用五七〇番 四樓一般用六六九番
會長兼正經理 張靜山 龍岩

佈置堂皇 招待週到
設備綺麗 歡迎參觀
大千娛樂場
廈門市思明南路四百九號
電話 五〇一番 四九九番

同聲聯歡社
鼓浪嶼泉州路一七二
電話 鼓三五三番

廈門
滑冰場
附設咖啡飲冰座
廈鼓始創第一家
冰鞋已由港到廈
應各界熱望起見
今起先供給練習
待全部工程完竣
再定期正式開幕

鼓浪嶼
同聲聯歡社
華僑蒞臨 竭誠招待
（電話三五三）

鼓浪嶼聯歡社
廈門市鼓浪嶼鼓山路五一號
電話 四〇〇 四一〇 號

日華親善，高尚社交，豪華殿堂
廈門公園前電話二三三 三二一番
サンデーサービス
日華合味
特製ランチ 100
リー、フルーツ、コーヒデ付
新時間正午十二時午后二時止
設備完美
宴會廳 食堂 酒場 撞球室 圍碁室 麻雀室 音樂室 理髮室
星期日謝思日華顧客
特製日華合味
午餐 ¥1.00
添付 冷凍心菓子。咖啡

紅蝶咖啡座

主唱：陳仲彬小姐

廈鼓一流樂隊演奏

舉行大衆化茶舞（舞伴自帶）

座址：思明南路四一五（人民劇場隔壁樓下）

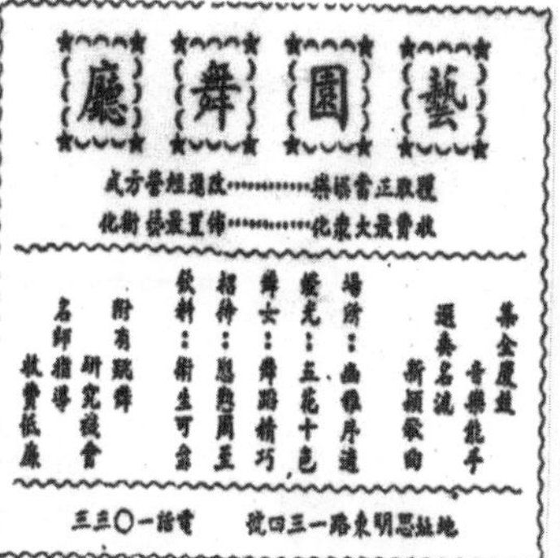

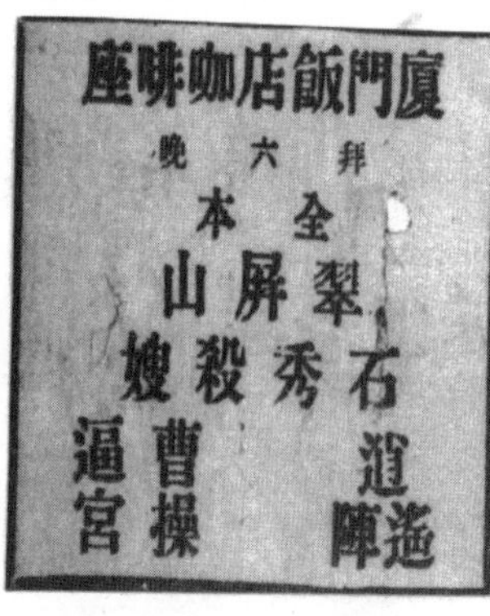

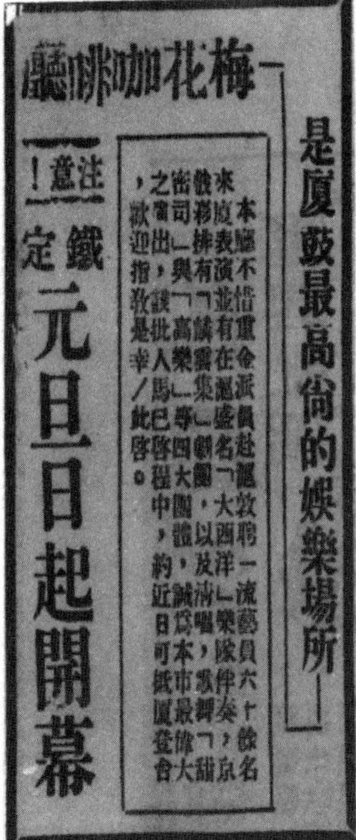

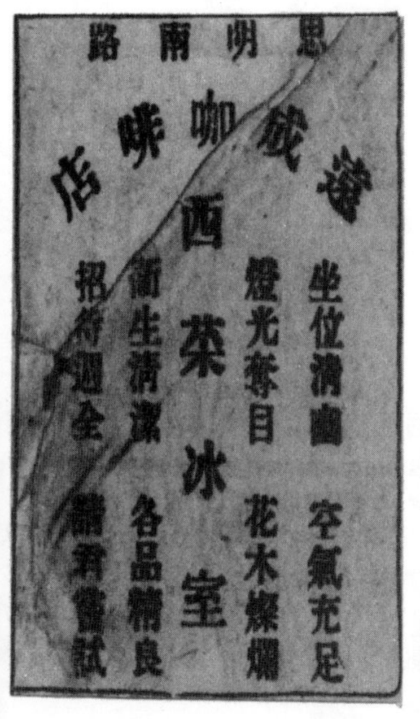

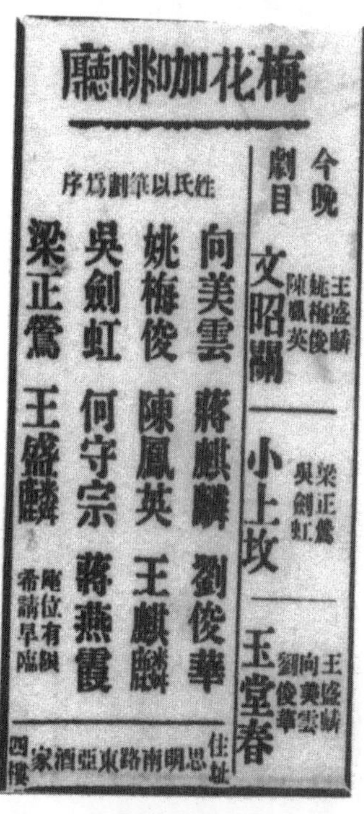

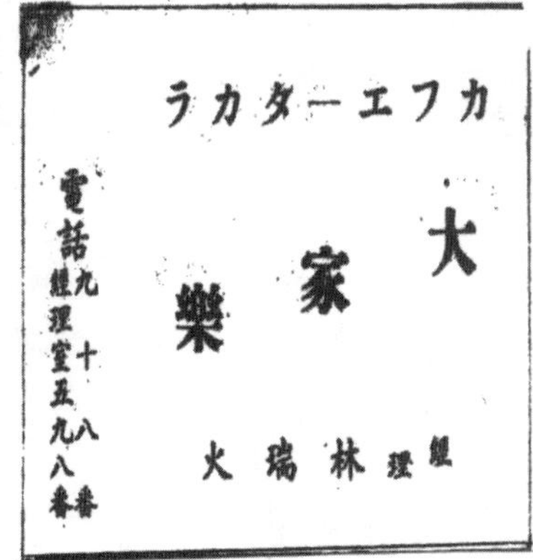

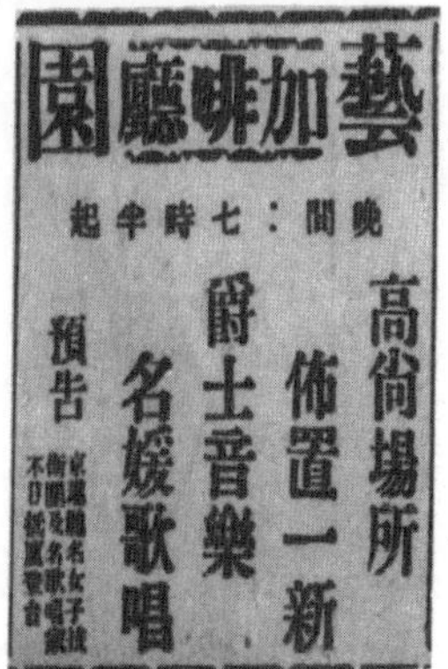

O. K. BAR

復克大酒店

全餐散餐 價格公平

樂隊配奏 悅耳動聽

經濟午餐 加里雞飯

營業時間：中午十二時起

麗池 加啡廳

閩南最大歌場

新聘

上海[illegible][illegible]歌女六名

《每日下午七時營業》

（址[illegible]）

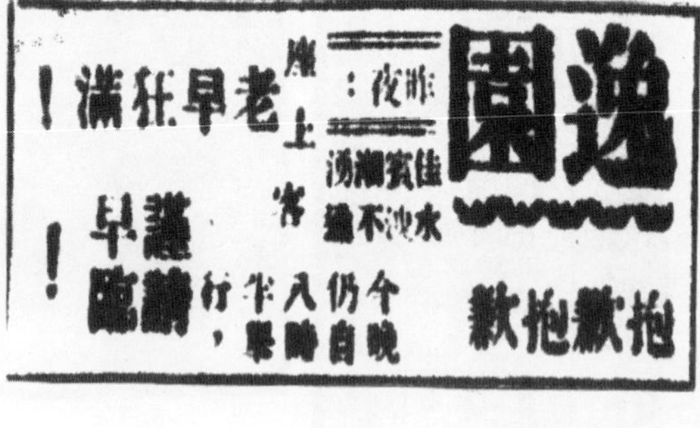

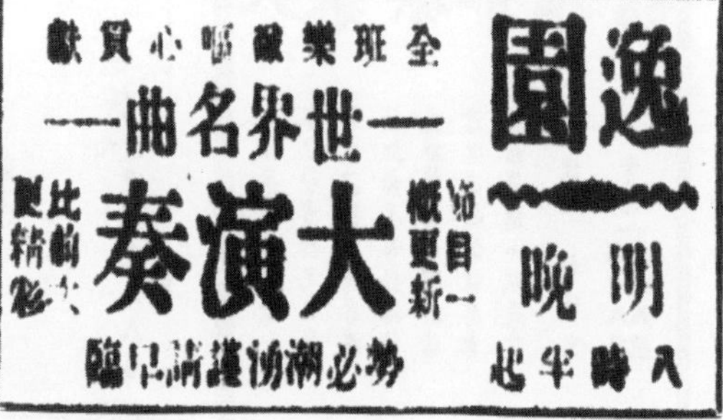

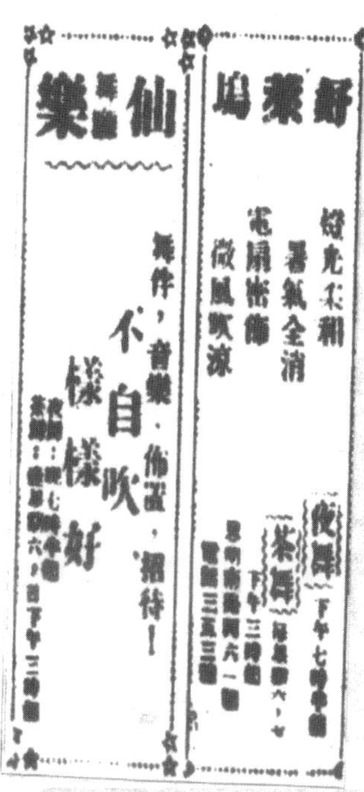

美高梅加啡廳

爵士音樂 悅耳動聽 裝璜華麗 名歌賭曲

歡迎光顧

思明南路四六一號二樓
電話三五三 好萊塢舊址

南門大飯店

四樓禮堂

附設咖啡座

啓者本[illegible]園新聘京[illegible]廳名梅派文武青衣花旦師愛玉武丑馬嘉桃等麥加串[illegible]各界如逢[illegible]聲請演[illegible]迎接[illegible]由本[illegible]日起連日廳聘外演至廿七日拜一照常舊業謹此奉告

電話八一一一號

附　录

附录一

厦门市商业调查统计表

1936 年 7 月调查

类别	户数	资本总额	店员人数		
			男	女	共计
银行业	15 户	142000000 元	427 人		427 人
钱业	84 户	985800 元	1693 人		1693 人
典业	15 户	350700 元	146 人		146 人
小典业	36 户	81300 元	139 人		139 人
汇兑业	98 户	1672100 元	995 人		995 人
电气业	32 户	1277000 元	153 人		153 人
电话业	1 户	400000 元	25 人	53 人	78 人
自来水业	1 户	2000000 元	65 人		65 人
信托储蓄保险业产业	10 户	1973600 元	113 人		113 人
船头行业	35 户	20883700 元	319 人		319 人
肥田粉洋灰业	6 户	28200 元	31 人		31 人
建筑业	22 户	84700 元	68 人		68 人
金银首饰业	82 户	530900 元	495 人		495 人
苏广杂货业	82 户	296450 元	530 人		530 人
绸布业	98 户	858600 元	369 人	11 人	1280 人
拖鞋布鞋木屐业	84 户	89105 元	517 人		517 人
成衣业	235 户	67070 元	193 人		193 人
柴米薪炭业	342 户	721550 元	1305 人		1305 人
煤炭业	58 户	1076037 元	286 人		286 人
猪业	4 户	47000 元	31 人		31 人

续表

类别	户数	资本总额	店员人数		
			男	女	共计
鱼行业	79 户	114684 元	562 人		562 人
鸡鸭肉类业	126 户	27168 元	407 人		407 人
青菜果蔬业	206 户	102773 元	955 人		955 人
酱油业	59 户	1109930 元	569 人		569 人
豆酱业	71 户	5478 元	198 人		198 人
牛乳豆乳马乳羊乳业	16 户	13536 元	43 人		43 人
面粉糖油业	228 户	169960 元	679 人		679 人
海产罐头干果京果业	222 户	543280 元	873 人		873 人
糕饼业	133 户	38505 元	425 人		425 人
酒业	106 户	234860 元	681 人		681 人
糖果业	53 户	146360 元	124 人		124 人
面线米粉	64 户	17700 元	394 人		394 人
饮食店业	268 户	52217 元	902 人	23 人	925 人
菜馆业	55 户	30240 元	351 人	24 人	375 人
茶楼旅舍客栈业	271 户	1146210 元	1563 人		1563 人
理发业	100 户	42455 元	578 人	6 人	584 人
澡堂业	2 户	3000 元	29 人		29 人
茶叶业	54 户	226660 元	124 人		124 人
汽煤油业	11 户	3012400 元	101 人		101 人
纸箔油烛业	79 户	75945 元	477 人		477 人
香业	21 户	18500 元	124 人		124 人
爆烈品业	12 户	11590 元	82 人		82 人
香烟业	201 户	15126225 元	1162 人		1162 人
参行业	42 户	454800 元	478 人		478 人
中药业	206 户	297520 元	1259 人		1259 人

续表

类别	户数	资本总额	店员人数		
			男	女	共计
西药业	179 户	516880 元	1094 人		1094 人
南北郊业	30 户	512100 元	491 人		491 人
五金颜料业	36 户	164685 元	463 人		463 人
铜铁锡器业	113 户	41074 元	516 人		516 人
洋铁业	43 户	14140 元	118 人		118 人
竹器业	39 户	8255 元	109 人		109 人
磁器业	65 户	43080 元	147 人		147 人
油漆业	7 户	4890 元	34 人		34 人
钟表业	52 户	50060 元	212 人		212 人
采结业	5 户	4860 元	51 人		51 人
音乐业	5 户	10450 元	23 人		23 人
寿板业	30 户	29300 元	152 人		152 人
古董业	45 户	22314 元	105 人		105 人
洋洗业	80 户	13370 元	265 人		256 人
汽车业	23 户	497250 元	78 人		78 人
人力车馆业	67 户	58400 元	579 人		579 人
脚踏车业	11 户	19950 元	28 人		28 人
家私业	29 户	32500 元	246 人		246 人
藤器业	13 户	3900 元	67 人		67 人
砖瓦业	15 户	10300 元	51 人		51 人
刻字业	17 户	1990 元	36 人		36 人
木作业	159 户	81730 元	962 人		926 人
印刷业	44 户	263710 元	428 人		428 人
书纸业	36 户	436020 元	351 人		351 人
照相业	23 户	53400 元	106 人	2 人	108 人

续表

类别	户数	资本总额	店员人数		
			男	女	共计
绘画业	2 户	500 元	7 人		7 人
戏剧业	16 户	48400 元	273 人	17 人	290 人
舞蹈业	2 户	98000 元	34 人	18 人	52 人
其他	294 户	1384465 元	3659 人		3659 人

资料来源:《厦门市政府公报》第 17 期,1936 年 8 月。

附录二

厦门市店铺类别统计表

（1931 年度调查）

户籍事务所制

类 别	第一署	第二署	第三署	第四署	合计
银行			9		9
钱庄	7	24	70	6	107
当铺	3	5	5		13
信局	4	38	42		84
发电厂				1	1
电灯公司		1			1
电话公司			1		1
保险公司	1	1			2
储蓄会			3		3
绸缎布庄	27	3	88	2	120
鞋店	27	30	46	3	106
金银首饰	13	15	56	8	92
颜料店	4	10	9	2	25
剪发店	43	43	38	20	144
轿店	11	3	6		20
柴店	28	41	28	4	101
米店	51	95	57	18	221
柴米炭店	26	22	18	12	78
菜馆	25	34	31	7	97
茶庄	2	32	27		61
水果店	20	67	34	8	129

续表

类　别	第一署	第二署	第三署	第四署	合计
干果店	20		11	1	32
糖果店	16	13	22		51
盐果店	2	2	3		7
糖油店	25	36	34	7	102
酒店	19	36	36	10	101
酱园店	15	21	5	14	55
豆腐店	22	22	8	23	75
鱼店	20	21	11	35	87
海味店	8	11	13	2	34
肉店	37	28	13	11	89
牛肉店	8	3	4	4	19
羊肉店	1	1	1		3
烧烤店	1		2	2	5
面店	22	14	7	5	48
菜店	15	16	6	13	50
糕饼店	29	46	26	11	112
面粉店	1	4	2	3	10
饭店	12	31	19	4	66
茶店	44	68	25	38	175
点心店	37	57	88	29	211
面筋店				2	2
花生店	3	6	2	1	12
烟店	21	23	58	1	103
药材店	47	45	49	20	161
参行	1	4	40		45
药酒店	2	2	3	2	9

续表

类　别	第一署	第二署	第三署	第四署	合计
药房	43	56	40	14	153
牛乳店	3		1	11	15
草药店	1	3	8	2	14
细木店	38	24	25	3	90
柴房店	2	7	13	2	24
棺材店		5	16	3	24
家私店	34	15	3	3	55
木器店	17	66	12		95
印刷店	10	9	22		41
书籍文具	12	14	18		44
成衣店	50	43	68	26	187
洋衣店	1	3			4
郊户		29	19		48
洗染店	7	3	16	1	27
洋洗店	16	18	17	12	63
古物店		3	46		49
香店	11	13	7	1	32
油烛店	6	6	9	2	23
煤油厂		5	6	1	12
油店		7	6		13
纸箔店	5	12	25	6	48
洋灯店	3		8		11
花店	1		3		4
糊纸店类	7	3		2	12
铁店	7	41	28	12	88
铜锡店	4	13	22	1	40

续表

类　别	第一署	第二署	第三署	第四署	合计
洋铁店	8	3	15		26
索店				3	3
竹器店	1	22	4	7	34
棉花店	10	8	7	4	29
瓷器店	14	18	19	7	58
打石店	6	8	1	31	46
砖瓦店	4	14		8	26
伞店	2	1	1		4
桶店		4	7	2	13
漆店	5	4	4		13
美术画店	7	5	4	1	17
裱褙店	2		12		14
钟表店	6	12	17	1	36
电料店	10	10	16	1	37
肥皂店	2	1		2	5
冰水业	3	2	5	1	11
机器店	2	14	3		19
彩结游艺类店	6		4	1	11
雕刻店	1	6	19	1	27
木屐店	4	2	1		7
账簿店	1	3	1		5
渔具店	1		1	5	7
剪刀店			2		2
藤器店	4	2	4		10
织补店		1	6		7
看命馆	4		1		5

续表

类　别	第一署	第二署	第三署	第四署	合计
浴堂	3	3	1	1	8
照相馆	8	4	7		19
电戏院	3	1	2		6
戏馆	2	1	8	1	12
影片公司	4	1	1		6
玻璃厂			5		5
磅秤店	1	2	2		5
牛皮厂		3	4		7
猪行			1		1
蒜头行		2			2
豆饼店		1			1
蕃薯店	1	5		1	7
箱店		17	18		35
神主店		1	1		2
琴店		1	6		7
肥粉店		1	5		6
妓馆	39	53	67	40	199
织造厂	5			1	6
鸡鸭店	9		11	1	21
米粉店	8			1	9
齿科	11		14	15	40
木厂	3				3
灰窑	5		2	7	14
烟纸厂			1		1
鸟店			2		2
制冰厂				1	1

续表

类　别	第一署	第二署	第三署	第四署	合计
糖厂				1	1
其他	34	110	3066	32	3242
合计	1442	2282	6246	748	10718

备考:本表中一铺而营二种商业以上者均归纳于其他店铺之内。

资料来源:《警政年刊》(1932年)

后　记

《厦门老报刊广告》酝酿于2013年，因旧报资料稀少，分散于厦门市图书馆、厦门大学图书馆、集美图书馆等以及一些收藏家及个人手中，收集不易。起先，本书曾打算按历史时期来编辑，后由于清朝报纸现存极少，有些已经品相不佳，扫描后图像不甚清晰，只好以行业来分类。但工商业门类太多，有些项目有交叉，辨别实属不易。

本书的广告主要来源于清末的《福建日报》（原报藏于上海徐家汇天主教图书馆）、《厦门日报》（原报现存上海市图书馆）、《鹭江报》（原报存于厦门市图书馆）、《南声日报》（陈亚元、洪卜仁收藏）；民国年间的《民钟日报》（藏于厦门市图书馆）、《江声报》（原报现藏福建省图书馆）、《星光日报》、《华侨日报》、《中央日报》、《立人日报》、《厦门大报》、《厦门周报》等二十多种报刊（分别来源于厦门市图书馆、厦门大学图书馆和洪明章等个人藏家）。这些报纸多不完整，残缺程度不一。

感谢为本书编辑查阅、收集资料提供方便的厦门市图书馆、厦门大学图书馆以及亲朋友好。

本书四年来三易其稿，将收集的材料1100多份分类筛选，辑成本书。其后又几次增删，才最后定稿。在编辑中，我们感觉本书还不全面，多有遗漏，未能体现厦门报刊广告的全貌。期待未来能有同好续编佳著问世。

本书的付梓，希望能为报刊业、广告界人士及读者研究厦门报刊广告提供一定的素材，其重大疏漏、选择不当等问题，望得到相关研究人员和读者的不吝指正。

编　者

2016年6月